**Schweizer Architekten**
und Landschaftsarchitekten

**Architectes** Suisses
et Architectes-Paysagistes

**Architetti** Svizzeri
ed Architetti Paesaggisti

**Impressum**

**Verlag und Herausgeber**
**Präsentation Schweizer Architekten**
**Hans Demarmels und Andres Sigg**
**Ausstellungsstrasse 25**
**CH-8005 Zürich**
**Telefon 01-271 27 11**
**Telefax 01-271 27 50**

**Gestaltung und Redaktion**
**Präsentation Schweizer Architekten**

**Umschlag**
**Valentina Herrmann, Gestaltung**
**Andy Seibert, Fotografie**

**Satz und Korrektur**
**Sylvia Sawitzki, Uster**

**Übersetzungen**
**Catherine Kosider, Bergen NL (Französisch)**
**Franzoni & Zwyer, Cavigliano (Italienisch)**

**Lithos**
**Sota Repro AG, Zürich**

**Druckerei/Buchbinderei**
**Stämpfli & Cie AG, Bern**

**Auflage: 6000 Ex.**

© **Präsentation Schweizer Architekten**

**Alle Rechte vorbehalten.**
**ISBN 3-9520799-1-X**

**Juni 1996**

52,-
8197

**Die Informationen wurden
nach einem einheitlichen
Befragungsraster erstellt und
ermöglichen dadurch eine
optimale Vergleichbarkeit der
Architekturbüros untereinander.
Alle Daten basieren auf Angaben
der Architekturbüros.**

**Les informations sont présentées
de façon standardisée pour
permettre une meilleure compa-
raison des différents bureaux
d'architectes. Toutes les données
ont été faites par les bureaux
d'architectes eux-mêmes.**

**Le informazioni sono state
elaborate sulla base di una serie
di sondaggi standard eseguiti
per garantire un confronto
ottimale tra tutti gli studi di
architettura. Tutti i dati si basano
su indicazioni fornite dagli
atelier di architettura stessi.**

Editorial

Hans Demarmels
und Andres Sigg

Was wird die Ausgabe «Schweizer Architekten 2022» mit dem vorliegenden Buch «Schweizer Architekten 1996/97» noch gemeinsam haben? Eines mit Sicherheit: den Charakter einer Erstausgabe. Denn nicht nur die Architektur selbst befindet sich in einem stetigen Wandel, auch der einzelne Architekturschaffende prägt mit jedem ausgeführten Projekt einen neuen Ausdruck.

Im Laufe der Jahre soll die Präsentation «Schweizer Architekten» mit ihrer aktiven und direkten Art der Information auch zu einem Spiegel der Zeit werden. War es unlängst für Architektinnen und Architekten noch undenkbar, ihr Schaffen in einer neutralen Plattform vorzustellen, so war schon das Feedback auf die erste Ausgabe beachtlich – doppelt so viele Porträts und die neue Kategorie «Landschaftsarchitekten» in der nun vorliegenden Ausgabe sind die erfreulichen Folgen davon.

Öffentliche und private Bauherren bestätigen uns immer wieder, dass dieses Buch bei der Vergabe ihrer Aufträge eine wichtige Informationshilfe ist. Das von Ausgabe zu Ausgabe breiter werdende Spektrum soll diesen Bauherren interessante Quervergleiche ermöglichen und zu neuen Kontakten und fruchtbaren Partnerschaften führen. Zum Beispiel mit einem der jungen und noch unbekannten Architektinnen und Architekten, die in dieser Ausgabe zum ersten Mal einem weiteren Kreis Ihr gegenwärtiges Schaffen präsentieren.

Unser besonderer Dank gilt allen Architektinnen und Architekten, die sich an dieser Ausgabe beteiligt haben. Mit ihnen und mit den Bauherren freuen wir uns schon auf die Erstausgabe «Schweizer Architekten 1998/99».

Qu'auront en commun l'édition «Architectes Suisses 2022» et ce livre-ci, «Architectes Suisses 1996/97»? Une chose sûrement: le caractère d'une première édition. Car si l'architecture elle-même est en constante mutation, chaque architecte s'exprime d'une manière nouvelle au travers de chacun de ses projets.

Au fil des ans, et de par son caractère informatif, actif et novateur, la publication «Architectes Suisses» doit devenir aussi un miroir de son époque. Il y a peu, les architectes ne pouvaient pas s'imaginer présenter leurs travaux dans une parution neutre - et pourtant le feedback de la première édition fut tel que ce nouvel ouvrage présente aujourd'hui deux fois plus de portraits et une catégorie supplémentaire, celles des architectes-paysagistes.

Des maîtres d'œuvres, du privé comme du public, nous ont confirmé que ce livre est un document informatif d'importance quand il s'agit de passer des contrats de construction. La vue d'ensemble, toujours plus complète d'édition en édition, devrait permettre à ces maîtres d'œuvres de faire des comparaisons intéressantes pour nouer de nouveaux contacts et s'assurer de fructueuses collaborations. Avec de jeunes architectes encore peu connus par exemple, comme ceux qui présentent ici pour la première fois leurs travaux actuels au grand public.

Nous remerçions tout particulièrement les architectes, femmes et hommes, qui ont participé à cet ouvrage. Comme eux et les maîtres d'œuvres, nous sommes déjà impatients de découvrir la «première édition» des «Architectes Suisses 1998/99».

Che cosa avrà ancora in comune l'edizione «Architetti Svizzeri 2002» con la qui presente opera «Architetti Svizzeri 1996/97»? Una cosa di sicuro: il carattere di una prima edizione. Infatti non solo l'architettura stessa è in continua evoluzione: anche il singolo operatore di architettura con ogni suo progetto realizzato firma nuovi modi di esprimersi.

Nel corso degli anni l'opera «Architetti Svizzeri» col suo modo innovatore e attivo di informare diventerà uno specchio dei tempi. Così come finora era impensabile per gli architetti immaginarsi la propria opera proiettata su una piattaforma neutrale, allo stesso modo era impensabile che la prima edizione avesse un tale successo. Felice risultato: raddoppio del numero dei ritratti e nascita della nuova categoria «Architetti paesaggisti» in questa seconda edizione del libro.

Autorevoli imprenditori pubblici e privati ci hanno confermato che, per l'assegnazione di commesse edili, questo libro è di valido aiuto perché è una vera miniera di informazioni. La panoramica che, di edizione in edizione, diventa sempre più ampia, dovrebbe consentire a questi imprenditori di trovare paralleli interessanti, favorendo nuovi contatti e fruttuose alleanze. Ad esempio, con uno dei giovani architetti pieni di talento ma ancora sconosciuti che in questa edizione e per la prima volta presentano la loro opera in una prospettiva più ampia.

Un grazie particolarmente sentito a tutti gli architetti – uomini e donne – che hanno collaborato a questa edizione. Assieme a voi ed ai committenti ci rallegriamo già ora per la prossima prima edizione di «Architetti Svizzeri 1998/99».

| | | |
|---|---|---|
| **Kommentare** | **9** | |
| **Commentaires** | | |
| **Commenti** | | |
| **Architektinnen und Architekten** | **19** | **Aargau** |
| **Architectes** | **55** | **Basel-Stadt** |
| **Architetti** | | **Basel-Land** |
| | **65** | **Bern** |
| | **75** | **Fribourg** |
| | | **Genève** |
| | | **Jura** |
| | | **Neuchâtel** |
| | | **Vaud** |
| | **103** | **Graubünden** |
| | **111** | **Glarus** |
| | | **Luzern** |
| | | **Ob-/Nidwalden** |
| | | **Schwyz** |
| | | **Uri** |
| | **135** | **Schaffhausen** |
| | | **St. Gallen** |
| | | **Thurgau** |
| | **157** | **Solothurn** |
| | **171** | **Ticino** |
| | **179** | **Wallis/Valais** |
| | **185** | **Zug** |
| | **197** | **Zürich** |
| **Landschaftsarchitektinnen und -architekten** | **265** | |
| **Architectes-Paysagistes** | | |
| **Architetti Paesaggisti** | | |
| **Index** | **285** | |

**Kommentare**
**Commentaires**
**Commenti**

Jean-Marc Lamunière, Genève

Architekt BSA SIA SWB
Architecte FAS SIA SWB
Architetto FAS SIA SWB

Gestatten Sie mir, Ihrer Lektüre der Präsentation «Schweizer Architekten» einige Überlegungen zur heutigen Situation der schweizerischen Architekten voranzustellen, wobei ich vor allem auf die Auftragsvergabe Bezug nehmen möchte.

Eine Publikation, die den Bereich Produktion der schweizerischen Bauwirtschaft vorstellt, wird in jedem Fall interessante Anhaltspunkte bieten, unabhängig davon, wie die einzelnen Beispiele ausgewählt wurden.

Sie zeigt einerseits eine «wirkliche» Produktion, die von der Fachpresse oft vernachlässigt wird, weil deren Aufgabe ja in der Auswahl und der Kritik herausragender, aber im Grunde marginaler Objekte liegt. Daher werden Interessierte in dieser Publikation Angaben finden, die sie anderswo vergeblich suchen, wenn es sich nicht gerade um Kritiken zur realen Auftragsvergabe handelt, die aber aufgrund von Standesregeln meist eher vage bleiben.

Andererseits dokumentieren die beteiligten Architekten in einer solchen Publikation ihr Interesse, die Beziehungen, die sie zu privaten und öffentlichen Auftraggebern aufbauen konnten, zu festigen und auszuweiten, und sie zeigen auch die Mittel, die sie dazu benutzen. Andere tun dasselbe, indem sie auf eigene Kosten Monographien herausgeben oder mit Hilfe guter Beziehungen zu den Medien. Die Frage der Berufsethik ist nicht neu. Sie ist mit der Art der Beziehungen verknüpft, die alle in freien Berufen Tätigen zu den Medien unterhalten. Bei den von letzteren durchgeführten Untersuchungen geht die

Celle ou celui qui parcourera l'ouvrage «Architectes Suisses» me permettra de l'accompagner de quelques réflexions sur la situation actuelle des architectes suisses, notamment face la commande.

Une publication faisant état de la production du secteur du bâtiment en Suisse, quel que soit son mode de sélection, représente toujours des points de repère intéressants.

D'une part elle fait état d'une production «réaliste», souvent ignorée par les revues spécialisées dont le rôle est de sélectionner et de critiquer des objets supposés exceptionnels voire marginaux. Tout chercheur trouvera ainsi des indications qu'il est rare de trouver ailleurs, si ce n'est sous la forme de critiques sur la réalité des commandes qui, pour être légitimes, n'en restent pas moins trop vagues, pour des raisons déontologiques évidentes.

D'autre part une telle publication indique l'intérêt que portent certains architectes à consolider et à élargir les relations qu'ils ont su établir avec la commande privée et publique et les moyens qu'ils se donnent pour y parvenir, comme d'autres le font à travers des monographies, éditées à compte d'auteur ou grâce à l'amitié de certains médias. La question de l'éthique professionnelle n'est pas nouvelle. Elle est liée aux modes de relations qu'entretiennent les membres d'une profession libérale, quelle qu'elle soit, avec les médias. Le développement récent des enquêtes menées par ces derniers pose le problème de la diversité des moyens utilisés, et non pas leur condamnation. Enfin en «affichant» leur pratique professionnelle

Permettetemi di presentare, a chi leggerà l'opera «Architetti Svizzeri» alcune riflessioni inerenti la situazione attuale degli architetti elvetici. Mi riferisco soprattutto all'aggiudicazione di commesse.

Una pubblicazione che mostra il settore produttivo dell' industria imprenditoriale in Svizzera rappresenta pur sempre un punto di riferimento interessante, indipendentemente da come e secondo quali criteri i singoli esempi siano stati scelti.

D'altra parte essa esprime una produzione «realistica» spesso trascurata dalla stampa specializzata il cui ruolo è di scegliere e criticare oggetti apparentemente eccezionali ma in sostanza marginali. In tal modo chi sfoglierà questa pubblicazione vi troverà indicazioni non facili da reperire altrove se non sotto forma di critiche sulla «realtà» delle aggiudicazioni di commesse e che però, a causa di regole d'ordine corporativo, rimangono per lo più nel vago.

In questa pubblicazione, inoltre, gli architetti compartecipi documentano l'interesse che li inducono a consolidare e ampliare i rapporti da loro stabiliti coi committenti sia pubblici che privati e indicano anche i mezzi da loro usati. Altri agiscono nello stesso modo, facendo stampare monografie a proprie spese o stabilendo rapporti amichevoli coi media. La questione deontologica non è nuova. Essa è collegata al tipo di rapporto che i membri di una qualsiasi professione autonoma intrattengono coi media. Dalle inchieste portate avanti da questi ultimi si profila la tendenza a discutere la varietà dei mezzi usati (come

neuere Entwicklung dahin, die Vielfalt der verwendeten Mittel zu thematisieren, sie werden jedoch nicht selbst in Frage gestellt. Indem Architekten ihre berufliche Erfahrung anhand von gebauten Projekten «zur Schau stellen», ohne dabei ihr architektonisches Konzept darzulegen, entsprechen sie schliesslich ganz direkt den Erwartungen von Klienten, die lieber Abenteuer vermeiden wollen und denen die Zusicherung einer guten Dienstleistung wichtiger ist.

Das «aufgeklärte» Bürgertum hat sich für kühne Entwürfe entschieden, deren fachliche und kulturelle Bedeutung heute erwiesen ist. Sollten Bauherren dieser Art am Aussterben sein? Und wer tritt an ihre Stelle? Wer bietet der Architektur heute solche Möglichkeiten? Auf der einen Seite einige Sammler, die nachträglich als Kunstliebhaber erscheinen, auf der anderen Seite die grosse Masse der gediegenen Bauunternehmer und Auftraggeber, die nichts anderes wünschen als eine professionelle und korrekte Ausführung ihres Projekts. Und tatsächlich sind es letztere, die die Städte bauen und das Gesicht ihrer Umgebung bestimmen. Ihre Werke sind es, in denen wir leben, die wir tagtäglich betrachten, wenn auch manchmal mit einer gewissen Distanz.

essentiellement par leurs réalisations, sans énoncer leurs concepts architecturaux, ces architectes font directement appel à l'attente de clients enclins à éviter l'aventure et davantage concernés par l'assurance d'être bien servis.

La bourgeoisie «éclairée» opérait des choix apparemment téméraires et qui se sont avérés judicieux. Serait-elle en train de disparaître et qui la remplace? Qui aujourd'hui offre des occasions à l'Architecture? D'un côté quelques collectionneurs s'attribuant, tardivement, le rôle d'amateur d'art. D'un autre côté, la foule des promoteurs et commanditaires qui, sérieusement, ne souhaitent que l'exécution professionnellement correcte, de leur projet. En fait ce sont ces derniers qui bâtissent la ville et le territoire. Ce sont leurs oeuvres que nous vivons et regardons quotidiennement, même si d'une manière désormais un peu désabusée.

problema), senza però metterne mai in dubbio la legittimità. Infine, «esibendo» la loro esperienza professionale, che si basa unicamente sulla semplice progettazione senza alcun cenno ai loro concetti architettonici, gli architetti attuano direttamente i desiderata di quei clienti che all' avventura preferiscono la sicurezza di essere ben serviti.

La borghesia «illuminata» ha scelto progetti audaci per la sua epoca, il cui significato professionale e culturale si è oggi rivelato vincente. Simili committenti esistono ancora o stanno per sparire? Da chi saranno sostituiti? Chi oggi offre all'architetto questo tipo di opportunità? Da una parte alcuni collezionisti che, a posteriori, amano definirsi amanti dell'arte; dall'altra la gran massa degli imprenditori perbene e dei committenti che desiderano solo un'esecuzione corretta e professionale dei loro progetti. Tutto sommato sono questi ultimi che costruiscono le città e decidono quale sarà il loro aspetto. Sono le loro opere che noi vediamo e nelle quali viviamo ogni giorno, anche se qualche volta cerchiamo di distanziarcene.

Dr. Paul Lampert

Direktor Schweizerische Bankgesellschaft
Directeur, Société de Banque Suisse
Direttore della Società di Banca Svizzera

An sich verdient die Initiative der Herausgeber unsere Anerkennung, ermöglicht die begrenzte Selbstdarstellung der Architekten doch einen knappen Einblick in ihre Handschrift und ihre speziellen Neigungen. Voraussetzung ist allerdings, dass die namhaften Leistungsträger unseres Landes bei diesem Projekt auch mitmachen. Nur so ist der Anspruch der Initianten, dieses Buch als Informationshilfe für Bauherren zu bezeichnen, nachvollziehbar.

In der heutigen Zeit, da das reine Profitcenterdenken der Unternehmen die Kultur jeglicher Art zu verdrängen droht, kann dieses Werk auch aufzeigen helfen, dass die gute Idee und die Pflege des Details, der Ästhetik, eine Überlebenschance hat. Diese Chance ist zweifellos vorhanden, wenn es den Architekten gelingt, auf die Kosten-Nutzen-Überlegungen der modernen Bauherren mit kostengünstigen, innovativen Lösungen eine überzeugende Antwort zu geben.

L'initiative des éditeurs mérite bien notre reconnaissance si le bref portrait que les architectes offrent d'eux-mêmes donne un aperçu de leur signature et de leurs penchants caractéristiques. Il est toutefois primordial que les grands réalisateurs de notre pays participent également à ce projet. C'est seulement ainsi que l'on peut comprendre la revendication des initiateurs qui souhaitent décrire ce livre comme un guide informatif à l'adresse des maîtres d'œuvres.

De nos jours, alors que la philosophie de «profit center» des entreprises étouffe la culture quelle qu'elle soit, cet ouvrage peut aider à montrer que la bonne idée, l'amour du détail et de l'esthétique ont une chance de survie. Cette chance existe, si les architectes réussissent à donner une réponse convaincante, à force de solutions novatrices et bon marché, aux réflexions des maîtres d'œuvres d'aujourd'hui, axées sur le rapport coûts/utilisation.

L'iniziativa degli editori merita di per sé il nostro incondizionato plauso. La presentazione che gli architetti fanno di se stessi, essendo sintetica, non consente di avere una sufficiente visuale delle loro caratteristiche personali né delle loro inclinazioni. Ad ogni modo il presupposto essenziale per una buona riuscita è che gli architetti più conosciuti del nostro Paese cooperino alla realizzazione di questo progetto. Solo a questa condizione sarà in seguito realizzabile quanto si sono prefissi i promotori di questa iniziativa: che questo libro diventi per i committenti un valido ausilio nella ricerca di informazioni.

Oggigiorno, vedendo quanto la mentalità degli imprenditori miri al puro profitto e minacci di sopprimere qualsiasi altro tipo di cultura, si può affermare che quest'opera dimostra che le buone idee, l'amore per i particolari e il senso estetico hanno ancora buone possibilità di sopravvivenza. Tanto più se gli architetti, presentando soluzioni innovative ed economiche, riusciranno a dare una risposta convincente alla politica degli odierni committenti in fatto di costi-utili.

Hans-Rudolf Blöchlinger, Basel

Leiter Ressort Immobilien Schweiz der Helvetia-Patria Versicherungen
Responsable du ressort Immobilier Suisse des Assurances Helvetia-Patria
Direttore del reparto Immobili Svizzera dell'assicurazione Helvetia-Patria

Es ist verständlich, dass sich die Kommunikation zwischen dem Bauherrn und seinem Architekten je nach Aufgabenstellung und Zielsetzungen unterschiedlich darstellt. Für den institutionellen Bauherrn stellt sich das Thema des Gedankenaustausches und der Zusammenarbeit mit dem Architektenteam in einer ganz anderen Dimension dar als für den privaten Bauherrn. Für den professionellen Bauherrn gilt es, zusammen mit seinen externen Beratern und Beauftragten ein wirtschaftliches Ziel zu erreichen. Dies ganz unabhängig davon, ob es sich bei der anvisierten Investition um ein Büro-(Kommunikations-)Gebäude oder um eine Wohnsiedlung handelt.

Der professionelle Bauherr findet sein Architekten- und Planerteam durch bereits gegebene Strukturen und Bedingungen oder durch Studienwettbewerbe und Marktbeobachtungen. Bei der Wahl seiner Planer helfen ihm seine zahlreichen Kontakte, aber auch Porträts, wie sie in diesem Buch dargestellt sind.

Il est clair que la communication entre le maître d'œuvre et son architecte se présente différemment selon la nature du projet et les objectifs visés. Pour le maître d'œuvre institutionnel, le thème de l'échange de points de vues et de la collaboration avec l'équipe d'architectes a une tout autre dimension que pour le maître d'œuvre privé. Pour le maître d'œuvre professionnel, il s'agit d'atteindre un objectif économique avec les conseillers extérieurs et l'équipe engagée. Et ce, tout à fait indépendamment du genre d'investissement considéré, bureau, bâtiment ou lotissement.

Le maître d'œuvre professionnel choisit son architecte ou son équipe de planification suivant les structures et les conditions données, par le biais d'une mise en concurrence de projets ou celle d'études de marchés. Ses nombreux contacts l'aident dans le choix de ses responsables de planification mais aussi des portraits comme on en trouve dans ce livre.

E' logico che la comunicazione tra committente e architetto vari a seconda degli obiettivi prefissati e della categoria in cui si classifica l'ordinazione. Per il committente istituzionale, lo scambio di idee e la collaborazione reciproca col team dello studio d'architettura sono molto diversi da quelli del committente privato. Per il committente di professione lo scopo principale è quello di raggiungere, coi suoi consulenti e incaricati esterni, un determinato obiettivo economico. Sia che si tratti di investimenti per la costruzione di edifici commerciali (di comunicazione) o che si tratti di centri residenziali.

Il committente di professione trova il suo architetto e l'équipe di progettisti ricorrendo a strutture e condizioni già esistenti oppure esaminando concorsi e inchieste conoscitive di mercato. Nella scelta del progettista gli saranno di aiuto sia la vasta sfera dei suoi contatti personali che i ritratti di questo libro.

Lelia Bollinger, Basel

Architekturstudentin **ETH**
Étudiante en architecture **ETH**
Studentessa d'architettura **ETH**

Während der Studienzeit dienen uns Projekte bekannter Architekturbüros häufig als Vorbilder für unsere eigene Entwurfsarbeit. Gleichzeitig erarbeiten wir uns mittels Vorlesungen, durch Bücher, Architekturzeitschriften und Vorträge einen Überblick über das aktuelle Geschehen in der Architektur. Geht es jedoch darum, eine Arbeits- oder Praktikumsstelle zu suchen, so fehlen in den meisten Fällen praxisbezogene Angaben zu den verschiedenen Büros.

Hier bietet das Buch «Schweizer Architekten» eine willkommene Orientierungshilfe, zeigt es doch anhand von Bild und Text kurz und prägnant die wesentlichen Merkmale der verschiedenen Architekturbüros auf. Dadurch wird eine Informationslücke geschlossen und ein breiter Überblick über das Schaffen schweizerischer Architektinnen und Architekten gegeben.

Pendant les études, les projets de bureaux d'architectes connus nous servent souvent de modèles pour nos propres travaux. Parallèlement, nous nous forgeons une vue d'ensemble sur ce qu'il se passe actuellement dans l'architecture, par le biais de cours, de livres, de magazines d'architecture et de conférences. Mais quand il s'agit de chercher un stage ou un travail, il nous manque dans la plupart des cas des données pratiques sur les différents bureaux.

«Architectes Suisses» nous offre là une aide bienvenue pour notre orientation car il présente, par le texte et l'image, de façon précise et concise, les caractéristiques marquantes des différents bureaux d'architectes. Les lacunes au niveau de l'information sont ainsi comblées et nous avons un meilleur aperçu du travail des architectes suisses.

Nel periodo universitario i progetti di noti studi di architettura costituiscono spesso un modello per i nostri piani di studio. Seguendo lezioni, leggendo libri e periodici d'architettura e partecipando a conferenze acquistiamo una buona panoramica su quanto accade attualmente nel settore dell'architettura. Quando si cerca un lavoro o un posto di tirocinio, nella maggior parte dei casi mancano indicazioni precise sui diversi uffici.

Ecco perché il libro «Architetti Svizzeri» può essere considerato un valido aiuto nella ricerca di informazioni. Nei suoi brevi ma concisi testi e ritratti, questa opera orienta il lettore sulle caratteristiche essenziali dei diversi studi di architettura. Viene così colmata una lacuna nel settore dell'informazione, offrendo nel contempo un'ampia visuale sull'opera di tutti gli architetti svizzeri, sia uomini che donne.

Urs Mahlstein

Kantonsbaumeister, Luzern
Architecte cantonal, Lucerne
Capomastro cantonale, Lucerna

Seit Januar 1996 gelten auch für die Schweiz die Vorgaben des Gatt/WTO. Im weiteren sind viele Kantone zurzeit daran, die interkantonale Vereinbarung über das öffentliche Beschaffungswesen zu ratifizieren. Die Bestimmungen dieser beiden Regelwerke beinhalten auch die Ausschreibung von Dienstleistungsaufträgen, d.h. also auch von Architekturaufträgen. Die Kantonsgrenzen werden somit in Zukunft für Planungsbüros keine unüberwindbaren Barrieren mehr darstellen. Diese Öffnung bedingt für die vergebenden Instanzen mehr Information über die anzubietenden Dienstleistungen. Das Buch «Schweizer Architekten» stellt dazu einen wertvollen Beitrag dar.

Der Architekturwettbewerb hat sich bei der Vergabe von komplexen Architekturaufträgen als bewährtes Mittel zur Steigerung der Qualität erwiesen. Die neuen Gesetzesbestimmungen haben uns bewogen, neue Verfahren besonders zur Vergabe von kleineren Projekten ohne Qualitätseinbusse zu entwickeln. Die grosse Flut von Bewerbungen auf öffentliche Ausschreibungen zwingt uns, eine Vorevaluation der Bewerbungen in Form einer Präqualifikation durchzuführen. Mit dieser Präqualifikation kann einerseits die Qualität sichergestellt und andererseits trotzdem eine volkswirtschaftlich sinnvolle Konkurrenz unter den Bewerbern erreicht werden.

Damit solche Auswahlverfahren zum gewünschten Erfolg führen, müssen die Stärken und Schwächen der Verfahren durch die ausschreibende Behörde bekannt sein. Nur klar definierte Zielsetzungen und die Wahrung der notwendigen Verantwortung gegenüber den Planern können zu guten Resultaten führen. Auch mit diesem Verfahren muss das Vertrauen zwischen den Partnern, d.h. zwischen dem Bauherrn und dem Architekten, das die Basis für ein gutes Gelingen darstellt, garantiert werden können.

Depuis janvier 1996, la Suisse aussi est soumise aux directives du GATT/OCC. En outre, plusieurs cantons ratifient actuellement les accords intercantnaux régissant les dépenses publiques. Les conditions énoncées par ces deux traités décrivent entre autres l'attribution de contrats de services, et donc aussi de contrats de construction. Les frontières cantonales ne seront ainsi plus des barrières infranchissables pour les bureaux de planification. Pour les instances adjugeant les contrats, cette ouverture nécessite aussi une meilleure information concernant les services offerts. Le livre «Architectes Suisses» apporte en ce sens une contribution de valeur.

La mise en concurrence de plusieurs architectes pour l'attribution de contrats de construction complexes s'avère être un excellent moyen d'augmenter le niveau de qualité. Les nouvelles réglementations nous ont incités à développer de nouveaux procédés d'attribution, notamment de petits projets, sans perte de qualité. La masse des candidatures pour les appels d'offres publics nous oblige à évaluer les candidats au préalable, en opérant une préqualification. Celle-ci peut d'un côté nous garantir la qualité, tout en permettant, d'un autre côté, une concurrence, saine au sens macroéconomique, entre les candidats.

Pour que de telles qualifications garantissent le succès attendu, l'administration concernée doit en connaître les forces et les faiblesses. Seuls des objectifs bien définis et la prise effective de la responsabilité nécessaire face aux responsables de la planification peuvent garantir de bons résultats. Avec ce procédé aussi, la confiance entre les partenaires, c.à.d. le maître d'œuvre et l'architecte, qui est la base de tout succès, doit pouvoir être garantie.

Dal gennaio 1996 anche per la Svizzera entrano in vigore i parametri posti dal Gatt. Al momento, molti Cantoni sono in procinto di ratificare l'accordo intercantonale che regola il settore dell'acquisizione pubblica. Le disposizioni di ambedue queste due normative contengono anche il bando di commesse concernenti le prestazioni di servizio, ivi compreso anche il settore dell'architettura. In futuro, per gli uffici di progettazione i confini territoriali dei Cantoni non costituiranno più barriere insuperabili. Per le istanze di aggiudicazione questa apertura significa un'informazione più vasta sulle prestazioni di servizio da offrire. E su questo tema il libro «Architetti Svizzeri» sarà di valido aiuto.

Nell'aggiudicazione di commesse di architettura d'ordine complesso, la concorrenza si è dimostrata un mezzo sicuro ed efficace per migliorare la qualità. Le nuove norme legali ci hanno indotto a sviluppare nuovi procedimenti, che non penalizzano la qualità, specialmente nel caso di aggiudicazione dei progetti meno importanti. Il numero di offerte in risposta a concorsi pubblici è talmente grande da rendere necessario fare una valutazione preliminare sotto forma di una prequalificazione delle stesse. Questo sistema, oltre a garantire la qualità, favorisce una sana concorrenza politicoeconomica tra i concorrenti stessi.

Affinché questo sistema di selezione abbia successo, è necessario che gli enti addetti al concorso conoscano a fondo sia i lati positivi che le pecche di questi procedimenti. Solo obiettivi chiaramente definiti nonché senso di responsabilità nei confronti dei progettisti consentono di ottenere buoni risultati. Anche questo sistema presuppone che i rapporti committente-architetto siano basati sulla piena, reciproca fiducia, indispensabile per una buona riuscita.

Bruno Bettoni

Geschäftsführer der Oerlikon-Bührle Immobilien AG
Directeur général de Oerlikon-Bührle Immobilien AG
Direttore della ditta Oerlikon-Bührle Immobilien SA

Der Faktor Zeit gewinnt auch beim Planungs- und Bauprozess laufend an Gewicht und beschleunigt alle Arbeitsabläufe. Die Akquisitionsbemühungen werden ebenfalls zeitintensiver. Es ist deshalb gerade in dieser frühen Phase von grossem Vorteil, wenn man sich rasch und effizient einen Überblick über die Architekturbüros in der Schweiz verschaffen kann, damit die Vergabe von Aufträgen von der Qualität des architektonischen Wirkens und nicht von den Gesetzen des Zufalls geleitet wird.
In diesem Sinne vermittelt das Jahrbuch «Schweizer Architekten» interessante Anregungen.

Le facteur temps gagne aussi toujours en importance dans le processus de planification et de construction et accélère tous les processus. Les efforts faits au niveau des acquisitions prennent également toujours plus de temps. C'est justement pour cela qu'il est particulièrement avantageux, dans cette phase préliminaire, de pouvoir avoir une vue d'ensemble sur les bureaux d'architectes en Suisse, afin que l'attribution des contrats se base sur la qualité de l'impression architectonique et non pas sur le hasard. En ce sens, le guide annuel «Architectes Suisses» est une source de suggestions intéressantes.

Nel ciclo delle diverse fasi di lavoro il fattore tempo assume un'importanza sempre maggiore sia nella progettazione che nella costruzione. Anche gli sforzi d'acquisizione sono soggetti alla tirannia del tempo. Proprio in questa prima fase è di grande vantaggio potersi documentare in modo rapido ed efficiente sugli atelier di architettura in Svizzera affinché la distribuzione delle commesse dipendano dalla qualità dell'operato architettonico e non dalla legge della casualità. In questo senso il libro «Architetti Svizzeri» trasmette idee assai interessanti.

**Rolf H. Wirth**

Mitglied Geschäftsleitung Deutsche Bank (Schweiz) AG
Membre de la direction, Deutsche Bank (Suisse) SA
Membro della direzione della Deutsche Bank (Svizzera) SA

---

**Wie finden sich Architekt und Bauherr? Durch Zufall, Empfehlung, pragmatische oder akribische Voruntersuchung?**

**Eine Bank hat als Bauherr zunächst das Bedürfnis, die Herausforderung ihrer hochspezialisierten Infrastruktur und der komplexen Technik zu bewältigen. Der freie Architekt, der bei einem Gesamtplaner integrierte, der hauseigene, der begleitende des Generalunternehmers und der denkmalpflegerische Architekt konkurrieren in der Lösung der anstehenden Probleme, ergänzen sich aber auch. Der Bauherr – ob Häuslebauer oder Bank – muss sich den Gegebenheiten seines Projektes sowie jenen der hilfsbereiten Architektengilde stellen. Optimale Deckung von Bedürfnissen und Lösungsfindungen sind hier gefragt.**

**Voraussetzung für das Gelingen des Baus sind letztlich die Auswahl des richtigen Partners und anschliessend echte und aktive Kommunikation in der neuen Gemeinschaft. Willkommene erste Hilfe zu einem Lösungsansatz bietet hier das vorliegende Buch.**

---

**Comment l'architecte et le maître d'œuvre se trouvent-ils? Hasard, recommandation, recherche préalable pragmatique ou méticuleuse?**

En tant que maître d'œuvre, une banque éprouve tout d'abord le besoin de maîtriser le challenge posé par son infrastructure sophistiquée et les technologies les plus complexes. L'architecte indépendant et celui intégré au projet dans son ensemble, l'architecte de la maison et celui qui conseille l'entrepreneur général ou encore l'architecte chargé de la conservation de monuments historiques sont en compétition pour trouver une solution au problème posé, mais ils sont également complémentaires. Le maître d'œuvre – simple propriétaire ou grande banque – doit s'adapter aux données de son projet comme à celles de la guilde des architectes prête à l'aider. On vise une correspondance optimale entre besoin et solutions.

Le choix du meilleur partenaire et ensuite la communication, vraie et active, au sein de la nouvelle communauté conditionnent en effet le succès de la construction. Ce livre offre un premier secours dans la recherche de solutions.

---

**Come trovare architetto e committente? Per puro caso, dietro raccomandazione o grazie a ricerche di prammatica piuttosto laboriose?**

Una banca con funzioni di committente deve prima di tutto poter affrontare la sfida costituita dalle sue infrastrutture altamente specializzate, e dalle complessità tecnologiche. L'architetto libero professionista, il pianificatore globale, quello della propria casa, l'assistente dell'imprenditore generale e l'architetto preposto alla tutela dei monumenti, concorrono tutti nella ricerca comune di soluzioni dei vari problemi, completandosi tuttavia vicendevolmente. Il committente, che sia una banca o un costruttore di casette, deve affrontare i problemi del suo progetto come anche quelli della corporazione degli architetti che collaborano. E' dunque imperativo sopperire a tutte le esigenze e ricercare soluzioni nuove.

Indispensabili per la riuscita della costruzione sono infine la scelta del giusto partner e, non per ultimo, un'autentica comunicazione attiva all'interno della nuova alleanza. Questo libro può essere considerato il primo, valido aiuto nella ricerca delle soluzioni giuste.

**Aargau**

# Robert Alberati AG

**Dipl. Architekt ETH/SIA**
Kirchplatz 4
4800 Zofingen
Telefon 062-751 22 00
Telefax 062-751 22 02

**Gründungsjahr** 1980

**Inhaber**
Robert Alberati

**Mitarbeiterzahl** 7

**Spezialgebiete**
Wohnungsbau

Bauten für Industrie, Gewerbe und Handel

Öffentliche Bauten und Planungen

Umbauten und Sanierungen

Bauen im historischen Kontext

**Publikationen**
Hochparterre 4/94

Schweizer Architektur as 116 4/95

**Philosophie**
Unser Bestreben ist es, funktionale Ansprüche umfassend in architektonische Realitäten mit hohem Gebrauchs- und Erlebniswert umzusetzen. Über kreative, aber disziplinierte Formsuche wird die folgerichtige Gestalt angestrebt, welche Konstruktionen Identität und Harmonie zu verleihen vermag. Das Bauen hat als respektvoller, aber selbstbewusster Eingriff in unsere natürliche und künstliche Umwelt zu erfolgen. Neues soll Altem spannungsvoll gegenübergestellt werden. Die Interessen der Bauherrschaften werden treuhänderisch gewahrt und müssen mit Ansprüchen der Gesamtgesellschaft in Einklang gebracht werden. Kostenbewusster und qualitätvoller Einsatz zeitgemässer bautechnischer Mittel ist selbstverständlich. Soll Architektur eine Ausdrucksform kultureller Tätigkeit sein, hat sie den Zeitgeist gültig und frei von modischen Erscheinungen darzustellen. Dies verlangt von allen Beteiligten Einsatz und Offenheit.

**Wichtige Projekte**

1985 Neubau Produktionshalle und Umbau Bürogebäude Brandenberger AG, Zofingen

1986/87 Mehrzweckgebäude mit Feuerwehr- und Bauamtswerkhof, Strengelbach

1987/88 Neubau Wohn- und Geschäftshaus Wildi, Altstadt Zofingen

1988 Renovation ref. Kirchgemeindehaus und Pfarrhäuser, Altstadt Zofingen

1989/91 Neubau Wohn- und Geschäftshaus Wyler, Altstadt Zofingen

1990/91 Neubau Feuerwehrgebäude, Zofingen

1991/92 Überbauung Bärenhof, Schweiz. Bankverein, Altstadt Zofingen (ArGe)

1992 Um- und Anbau Haus Scholl, Zofingen

1992/93 Neubau Haus Frösch, Zofingen

1993 Umbau Geschäftshaus Lehmann AG, Zofingen

1994/95 Neubau Alterssiedlung Hardmatten, Strengelbach

1995 Um- und Anbau Haus Wagner, Zofingen

**Aktuelle Projekte**

Umbau und Renovation Wohn- und Geschäftshaus Schweiz. Mobiliar-Versicherungsgesellschaft, Zofingen

Autoeinstellhalle PA AG, Zofingen

Wohnsiedlung Netzi, Oftringen

Umbau Wohn- und Geschäftshaus Meier-Stich, Altstadt Zofingen

Um- und Anbau Haus Matter, Zofingen

**Abbildungen**

**1. + 2. Haus Frösch, Zofingen, 1993**

**3. + 6. Haus Scholl, Zofingen, 1992**

**4. + 5. Wohnsiedlung Netzi, Oftringen**

# Baumann & Waser

**Dipl. Architekten
ETH/HTL SIA/STV**
Augustin-Keller-Strasse 22
5600 Lenzburg
Telefon 062-891 77 00
Telefax 062-891 77 70

**Gründungsjahr** 1962

**Inhaber/Partner**
Ernst Baumann

Ruedi Baumann

**Leitende Angestellte**
André Wey, Bauleiter

Kurt Baumann, Arch. HTL

**Mitarbeiterzahl** 9

**Spezialgebiete**
Industrie- und Gewerbebau

Öffentliche Bauten

Wohnungsbau

Sanierungen/Renovationen

Orts- und Regionalplanung

**Philosophie**
Ökonomisch und ökologisch wertvolle und möglichst flexibel in der Zeit nutzbare Gebäude und Hüllen erstellen, mit denen auch die nächste Generation und der dritte Nutzer etwas Sinnvolles und Wertbringendes machen können.

**Werkverzeichnis (Auszug)**

**Industrie- und Gewerbebau**
Betriebszentrale Coop Aargau, Schafisheim

Mühlebach AG, Lupfig

Muhlebach SA, Genf

Strapex AG, Wohlen

Zofinger Tagblatt AG, Zofingen

Kosmetikfabrikation Mibelle AG, Buchs

Verwaltungsgebäude Alesa AG, Seengen

**Einkaufszentren**
Coop-Einkaufszentren in Muri AG, Unterkulm, Oberentfelden, Schöftland

**Banken**
Schweiz. Volksbank, Lenzburg

Aargauische Kantonalbank, Lenzburg

Aargauische Kantonalbank, Fahrwangen

**Öffentliche Bauten**
Gemeindehaus, Schafisheim

Werkhof Bauamt + Städtische Werke, Lenzburg

Sicherheitseinrichtungen Kant. Strafanstalt, Lenzburg

**Fürsorge, Kultus, Kultur**
Alterspflegeheim, Lenzburg

Gesamtrenovation Stadtkirche Lenzburg

Gemeindesaal, Lenzburg

**Schulbauten, Freizeit**
Strandbadanlage Tennwil, Hallwilersee

Gesamtrenovation Schulhaus Othmarsingen

Kindergarten, Dintikon

Doppelkindergarten, Lenzburg

**Wohnungsbau**
Überbauung Langsamstig, Lenzburg

Überbauung Burghalde, Lenzburg

«Fischerhof», Meisterschwanden

Reihenhäuser «Lamm», Schafisheim

**Umbauten im Schutzbereich**
Villa Malaga, Lenzburg

Haus Gasser, Lenzburg

Drogerie Gryzlak, Lenzburg

Bijouterie Clémençon, Lenzburg

**Orts- und Regionalplanung**
Gestaltungsplan Isegass–Sandweg, Lenzburg

Gestaltungsplan Breitfeld, Lenzburg

**Aktuelle Projekte**
Zentrumsüberbauung, Fahrwangen

Wohnsiedlung Zelgmatte, Lenzburg

Bürogebäude OWL AG, Buchs

Eigentumswohnungen Burghalde Mitte, Lenzburg

Wohnsiedlung Brüggliacker, Hendschiken

Ausbau Turnhalle, Buttwil

**Abbildungen**
1. Zentrumsüberbauung, Fahrwangen, 1996

2. Bürogebäude OWL AG, Buchs AG, 1995

3. Einfamilienhaus Döbeli, Seon, 1995

4. Betriebszentrale Coop Aargau, Schafisheim, 1994

# Buser + Partner AG

**Dipl. Architekt ETH/SIA**
Laurenzenvorstadt 67
5000 Aarau
Telefon 062-822 72 82
Telefax 062-824 13 71

**Gründungsjahr** 1986

**Inhaber/Partner**
Fredy Buser
Franz Sinniger
Urs Meyer
Alfred Schär
(Zweigbüro Zurzach)

**Mitarbeiterzahl** 11

**Spezialgebiete**
Öffentliche Bauten:
Schulen, Altersbauten
Restauration Denkmalschutz-Bauten
Sanierung von Wohnbauten
Industriebau
Verkehrsbauten

**Wichtige Projekte**
1986 Sporthalle Bünten, Unterentfelden
1986 Polizeikommando Aargau, Aarau
1987/88 Neu- und Umbau Altersheim Wildegg
1988 Reformiertes Kirchgemeindehaus Zurzach (Denkmalschutz)
1988 Eigentumswohnungen E. Kieser AG, Lenzburg
1988 Erweiterung Grafische Fachschule Aarau
1989 Raiffeisenbank Leibstadt
1990 Erweiterung Aargauer Tagblatt AG, Aarau
1992 Renovation kath. Kirche Stüsslingen
1993 Sanierung Einfamilienhaus Ch. Fritschi, Aarau
1994 Doppeleinfamilienhäuser Oberdorfstrasse, Unterentfelden
1994 Umbau BD-Bahnhof Berikon-Widen
1995 Wohn- und Geschäftshaus, Kleindöttingen
1996 Alterssiedlung Menziken

**Aktuelle Projekte**
Erweiterung Altersheim Wildegg
Renovation ref. Kirche Aarburg (Denkmalschutz)
Oberstufen- und KV-Schulhaus, Zurzach
Hotel Goldige Öpfel, Aarau
Wohn- und Geschäftshaus, Wildegg (Alterswohnungen)
Eigentumswohnungen Asylstrasse, Aarau
Renovation Stadtkirche, Aarau (Denkmalschutz)

**Abbildungen**
1. Sanierung Einfamilienhaus Ch. Fritschi, Aarau
2. Eigentumswohnungen E. Kieser AG, Lenzburg
3. Wohn- und Geschäftshaus, Kleindöttingen

# Christen Sidler Weber AG

**Architekten + Planer SIA/BSP**
Bahnhofstrasse 8
5400 Baden
Telefon 056-222 66 13
Telefax 056-222 49 94

Bahnhofstrasse 3
4852 Rothrist
Telefon 062-794 15 75
Telefax 062-794 46 60

**Gründungsjahr** 1953
(als Einzelbüro Heinz Weber)

**Inhaber/Partner**
Werner Christen,
dipl. Arch. ETH/SIA,
Raumplaner ETH/NDS

René Sidler, dipl. Arch. ETH/SIA

Heinz Weber, Arch. SIA

**Leitende Angestellte**
Rolf Klöti, dipl. Arch. HTL

Mario Postizzi, Bauleiter

**Mitarbeiterzahl** 8

**Spezialgebiete**
Umbauten, Umnutzungen, Renovationen

Öffentliche Bauten

Industrie- und Gewerbebauten, Restaurants

Wohnungsbau

Planung: Orts- und Quartierplanung, Dorferneuerung, Leitbilder, Sondernutzungspläne

**Publikationen**
Siedlung Nussweg,
Raum + Wohnen 3/93

Wettbewerb Wohnüberbauung Schönenwerd, Aktuelle Wettbewerbsszene

div. Wettbewerbe, si+a
Schweiz. Ingenieur + Architekt

Tageszeitungen

**Auszeichnungen**
Verschiedene Wettbewerbspreise

**Wichtige Projekte**
1984/85 Erweiterung Gemeindehaus, Rothrist

1988/89 Umbau und Erweiterung Dancing «Scharfen Ecken», Rothrist

1990 Konzessionsprojekt Maschinenhaus Kraftwerk Ruppoldingen

1990/92 Reihensiedlung Nussweg (10 Häuser), Rothrist

1992/94 Wohnsiedlung Sennhof (22 Alterswohnungen), Rothrist

1993/94 Neubau Schulhaus (Mittelstufe), Brittnau

1994/95 Schulhauserweiterung (Oberstufe), Rothrist

1994/95 Umbau Bärengasse (Wohnen, Büros, Restaurant), Altstadt Zofingen

1991/92 Richtplan «Bifang Sennhof» (ca. 300 Wohnungen), Rothrist

1981 MFH Rösslimatte (16 Wohnungen), Aarau

1984 3 MFH im Brühl (18 Wohnungen), Gebenstorf

1987 Überbauung Kappelerhof (152 Wohneinheiten), Baden

1988 Büro und Gewerbehaus «im Gwatt», Pfäffikon SZ

1989 EFH-Siedlung «in der Rebe», Lengnau

1990 Umbau Altstadthäuser Obere Gasse, Baden

1991 Büro- und Gewerbehaus, Vogelsang

1993 MFH Rainacker, Würenlingen

**Aktuelle Projekte**
Werkstatt und Bürogebäude Christen Metallbau, Strengelbach

Gemeindehauserweiterung, Strengelbach

Überbauung Moosmatt (25 kostengünstige REFH), Murgenthal

Div. Doppel-EFH und EFH in Killwangen, Lengnau, Rothrist, Ennetbaden

**Abbildungen**

1. + 2. Reihensiedlung Nussweg, Rothrist, 1991

3. Werkstatt und Bürogebäude Christen Metallbau AG, Strengelbach, 1995

4. Büro- und Gewerbehaus «am Wasserschloss» (gemischte Nutzung, Läden, Büros, Wohnungen als Schiffsaufbauten), Vogelsang/Gemeinde Gebenstorf AG, 1991

5. Int. Wettbewerb Nationalmuseum Seoul, Südkorea, 1995 (4. Preis unter 341 eingegangenen Projekten)

**Fotos:**
Th. Hämmerli: 1, 2
Trösch, Bützberg: 3
Ehrat, Dietikon: 4

# Droz + Partner AG

**Dipl. Architekt ETH/SIA**
**Neumarkt**
**5200 Brugg**
**Telefon 056-441 98 61**
**Telefax 056-441 99 71**

**Gründungsjahr** 1977
AG seit 1991

**Inhaber/Partner**
Gabriel Droz,
dipl. Arch. ETH

Udo Drewanowski,
Architekt

Christian Droz,
Gestalter HFG

**Mitarbeiterzahl** 9

**Spezialgebiete**
Bauten für Industrie,
Gewerbe, Handel

Verwaltungsbauten

Wohnungsbau

Umbauten, Sanierungen

Innenausbau

**Philosophie**
Wahrnehmung der Kundeninteressen. Optimierung der jeweiligen Nutzungen unter Beibehaltung der Flexibilität wie in Bezug auf die ökonomischen Vorgaben.
Daraus folgt eine zweckmässige Architektur von dauerhaftem Stellenwert – ist diese doch frei von «Schnörkeln» und beschränkt sich auf wenige, dauerhafte Materialien.

**Wichtige Projekte**

**Konzept/Studien/Beratungen**
1985 Waro-Konzepte Haag, Arbon, Sion, Dietikon

1989 Landi-Märkte Schweiz, Baukasten, Lenzburg, St. Margrethen, Herbrugg

1990 Gestaltungsplan Müli, Kloten

1991 Top-Tip-Baukasten, Etoy

1994 Gestaltungsplan Zentrum Brugg

1995 Typen Niederlassung Kleinkreditbank, Gesamtschweiz

**Innenausbau**
1978 Arztpraxis (Allgemeinpraxis), Glattbrugg

1978 Hotelumbau, Flims

1980 Um-/Ausbau Kirche, Kirchenzentrum Stein, Stein

1982 Optiker, Verkauf und Werkstatt, Brugg

1982 Lithostudio, Kloten

1985 Zahnarztpraxis, Brugg

1986 Demo-Räume KVT, Dietikon

1986 Arztpraxis (Dermatologie), Brugg

1987 Arztpraxis (Chirurgie), Brugg

1991 Umbau und Sanierung Kurhotel/Privatklinik, Bad Schinznach

1995 IBZ-Labor, Elektronikschulung, Brugg

1995 Uhrengeschäft, Brugg

**Gewerbe**
1979 Garage/Wohnhaus, Gebenstorf

1980 Garage, Ausstellung, Stetten

1980 Papiersackfabrik, Helwan (Ägypten)

1989 Grossschreinerei, Schlossrued

1989 Saatgutanlage-Projekt, Winterthur-Niederfeld

1991 Gewerbehaus Vindonissa, Windisch

**Banken/Verwaltung**
1971 Bank Aufina, Zentralverwaltung, Brugg

1978 AKB-Niederlassung, Bank/Praxis/Wohnungen, Frick

1982 GZB-Schalter, Back Office, Brugg

1983 NAB-Filiale, Neubau mit Wohnungen, Lupfig

1983 SBG-Niederlassung, Provisorium, Brugg

1984 AKB, Umbau Direktion, Brugg

1985 SBG-Niederlassung, Café/Reisebüro, Brugg

1985 SBV-Niederlassung, Brugg

1985 SBV, Umbau Schalter, Aarau

1986 NAB-Niederlassung Neumarkt, Brugg

1991 NAB-Büros Aussendevisenhandel, Brugg

1992 SVB-Backoffice, Um-/Einbau in drei Altstadthäuser, Brugg

1992 Bank Aufina, Neubau Zentralverwaltung/EDV-Zentrum, Brugg

1993 SKA-Neubau, Abbruch durch Bauherrschaft nach Rohbau 2, Brugg

1994 AKB, Umbau Direktion, Brugg

**Einkaufszentren**

1971 Neumarkt 1, Brugg

1982 Neumarkt 2, Brugg

1985 Centre Commercial, Rennaz

1986 Centre Commercial, Yverdon

1986 Um-/Anbau Waro, Riazzino

1987 Umbau Waro, Volketswil

1991 EPA Brugg, Geschäftshaus mit Bürogeschossen, Brugg

1991 Landi-Markt, Landquart

1993 Neubau SKA-Gebäude, Brugg

1994 Umbau Jelmoli, Brugg

1995 Umbau SKA-Gebäude, Umnutzung in Läden, Brugg

**Wohnungsbau**

1975 Wohnüberbauung Promenade, Brugg

1977 Villa mit Schwimmbad, Brugg

1979 Einfamilienhaus, Urdorf

1981 Altstadthäuser, Läden/Wohnungen, Brugg

1981 Reihenhaussiedlung, Laufen

1983 Umbau Villa, Basel

1990 Um-/Anbau Villa, Zürich

1991 Umbau Villa, Aarau

1991 Umbau Villa, Brugg

1992 Wohnüberbauung, Hausen i. W. (D)

1995 Umbau Villa, Bad Schinznach

1995 Doppeleinfamilienhaus, Brugg

**Aktuelle Projekte**

Einkaufszentrum in Brugg (Wohnungen, Projekt)

Geschäftshaus in Brugg (Baubeginn 1996)

Erweiterung Geschäftshaus in Brugg (Baubeginn 1996)

Wohnüberbauung in Birrhard (Baubeginn 1996)

Umbau Schalterhalle AKB, Brugg (in Planung)

Sanierung Südflügel Kurhotel/Privatklinik, Bad Schinznach (Baubeginn 1996)

Umbau Wohnhaus in Bad Schinznach (Baubeginn 1996)

Personalhäuser in Bad Schinznach (Projekt)

**Abbildungen**

1. SKA-Gebäude, Brugg, 1993

2. Lichthof innen, Bank Aufina, Brugg, 1992

3. Neue Galerie Passage, SKA-Gebäude-Umnutzung, Brugg, 1995

4. Offener Schalter SBG, Brugg, 1985

5. Aussensanierung Rundbau Kurhotel im Park, Bad Schinznach, 1994

6. EPA, Brugg, 1991

7. Erweiterung Geschäftshaus in Brugg (in Planung)

8. Wettbewerb Museum für prähistorische Archäologie, Neuenburg, 1987

9. Gewerbezentrum (Projekt), Hallwil, 1989

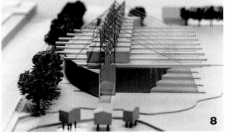

# Dietiker + Klaus

**Architektengemeinschaft «Architheke»**
Zurzacherstrasse 232
5203 Brugg
Telefon 056-442 21 46
Telefax 056-442 21 45

**Gründungsjahr** 1988

**Inhaber/Partner**
Ruedi Dietiker,
dipl. Arch. ETH/SIA

Beat Klaus, dipl. Arch. HTL

**Leitende Angestellte**
Andreas Bünder,
dipl. Arch. HTL

Maja Ischi

Jörg Schilter,
dipl. Arch. ETH/SIA

Arno Vogel, Architekt

**Spezialgebiete**
Wohnbauten

Öffentliche Bauten

Renovationen

Städtebauliche Planungen

Umnutzungen

**Publikationen**
Holz-Bulletin 36/94, 38/95

Raum + Wohnen 6/95, 2/96

Archithese 5/95

Werk, Bauen + Wohnen 11/95

Schweiz. Holzbau 9/95

**Wichtige Projekte**
1985 Wettbewerb Platzgestaltung Bahnhofplatz Baden (1994 ausgeführt)

1988 Wettbewerb Umbau Gipsmühle Lauffohr (1993 ausgeführt)

1989 Wettbewerb Helvetia, St. Gallen, 2. Preis

1990–92 Richtplanung Spinnereiareal ABB, Turgi

1991 Künstleratelier Otto Grimm, Möriken

1991 Umbau Kanuclub Brugg

1992 Wettbewerb Wohnsiedlung Mägenwil (1. Preis)

1992 Umbau und Energiesanierung MFH, Olten

1992 Bibliothek Stehli, Wolfwil

1993 Wohnbaustudie Im Gut, ABB, Turgi

1992 Projektauftrag Stadtraumgestaltung Brugg

1994 3 Holzhäuser Am Hang, Brugg

1994 Kochstudio Cookuk, Aarau

1995 EFH Hochspach, Mönthal

Wettbewerbe, Wettbewerbsvorbereitungen, Jurierungen

**Aktuelle Projekte**
Wettbewerb Erweiterung Kinderstation Rüfenach, Ausführung 97/98

Umbau und Erweiterung Schloss Habsburg

Wettbewerb Raiffeisenbank Merenschwand, Ausführung 95/96

Planung Zentrumsüberbauung Staufen

**Abbildungen**

**1. Umbau Gipsmühle Lauffohr**

**2. Drei Häuser Am Hang, Brugg**

**3. Atelier Gipsmühle**

**4. Vorraum/Untergeschoss, Umbau Schloss Habsburg**

**5. Anbau Bibliothek, Wolfwil**

**Fotos:**
H. R. Stadtmann: 1 + 3
R. Führer: 2 + 4, M. Hefti: 5

# Eppler – Maraini – Schoop

Dipl. Arch. ETH/BSA/SIA
Mühlbergweg 27
5400 Baden
Telefon 056-221 65 56/55
Telefax 056-221 65 57

**Gründungsjahr** 1970

**Inhaber**
Hermann Eppler,
dipl. Arch. ETH/BSA/SIA,
Prof. TWI Winterthur

Luca Maraini,
dipl. Arch. ETH/BSA/SIA,
Prof. HTL Brugg-Windisch

Emanuel Schoop,
dipl. Arch. ETH/SIA

**Mitarbeiterzahl** 7

**Spezialgebiete**
– Wohnungsbau
– Schulbauten
– Öffentliche Bauten
– Gewerbebauten
– Umbauten/Sanierungen
– Gestalterische Bearbeitung von Tiefbauten
– Einfamilienhäuser
– Innenausbau
– Wettbewerbsvorbereitungen
– Richt- und Gestaltungsplanungen

**Publikationen**
Werk, Bauen und Wohnen 7+8/88, 1+2/89, 6/92, 6/93

Architekturpreis Beton 1989

Hochparterre Jan./Feb. 89

Unsere Kunstdenkmäler 1990/1

db Deutsche Bauzeitung 4/90

Peter Disch:
Architektur in der deutschen Schweiz, 1991

Architekturführer der Stadt Baden 1994, Verlag Lars Müller

Architekturführer der Schweiz, Band 2, 1994

**Philosophie**
Wir fassen jede Bauaufgabe vorerst als einmaligen, speziellen Fall auf und suchen dazu konzeptionell unterschiedliche Lösungsansätze. Die so erarbeiteten Varianten werden analysiert, verglichen und in Zusammenarbeit mit der Bauherrschaft evaluiert. Dieses individuelle Erarbeiten jeder Bauaufgabe widerspiegelt sich in eigenständigen und oft unkonventionellen Resultaten. In der Ausführung und der Materialisierung suchen wir die ökonomische und konstruktiv korrekte und bewährte Lösung. Individualität und bautechnische Ausgereiftheit sind somit kein Widerspruch.

**Wichtige Projekte**
1979 Jugendherberge Beinwil

1980 Mehrzweckhalle, Schulhauserweiterung, Doppelkindergarten und Feuerwehrmagazin Rekingen AG

1982–90 Schulhauserweiterung, Mehrzweckhalle und Feuerwehrmagazin Baden-Rütihof

1987 Umbau und Sanierung Verwaltungsgebäude Städtische Werke Baden

1987 Umbau und Renovation Amtshaus Baden

1990 Gestalterische Bearbeitung Hochbrücke, Unterführungen und Bushaltestellen Baden

1991 Wohn- und Gewerbeüberbauung Ländliweg, Baden

1991 Architekturschule des Technikums Winterthur: Um- und Einbau in eine Fabrikhalle

1992 Wohnüberbauung Rösslimatte, Buchs AG (75 Wohnungen, Büros)

1992/93 Platzgestaltung und Parkhaus beim Rathaus, Wettingen (Wettbewerb, 1. Preis)

1993 Wohnüberbauung und Gewerbe im Triesch, Buchs (Wettbewerb, 1. Preis)

seit 1993 Umbau und Sanierung des ehemaligen Wohlfahrtsgebäudes der BBC für die Höhere Wirtschafts- und Verwaltungsschule Aargau

1994 Wohnüberbauung für die Migros-Pensionskasse, Buchs (280 Wohnungen, Büros)

1994 Platzgestaltung und Parkhaus Theaterplatz, Baden (Wettbewerb, 1. Preis, 2. Rang)

1994 Neuplanung Bahnhofgebiet Baden, Teilprojekte Busachse Ost und Metroshop

**Abbildungen**

1. Verwaltungsgebäude der Städtischen Werke Baden: Umgang mit wertvoller Bausubstanz aus den 30er Jahren (Heimatschutzpreis), Sanierung der Sichtbetonaussenhaut

2. Feuerwehrmagazin Baden-Rütihof: ästhetische Möglichkeiten am einfachen «Zweckbau»

3. Amtshaus der Stadt Baden: bauliche Intervention als Dialog von alt und neu

4. Wohn- und Gewerbeüberbauung Ländliweg, Baden: Stadtwohnungen, konzeptioneller Lärmschutz, verdichtetes Bauen

5. Architekturschule Technikum Winterthur: Umnutzung von Industriebauten, wiederverwendbarer Montagebau

6. Wohn- und Gewerbeüberbauung Rösslimatte, Buchs: Preisgünstiger Wohnungsbau, Siedlungsqualität

# Flury + Partner GmbH

**Architekturbüro**
ETH/HTL/STV
Laurenzenvorstadt 61
5000 Aarau
Telefon 062-822 93 66
Telefax 062-824 61 10

**Gründungsjahr** 1986

**Inhaber**
Peter Flury,
dipl. Arch. HTL/STV

**Leitender Angestellter**
Alfred Ackermann,
dipl. Arch. ETH

**Mitarbeiterzahl** 4

**Spezialgebiete**
Wohn-, Industrie-
und Gewerbebauten

Spitalbauten

Renovationen, Umbauten,
Sanierungen

Umnutzungsstudien, Analysen

Beratungen, Expertisen

Gestaltungs- und Zonenpläne

**Philosophie**
Bauen beruht auf Vertrauen.

**Wichtige Projekte**
1986 Einfamilienhaus
W. + M. Schmid, Oberkulm

1984–89 Wohn- und
Geschäftshaus «La Suisse»,
Kasinostrasse, Aarau

1986–88 Privatspital
Ami-Klinik, Aarau

1987 Umbau/Renovation
Brockenstube, Ziegelrain,
Aarau

1987/88 Umbau und Dach-
geschossausbau am Zollrain,
Aarau

1988–92 Wohn- und
Geschäftshaus-Überbauung
Heinrich-Wehrli-Strasse,
Buchs

1989 Projekt Einfamilienhaus
in Kuwait

1988–91 Reihen-EFH-
Überbauung am Waldrand,
Rohr AG

1989/90 Umbau/Renovation
Wohn- und Geschäftshaus,
Pelzgasse, Aarau

1991/92 Gestaltungsplan/
Zonenplanänderung Tann-
gassmatten, Oberentfelden

1992/93 Projekt Wohnüber-
bauung Tanngassmatten,
Oberentfelden

1992/93 Renovation/Umbau
Altstadtliegenschaft, Milch-
gasse, Aarau

1992–94 Um- und Neubauten
Arztpraxen, Büros und Lager,
Schachen, Aarau

1992–95 An- und Umbau
Privatspital Klinik
im Schachen, Aarau

**Aktuelle Projekte**
An- und Umbau Klinik
im Schachen, Aarau

Renovation Mehrfamilienhaus
in Suhr

Sanierung von Fabrik-
gebäuden in Buchs AG

Renovation Einfamilienhaus
in Buchs

**Abbildungen**

1. + 3. An- und Umbau
Klinik im Schachen, Aarau,
1992–95

2. Wohn- und Geschäfts-
haus-Überbauung, Buchs,
1988–92

# Frei Architekten und Planer AG

Architekten und Planer AG
STV/SWB
Widacherstrasse 14
5416 Kirchdorf
Telefon 056-282 27 77
Telefax 056-282 27 71

**Gründungsjahr** 1956
AG seit 1990

**Inhaber/Partner**
Robert Frei, dipl. Arch. HTL

Urs Maisenhölder,
dipl. Arch. HTL

**Leitender Angestellter**
Dieter Loos,
dipl. Arch. ETH/SIA

**Mitarbeiterzahl** 5

**Spezialgebiete**
Wohnungsbau
(genossenschaftlich)

Schulbauten

Öffentliche Infrastrukturbauten

Heime

Einfamilienhäuser

Planungen, Expertisen

Fachberatung Ortsbild, WEG

**Auszeichnungen**
Aarg. Heimatschutzpreis 1987
für Wohnüberbauung Zelgli,
Untersiggenthal

**Philosophie**
Wir planen Bauten im
Kontext von Ort, Zeit und
Umwelteinflüssen.

Das Erreichen einer neuen
ökonomischen Basis ist uns
ein Anliegen.

Der sparsame Umgang mit
Formen unter Einbezug der
grundsätzlichen Material-
eigenschaften steht dabei im
Dienst erhöhter Wohnlichkeit
und Identifikation.

Dies gewährleistet Gestaltun-
gen, die der Individualität der
Benutzer Rechnung tragen.

**Wichtige Projekte**
1987/92 Altersheim,
Würenlingen

1987 Schulanlage, Wislikofen

1988 Wohnüberbauung
Kleeweg, Würenlingen

1990 Wettbewerb Bahnhof
Baden

1991 Friedhofgebäude,
Mägenwil

1991 Druckerei Meier,
Würenlingen

1991/95 Planung Holderbank,
Auffüllung Steinbruch,
Zonen- und Richtpläne

1991/95 Behindertenheim
«Haus Morgenstern», Widen

1991/95 Wohnüberbauung
Auhalde, Untersiggenthal

1994 Drei Einfamilienhäuser,
Staldenstrasse,
Untersiggenthal

1994 Umnutzung/Sanierung
Werkhof Technisches Zentrum,
Nussbaumen

1995 Wohnüberbauung
Huebwis, Untersiggenthal

1995 Katholisches Pfarreiheim, Untersiggenthal

1995 Gesamtökologiekonzept
für 2 Einfamilienhäuser mit
aktiver und passiver Sonnen-
nutzung, Nussbaumen

Wettbewerbe, Wettbewerbs-
vorbereitungen, Jurierungen

**Abbildungen**

**1. Zentrales Schulungs-
gebäude PSI,
Würenlingen, 1987**

**2. Einfamilienhaus
Schneider,
Würenlingen, 1989**

**3. Behindertenheim
«Haus Morgenstern»,
Widen, 1994**

**4. Altersheim,
Würenlingen, 1990**

**5. Friedhofgebäude,
Mägenwil, 1992**

**6. Wohnüberbauung
Huebwis,
Untersiggenthal, 1995**

# Peter Frei · Christian Frei

Dipl. Arch. ETH/SIA AG
Bleichemattstrasse 43
5000 Aarau
Telefon 062-823 28 23
Telefax 062-823 27 22

**Gründungsjahr** 1976

**Inhaber/Partner**
Peter Frei,
dipl. Arch. ETH/SIA

Christian Frei,
dipl. Arch. ETH/SIA

**Mitarbeiterzahl** 12

**Publikationen**
Ein Altstadthaus in Aarau,
Hochparterre 9/94

Einfamilienhaus in Aarau,
as Schweizer Architektur,
August 1994

Wohn- und Bürogebäude in
Aarau, as Schweizer Architektur, April 1994

**Auszeichnungen**
Baupreis der Stadt Aarau 1995

**Philosophie**
«Man soll alles so einfach
machen wie möglich, aber nicht
einfacher.» (A. Einstein)

**Wichtige Projekte**

**Industrie und Gewerbe**
1984 Garagenneubau, Veltheim

1990 Aufstockung Druckerei AG, Suhr

1992 Erweiterung Werkzeugfabrik Urma AG, Rupperswil

**Wohn-/Geschäftshäuser**
1985 Mehrfamilienhaus in Embrach

1985 Geschäftshaus, Suhr (mit S. Calatrava)

1989 Erweiterung Bürogebäude Rüetschi & Co. AG, Suhr

1990 Wohn- und Geschäftshaus, Biel (nicht ausgeführt)

1990 Erweiterung/Neubau Bürogebäude Meag AG, Gretzenbach

1991 Geschäftshaus, Bleichemattstrasse, Aarau

1991 Wohn- und Geschäftshaus, Teufenthal

1991 Mehrfamilienhaus, Bachstrasse, Aarau

1994 Wohn- und Geschäftshaus Rain 26, Aarau

1995 Mehrfamilienhaus, Niedergösgen

**Umbauten/Renovationen**
1991 Umbau Wohn- und Geschäftshaus Rain 24, Aarau

1992 Renovation MFH, Hombergstrasse, Buchs

1992 Umbau Geschäftshaus, Bleichemattstrasse, Aarau

1994 Sanierung Turnhalle und Mehrzweckgebäude Gysimatt, Buchs

**Einfamilien- und Reiheneinfamilienhäuser**
1989 REFH Buhaldenstrasse, Biberstein

1992 EFH Albrecht, Bergstrasse, Aarau

1993 EFH Würth, Auensteinerstrasse, Biberstein

1994 DEFH Bärtschi/Bodmer, Wallerstrasse, Aarau

1995 EFH Pauli, Dossenstrasse, Aarau

1995 DEFH Hammer/Hamero, Alpenblickweg, Rombach

**Wettbewerbserfolge, 1. Preis**
1987 Zentrumsüberbauung Buchs

1992 Wohn- und Geschäftshaus, Aargauerplatz, Aarau

1992 Wohnüberbauung in Mühlethal AG

1993 Wohn- und Gewerbeüberbauung Buchs

1994 Schulungs- und Informationszentrum Franke AG, Aarburg

**Gestaltungspläne**
1994 Erschliessungs- und Gestaltungsplan «Im Triesch», Buchs AG

1995 Erschliessungs- und Gestaltungsplan Areal Markstaller, Buchs

**Aktuelle Projekte**
Schulungs- und Informationszentrum Franke AG, Aarburg

Wohn- und Geschäftshaus, Aargauerplatz, Aarau

Lager-, Produktions- und Verwaltungsgebäude Hagmann Hosenmode AG, Dulliken

EFH Meyer, Aarau

Sanierung Grossratsgebäude, Aarau

MFH, Metzgergasse, Suhr

**Abbildungen**

**1. Wohn- und Geschäftshaus Rain 26, Aarau, 1994**

**2. Schulungs- und Informationszentrum Franke AG, Aarburg (im Bau)**

**3. Lager-, Produktions- und Verwaltungsgebäude Hagmann Hosenmode AG, Dulliken (im Bau)**

**4. Doppeleinfamilienhaus Hammer/Hamero, Alpenblickweg, Rombach, 1995**

**5. Einfamilienhaus Pauli, Dossenstrasse, Aarau, 1995**

# Marc Frey

Dipl. Arch. ETH/SIA/SWB
Konradstrasse 9
5000 Aarau
Telefon 062-822 80 50

**Gründungsjahr** 1982

**Inhaber**
Marc Frey,
dipl. Arch. ETH/SIA/SWB

**Mitarbeiterzahl** 2

**Spezialgebiete**
Sanierung und Rekonstruktion historischer Bauten in Zusammenarbeit mit Denkmalpflegen

Um-, Ausbau und Renovation von Wohnhäusern, öffentlichen Bauten und Anlagen

Unkonventionelle Holzbauten

**Publikationen**
Schweizer Holzrevue 17/69: «Unkonventionelle Holzbauweise»

Bauen + Wohnen 5/87: «Methoden zur Verhinderung von Überraschungen bei Umbauten und Sanierungen»

Aargauer Tagblatt, 11. 5. 78, Sonderbeilage Bauen/Wohnen: «Wege zum Eigenheim»

**Auszeichnungen**
Gastassistent Architekturabteilung ETHZ, 1980–82

**Philosophie**
«Das Leben geschieht, währenddem wir etwas anderes machen»*: Mit Vorliebe alte Gebäude umbauen, renovieren, rekonstruieren und dabei vorhandenes Wissen mit neuen, oft überraschenden Erfahrungen anreichern.

*Mauerspruch in Montevideo*

**Wichtige Projekte**
– Schloss Wildegg (Aussenstation des Schweizerischen Landesmuseums):

1985–87 Schloss: Sanierung von Dächern und Fassaden aus der Zeit um 1700 mit Rekonstruktion und Erweiterung von Ausstellungsräumen

1991/92 Ehemaliges Wohnhaus der Sophie von Erlach: Umbau EG, Ausbau Dachgeschoss zum Ausstellungsraum, Rekonstruktion eines Peristyls von 1826

1991/92 Schlossscheune von 1661: Gesamtrenovation mit Erneuerung und Rekonstruktion von Innenräumen für Ausstellungszwecke

– Einwohnergemeinde Auenstein AG:

1992/93 Sanierung und Renovation der Schulanlagen

1994/95 Ausbau des Gemeindehauses und Durchführung einer energetischen Gebäudesanierung

– Dreifamilienhaus in Aarau:

1992/93 Gesamtrenovation mit Ausbau des Dachgeschosses

**Aktuelle Projekte**
Innenrenovation der reformierten Kirche von 1701, Holderbank AG

Umbau eines ehemaligen Spittel aus der Zeit um 1700 in Fünffamilienhaus mit separater Tiefgarage

**Abbildungen**

**1. + 4. Rekonstruktion Peristyl und rekonstruierte Südfassade Erlachhaus, Schloss Wildegg**

**2. + 5. Ausbau Obergeschoss Gemeindehaus, Auenstein AG**

**3. + 6. Dachgeschossausbau Dreifamilienhaus in Aarau**

# Fugazza Steinmann & Partner

**Dipl. Arch. ETH/SIA AG**
Schönaustrasse 59
5430 Wettingen
Telefon 056-437 87 87
Telefax 056-437 87 00

**Filiale**
(siehe auch Teil Solothurn)
Gallusstrasse 23
4612 Wangen bei Olten
Telefon 062-212 56 42

**Gründungsjahr** 1977

**Inhaber**
Heinz Fugazza

William Steinmann

**Mitarbeiterzahl** 28

**Leitbild**
Unsere Bauten wollen mehr als nur Funktionserfüllung sein: Gute Architektur innerhalb des städtebaulichen Rahmens steht im Dialog mit der gebauten Umgebung und gibt dem Ort seine Identifikation.

**Werkverzeichnis**

**Zentrumsbauten**
1988 Wettbewerb Dorfzentrum Gränichen mit Gemeindehaus, Läden, Büros und Wohnungen, 1993 Bezug

1994 Coop-Super-Center, Läden, Büros und Behindertenwerkstatt, Industrierecycling, Lenzburg

**Fürsorge und Gesundheit**
1977 Wettbewerb Regionalspital Laufenburg, 1985/89 Bezug

1979 Wettbewerb Behinderten-Wohnheim Wettingen, 1981 Bezug

1981 Wettbewerb Altersheim Schinznach-Dorf, 1985 Bezug

1981 Wettbewerb Altersheim Gränichen, 1986 Bezug

1982 Wettbewerb Altersheim Zurzach, 1989 Bezug

1984 Wettbewerb Paraplegikerzentrum Balgrist, Zürich, 1990 Bezug

1988 Altersheim Zion, Dübendorf

1993 Neubau Operationstrakt Klinik Sonnenblick, Wettingen

1993 Heim für Schwerstbehinderte, Wettingen, 1995 Bezug

1995 Um-/Erweiterungsbau Bettenhaus Klinik Sonnenblick, Wettingen

**Gemeindebauten**
1979 Wettbewerb Gemeindehaus und Feuerwehrmagazin Oberehrendingen, 1982 Bezug

1980 Wettbewerb Mehrzweckgebäude Turgi, 1985 Bezug

1981 Wettbewerb Gemeindehaus und Mehrzweckgebäude Bergdietikon, 1985 Bezug

1986 Wettbewerb Gemeindehaus mit Bank und Post Unterehrendingen, 1993 Bezug

1988 Feuerwehrgebäude mit Zivilschutzanlage Wettingen,

1988 Wettbewerb Gemeindehaus Gränichen, 1993 Bezug

**Kultus und Kultur**
1979 Renovation Kirche St. Anton, Wettingen

1986 Wettbewerb Gemeindebibliothek Wettingen, 1989 Bezug

1992 Theater- und Mehrzweckgebäude, Kantonsschule Wettingen

1994 Erweiterung kath. Pfarreizentrum Unterkulm, 1995 Bezug

**Banken**
1982 Schweizerische Kreditanstalt, Einbau Filiale Shopping-Center Spreitenbach

1987 Schweizerische Bankgesellschaft, Wettingen

1987 Wettbewerb Raiffeisenbank Schneisingen, 1990 Bezug

1993 Raiffeisenbank Unterehrendingen

1993 Aarg. Kantonalbank, Gränichen

### Industrie/Gewerbe
1982 Telefongebäude PTT, Wettingen

1987 Fabrikneubau ORION AL-KO, Spreitenbach

1989 Einrichtungszentrum Möbel-Pfister, Contone

1994 Basler Lack- und Farbenfabrik, Buchs, 1995 Inbetriebnahme

### Schulhäuser
1979 Wettbewerb Erweiterung Schulhaus Zehntenhof, Wettingen, 1981 Bezug

1987 Wettbewerb Primarschulhaus Berikon, 1990 Bezug

1988 Erweiterung Schulhaus Unterehrendingen, 1991 Bezug

1992 Wettbewerb Schulhaus Gränichen, 1995 Bezug

### Freizeit- und Sportbauten
1980 Wettbewerb Mehrzweckhalle Mülligen, 1985 Bezug

1982 Tennisanlage und Klubhaus, Wettingen

### Wohnungsbau
1987 Wettbewerb Wohn- und Geschäftshaus Ziegleren, Schneisingen, 1990 Bezug

1992 Mehrfamilienhaus Utostrasse 18, Wettingen

1992 Überbauung Dorfstrasse 32, Wettingen

1992 Überbauung Dorfstrasse 18, Wettingen

### Aktuelle Projekte
Rheuma- und Rehabilitationsklinik Zurzach, Erweiterung und Sanierung, 1996 Bauende

Klinik Sonnenblick, Wettingen, Erweiterung und Umbau Bettenhaus, Etappe IV

Einrichtungshaus Möbel-Pfister, Pratteln, 1996 Bezug

Coop Center mit Wohnungen, Zurzach, 1996 Bezug

Wohnüberbauung Mülleracker, Schafisheim, 1996 Bezug

Alters- und Krankenheim Wettingen, Wettbewerb 1992, Projektphase

Altersheim Marienheim, Wangen bei Olten, 1997 Bezug

Gestaltungsplan Wohnüberbauung Schwirrenmatte, Suhr

Fabrikneubau Rotho-Fixit-Kunststoffwerk AG, Würenlingen, 1997 Bezug

Büroerweiterung Fugazza Steinmann & Partner, 1997 Bezug

Umbau Migros Tivoli und Shopping-Center Spreitenbach, 1997 Baubeginn

Fachmarkt Mels/Sargans, 1997 Baubeginn

Waffenplatz Dübendorf, Lehrgebäude 3, Wettbewerb 1995, Baueingabe/Projektphase

Schulhaus Margeläcker, Wettingen, Renovation/Erweiterung/Projektphase

### Gewonnene, nicht realisierte Wettbewerbe
1989 Wettbewerb Erweiterung Vilan, Schlossbergplatz, Baden

1990 Wettbewerb Gemeindehaus mit Post Killwangen

### Abbildungen
1. Paraplegikerzentrum Balgrist, Zürich, Wettbewerb 1. Rang, Bezug 1990

2. Erweiterung kath. Pfarreizentrum Unterkulm, 1995

3. Primarschulhaus Gränichen, Wettbewerb 1. Rang, Bezug 1995

4. Industrierecycling Coop-Super-Center Lenzburg, 1994

5. Basler Lack- und Farbenfabrik, Buchs, 1995

6. Rheuma- und Rehabilitationsklinik, Bettenhausanbau, Zurzach, 1996

7. Heim für Schwerstbehinderte, Wettingen, 1995

8. Fachmarkt Mels/Sargans, Baubeginn 1997

9. Lehrgebäude 3, Waffenplatz Dübendorf, Wettbewerb 1. Rang, Bauprojekt 1995

10. Alters- und Krankenheim Wettingen, Wettbewerb 1. Rang, Bauprojekt 1996

# Furter Eppler Stirnemann

Dipl. Architekten
Rigacker 9
5610 Wohlen
Telefon 056-622 00 20

**Gründungsjahr** 1982

**Inhaber**

Hans Furter,
dipl. Arch. BSA/SIA/SWB

Ruedi Eppler,
dipl. Arch. BSA/SIA/SWB

Hansruedi Stirnemann,
dipl. Arch. SWB

**Erweiterung Schulanlage Falter, Oberwil-Lieli, 1988/91**

Die bestehende Schulanlage, idyllisch gelegen in einer Waldlichtung auf der Hügelkuppe zwischen den Dörfern Oberwil und Lieli, bestand aus einem zentralen Pausenhof mit gedecktem Umgang und einzeln daran angedockten Bauten. Die Erweiterung um Aula und wenige Schulzimmer respektiert und verstärkt dieses Konzept, indem sie die bisher freie Ecke besetzt. Der südliche Zugang führt als öffentlicher Weg in einer offenen Vorhalle durch das neue Gebäude hindurch. Er trennt so auf «natürliche» Weise den separat nutzbaren Aulaeingang vom Schulhaus. Im Obergeschoss gewährleistet der durchlaufende Baukörper die Verbindung der beiden Bereiche.

**Wohnüberbauung Oberzelg, Bergdietikon, 1989/93**

Die Kombination aus der Einstufung der Erschliessungsstrasse als lärmig mit dem Wunsche der vielgliedrigen Bauherrschaft, je für sich bauen zu können, allenfalls mit unterschiedlichen Architekten, führte zum Konzept dieser Überbauung: Im Grundriss L-förmige Einzelbauten werden mittels transparenter, klimatisch offener, aber einseitig verglaster Treppenanlagen zu einem optisch durchlässigen Lärmschutzriegel gereiht: statt Treppenhausmief ein luftiges Steigen am Rand des Innenhofs, begleitet von einer Pappel. Sie steht auf dem Niveau der Tiefgarage, der Weg vom Auto zur Wohnung führt (in einer Siedlung für Pendler) auf direktestem Weg nach draussen, ans Licht. Die in den Aussenraum greifenden «Finger» definieren die Innenhöfe als Bestandteile des grossen gemeinsamen Freiraums. Die Wohnungen sind derart um die Innenhöfe angeordnet, dass ihre privaten Aussenräume einen deutlichen Abstand zueinander einhalten.

**Primarschulanlage Rütihof, Zürich-Höngg, 1989/95**

Landschaftliche Gegebenheiten, so ein punktuell dichter Baumbestand, bildeten den Ausgangspunkt für dieses Projekt am Stadtrand. Eingefasst von der langen Schleife einer vierspurigen Strasse, gliedern die Bauten den Hang in eine Folge von aussenräumlichen Kammern. Von unterschiedlichem Charakter, sind diese durch offene Hallen in den Baukörpern miteinander verbunden und für die Öffentlichkeit auch ausserhalb der Schulzeiten als Naherholungsgebiet zugänglich. Zuoberst, an der Quartierstrasse, der «Vorherplatz», befestigt, gefasst von langer Schulhausfassade, gegenüberliegenden Wohnhäusern, dominiert von einer mächtigen Rotbuche. Über die offene Pausenhalle mit dem Vorherplatz in Beziehung gesetzt, folgt der weitgehend sein natürliches Gefälle behaltende Hang, eine Wiese mit den bestehenden Baumgruppen. Mit Trampelpfaden und einer Passerelle ist diese Wiese verbunden mit dem nächsten Aussenraum, dem Pausenplatz zwischen den Turnhallen und auf deren Dach. Die Gestaltung des Pausenplatzes versucht zweierlei zu erreichen: einerseits seinem Charakter als Deck, erhöht über der Umgebung, gerecht zu werden, anderseits den Platz nicht nur als Ebene, sondern als räumliches Element zu formen, gegliedert in klein- und grossräumigere Teile. Unterhalb der Turnhallen liegt der Bereich der Sportanlagen, auch er räumlich gefasst durch Gebäudefassade und aufgeforsteten Wald. Diese Aufforstung bildet zusammen mit dem gegenüberliegenden bestehenden Wald den talseitigen Abschluss der Gesamtanlage; sie ist auch gedacht als Ordnungselement im Quartier: Indem die breite Strasse ein Stück weit in eine Waldschneise gelegt wird, entsteht ein Merkpunkt im heterogenen Gefüge des Quartiers. Diese von oben nach unten, von Norden nach Süden beschriebene Aussenraumfolge wird gegen Nordwesten stirnseitig geschlossen mit einem gekrümmten Schild, hinter welchem lärmgeschützt und abseits der Schule Doppelkindergarten, Tageshort und Quartierräume angeordnet sind.

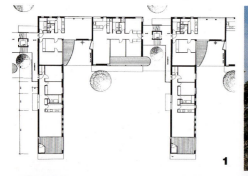

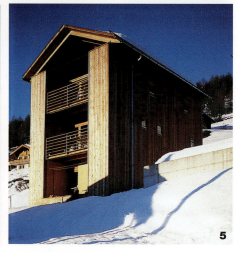

**EFH Staub,
Berg TG, 1994/95**

Drei Gebäude, Garage mit Pergola darüber, Wohnhaus, Tonstudio, bilden zusammen mit einer Stützmauer einen allseitigen Rahmen um den Innenhof: Einer wenig attraktiven Vielfalt verschiedenster Einfamilienhäuser weicht das Projekt auf eine Ausrichtung nach innen aus. Die Schlafzimmer liegen im Bereich grösster Privatheit im Erdgeschoss; dabei ist das Elternschlafzimmer vom Hof abgekehrt auf einen eigenen kleinen Hof ausgerichtet. Das Obergeschoss mit Wohnbereich und Gästezimmer blickt über den Hof hinweg in die Berge.
Auf diesem Geschoss liegt ein weiterer Aussenraum, die Dachfläche über dem Studio ist Essplatz im Freien auf dem Niveau der Küche und gleichzeitig «Balkon» über der «Bühne» des Hofs. Der Weg von der Strasse ins Haus verbindet verschiedene Stationen. Vom platanenbestandenen Vorplatz durch den Engpass des Tors führt eine Rampe hinauf in den Hof. Von hier leitet ein Wasserbecken zum Haus und unter das Haus zum Eingang.

**EFH Helfenstein,
Wohlen AG, 1994/95**

Das zweigeschossige Gebäude mit seinen Aussenräumen besetzt einen schmalen Streifen auf der Nordostseite des langrechteckigen Grundstücks. Statt allseitigem Restgrün konnte die Grünfläche ausschliesslich auf der Hauptaussichtsseite konzentriert werden, dies auch dank dem Entgegenkommen des Nachbarn. Die Abfolge von Erschliessungsschicht, Raumschicht und Aussenraumschicht (Balkon und Schutz der Fenster) ist die daraus abgeleitete konzeptionelle Reaktion. Die Rückwand, die aus besagten Gründen wie auch zur Vermeidung von Einsichten öffnungslos bleibt, wird zu einem starken Element in der zersiedelten Landschaft. Sie ist auch im Innenraum zweigeschossig und mit dem zugehörigen Oblicht zu jeder Tages- und Jahreszeit für den nordöstlichen Hausteil ein willkommener Reflektor für einfallendes Sonnenlicht. Diese Wirkung wird durch die entsprechende Wandbeleuchtung auch nachts erreicht.

**Ferienhaus Steinmann,
Bellwald VS, 1993**

Das Konzept des dreigeschossigen Hauses auf kleinem Grundriss (6 x 7 m) hat verschiedene Auslöser, nämlich die Anlehnung an die Typologie des Gommer Hauses, die Verbesserung der Aussicht wegen nahe stehender Gebäude sowie eine sinnvolle Grundrissorganisation: Kochen/Essen im Eingangsgeschoss, Schlafen im Untergeschoss und Wohnen im Obergeschoss, welches bei starker Belegung ebenfalls als Schlafraum benützt werden kann. Auf allen Geschossen befindet sich ein gut nutzbarer Balkon mit (abstell)raumhaltigen Seitenwänden als Windschutz und grosser Verglasung zur Vestärkung der Beziehung zum Aussenraum sowie zur Nutzung der Sonnenenergie. Der Treppenkern als Raumtrenner und stabilisierendes Element ist der einzige massive Einbau. Die Holzkonstruktion in Ständerbauweise und einheimischem Lärchenholz als Vertikalschalung ermöglichte eine äusserst kostengünstige Bauweise.

Diese Texte bilden eine Ergänzung zur Ausgabe «Präsentation Schweizer Architekten» 1995.

**Abbildungen**

**1. + 4. Wohnüberbauung
Oberzelg, Bergdietikon**

**2. + 3. Einfamilienhaus Helfenstein, Wohlen AG**

**5. Ferienhaus Steinmann,
Bellwald VS (ArGe mit
Daniel Steinmann)**

**6. + 7. Schulanlage
Oberwil-Lieli**

**8. + 9. Einfamilienhaus
Staub, Berg TG**

**10. – 13. Schulanlage
Rütihof, Zürich-Höngg**

# Gassner & Rossini

Dipl. Arch. ETH/SIA/HTL
Dynamostrasse 5
5400 Baden
Telefon 056-221 67 68
Telefax 056-221 67 60

**Inhaber/Partner**
Othmar Gassner,
dipl. Arch. ETH/SIA

Pietro Rossini,
dipl. Arch. HTL

**Leitende Angestellte**
Jürg Wittwer, Bauleiter,
Innenausbauzeichner

**Mitarbeiterzahl** 5

**Spezialgebiete**
Wohnungsbau, Einfamilienhäuser

Sportstättenbau

Schulbauten

Kommunal-/Kulturbauten

Sanierungen

Umbauten

Submissionen, Bauleitungen

**Wichtige Wettbewerbe (Auszug)**
1987 Schulhauserweiterung, Remetschwil (2. Preis)

1990 Wohn- und Gewerbebauten, Oberehrendingen (2. Preis)

1992 Schulhauserweiterung, Boswil (1. Preis; nicht ausgeführt)

1992 Werkhof, Spreitenbach (2. Preis)

1993 Gemeindehaus, Schule, Doppelkindergarten, Oberbözberg (3. Preis)

1994 Wohnsiedlung am Hang, Hägglingen (1. Preis; nicht ausgeführt)

1994 Schulhauserweiterung mit Kindergarten, Klingnau (2. Preis)

1995 Dreifachsporthalle, Uster (6. Preis)

1995 Schulhauserweiterung mit Turnhalle, Veltheim (4. Preis)

**Wichtige Projekte**
1980–84 Schulhaus Leematten III mit Turnhalle und Kombination Zivilschutzanlage, Fislisbach

1982–83 Umbau kath. Vereinshaus, Dofkernzone Fislisbach

1995–88 Umbau Bauernhaus mit 7 Wohneinheiten, Umiken

1988–89 Umbau und Sanierung Wohn- und Gewerbehaus Hauptgasse 8, Mellingen

1990–92 Spiel- und Sporthalle Tägerhard (mit Sportlerunterkunft, Zuschaueranlage und Laufkorridor), Wettingen

1990–94 Diverse Umbauten Stiftung Kinderheim Klösterli, Wettingen

1991–96 Schulhauserweiterung mit Turnhalle und Singsaal, Jonen

1992 Schulanlage Dorf mit Doppelkindergarten, Lengnau (Projekt)

1992–93 Mehrzweckgebäude, Gemeindeverwaltung, Feuerwehr, Bauamt, Stetten AG

1992–94 Umbau und Erweiterung Mehrzweckhalle mit Bühne, Niederwil

1992–96 Ev.-ref. Kirchenzentrum, Fislisbach

1996 Sanierung Turnhalle Boostock, Spreitenbach

Diverse Einfamilienhäuser, Sanierungen und Umbauten

**Abbildungen**

**1. Spiel- und Sporthalle Tägerhard, Wettingen, 1990–92**

**2. Zuschaueranlage Spiel- und Sporthalle Tägerhard, Wettingen, 1990–92**

**3. Gemeindehaus, Stetten, 1992–93**

**4. Feuerwehrmagazin, Stetten, 1992–93**

# Hegi Koch Kolb

Architekturbüro SIA
Zentralstrasse 30A
5610 Wohlen
Telefon 056-622 04 88
Telefax 056-622 04 89

Zweigbüro in Zug

H E G I
K O C H
K O L B
ARCHITEKTEN

**Gründungsjahr** 1984

**Inhaber**
Stefan Hegi, dipl. Arch. ETH
Felix Koch, dipl. Arch. HTL
Kurt Kolb,
dipl. Innenarch. SfGZ

**Leitende Angestellte**
Markus Haas, Bauleiter
Alain Baur, Techniker TS

**Mitarbeiterzahl** 10

**Spezialgebiete**
Öffentliche Bauten
Kindergärten
Wohnbauten +Wohnsiedlungen
Industrie- und Gewerbebau
Ökologische Bauten
Umbauten
Möbeldesign

**Veröffentlichungen**
Dokumentation über Bauen mit Lehm, SIA D 077

Hochparterre 5/95

Kindergartenzeitschrift, April/95

**Philosophie**
Das eigentliche Ziel unserer Arbeit sehen wir darin, mit unseren Bauten einen Kulturbeitrag zu leisten. Unsere Hauptaufgabe liegt in der Absicht, Raumqualität mit den Bedürfnissen der Benützerschaft in Einklang zu bringen. Hierbei bevorzugen wir die Prinzipien der einfachen und klaren Strukturen, welche sich in idealer Weise mit unserem Bestreben nach angemessenen Lösungen und umsichtigem Umgang mit Material und Energie ergänzen. In diesem Sinne wird aus unserer Sicht die traditionelle Ästhetik der Sparsamkeit und der Konstruktion mit gegenwartsbezogenem Ausdruck ihre Fortsetzung finden.

**Wichtige Bauten und Arbeiten**
1985 Mehrfamilienhaus Steingasse, Wohlen

1987 Umbau Zahnarztpraxis Dr. Schmidli, Wohlen

1988 Terrassenhaussiedlung Rebberg, Wohlen

1988 Umbau und Erweiterung AKB, Sins

1988 Werkstatt und Wohnhaus Fam. Schlumpf, Waltenschwil

1990 EFH in Lehmbauweise, Fam. Marbach, Sarmenstorf

1990 Saalbau mit Hotel und Restaurant, Wohlen (Wettbewerb, 1. Preis)

1991 Gemeindebauten Hägglingen, Gemeindehaus, Bauamt, Feuerwehr und Post (Wettbewerb, 1. Preis)

1991 Gemeindezentrum Zufikon, Gemeindehaus, Kindergarten, Bauamt und Feuerwehr (Wettbewerb, 1. Preis)

1991 Schulerweiterung, Oberlunkhofen (Wettbewerb, 1. Preis)

1992 EFH mit Wintergarten, Fam. Egolf, Oberrohrdorf

1992 EFH-Siedlung in günstiger Bauweise, Eichirebe, Sarmenstorf (Wettbewerb, 1. Preis)

1993 Wohnhausanbau M. Baur, Sarmenstorf

1993 Fleischverkaufsladen Murimoos, Muri

1994 Kindergartenneubau und Umbau Gemeindehaus, Hornussen (Wettbewerb 1991)

1995 1. Etappe Kindergartenneubau und Erweiterung Gemeindebauten (Feuerwehr, Bauamt), Zufikon

1995 1. Etappe Gemeindehausneubau mit Post in Hägglingen

**Aktuelle Projekte**
1. Etappe preisgünstige Reihenhaussiedlung, Dottikon

Gemeindezentrum Hermetschwil (Wettbewerb, 1. Preis)

Doppelkindergarten Schinznach Dorf (Wettbewerb, 1. Preis)

**Abbildungen**
**1. Wettbewerbsprojekt Saalbau Wohlen, 1. Preis**

**2. Wettbewerbsprojekt Gemeindebauten Hägglingen, 1. Preis**

**3. EFH in Lehmbauweise, Fam. Marbach, Sarmenstorf**

**4. Kindergarten in Holzbauweise, Gemeinde Hornussen (1. Preis)**

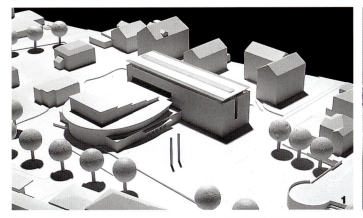
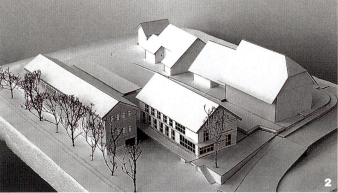

# Hertig + Partner

**Atelier für Architektur SIA/GSMBA/VSI**
Entfelderstrasse 1
5000 Aarau
Telefon 062-8 244 244
Telefax 062-8 244 247

**Gründungsjahr** 1969

**Inhaber/Partner**
Godi Hertig, Architekt SIA

Sam Weidmann, Architekt HTL

Ueli Wagner, Architekt VSI

Andreas Noetzli, Architekt ETH/SIA

Ueli Hertig, Architekt HTL

**Mitarbeiterzahl** 12

**Publikationen**
AS – Schweizer Architektur: Kirchliches Zentrum, Suhr, Sept. 80; Hotel Viktoria, Hasliberg, Jan. 81; Alters- und Pflegeheim Brüggli, Dulliken, Juni 81; Umbau Wohn- und Geschäftshaus, Aarau, Dez./Jan. 85; Wettbewerb Färberplatz, Aarau, Dez./Jan. 85; Altersheim Unteres Seetal, Seon, Feb. 88; Erweiterung Storenstoff AG, Buchs, Mai 90; Zentrum Bärenmatte, Suhr, Okt. 90

Werk, Bauen + Wohnen 7+8/89: Zentrum Bärenmatte, Suhr

**Auszeichnungen**
Anerkennung 1981 für behindertengerechtes Bauen: Altersheim Brüggli, Dulliken, und Hotel Viktoria, Hasliberg

Anerkennung 1989 für behindertengerechtes Bauen: Altersheim Unteres Seetal, Seon

**Wichtige Projekte**
1980 Kirchliches Zentrum Länzihus, Suhr (W)

1980/89/95 Hotel Viktoria, Hasliberg Reuti

1986 Aargauische Arbeitskolonie Murimoos (W)

1986 Altersheim Seon (W)

1987 Fabrikneubau Stosa, Buchs

1987 Sanierung Badi, Aarau

1988 Schulanlage Oberkulm (W)

1988 Kulturzentrum Bärenmatte, Suhr (W)

1990 Altersheim Steinfeld, Suhr

1991 Ausbildungszentrum Veska, Aarau

1992 Schulhaus Kaisten (W)

1993 Haus für Bildung und Begegnung, Herzberg

1994 Verwaltungsgebäude NAB, Aarau (W)

(W) = Projektwettbewerbe, 1. Preis

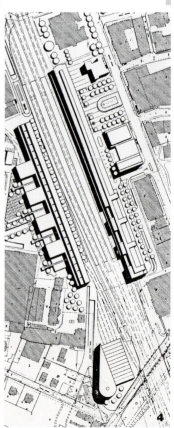

**Wettbewerbe**

1982 Überbauung Färberplatz, Aarau, 1. Rang

1985 Turnhalle Gewerbeschule, Aarau, 2. Preis

1987 Altersheim Erlinsbach, 3. Preis

1987 Mehrzweckhalle Rupperswil, 2. Preis

1989 Schulhaus Herznach, 2. Preis

1989 Saalbau Unterentfelden, 1. Rang

1989 Alterszentrum Widen, 2. Preis

1990 Gemeindeverwaltung Murgenthal, 1. Preis

1990 Altersheim Abendruh, Interlaken, 2. Preis

1991 HPS und Schulbauten, Frick, 1. Preis

1991 Bahnhof Aarau, 5. Preis

1991 Pfarrhaus Gipf-Oberfrick, 1. Preis

1991 Gemeindeverwaltung Schafisheim, 2. Preis

1992 Alterswohnungen, Zofingen, 1. Preis

1992 Alters- und Leichtpflegeheim Falkenstein, Menziken, 3. Rang

1992 Altersheim Windisch, 1. Preis

1994 Behindertenheim Oberentfelden, 4. Preis

1994 Schwimmbad Entfelden, 1. Preis

**Aktuelle Projekte**

Alters- und Pflegeheim Windisch

Hotel Viktoria, Hasliberg

Sanierung/Umbau Hallen- und Freibad Entfelden

Einfamilienhaussiedlung Schürmatten, Rohr

**Abbildungen**

**1. Gemeindehaus Murgenthal, 1996**

**2. Hotel Viktoria, Hasliberg, 1996**

**3. + 4. Wettbewerbssituationen**

**5. + 7. Neue Aargauer Bank, Aarau**

**6. + 8. Schulanlage, Frick**

# Kunz + Amrein AG

**Architekten SWB/VSI**
Postplatz 5
5600 Lenzburg 1
Telefon 062-891 25 03
Telefax 062-892 03 05

**Gründungsjahr**
1946 durch Oskar V. Kunz
1963 Kunz + Amrein
1991 Kunz + Amrein AG

**Inhaber**
Hans Amrein

**Freie Mitarbeit**
Crispin Amrein und Ruth Giger, Architekten HTL, Basel, und Andrea Amrein, dipl. Restauratorin, Basel

**Mitarbeiterzahl** 5

**Spezialgebiete**
Individueller Wohnbau

Renovation und Umnutzung von historischen Alt- und Industrieliegenschaften

Betriebswirtschaftliche Problemanalysen

Produktedesign

**Publikationen**
Aktuelle Wettbewerbsszene 3+4/85, Zürich

Die Schweizer Industrie III/91, Verlag Schweizer Journal AG, Stäfa

**Philosophie**
Dienstleistung mit hoher ethischer Verantwortung gegenüber den Auftraggebern, den Baustandorten, der Umwelt und der Gesellschaft. Aus Leidenschaft weitsichtiges Planen, Bauen und Realisieren von Objekten mit Menschen und für Menschen. Einfache, präzise und klar strukturierte Bauten mit sorgfältig erarbeiteten Konstruktionen, einfachen, wertbeständigen Materialien und harmonischer Farbgestaltung.

**Wettbewerbe**
1979 ref. Pfarreizentrum, Hendschiken (2. Rang)

1985 Überbauung Bahnhofareal, Lenzburg (3. Rang)

1991 Schulhausanlage, Staufen (4. Rang)

1991 Behindertenwohnheim, Oberentfelden (2. Rang)

**Wichtige Projekte**
Bauten für geistig und körperlich behinderte Menschen, öffentliche Bauten:

1970 Wohnheim Mätteli, Herzogenbuchsee

1975 Arbeitszentrum für Behinderte, Strengelbach

1982–89 Umnutzung der mechanischen Werkstätten Cementfabrik Holderbank in ein Ausbildungs- und Schulungszentrum

1982–92 Verschiedene Aus- und Ergänzungsbauten Kantonale Strafanstalt, Lenzburg

1985 Museum Burghalde, Lenzburg

1990 Arbeitszentrum für Behinderte, Lenzburg

1994 Neugestaltung und Renovation der kath. Kirche, Lenzburg

Renovationen, Umbauten verschiedener Altliegenschaften in Lenzburg und Willisau

Gewerbe- und Bürohäuser:

1985 Gewerbe- und Bürohaus Koller, Thalwil

1990 Gewerbe- und Bürohaus Steiner, Weggis

1994 Bürohaus Roggen Amrein, Nussbaumen

Individuelle Einfamilienhäuser:

1970 Wohnhaus Wechner, Arth

1972 Wohnhaus Schwager, Steinen

1978 Wohnhaus Bründler, Sins

1982 Wohnhaus Plüss, Strengelbach

1990 Wohnhaus Megnet, Arth

1994 Wohnhaus Kunz, Seengen

1994 Attikawohnung Steiner, Weggis

**Aktuelle Projekte**
Umnutzung/Ausbau einer alten Industrieliegenschaft in Lenzburg

Renovation, Um- und Ausbau der 350jährigen Stadtmühle, Willisau

Überbauungsstudie für Wohnbauten am Fusse des Schlosses Lenzburg

**Abbildungen**

**1. Renovation kath. Kirche, Lenzburg: Chorgestaltung**

**2. Renovation kath. Kirche, Lenzburg: Ambo (Lesepult)**

**3. Gewerbe- und Bürohaus Steiner AG, Weggis, 1990**

**4. Renovation kath. Kirche, Lenzburg: Meditationskapelle, 1994**

**5. + 6. Bürohaus Roggen-Amrein AG, Nussbaumen, 1994**

# Leuner & Zampieri

Dipl. Arch. ETH HTL SIA
Industriestrasse 20
5000 Aarau
Telefon 062-823 25 27
Telefax 062-822 15 10

**Gründungsjahr** 1989
Partnerschaft seit 1995

**Inhaber/Partner**
Christian Leuner,
dipl. Arch. HTL/REG A/SIA

Danilo Zampieri,
dipl. Arch. ETH/SIA

**Mitarbeiterzahl** 6

**Spezialgebiete**
Öffentliche Bauten

Wohnungsbau

Industrie- und Gewerbebauten

Richt- und Gestaltungsplanungen

Gestalterische Bearbeitung von Tiefbauten

Umbauten/Sanierungen

Innenausbau

**Publikationen**
Europan 1989

Holzbulletin 31/92

Ziegelpresse 5/95

SIA-Heft 6/95

**Auszeichnungen**
1994 SIA-Priisnagel, SIA Aargau-Baden

Diverse 1. Preise bei SIA-Wettbewerben

**Wichtige Projekte**
Um- und Anbau Haus Stutz-Dübendorfer, Staufen

Doppeleinfamilienhaus, Thunstetten

Aufstockung Gewerbehaus E. Stutz, Lenzburg

Umbau und Renovation eines Hauses in Stüsslingen

Villa am Meer, Iskenderun (Südtürkei)

Erweiterung Schulanlage, Schafisheim

Wohn- und Atelierhaus, Panamaweg, Suhr

**Aktuelle Projekte**
Wohnsiedlung Dorfmatte, Oberrüti

Mehrfamilienhaus, Malerrain, Kölliken

Villa am Hürnen, Schafisheim

Mehrfamilienhaus, Zollweg, Suhr

Renovation und Erweiterung Schulanlage Lenzhard, Lenzburg

**Abbildungen**

**1. Wohn- und Atelierhaus, Panamaweg, Suhr**

**2. Erweiterung Schulanlage, Schafisheim**

**3. Wettbewerbsprojekt Markthalle Färberplatz, Aarau**

**4. Mehrfamilienhaus, Malerrain, Kölliken**

# Franz Maissen und Jost Zumbach

Dipl. Arch. HTL ETH SIA
Schachenallee 29
5000 Aarau
Telefon 062-822 45 77
Telefax 062-822 45 63

**Gründungsjahr** 1987

**Inhaber/Partner**
Franz Maissen

Jost Zumbach

teilw. mit Ruedi Eppler, Wohlen

**Mitarbeiterzahl** 4

**Spezialgebiete**
Ein Grossteil unserer bisherigen Arbeiten erforderte eine intensive Auseinandersetzung mit den Polen «alt – neu», indem teilweise komplexe Anforderungen in bestehenden Baustrukturen untergebracht werden mussten.

**Philosophie**
Der Moderne verpflichtet, in dem Sinne, dass Arbeit an Projekten eine stetige Reduktion auf das Wesentliche bedeutet.

**Wichtige Projekte**
1988 Geräteräume Sportanlage Kantonsschule Aarau

1989 Einbau Medienräume in Bauschule, Unterentfelden

1989 Doppeleinfamilienhaus, Unterkulm

1991 Erweiterung EFH Kovats, Baden-Rütihof

1991 Umbau und Erweiterung EFH, Aarau

1992 Ladeneinbau SBB-Unterführung Bahnhof Aarau

**Aktuelle Projekte**
Saalbau, Aarau

**Abbildungen**

1. Fassade Schlossplatz, Saalbau, Aarau

2. + 3. Fassade Ochsengässli, Saalbau, Aarau

# H. O. Matthias

**Architekturbüro**
Klemm & Matthias SIA/IAB
Antonigasse 1
5620 Bremgarten
Telefon 056-631 92 20
Telefax 056-631 88 28

**Gründungsjahr** 1969

**Inhaber**
H. O. Matthias, dipl. Arch.
ETHZ/USP (Univ. Sao Paulo),
Raumplaner NDS ETHZ

**Mitarbeiterzahl** 10

**Spezialgebiete**
Architektur und Generalplanung
Industrie- und Laborbau
Verwaltungsbau
Öffentliche Bauten
Wohnungsbau
Innenarchitektur
Umbau und Restaurierungen

**Publikationen**
Industriebau 5/94
Schweizer Industrie 3/94
Info KS 92
Projeto 6/84, 7/85, 4/86, 3/87
Werk Bauen + Wohnen Okt. 83
Industriebau 5/83
Schweizer Ing.+ Arch. 47/80

**Werkverzeichnis**

**Industriebau**
1979 Chemiefabrik für Degussa SA
1981 Motorblockgiesserei für Sofunge SA
1981 Wasseraufbereitungsanlage für Cia. Suzano
1982 Fabrikationsanlage Hipoclorit/Sodium für Hoechst
1983 Produktionshalle für Asvotec SA
1983 Masterplan für Magal SA
1984 Sanitätsgebäude für Ford
1985 Kommandozentrale für Glasurit
1986 Neue Fabrikationsanlage für Pial Legrand
1987 Riston Coating Gebäude für Du Pont do Brasil
1989 Gelatinefabrik für Leiner
1990 Industrieanlage für Pilkington SA
1991 Druckerei in Zürich-Albisrieden
1992 Technisches Zentrum für European Vinyls Corporation in Sins
1992 Pulvertechnikum für Lonza in Sins

**Verteilzentralen**
1980 Verteilzentrale für Cia. Suzano
1983 Verteilzentrale für Casas Bahia
1985 Verteilzentrale für Metal Leve
1985 Expeditionsgebäude für Siemens SA

**Verwaltungsbauten**
1972 Bürohaus Villares SA
1972 Zentrale Südamerika Du Pont
1983 Verwaltungsbau für Nagel
1983 Direktionsbüros Brown Boveri
1983 EDV-Zentrale für Volkswagen do Brasil

**Banken**
1980 Banco Safra, Fortaleza
1981 Banco Safra, Curitiba
1981 Chase Manhattan Bank, Campinas
1982 Chase Manhattan Bank, Santos
1985 Banco Safra in Riberao Preto
1985 Générale des Banques in Sao Paulo
1986 Générale des Banques in Rio de Janeiro

**Shopping Centers**
1987 ABC Shopping Center in Sao Bernardo
1988 Shopping Center, Bauru

**Öffentliche Bauten**
1986 Telekommunikationszentrale für Telesp in Sao Paulo
1991 Renovation protestantische Kirche in Bremgarten
1993 Postneubau in Bremgarten

**Aktuelle Projekte**
Werkhof, Rottenschwil
Ausbildungsgebäude Waffenplatz Bremgarten
Wohnüberbauung in Villmergen

**Abbildungen**

**1.** Bürogebäude in Salto (Brasilien)

**2.** Kläranlage in Suzano (Brasilien)

**3.** Bankfiliale in Curitiba (Brasilien)

**4. – 6.** Wohnüberbauung, Zufikon

# Messmer + Graf

**Architekturbüro SIA/SWB**
Schartenstrasse 41
5400 Baden
Telefon 056-221 61 01
Telefax 056 221 62 60

**Inhaber**
Rolf Graf

**Leitende Angestellte**
H. v. Dombrowski, C. Linsi,
E. Ulli, A. Zehnder, L. Borner

**Mitarbeiterzahl** 25

**Spezialgebiete**
Wohnungsbau

Schulbauten

Öffentliche Bauten

Handel, Industrie, Gewerbe

Umbauten, Sanierungen, Renovationen

Ortsplanung, Gestaltungspläne

Expertisen, Bauherrenberatung

**Publikationen**
EFH Keller, Nussbaumen, Werk 1969

Umbau WB-Projekt, Baden (mit S. Schmid), Werk 7–8/88

Überbauung Zwischenbächen, Zürich-Altstetten, Werk Material 1–2/92

EFH Prof. Speiser und Terrassenhäuser Mühlbergweg, Architekturführer der Stadt Baden

**Auszeichnungen**
Auszeichnung für gute Bauten Zürich

**Wichtige Projekte**

**Öffentliche Bauten**
Erweiterung Gewerbeschule, Baden

Bezirksschule mit Dreifachturnhalle, Klingnau

Umbau des regionalen Krankenheims, Baden

Kehrichtverbrennungsanlagen im In- und Ausland

Werkhof mit Feuerwehr, Bauamt, Versorgungsbetriebe mit Wohnungen, Spreitenbach

**Handel, Gewerbe, Industrie**
Bankgebäude SKA, Baden

Geschäftshäuser, Landstrasse, Wettingen

Migrosmarkt, Nussbaumen

Raiffeisenbank, Würenlos

Geschäftshaus Haveg, Dättwil

Industriebau Schoop, Dättwil

Kaffeerösterei Graf, Dättwil

Hotel Arte, Spreitenbach

Kunstharzfabrik Mäder, Killwangen

**Wohnbauten**
Gartensiedlung «Kappi», Baden

Überbauung «Grabenmatt», Oberrohrdorf

Appartementhaus, Bellariastrasse, Zürich

Mehrfamilienhaus Wening, Zürich

Terrassenhäuser Mühlbergweg, Baden

Terrassenhäuser Pfaffenziel, Untersiggenthal

Terrassenhäuser Riedmatte, Oberrohrdorf

Überbauung Pinte, Dättwil

Überbauung Weiherhau, Dättwil

Überbauung «Scheueracker», Schinznach-Bad

Terrassenhäuser Schartenrain, Baden

Wohnüberbauung «Boldi», Rieden

Wohn- und Geschäftshaus, Schönaustrasse, Wettingen

Wohn- und Geschäftshaus «Schlosspark», Zurzach

Div. Villen und Einfamilienhäuser

**Ortsplanung**
Gestaltungsplan Ortszentrum Fislisbach

Gestaltungspläne für Altstadt Klingnau

Gestaltungspläne Zentrum und Brühl, Döttingen

Kommunaler Gestaltungsplan Helgenfeld, Suhr

**Umbauten**
WB-Projekt, Baden

Hotel Schweizerhof, Baden

Hotel Post, Ennetbaden

Hotel Jura, Ennetbaden

Umbau «Schlössli», Ennetbaden

**Aktuelle Projekte**
Terrassenhäuser «St. Anna», Baden

Wohnüberbauung «Zelgli», Killwangen

Terrassenhäuser «Bolibuck», Obersiggenthal

Gestaltungsplan «Rai», Bergdietikon

**Abbildungen**

**1.** Überbauung «Obergrüt», Brugg

**2.** Terrassenhäuser Hertenstein, Ennetbaden

**3.** Überbauung «Im Park», Schinznach-Bad

**4.** Personalwohnungen Schoop + Co., Dättwil

**5.** Umgestaltung Abdankungshalle Ennetbaden (Kunst: Beat Zoderer)

**6.** Überbauung «Schlössliwiese», Ennetbaden

**Fotos:** Susanna Bruell: 2, Pat Wettstein: 5

# Metron

**Architekturbüro AG**
**Stahlrain 2, am Perron**
**5200 Brugg**
**Telefon 056-460 91 11**
**Telefax 056-460 91 00**

**Gründungsjahr** 1965

**Geschäftsleiter**
Cornelius Bodmer,
dipl. Arch. ETH/SIA

Markus Gasser,
dipl. Arch. ETH/SIA

Willi Rusterholz, Arch. HTL

**Mitarbeiterzahl** 35

**Spezialgebiete**

**Bauen:**
– Wohnungsbau
– Schulbauten
– Spitalanlagen
– Bahnhöfe
– Geschäfts- und Betriebsbauten
– Umnutzungen

**Planen:**
– Bebauungs-/Gestaltungspläne
– Vorbereitung Wettbewerbe
– Generalplanungen

**Energie/Bauökologie:**
– Energiekonzepte
– Energieplanungen
– Gebäudesanierungen

**Auszeichnungen**
Aargauischer Heimatschutzpreis 1994

Schweizerischer Solarpreis 1993

Europäischer Solarpreis 1994

Umweltpreis 1994 des Schweizerischen Umweltrates

Deutscher Bauherrenpreis 94

**Philosophie**
Metron berät, plant und baut für die öffentliche Hand und für Private.
Mit unserer Arbeit wollen wir dazu beitragen, Lebensraum menschen- und umweltgerecht zu gestalten. Die notwendigen ganzheitlichen Lösungsansätze bedingen eine intensive interdisziplinäre Zusammenarbeit, beispielsweise mit weiteren Fachleuten der anderen Metron-Betriebe im eigenen Bürogebäude in Brugg (Raum-, Landschafts- und Verkehrsplanung).

**Wichtige Projekte**
1989 Umnutzung Chocolat-Fabrik Aarau

1990 Wohnsiedlung Eiwog, Lindenbühl, Kölliken

1990 Telefonzentrale Brugg-Windisch

1991 Mustersiedlung, Röthenbach (D)

1992 3. Neubauetappe Kantonsspital Aarau

1993 Wohnsiedlung Niederholzboden, Riehen BL

1993 Wohn- und Geschäftshaus Stahlrain, Brugg

1994 Aufstockung/Sanierung Schweiz. Mobiliarversicherung, Aarau

1994 Sanierung Wohnsiedlung Brisgi, Baden

1994 Bahnhöfe Birrfeld, Dottikon, Frick

1994 Heilpädagogische Sonderschule Windisch

1994 Quartierschulhaus Telli, Aarau

1994 Mehrfamilienhaus Beck, Lenzburg

1977/85/95 Wohnsiedlung Haberacher, Baden

Mitarbeit Energie 2000 (Diane/Öko-Bau, Energiestadt)

**Aktuelle Projekte**
Sanierung Haus 1, Kantonsspital Aarau

Stadtspital Triemli, Zürich

Eidg. Amt für Messwesen, Wabern-Bern

Bahnhof Baden

Wohnsiedlungen:
– Siedlungsstrasse Thun
– Rütihof, Zürich-Höngg
– Weber, Obersiggenthal
– Brüelstrasse Spreitenbach
– Haberacher IV, Baden
– Reihenhäuser in Seon AG

**Abbildungen**
**1. Überbauung Stahlrain, Brugg (Büros Metron)**

**2. Mehrfamilienhaus Beck, Lenzburg**

**3. Kantonsspital Aarau**

**Fotos:**
**Brigitte Lattmann: 1**
**Peter Kopp: 2**
**H. Helfenstein: 3**

# Oehler Architekten

Rain 18
5000 Aarau
Telefon 062-824 48 28
Telefax 062-824 46 54

**Gründungsjahr** 1972

**Inhaber**
Konrad Oehler,
dipl. Arch. ETH/SIA/SWB

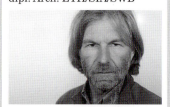

**Leitender Angestellter**
Samuel Strebel, Bauleiter

**Mitarbeiterzahl** 5

**Spezialgebiete**
Analysen

Studien

Projektierung

Ausführung/Bauleitung

Neubauten

Sanierungen

**Philosophie**
Professionelle Planung von Bauten mit hoher architektonischer Qualität und deren Ausführung als Treuhänder der Bauherrschaft unter Wahrung der Verantwortung für Kosten- und Terminoptimierung.

**Wichtige Projekte**
Reihenhäuser, Gränichen

Kirchgemeindehaus und Alterswohnungen, Schafisheim

Geschäfts- und Wohnhäuser «Ziegelrain», Aarau

Bezirkslehrerdidaktikum «Blumenhalde», Aarau

Städt. Saalbau, Aarau, Vorstudien

Umbau «Zollhaus» für das städtische Sozialamt, Aarau

Neu- und Umbau Buchhandlung Sauerländer + Richter, Aarau

Sanierung Mehrfamilienhäuser Neudorfstrasse 2/4/6, Rohr

Gemeindeverwaltung, Suhr

«Landjägerwachthaus» mit Büro Verkehrsverein und Mehrzweckräumen, Einwohnergemeinde Aarau

Bauprojekt Aargauisches Naturmuseum, Aarau

Div. Einfamilienhäuser

**Abbildungen**

**1. Gemeindeverwaltung, Suhr**

**2. «Didaktikum Blumenhalde», Aarau**

# Hans Oeschger

**Architekt SWB**
Hauptstrasse 2
5212 Hausen/Brugg
Telefon 056-460 90 90
Telefax 056-460 90 99

**Gründungsjahr** 1988

**Inhaber**
Hans Oeschger

**Leitende Angestellte**
Remy Schärer
Edwin Blunschi
Nic Ettinger

**Mitarbeiterzahl** 6

**Spezialgebiete**
Öffentliche Bauten
Kindergarten
Schulbauten
Fürsorge und Gesundheit
Gemeindebauten
Industrie und Gewerbe
Wohnungsbau
Umnutzungen

**Werkverzeichnis**

**Schulbauten**
1988 Wettbewerb Schul-, Sport- und Freizeitanlage Weissenstein, Würenlingen: Kindergarten, Schulhaus, Sport-Mehrzweckhalle 3fach, Aussensportanlagen (Bezug 1990/94)

1992 Wettbewerb Erweiterung Schulanlagen, Kleindöttingen (2. Preis)

1992 Erweiterung HTL Brugg-Windisch: Umnutzung (in Ausführung)

1995 Wettbewerb Erweiterung Schulanlagen, Veltheim (1. Preis; in Ausführung)

**Fürsorge und Gesundheit**
1990 Wettbewerb Altersheim «Eigenamt», Birr-Lupfig (Bezug 1992/94)

1994 Wettbewerb Behindertenwohnheim, Brugg/Windisch (1. Preis; in Ausführung)

1994 Alterswohnhaus Blume, Villnachern (in Ausführung)

**Gemeindebauten**
1991 Wettbewerb Bauamt, Feuerwehr, Kindergarten, Gemeindehaus, Hornussen (3. Preis)

**Wohnungsbau**
1989 EFH-Wohnüberbauung, Habsburg (Bezug 1990)

1992 Einfamilienhaus Oeschger, Kaisten (Bezug 1993)

1994 EFH-Wohnsiedlung Rebenacker, Villnachern (Bezug 1995)

**Industrie und Gewerbe**
1988 Werkstattneubau Delfosse, Brugg (Bezug 1989)

1992 Umnutzung Kantonsarchäologie, Brugg (in Ausführung)

**Abbildungen**

1. Einfamilienhaus Oeschger, Kaisten

2. Altersheim «Eigenamt», Birr-Lupfig

3. Schul-, Sport- und Freizeitanlage Weissenstein, Würenlingen

4. Erweiterung Schulanlage, Veltheim

# Pinazza & Schwarz

Dipl. Architekten ETH/SIA
Stadtturmstrasse 19
5400 Baden
Telefon 056-221 80 80
Telefax 056-221 80 08

**Gründungsjahr** 1988

**Inhaber/Partner**
Franco Pinazza
Dieter Schwarz

**Mitarbeiterzahl** 7

**Spezialgebiete**
– Siedlungsbau
– Schulbau
– Umnutzungen
– Bauen
  in historischem Kontext
– Innenarchitektur

**Publikationen**
ABB-Technikerschule, in SIA-Heft 6/1995, Priisnagel 1994

**Auszeichnungen**
SIA-Priisnagel 1994,
SIA Aargau + Baden
PRONOVA 1996

**Philosophie**
Herausschälen des der Aufgabe innewohnenden Lösungspotentials. Innovativer Umgang mit den Gegebenheiten und Möglichkeiten des Metiers.

**Wichtige Projekte**
1988 Umnutzung Armaturenfabrik, Ennetbaden

1988 Umnutzung Zehntenscheune, Baden-Rütihof

1989 Umbau Haus Jaggy, Turgi

1990 Erweiterung ABB Mevag, Turgi

1990 Terrassensiedlung Ennetbaden

1991 Umbau Haus Vögeli, Rieden

1992 Umbau Spitex-Zentrum, Baden

1992 Umbau Haus Winkel, Villigen

1993 Umbau Clubhaus Tennis-Club Baden

1993 Städtebauliche Studie Baden-Nord

1993 Siedlung Jonermatte, Klingnau, 1. Preis

1993 Umbau Empfangsraum ABB Immobilien AG, Baden

1994 ABB-Technikerschule, Baden

1994 Erweiterung Haus Jaggy, Turgi

1995 Umnutzung Fabrikliegenschaft Limmatau, Baden (in ArGe mit Blunschi, Etter, Müller)

1996 Siedlung Funk, Bözberg

**Aktuelle Projekte**
Siedlung Süess, Baden

Siedlung Jonermatte, Klingnau

Umbau Burghaldenstrasse, Baden

**Abbildungen**
**1. ABB-Technikerschule, Baden**

**2. Siedlung Jonermatte, Klingnau**

**3. Umbau Haus Winkel, Villigen, Ansicht**

**4. Umbau Haus Winkel, Villigen, Küchenblock**

**5. Umbau Haus Winkel, Villigen, Sanitärblock**

**Fotos:
Steff Minder, Zürich**

# Urs Schweizer

**Architekt SWB**
5082 Kaisten
Telefon 062-874 45 05
Telefax 062-874 45 09

**Gründungsjahr** 1983

**Mitarbeiterzahl** 3

**Spezialgebiete**
Wohnbauten
Siedlungsbauten
Öffentliche Bauten
Umbauten/Sanierungen

**Philosophie**
Durch Analyse der gegebenen Situation, des Ortes, der Ansprüche und der Möglichkeiten der Bauherrschaft und die Umsetzung im Planungsprozess entstehen differenzierte Projekte. So sind wir in der Lage, vielseitige Aufgaben für unterschiedliche Benutzer zielgerichtet zu lösen. Ökonomisch, ökologisch sinnvoller Einsatz von Baumaterial und Baumethoden hat hohe Priorität wie auch der massvolle Einbezug bestehender, gewachsener Bausubstanz und der Umwelt.

**Wichtige Projekte**

1986 Wohnsiedlung Walchmatt, Herznach (Wettbewerb, 1. Preis)

1986 Niedrigenergiehaus Fam. Wiedenmann, Gipf-Oberfrick

1987 Um- und Ausbau Bahnhofstrasse 101 (Dorfkernzone), Hornussen

1988–90 Wohnheim für Behinderte, Stein (Wettbewerb 1987, 1. Rang)

1990 Bauprojekt, 1994 Teilrealisation Aussensportanlagen der Schulanlage mit Sporthalle in Kaisten (Wettbewerb 1988, 1. Rang Sporthalle, 2. Rang Schulanlage)

1989 Neubau im mittelalterlichen Stadtmuster, Laufenburg (Wettbewerb)

1990–93 Umbau und Umnutzung eines alten Bauernhauses in der Dorfkernzone; Therapeutische Wohngemeinschaft für Drogenabhängige des Kantons Aargau, Kaisten

1991 Haus Fam. Jäggi, Gipf-Oberfrick

1992 Vorprojekt Überbauung Schafhügel, Klingnau

1992 Werkhof und Feuerwehrmagazin, Stein AG (Wettbewerb, 3. Preis)

1993 Nutzungsstudie und Realisierungskonzept Umnutzung Gasthof Hirschen, Überbauung Hirschenareal, Kaisten

1994 Wohnheim für Behinderte, Hausen (Wettbewerb, 2. Preis)

1994–95 Wohnhaus mit Atelier, Gipf-Oberfrick

**Aktuelle Projekte**

1995–97 Wohnsiedlung Breitenacker, Kaisten (Wettbewerb 1994, 1. Preis)

1995–96 2 Einfamilienhäuser in Gipf-Oberfrick

1995–96 Studienauftrag hintere Wasengasse/Grabengärten, Laufenburg (ArGe)

Div. Umbauten und neue Projekte

**Abbildungen**

**1. Wohnheim für Behinderte, Stein AG, 1990**

**2. Wohnhaus mit Atelier, Gipf-Oberfrick, 1995**

**3. Therapeutische Wohngemeinschaft für Drogenabhängige des Kantons Aargau, Kaisten, 1993**

**4. Wohnsiedlung Breitenacker, Kaisten**

# Tschudin + Urech

**Architekturbüro SIA**
Unterdorfstrasse 4
5212 Hausen bei Brugg
Telefon 056-442 11 16
Telefax 056-441 23 74

**Gründungsjahr** 1985

**Inhaber/Partner**
Walter Tschudin (38),
dipl. Arch. ETH/HTL/SIA

Hansruedi Urech (39),
dipl. Arch. HTL/VASI

**Leitender Angestellter**
Martin Bickel, dipl. Arch. HTL

**Mitarbeiterzahl** 8

**Spezialgebiete**
Wohnbauten

Industrie- und Gewerbebauten

Renovation/Umbauten

Öffentliche Bauten

Planungen

**Publikationen**
«Verkehrsberuhigung –
Planung und Vorgehen»,
Dietiker/Capanni/Tschudin,
Eidg. Verkehrs- und Energiewirtschaftsdepartement,
Bundesamt für Strassenbau,
Publikation 229

**Philosophie**
Als Architekten fühlen wir uns verantwortlich für eine ganzheitliche Betrachtung eines Bauprojekts. Nur die Teamarbeit von Bauherr, Spezialisten und Architekt ermöglicht eine Optimierung von Entwurf, Realisierung, wirtschaftlicher Tragbarkeit und einer unabdingbaren Umweltverträglichkeit.

**Wichtige Projekte**
1986 Renovation Bauernhaus Schaffner, Hausen

1986 EFH Bürgler, Tegerfelden

1987 VAG Sternengarage, Brunegg

1989 Renovation altes Schulhaus, Windisch

1990 Atelieranbau Hoffmann, Windisch

1990 Altersheim Eigenamt, Wettbewerb, 2. Preis

1991 EFH Furrer, Windisch

1991 Gewerbehaus Adeco AG, Mellikon

1992 Altersheim Windisch, Wettbewerb, 3. Preis

1993 EFH Huggenberger, Schinznach-Dorf

1993 Gestaltungsplan Bahnhofareal, Laufen (ARGE Dietiker/Schmidlin/Tschudin)

1993 Um- und Ausbau altes Spital A3, Psychiatrische Klinik Königsfelden

1994 Werkhof Amgarten, Mellikon

1994 Wohnsiedlung Pfarrhügel, Windisch

1994 Umbau/Renovation EFH Säuberli, Möriken

1995 Wohn- und Gewerbehaus Gebr. Knecht AG, Hausen

1995 Sanierungsmassnahmen im Hauptgebäude, Psychiatrische Klinik Königsfelden

1995 EFH Kadlcik, Oberrohrdorf

1995 EFH Rauber, Rüfenach

1995 Büroanbau Bauunternehmung Gasser, Windisch

1995 Umbau/Renovation MFH Weichmann, Windisch

**Aktuelle Projekte**
Sanierungsmassnahmen Sporthalle und Schulanlage Chapf, Windisch

EFH Dr. Mühlebach-Küng, Remetschwil

EFH Reusser-Gahlinger, Oberbözberg

Umbau und Erweiterung ref. Pfarrhaus, Windisch

Erweiterung Landwirtschaftliche Siedlung Lindhof, Windisch

Wohnsiedlung Rümikerstrasse, Wislikofen

**Abbildungen**

**1. EFH Familie Rauber, Rüfenach**

**2. Renovation Bauernhaus Familie Schaffner, Hausen**

**3. Wohn- und Gewerbehaus Am Suessbach, Gebr. Knecht AG, Hausen**

**4. EFH Familie Bächli, Tegerfelden**

# Walker Architekten

Neumarkt 2
5200 Brugg
Telefon 056-442 24 27
Telefax 056-441 45 45

**Gründungsjahr** 1985

**Inhaber**
Norbert Walker, Architekt

**Leitende Angestellte**
Thomas Zwahlen,
dipl. Arch. ETH

Christoph Rufle, Hochbautechniker TS

Reto Rymann, dipl. Arch. HTL

Tatiana Lori, dipl. Arch. ETH

Alex Krauz, dipl. Arch. HTL

**Mitarbeiterzahl** 8

**Spezialgebiete**
Einfamilienhäuser

Mehrfamilienhäuser

Gewerbebauten

Ladenbau

Umbauten/Sanierungen

Öffentliche Bauten

**Publikationen**
Raum + Wohnen 8/91, 4/94, 12/95, Etzel-Verlag

Ideales Heim 2/87, 7+8/89, 6/90, Verlag Novapress AG

**Wichtige Projekte**
1985–95 Umbauten/Neubauten Einfamilienhäuser, Umbauten Mehrfamilienhäuser/Gewerbehäuser, Inneneinrichtungen Geschäfte, Praxen, Büros

1986 Umbau alte Mühle in Wohnungen, Mettau

1986 Neubau Bürogebäude, Auenstein

1986 Um- und Neubau Schreinerei, Unterbözberg

1987 Umbau alte Trotte in Wohnungen, Rielasingen (D)

1987 Umbau alte Steinfabrik in Gewerbehaus, Remigen

1988 Neubau Reihenhäuser, Habsburg

1989 Neubau Ferienhaus, Castaneda

1989 Neubau Mehrfamilienhaus, Au-Veltheim

1990 Umbau Bauernhaus in Wohnungen, Schinznach Dorf

1990 Neubau Villa, Brugg

1990 Neubau Reihenhaussiedlung, Schinznach Dorf

1990 Projektstudien öffentliche Bauten, Habsburg

1991 Umbau Wohn- und Geschäftshaus, Brugg

1991 Umbau Postlokal, Habsburg

1991 Umbau Villa, Brugg

1991 Umnutzung Gewerbehalle in Wohnungen und Büros, Schinznach Dorf

1992 Neubau Feuerwehrmagazin, Habsburg

1992 Projekt Wohnüberbauung, Schinznach Bad

1994 Neubau Wohn- und Gewerbehaus, Schinznach Dorf

1994 Umbau Geschäftspassage, Brugg

1994 Neubau Mehrfamilienhaus, Schinznach Bad

1994 Umbau/Erweiterung Wohn- und Gewerbehaus, Veltheim

1995 Neubau Mehrfamilienhaus, Veltheim

1995 Neubau Tankstelle, Remigen

**Aktuelle Projekte**
Neubau Wohn- und Gewerbehaus, Schinznach Dorf

Sanierung/Erweiterung Gemeindehaus, Veltheim

Neubau diverser Einfamilienhäuser

Umbau mehrerer Bankfilialen, Aargau

**Abbildungen**

1. Reihenhaussiedlung in Schinznach Dorf, 1990

2. Villa in Brugg, 1990

3. Ferienhaus in Castaneda, 1989

4. Villa in Hausen, 1992

5. Mehrfamilienhaus in Schinznach Bad, 1994

6. Einfamilienhaus in Habsburg, 1995

# Wiederkehr Architekten

**Dipl. Architekten ETH/SIA**
Industriestrasse 26
5600 Lenzburg
Telefon 062-892 08 38
Telefax 062-892 08 37

**Gründungsjahr** 1988
teilweise als Wiederkehr und Zampieri

**Inhaber**
Samuel Wiederkehr,
dipl. Arch. ETH/SIA

**Leitender Angestellter**
Peter Schneider,
dipl. Arch. ETH

**Mitarbeiterzahl** 3 oder 4

**Spezialgebiete**
Schulbauten

Gewerbebauten

Verwaltungsbauten

Wohnbauten

Umnutzungen/Sanierungen/
Denkmalpflege

Gestaltungspläne

**Publikationen**
Lignarius 2/92, 5/95

Lignum Bulletin 31/92

Bau 3/93

Schweizer Holzbau 9/95

**Philosophie**
Den Lebensraum zum Nutzen des Menschen umweltgerecht gestalten.

Bauaufgaben innovativ, kostengünstig und mit höchster technischer und ästhetischer Qualität lösen.

Unsere Arbeiten werden durch folgende Themen bestimmt:

Ort:
– Umgebung
– Geschichte
– Entwicklungsmöglichkeiten

Kultur:
– Räumliches Empfinden
– Benutzeransprüche
– Zeitgeist

Funktion:
– Raumprogramm
– Kosten
– Bautechnisches Wissen

**Wichtige Projekte**
1988 Wettbewerb Schulanlage Halde, Wohlen (mit D. Zampieri und Furter Eppler Stirnemann; 1. Preis)

1989 Wettbewerb Kirchenfeld (Wohnungen, Praxen), Muri (mit D. Zampieri und Furter Eppler Stirnemann; 1. Preis)

1991 Wettbewerb Schulanlage/Kindergarten, Schafisheim (mit D. Zampieri; 1. Preis)

1992 Wettbewerb Werkhofgebäude, Birrwil (mit D. Zampieri; 1. Preis)

1992 Wettbewerb Schulanlage, Boswil (mit D. Zampieri; 1. Preis)

1992 Fabrikanbau Halter AG, Beinwil am See (mit D. Zampieri)

1992 Aufstockung Gewerbehaus Stutz, Lenzburg (mit D. Zampieri)

1994 Wettbewerb Schulanlage, Lenzburg (mit D. Zampieri; 1. Preis)

1995 Ersatzbau Zimmerei Gebrüder Wilk, Niederlenz (mit D. Zampieri)

**Aktuelle Projekte**
Wohnhaus Zurkirchen, Schwarzenberg

Gewerbebau/Wohnhaus Wirz, Seon

Gemeindewerkhof mit Feuerwehrmagazin, Eiken

**Abbildungen**
**1. Aufstockung Gewerbehaus Stutz, Lenzburg**

**2. Ersatzbau Zimmerei Wilk, Niederlenz**

**3. Fabrikanbau Halter AG, Beinwil am See**

**4. Schulanlage, Schafisheim**

# Wyder + Frey

**Architekten ETH/HTL/SWB**
Aarauerstrasse 3
5630 Muri AG
Telefon 056-664 18 92
Telefax 056-664 53 35

**Gründungsjahr** 1964
(Hans Wyder, sel.)

**Inhaber/Partner**
Andreas Wyder, Arch. ETH

Benny Frey, Arch. SWB

**Leitende Angestellte**
Hardy Ketterer, dipl. Arch. FH

Hannes Küng, dipl. Arch. HTL

**Mitarbeiterzahl** 5

**Spezialgebiete**
Öffentliche Bauten

Sanierungen/Renovationen

Umnutzungen

Wohnbauten

Innenausbau/Möbeldesign

**Publikationen**
Lignum, Neuer Holzbau in der Schweiz, Baufachverlag – Gemeindehaus Jonen AG

Willi Müller, Bauen aus Holz, Verlag Bauen und Handwerk; H. Woodtli & Co., Aarburg – Landhaus in Immensee

**Philosophie**
Seit vielen Jahren beschäftigen wir uns mit architektonischen Aufgaben wie Renovation, Umnutzung und Sanierung von öffentlichen Bauten, insbesondere im Zusammenhang mit denkmalpflegerischen Aspekten. Hierbei stehen für uns der Dialog zwischen alt und neu sowie die Auseinandersetzung mit den vorhandenen Elementen des Ortes im Vordergrund. Diese vielschichtigen Beziehungen – Einfügen, Weglassen, Erneuern, Gegenüberstellen – veranlassen uns zu stets sorgfältiger Barbeitung der architektonischen Aufgabe. Materialisierung, Farbgebung runden den Kontext ab. Wir setzen uns seit jeher zum Ziel, durchdachte und dauerhafte Baukonstruktionen mit ästhetisch zeitgemässen Ansprüchen in die Praxis umzusetzen.

**Wichtige Projekte**
1985–95 Renovation ehem. Benediktinerkloster Muri: Fassade, Dach, Festsaal mit Annexräumen, Dachtheater

1987–90 Aus- und Umbau Landwirtschaftliche Schule, Muri

1987–90 Umbau Verwaltungsgebäude Cellpack AG, Wohlen

1990 Umbau Schalterhalle Postgebäude, Muri

1991–95 Sanierung Schulanlage Bünzmatt, Wohlen (Gestaltung Fassade: mit Prof. D. Schnebli, Zürich)

1992–94 Erweiterung Elektrizitätswerk, Muri

1992 2. Etappe Kindergarten, Jonen

1992 Umbau Kaplanei, Merenschwand

1993 Umbau Arztpraxis Dr. Schubiger, Wohlen

1994 Innenrenovation ref. Kirche, Muri (Projektwettbewerb, 1. Preis)

1995 Umbau Raiffeisenbank und Architekturbüro, Muri

1995/96 Renovation Postgebäude, Muri

**Wettbewerbe**
1989 Ideenwettbewerb Überbauung Kirchenfeld, Muri (2 Stufen; 2. Preis)

1990 Projektwettbewerb Saalbau, Restaurant, Hotel in Wohlen (3. Preis)

1991 Projektwettbewerb Gemeindebauten, Hägglingen (2. Preis)

1992 Projektwettbewerb Gemeindebauten, Dietwil (2. Preis)

1993 Projektwettbewerb Bankgebäude, Merenschwand (3. Preis)

**Aktuelle Projekte**
1995/96 Umbau Gemeindekanzlei, Muri

1995/96 Umbau Bauernhaus, Merenschwand

1995/96 Örtliche Bauleitung Bankgebäude, Merenschwand (Architekt: Architheke, Brugg)

1996 Umbau Empfang Kreisspital für das Freiamt, Muri

1996 Mehrfamilienhaus für Baugenossenschaft Merenschwand

**Abbildungen**

**1. Annexräume zum Festsaal, Muri, 1994/95**

**2. Innenrenovation ref. Kirche Muri mit Kunst am Bau (Irma Ineichen, Luzern), 1994**

**3. Renovation ehemaliges Benediktinerkloster Muri, 1985–95**

**4. + 5. Sanierung Schulanlage Bünzmatt, Wohlen, 1991–95**

**Fotos:**
**Ueli Strebel, Muri**

**Basel-Stadt**
**Basel-Land**

# Andres & Andres

**Architekten ETH/SIA**
Brühlmattweg 1
4107 Ettingen
Telefon 061-721 40 65
Telefax 061-721 41 49

**Gründungsjahr** 1974

**Inhaber/Partner**
Felix Andres,
dipl. Arch. SIA

Dominique Andres,
dipl. Arch. ETH/SIA

**Mitarbeiterzahl** 6

**Philosophie**
Auf der Basis gut durchdachter Konzepte und entsprechend entwickelter Konstruktionen erarbeiten wir eine objektbezogene Architektur im gegebenen Kontext. Der Ausdruck der Bauten verändert sich mit der fortlaufenden Weiterentwicklung aller Bereiche unserer Arbeit. Das Bestreben, Neues zu entwickeln, einfache Lösungen zu finden, welche architektonisch sowie ökonomisch überzeugen, ist ein wichtiger Bestandteil unseres Schaffens.

**Wettbewerbe**
1988 Mehrzweckhalle, Witterswil

1988 Schulhauserweiterung, Flüh

1989 Wohnungen und Läden, Münchenstein

1991 Schulhauserweiterung, Ettingen

1995 Studienauftrag Gemeindeverwaltung, Einwohnergemeinde Bottmingen

**Wichtige Projekte**
1979 Umbau eines historischen Gebäudes/Wohnhauses an der Utengasse, Basel

1980 Post und Bank, Wohn- und Geschäftsbau, Witterswilerstrasse, Ettingen

1986 Gewerbehaus H. Amann, Pfeffingerstrasse, Reinach

1988 Einfamilienhaus Dr. E. Buser, Am Steinrain, Flüh

1989 Wohn- und Geschäftshaus Hauptstrasse 48, Ettingen

1991 Fahrbahnüberdachung Zollamt Benken (Amt für Bundesbauten)

1992 Gewerbehäuser I–III Im Brühl, Ettingen

1993 Betriebsgebäude Witeco AG, Ettingen

1995 Betriebserweiterung (Lagergebäude und Anlieferung) H. Obrist & Co. AG, Reinach

**Aktuelle Projekte**
1995/96 Überbauung Leymenstrasse (Wohn- und Geschäftshaus), Migros-Laden und Wohnungen, Ettingen

1995/96 Einfamilienhaus Familie Zirngibl, Bottmingen

**Abbildungen**

1. Einfamilienhaus Dr. E. Buser, Flüh

2. Betriebsgebäude Witeco AG, Ettingen

3. Wohn- und Geschäftshaus/ Migros-Laden, Ettingen

4. Lagergebäude H. Obrist & Co. AG, Reinach

# Ibach + Isler

Dipl. Arch. ETH/SIA
Näfelserstrasse 14
4055 Basel
Telefon 061-301 45 17
Telefax 061-302 90 14

**Gründungsjahr** 1994

**Inhaber/Partner**
Christoph Ibach

Martin Isler

**Mitarbeiterzahl** 2

**Spezialgebiete**
Städtebauliche Studien

Wohnungsbau

Umnutzungen/Sanierungen

Bauen in historischem Kontext

Holzbau

**Publikationen**
«Treffpunkt Barcelona», eine Ausstellung junger Schweizer Architektinnen und Architekten

**Philosophie**
Kritisches Erfragen und entwerferisches Auseinandersetzen mit den Bedürfnissen der Benutzer, den Eigenheiten des Ortes und allgemein mit den Entwicklungen unserer Zeit sind für uns zwingend für das präzise Verständnis der Aufgabenstellung. Die auf diese Weise gewonnenen Erkenntnisse bilden den Fundus für unser konkretes architektonisches Suchen.

**Wichtige Projekte**
1993 Projekt Gestaltungsplan Dorfkernzone, Erlen TG

1994 Umbau und Renovation Wohnung in der Altstadt, Basel

1994 Sanierung und Ateliereinbau Wohnhaus mit Dachatelier, Basel

1994 Projektstudie Umbau Einfamilienhaus, Basel

1994 Neugestaltung der Büroräume für eine Computerfirma, Zürich

1995 Dachgeschossausbau Haus Kummli, Basel

1996 Umbau Haus Niederer, Riehen

**Wettbewerbe**
1994 Neugestaltung der Innenstadt Brig

1995 Wohnüberbauung mit Primarschule «Fabrik am Wasser», Zürich (engere Wahl)

1995 Wohnüberbauung Brohegasse, Bettingen

1995 Sonderschulheim «zur Hoffnung», Riehen

**Aktuelle Projekte**
Zweifamilienhaus in Holzbauweise, Erlen TG

Einbau einer Atelierwohnung in ein Mehrfamilienhaus, Basel

Neugestaltung Zugang Wolfgottesacker, Basel (ArGe mit J. Voss, Landschaftsarchitekt)

**Abbildungen**

**1. Wohnhaus in der Altstadt, Basel, 1994**

**2. Nasszelle, Wohnhaus in der Altstadt, Basel, 1994**

**3. Wohnhaus mit Dachatelier, Basel, 1994**

**4. Sonderschulheim «zur Hoffnung», Riehen, 1995**

Fotos: Raoul Vogelsanger, Basel: 2, 3

# Lehner & Leumann

**Architekten ETH/SIA**
Rebgasse 9
4058 Basel
Telefon 061-681 37 29
Telefax 061-681 37 29

**Gründungsjahr** 1986

**Inhaber/Partner**
Dieter Lehner, Arch. ETH/SIA
Heidi Leumann, Arch. HTL

**Spezialgebiete**
Wohnungsbau
Umbauten
Renovationen
Bürobau
Ladenbau
Innenarchitektur
Bauleitungen

**Philosophie**
Ökologie als Imperativ; Substanzerhalt, Geschichtsfortschreibung und bauphysikalische Qualität im Einklang mit den möglichen Ressourcen als Mittel.

Architektur entsteht im Vertrauensverhältnis mit dem Bauherrn, daraus resultiert aber nicht nur Anspruch auf Öffentlichkeit, sondern auch gesellschaftliche Verantwortung; Bauen ist nicht Ausdruck einer privaten Inbesitznahme, sondern Einfügen in eine gewachsene Umwelt.

**Wichtige Projekte**
1987 EFH Inauen, Nuglar
1988 EFH Nyffenegger, Ettingen
1989 Wohn- und Geschäftshaus, Lenzburg
1990 Wintergartenanbau Karrer, Basel
1991 EFH Krebs, Lausen
1991 Anbau EFH Strebel, Teufenthal
1992 EFH Bürgin, Ramlinsburg
1992 Renovation MFH Spöndlin, Basel
1993 Renovation MFH Belser, Liestal
1993 Renovation MFH, Birsigstrasse, Basel
1994 Bürogebäude List, Arisdorf
1995 Renovation Wettsteinplatz, Basel
1995 EFH Seiler, Reinach
1996 Drei Wohnhäuser, Binningen

**Aktuelle Projekte**
Renovationen/Umbauten, Basel

MFH Dorfkern Nuglar

**Abbildungen**
1. Wohn- und Geschäftshaus, Lenzburg
2. + 3. Anbau Wettsteinplatz, Basel
4. Anbau EFH Strebel, Teufenthal
5. Wohnungsumbau Kornfeld, Basel

# Rosenmund + Rieder

**Dipl. Arch. ETH/SIA, HTL**
Tiergartenstrasse 1
4410 Liestal
Telefon 061-922 11 33
Telefax 061-922 11 70

**Gründungsjahr** 1991

**Inhaber/Partner**
Heidi Rieder, dipl. Arch. HTL

Raoul Rosenmund,
dipl. Arch. ETH/SIA

**Mitarbeiterzahl** 6

**Spezialgebiete**
Wohnungsbau

Verwaltungsbau

Öffentliche Bauten

Bauten für Schulung

Gewerbebau

Umbauten/Sanierungen

Städtebauliche Planungen

**Publikationen**
Aktuelle Wettbewerbs Scene 4/5/94, 6/95

Werk, Bauen + Wohnen 9/95

**Philosophie**
Wir verstehen das Planen und das Bauen als einen Prozess, dessen Produkt sowohl eine hohe architektonische Qualität als auch eine optimale Umsetzung der Kundenwünsche aufweist. Das Prozesshafte erlaubt es, die Vielschichtigkeit jedes Projekts zu einer optimalen Lösung zu führen. Wir glauben an eine kulturelle Kontinuität, die sich aber nicht in erster Linie im Detail, sondern in der Haltung des gesamten Bauwerks ausdrücken soll.

**Wichtige Projekte**
1991 Einbau Agentur Schweizerische Mobiliar, Sissach

1992–93 Um- und Anbau Wohnhaus Dr. Kindler, Sissach

1992–93 Konzept Richtplan Burg, Liestal

1993 städtebauliche Analyse, Stadt Liestal

1991–94 Um- und Neubau Geschäftshaus Schweizerische Mobiliar, Liestal (Projektierung und gestalterische Leitung)

1993–94 Um- und Anbau Personalhaus Bad Schauenburg (Ciba), Liestal

1993–94 Wohnhaus Guggenbühl, Liestal

1994 Um- und Anbau Wohnhaus Gasser, Seltisberg

1995 Seminargebäude Bad Schauenburg (Ciba), Liestal

1995 Studien Altstadt-Siebedupf und Kaserne Schwieri, Stadt Liestal

**Wettbewerbe**
1994 Centralbahnplatz, Basel; 1. Preis

1995 Wohnüberbauung Grosse Matt, Liestal; 3. Preis

**Aktuelle Projekte**
Atelierhaus Grieder, Langenbruck

Wohnhaus Ciba, Liestal

Wohnhaus Spittelergarten, Liestal

Wohnhaus Gschwind, Reigoldswil

Centralbahnplatz, Basel

**Abbildungen**

1. Umbau Seminargebäude der Ciba, Bad Schauenburg, Liestal

2. Zweifamilienhaus, Sissach

3. Wettbewerb Bahnhofplatz, Basel

# Schwob und Sutter Architekten

Murenbergstrasse 2
4416 Bubendorf
Telefon 061-931 30 60
Telefax 061-931 30 70

**Gründungsjahr** 1976

**Inhaber**
Markus Schwob,
dipl. Arch. ETH/SIA

Christoph Sutter,
dipl. Arch. HTL/SWB

**Mitarbeiterzahl** 14

**Spezialgebiete**
Wohnungsbau

Industrie- und Gewerbebau

Öffentliche Bauten

Umbauten – Renovationen – Sanierungen

Aussenraum- und Gartengestaltung

Innenausbau – Design

Beratungen, Studien, Konzepte

**Publikationen**
Mitverfasser der Broschüre «Gestaltung von Kantonsstrassen in Ortskernen», IVT ETH Zürich / TBA Basel-Landschaft, 1987

Gestaltung des Strassenraumes in Ortskernen, Strasse + Verkehr 8/88, VSS Zürich

Arch 94 Dez. 1986 Bauen heute, Eternit AG, Niederurnen

Aktuelle Wettbewerbs Scene 3/4.87, Verlag für Architekturinformation, Zürich

Architekturführer Basel und Umgebung 1980–1995

**Auszeichnungen**
Gute Bauten,
Kanton Basel-Landschaft 1985

**Philosophie**
1. Hohe Qualität in Projektierung und Ausführung
2. Optimale Termin- und Kostenüberwachung
3. Kundennähe

**Wichtige Projekte**

**Öffentliche Bauten**
1984 Kindergarten mit Werkraum, Lupsingen

1984 Umbau und Renovation Werkhof in Bubendorf

1986 Sanierung der Gebäudehüllen und Umbau der Arbeitserziehungsanstalt Arxhof in Niederdorf

1986 Feuerwehrmagazin Arboldswil

1991–93 Erweiterung und Umbau der Sekundarschule Oberdorf

1995 Kindergarten Brühl in Bubendorf

**Industriebauten**
1980 Garage Degen AG, Bubendorf

1993/94 Paul Holinger AG, Marmor + Granit, Neubau in Bubendorf

**Innenausbau**
1991 Café Mühleisen, Liestal

1987/92 Gerichtssäle in Waldenburg und Arlesheim

1992 Arztpraxis Dr. Itin, Liestal

1993 Zahnarztpraxis Dr. U. Bichweiler, Liestal

**Expertentätigkeit**
Mitglied der Stadtbaukommission der Stadt Liestal

Analysen/Behebung von Bauschäden

Gebäudeschatzungen

Bauphysik, bauphysikalische Beratungen

**Wettbewerbe**
Gemeinde Liestal:
Gestaltung Rathausstrasse Liestal, 4. Rang; Gemeindehaus Liestal, Ankauf

Gemeinde Niederdorf:
Primarschule, 1. Rang; Mehrzweckhalle, 3. Rang

Gemeinde Seltisberg:
Erweiterung Primarschule, 3. Rang; Werkhof, 4. Rang; Doppelkindergarten, 2. Rang

Gemeinde Seewen SO:
Erweiterung Schulanlage Zelgli, 5. Rang

**Aktuelle Projekte**
Erweiterung und Sanierung Musikautomatenmuseum Seewen SO

Instandstellung Schloss Wildenstein, Bubendorf

Beschäftigungsstätte mit Wohnheim für geistig Behinderte in Gelterkinden

Turnhalle, Gärtnerei und Ausbau Werkstätte Arbeitserziehungsanstalt Arxhof in Niederdorf

Ausbau Primar- und Sekundarschule Reigoldswil

**Abbildungen**

**1. + 2. Erweiterung Sekundarschule in Oberdorf**

**3. Einfamilienhaus in Liestal**

**4. Gerichtssaal Waldenburg**

Fotos:
G. Schärli, Hölstein: 1
H. Grieder, Langenbruck: 2, 3
F. Jehle, Biel-Benken: 4

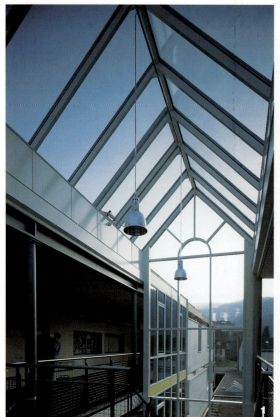

# Steinmann & Schmid

Dipl. Arch. HTL/ETH/SIA
Utengasse 25
4058 Basel
Telefon 061-681 70 71
Telefax 061-681 70 63

**Gründungsjahr** 1992

**Inhaber/Partner**
Peter Steinmann
Herbert Schmid

**Mitarbeiterzahl** 3

**Spezialgebiete**
Wohnungsbau
Öffentliche Bauten
Bürogebäude
Umbauten/Sanierungen
Energieberatungen
Einzel- und Serienmöbel

**Publikationen**
Aktuelle Wettbewerbs Szene 2/93, 3/94, 6/95
Archithese 6/93
Design Report 3/94
HP 6-7/94, 8/94, 5/96
R+W 5/95
Domus 6/95
Architecture Suisse 3/96

**Auszeichnungen**
SMI-Förderpreis 1993
SMI-Förderpreis 1994

**Philosophie**
Die Projekte entstehen aus einer genauen Analyse des Ortes. Die räumlichen Gegebenheiten bestimmen den Entwurf ebenso wie die Bedürfnisse der Benutzer und die Zweckmässigkeit der Funktionsabläufe. Räumliche und visuelle Spannungen werden duch den sparsamen Einsatz von Materialien, Formen und Farben erzeugt.

**Wichtige Projekte**
Umbau Haus Walker, Bitsch VS

Projektstudie IDIC-Guesthouses, Iwate (Japan)

Serienproduktion Lattenbett, Holzschalenstuhl

Prototypen Bestuhlung Musical-Theater Messe Basel

Neubau Haus Enzler, Berg TG

Neubau Haus Hischier, Naters VS

Neubau Parkhaus Saas-Fee, 900 Fahrzeuge auf 11 Geschossen mit Gästeterminal

Umbau Telecom Businesscenter, Basel

Neubau Dienstleistungszentrum der Messe Basel, Basel

**Wettbewerbe**
1992 Primarschule Raron, 6. Preis

1992 Werkhof N9, Sierre, 2. Preis

1993 Brunnengestaltung Marktplatz, Naters, 1. Preis

1993 Fachhochschule Sierre

1993 Wohnüberbauung Lonza, Visp, 3. Preis

1994 Neugestaltung der Innenstadt Brig

1994 Parkhaus Saas-Fee, Ausführung

1995 Wohnüberbauung, Bettingen

1995 Wohnüberbauung, Liestal, 6. Preis

**Aktuelle Projekte**
Neubau Parkhaus für 900 Fahrzeuge mit Gästeterminal in Saas-Fee; mit Ing.-Büro R. Andenmatten & KMB, dipl. Bauingenieure, Visp

**Abbildungen**

**1. Dienstleistungszentrum Messe Basel**

**2. Eingangshalle Dienstleistungszentrum Messe Basel**

**3. Telecom Businesscenter, Basel**

**4. Haus Hischier, Naters VS**

**5. Gangzone Haus Hischier, Naters**

Fotos:
Ruedi Walti, Basel: 1, 3, 4
Thomas Andenmatten: 5

# Suter + Suter Planer AG

**Suter + Suter Planer AG**
Lautengartenstrasse 23
4010 Basel
Telefon 061-275 75 75
Telefax 061-275 74 74

**Weitere Sitze**
Suter + Suter Planificateurs SA
49, avenue Blanc
1202 Genève
Téléphone 022-908 15 50
Téléfax    022-908 15 60

Suter + Suter Planificateurs SA
34, rue du Maupas
1000 Lausanne 9
Téléphone 021-647 50 71
Téléfax    021-647 50 76

Suter + Suter Planer AG
Binzmühlestrasse 14
8050 Zürich
Telefon  01-305 81 11
Telefax  01-305 81 12

**Gründungsjahr**
Suter + Suter AG 1901

**Gründungsjahr der Nachfolgegesellschaft Suter + Suter Planer AG**
(ein Unternehmen der Thyssen Immobilien-Gruppe) 1995

**Mitarbeiterzahl** 130

**Zertifiziert** nach ISO 9001

## Tätigkeitsfeld

Suter + Suter Planer AG ist in vier unabhängig oder interdisziplinär tätige Bereiche gegliedert:

– Architektur und Generalplanung
– Consulting und Engineering
– Haustechnik
– International Planner

## Spezialgebiete

Hotel- und Tourismusbauten

Spitäler und Altersheime

Wohnbauten

Konferenz- und Handelszentren

Messe- und Ausstellungsbauten

Industrie- und Pharmabauten

Wohnbauten

Altbausanierungen

## Philosophie

### Architektur – Vision und Gestaltung

Gebäude wirken intensiv auf unsere Umwelt ein. Ihre Ästhetik, Funktion und Integration in die Umgebung müssen sie noch nach Jahrzehnten beweisen. Meistens überleben sie ihre Erbauer und erfordern schon deshalb ein umfassendes Vor- und Nachdenken aus gesellschaftlicher, kultureller und ökonomischer Verantwortung.

### Integriertes Planen und Bauen

Bauliche Investitionsprojekte werden immer komplexer, Bauvorgänge immer anspruchsvoller, eine straffe Projektführung immer wichtiger. Es ist daher nur folgerichtig, dass der Auftraggeber Planungs- und Bauverantwortung bei einem einzigen kompetenten Partner konzentrieren möchte.

### Verantwortung und Sorgfalt

Ob für private oder öffentliche, grosse oder kleine Bauvorhaben – bei Suter + Suter Planer AG kennen wir nur eine Arbeitsphilosophie: Mit jedem Auftrag engagieren wir uns auch für die Realisierung zeitgenössischer Architektur mit Respekt vor dem kulturellen und sozialen Umfeld. Ebenso übernehmen wir die Verpflichtung zur Sorgfalt in jedem Detail der Planung und der Gestaltung, beim Äusseren eines Bauwerks genauso wie bei seiner Innenarchitektur.

### Haus- und Energietechnik als Faktoren der Gebäudequalität

Die Betriebssicherheit, der wirtschaftliche Unterhalt und ein ressourcenschonender Energieverbrauch bestimmen in hohem Masse mit über die Gesamtqualität, die einem Gebäude attestiert werden kann. Darum widmen wir uns dem Aufgabenbereich Haus- und Energietechnik mit bestem Know-how.

### Strikte Kosten- und Termindisziplin

Als Berater, Architekten und Ingenieure schneiden wir das Projekt auf den gegebenen Kosten- und Zeitrahmen zu und achten auf die strikte Einhaltung. Jede Phase des Projekts wird präzise terminiert, was Leerläufe und Doppelspurigkeiten eliminiert und damit für die beste Investition von Zeit und Ressourcen sorgt.

### Effizientes Projektmanagement

Bei Suter + Suter Planer AG ist das Know-how über die meisten Aspekte des Planens und des Bauens im eigenen Unternehmen konzentriert: die beste Voraussetzung für kurze Informations- und Entscheidungswege während der gesamten Projektphase.

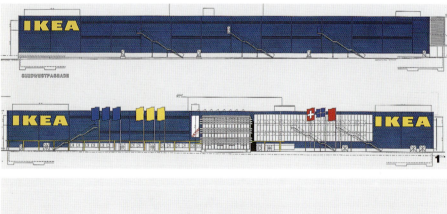

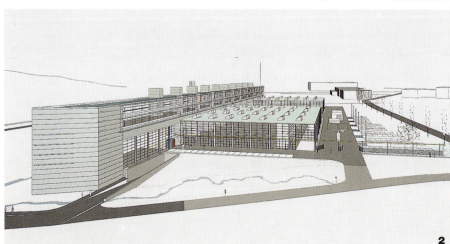

## CAD – unentbehrliches Planungs- und Kommunikationsinstrument

3D-CAD-Modelle in verschiedenen Präsentationsstufen geben dem Kunden ein weitaus anschaulicheres Bild seines zukünftigen Baus als jeder Plan und das aus verschiedenen Perspektiven.

### Referenzprojekte

**Industrie**

Ciba-Geigy AG, regionale Sondermüllverbrennungsanlage Basel

Sonderabfall-Sammelstelle AWZ, Abfuhrwesen Stadt Zürich

**Pharma**

Laborerweiterungsbau Eprova AG, Schaffhausen

Produktionserweiterungsbau Mepha AG, Aesch BL

**Banken/Verwaltung**

Wohn- und Geschäftshaus Patria Versicherungen, Basel

Verwaltungszentrum Banque Cantonale Vaudoise BCV, Prilly

Bank- und Bürogebäude Deutsche Bank, Lörrach (D)

Verwaltungsgebäude Schweiz. Bankverein, Zürich-Altstetten

**Wohnen**

Überbauung Warteckhof für Warteck Invest AG, Basel (ArGe mit Diener & Diener)

Wohnüberbauung «Gorenmattpark» für Pensionskasse Ciba-Geigy, Binningen

**Gesundheitswesen**

Neubau Krankenhaus Thusis

Diverse Umbauten Klinik St. Anna, Luzern

Neubau Alters- und Pflegeheim «Ergolz», Ormalingen

Um- und Neubauten Bethesda-Spital, Küsnacht

Sanierung Klinikum 1 des Kantonsspitals Bruderholz

Umbau Rehabilitationsklinik Beelitz-Berlin für Unternehmensgruppe Roland Ernst

Neubau Erweiterung Regionalspital Biel

Neubau Erweiterung Alters- und Pflegeheim «Im Brüel», Aesch BL

Herz- und Kreislaufzentrum Dresden für Unternehmensgruppe Roland Ernst

Veterinärproduktion für Ciba Santé Animale, Huningue (F)

**Tourismus/Gastgewerbe**

Alpentherme Thermalbad St. Laurent, Leukerbad (ArGe mit A. + M. Meichtry)

Hotel- und Konferenzzentrum Alfa-Hotel, Bern

Restauranteinbau für McDonald's Restaurants (Suisse), Basel

Erweiterung und Umbau Hotel Ermitage + Golf, Schönried

Hotel und Kongresszentrum Le Plaza, Messe Basel (ArGe MUBA)

### Aktuelle Projekte

Einrichtungshaus mit Lager Ikea AG, Dietlikon und Lyssach

Logistikzentrum Telecom PTT, Gossau SG

Neubau Tabakfabrik Philip Morris, Neuchâtel

Neubau Sterilproduktion Ciba-Geigy AG, Stein/AG

Umbau und Sanierung Hilton-Hotel, Basel

Fabrikationsanlage Baxter Healthcare Corp., Neuchâtel

Erweiterungsbau Produktions- und Technologiezentrum Silicon Graphics, Cortaillod

Verwaltungsgebäude Touring Club der Schweiz, Genf

Wohnüberbauung «Im Reinacherhof», Reinach BL

Umbau und Modernisierung Warenhaus Globus, Basel

### Abbildungen

**1.** Einrichtungshaus mit Lager Ikea AG, Dietlikon

**2.** Logistikgebäude Telecom PTT, Gossau SG (Architektengemeinschaft mit Urs Hürner & Partner)

**3.** Verwaltungszentrum «Acacias» der Schweiz. Bankgesellschaft, Genf (ArGe mit Philippe Joye)

**4.** Produktions- und Technologiezentrum Silicon Graphics Manufacturing SA, Cortaillod

**5.** Produktionsanlage für Blutersatzstoffe, Baxter Healthcare Corp., Neuchâtel

**6.** Neubau Sterilproduktion Ciba-Geigy AG, Werk Stein/AG

**7.** Wohnüberbauung «Gorenmattpark» der Pensionskasse Ciba-Geigy, Binningen

Bern

# Aarplan

**Atelier für Architektur und Planung SIA/STV/SSES**
Tellstrasse 20
3000 Bern 22
Telefon 031-332 51 51
Telefax 031-332 51 33

**Gründungsjahr** 1979

**Inhaber/Partner**
Pius Kästli,
dipl. Arch. HTL

Rolf Schoch,
dipl. Arch. HTL/STV

Urs Walthert,
dipl. Arch. HTL/STV NDS Uf

**Mitarbeiterzahl** 10

**Tätigkeitsfeld**
Architektur:
– Siedlungsbau
– Bauerneuerung + Umnutzung
– Bessernutzung bestehender Bausubstanz
– Kulturschutz + Denkmalpflege
– Wettbewerbe

Planung:
– Nutzungs- und Machbarkeitsstudien
– Orts-, Quartier- und Siedlungsplanung

Beratung:
– Organisieren statt neu Bauen
– Grobdiagnose bestehender Bauten und Anlagen
– Schatzung + Beratung bei Land- und Liegenschaftserwerb + -veräusserung
– Gründung + Beratung von Wohnbaugenossenschaften

**Spezialgebiete**
– Solarbauten
– Holzelementbau
– Bauerneuerung
– Denkmalpflege

**Publikationen**
Diane Öko-Bau, Energie 2000, Feb. 95

Schweizer Energie-Fachbuch 1996

SSES 3/95, Solarhäuser

**Auszeichnungen**
Schweizerischer Solarpreis 1995 für Solarsiedlung Wydacher in Zollikofen BE

**Leitlinie**
Die Wünsche der Auftraggeber erkennen und gemeinsam die ökonomische und ökologische Lösung finden.

**Wettbewerbe, 1. Rang**
1989 Ideenwettbewerb VLP-Lärmschutz, Bern

1989 Wettbewerb Bauerneuerung Ingenieurschule Burgdorf, Gebäude B

1990 Ideenwettbewerb Siedlung Baumgarten-Ost, Bern

1992 Wettbewerb Kinderkrippe Hohlenacker, Bern, 1. Rundgang

1995 Ideenwettbewerb Wohnüberbauung Oberhofen am Thunersee

**Wichtige Projekte**
Neubauten:
1984–92 Siedlung Richtersmatt, Schüpfen; 35 Wohneinheiten und Gemeinschaftsanlagen

1988–96 Siedlung Schönbrunn-Lätti, Rapperswil BE; total 40 Wohneinheiten (in Etappen) und Gemeinschaftsanlagen

1994 Einfamilienhaus, Halten SO

1995 Verkaufslokal und Gärtnerei Blumen Kunz, Steffisburg

1995 Solarsiedlung Wydacher, Zollikofen BE, 7 Wohneinheiten

Bauerneuerung und Umnutzung:
1989–90 Erneuerung und Umnutzung in Wohnraum Alte Wirtschaft Ballenbühl, Gysenstein; 5 Wohneinheiten

1990–91 Erneuerung Mehrfamilienhaus Schwarzenburgstrasse 292/294, Köniz

1991 Solaranlage Tellstrasse 18/20, Bern

Innenarchitektur:
1992 + 1996 Erneuerung und Umgestaltung der Hörsäle Abteilung Architektur an der Ingenieurschule Burgdorf

**Aktuelle Projekte**
Siedlung Baumgarten-Ost I, Bern; 95 Wohneinheiten

Siedlung in Oberhofen am Thunersee; 11 Wohneinheiten

**Abbildungen**
**1. Ansicht Solarsiedlung Wydacker, Zollikofen, 1995; 7 Wohneinheiten**

**2. Einfamilienhaus in Halten SO, Holzelementbau, 1994**

**3. Alte Wirtschaft Ballenbühl-Gystenstein, ein Objekt von denkmalpflegerisch überregionaler Bedeutung; Bauerneuerung und Umnutzung in 5 Mietwohnungen in Zusammenarbeit mit der Kantonalen Denkmalpflege, 1990**

# Dähler + Partner

**Architekten + Raumplaner SIA/BSP**
Thunstrasse 93
3006 Bern
Telefon 031-351 32 72
Telefax 031-351 46 35

**Gründungsjahr** 1963

**Inhaber**
Bernhard Dähler,
dipl. Architekt ETHZ/SIA/BSP

**Mitarbeiterzahl** 8

**Spezialgebiete**
Architektur:
– Öffentliche Bauten, insbesondere für das Gesundheitswesen
– Wohn- und Gewerbeüberbauungen

Raumplanung:
– Orts-, Quartier- und Sachplanungen

**Publikationen**
«Das obere May-Haus in Bern», Verlag Stämpfli & Cie. AG, Bern

**Philosophie**
Aufgrund der Tätigkeit sowohl im Bereich der Architektur als auch der Raumplanung sucht die Firma eine Auftragserfassung im Sinne der ganzheitlichen Betrachtungsweise und die Lösungsfindung im Einklang mit den volumetrischen und den ästhetischen Anforderungen des jeweils spezifischen Ortes und strebt Qualität in der Detailplanung wie Kostenwahrheit in der Ausführung an.

**Wichtige Projekte**

1981 Aufbahrungshalle und Neuanlage des Friedhofs Wabern

1983 Instrumentenmacherschule, Zimmerwald

1985 Erweiterung Gewerbebetrieb Gremminger, Liebefeld/Köniz

1988 Restauration des Erkers am oberen May-Haus, Bern

1988 Zentrum Dorfmärit, Bolligen (in Zusammenarbeit mit AAP, Atelier für Architektur + Planung, Bern)

1991 Erweiterung Bernisches Historisches Museum im Rahmen des Kulturgüterzentrums unteres Kirchenfeld, Bern

1992 Zentrumsüberbauung, Lyssach

1992 Umgestaltung «Pavillon» Tiefenauspital, Bern

1993 Alterssiedlung Hofmatt, Uettligen

1993 Erweiterung Behandlungstrakt Bezirksspital Herzogenbuchsee

1994 Umbau und Renovation Schloss Holligen, Bern

**Aktuelle Projekte**

Wohnüberbauung Zentrum-West, Bolligen (in Zusammenarbeit mit AAP)

Überbauung Müliacher, Mühledorf

**Abbildungen**

1. Umbau Schloss Holligen, Bern, 1994

2. Einfamilienhaus Niederscherli

3. Aufbahrungshalle Wabern, 1981

# Gerber + Flury AG

**Architekten, Ingenieure, Planer SIA/VRN**
Bettenhausenstrasse 44
3360 Herzogenbuchsee
Telefon 063-60 66 66
Telefax 063-61 32 25

GERBER + FLURY AG

**Inhaber/Partner**
Samuel Gerber, Dr. sc. techn., dipl. Arch. ETH/SIA

Robert Flury, dipl. Bauingenieur ETH/SIA

Daniel Ott, Arch. HTL, Raumplaner NDS HTL

**Mitarbeiterzahl** 20

**Spezialgebiete**
Architektur:
– Preisgünstiger Wohnungsbau
– Siedlungsbau
– Gewerbe- und Industriebau
– Banken
– Restaurants
– Umbauten/Gebäudesanierung
Ingenieurwesen:
– Baustatik
– Baulanderschliessung
– Kostenoptimierung
– Energiekonzepte
– Schallisolation/Lärm
Planung:
– Ortsplanung
– Gestaltungspläne, Richtpläne
– Überbauungsordnungen
– Nutzungskonzepte
– Projektleitungen
– Integrales Planen
– Vorbereitung von Wettbewerben
Audiovisuelle Produktionen:
– Multivisionen
– Öffentlichkeitsarbeit

**Philosophie**
Mit sechs Sinnen* auf Raum und Zeit reagieren. Dies heisst:
– Zuhören und Zwischentöne erlauschen können
– sich an die beste Lösung herantasten
– Zukunftsweisendes wittern
– dem guten Geschmack seine Chance geben
– den Blick auf Wesentliches richten und Gedankensplitter zu Gedanken fügen

* In der westlichen Welt wird als sechster Sinn das Verständnis für Übersinnliches bezeichnet. In der östlichen Welt ist der sechste Sinn das Denkvermögen.

Die Architekten, Ingenieure und Planer der Gerber + Flury AG sind von beidem gleichermassen fasziniert. Sie liefern bedachte und überdachte Problemlösungen und mobilisieren dabei alle Sinne.

**Publikationen**
Das Schweizer Haus, TA-Magazin 23/92, l'Hebdo 40/92

Isolieren... und was dazu gehört, Plan 4, 82

Verdichtete Siedlungen, Finanz und Wirtschaft, Immobilien 87

Planung nach dem Baukastenprinzip, Plan 11–12, 82

**Wichtige Projekte**
Umnutzung Spital Herzogenbuchsee

Neubau Ersparniskasse Langenthal in Rohrbach

Umbau Ersparniskasse Wangen in Attiswil, Ersparniskasse Langenthal in Herzogenbuchsee und Schweizerische Kreditanstalt in Burgdorf

Praxen Dr. J. Geiser, Herzogenbuchsee, und Dr. Alfred Müller, Bern

Sanierung, Erweiterung Kindergarten Hubel, Herzogenbuchsee

Umbau, Erweiterung Haus P. Ruckstuhl und Neubau W. Lanz, Langenthal

Häuser R. Gerber, F. Lüthi, U. Hunziker in Herzogenbuchsee

Wohnsiedlung Cuno-Amiet-Strasse, Herzogenbuchsee (Überbauungsordnung und exemplarischer Siedlungsteil)

Preisgünstige Wohnungen im Steinacker in Langenthal

Wohn- und Gewerbehaus B. Stampfli, Herzogenbuchsee

Umnutzung Hotel/Restaurant «Dällenbach» in Burgdorf

Aufstockung Bürogebäude Dübi, Herzogenbuchsee

Restaurant Oscar in Bützberg

Ortsplanungen (z. B. Wangen a. A., Oberbipp, Niederbipp und Huttwil)

Gewerbeentwicklungskonzept für EMD-Grundstück in Wangen und Wiedlisbach

Multivisionen EW Wynau und Hodler/Amiet, Kunsthaus Langenthal

**Aktuelle Projekte**
Museum der Schweizer Fliegerabwehrtruppen in Emmen (mit Prof. H. Isler)

Siedlung Rumiweg, Langenthal

Alterssiedlung in Herzogenbuchsee

Mehrfamilienhausüberbauung Engerfeld in Rheinfelden

Neubau Coop-Einkaufszentrum in Herzogenbuchsee

**Abbildung**

**Gartenhof der Wohnsiedlung an der Cuno-Amiet-Strasse in Herzogenbuchsee**

# Reinhard + Partner

**Planer + Architekten AG**
Elfenauweg 73
3006 Bern
Telefon 031-359 31 11
Telefax 031-359 31 31

**Gründungsjahr**
1942 H + G Reinhard
1976 Reinhard + Partner AG

**Inhaber/Partner**
alle Mitarbeiter/-innen und die Gründerfamilie, paritätisch im Verwaltungsrat vertreten

**Geschäftsleitung**
Claude Barbey, Arch. HTL/SWB
Martin Eichenberger, Arch. SWB
Tobias Reinhard, dipl. Arch. ETH/SIA

**Mitarbeiterzahl** 28

**Spezialgebiete**
Planen:
Überbauungs-/Gestaltungspläne, Überbauungsordnungen

Bauen:
Wohnungsbau, Alters- und Pflegebauten, Umbauten, Sanierungen, Gewerbe- und Industriebau, Geschäfts- und Verwaltungsbau

Weitere Dienstleistungen:
Beratung genossenschaftlicher Wohnungsbau, Beratung Wohnbaufinanzierung mit eigenem Verbilligungsmodell, Vorbereitung Wettbewerbe

**Wettbewerbe**
1987 Eidg. Verwaltungsgebäude EDA, Bern (Ankauf)

1989 Eidg. Verwaltungsgebäude BUWAL, Ittigen (4. Rang)

1989 Bahnhof Brig (Ankauf)

1993 Wohnüberbauung Etzmatt, Urtenen (1. Preis)

1993 Wohnüberbauung Schlossmatte, Wohlen (1. Preis)

1995 Ideenwettbewerb Dorfkern Thörishaus (4. Preis)

1995 Geschäfts- und Wohnüberbauung Multengut, Muri BE (1. Preis)

**Philosophie**
Wir sind bestrebt, jede Planungs- und Bauaufgabe in der Gesamtheit ihrer Aspekte und Beziehungen zu beurteilen und daraus umfassende Lösungen zu erarbeiten.

Die sich heute rasch verändernden Bedingungen erfordern Voraussicht und Flexibilität – längerfristige Ziele verlangen Visionsfähigkeit. Verantwortungsbewusste Architekten zeichnen sich sowohl durch Einfühlungsvermögen als auch durch eigenes Profil aus.

Unsere Mitarbeiterinnen und Mitarbeiter sind alle an der Firma beteiligt. Das daraus resultierende Engagement ist die Basis für bestmögliche Arbeitsresultate.

**Wichtige Projekte**
1990 Umbau und Sanierung Lagerhaus Mattenhof (Büros und Wohnungen), Bern

1991 Umbau, Erweiterung und Sanierung Bankgebäude BEKB, Schwanengasse, Bern

1991 Neubau Pflegeheim der Sikna-Stiftung, Zürich

1993 Umbau Bibliothek Institut für exakte Wissenschaften, Bern

1993 Neubau Technologiepark, Bern

1994 Umbau Eidg. Oberzolldirektion, Bern

1995 Umbau und Sanierung Betriebs- und Verwaltungsgebäude Kraftwerk Amsteg

1995 Neubau Eidg. Verwaltungsbau und Wohngebäude Sulgenhof, Bern (ArGe mit Clémençon + Ernst)

1995 Neubau Wohnüberbauung (Mietwohnungen), Lyss

**Aktuelle Projekte**
Neubau Wohnüberbauung Schlossmatte, Wohlen

Neubau Wohnüberbauung Etzmatt, Urtenen

Sanierungen Institut für exakte Wissenschaften, Bern

Neubau Wohnüberbauung Sonnhalde, Thörishaus

Umbau Hotel Kreuz, Lenk

Neu- und Umbauten SMUV, Lenk

Umbau Jugendstilvilla Sarepta, Bern

**Abbildungen**

**1. Projekt Wohnüberbauung Schlossmatte, Wohlen, 1995**

**2. Schulungszentrum Feusi, Bern, 1995**

**3. Hauptfassade Technopark, Bern, 1993**

**4. Pflegeheim der Sikna-Stiftung, Zürich, 1991**

**5. Verwaltungs- und Wohngebäude Sulgenhof, Bern, 1995**

**6. Wohnüberbauung, Lyss, 1995**

**Fotos:**
P. Tschäppeler, Bern
Ch. Grünig, Biel: 3

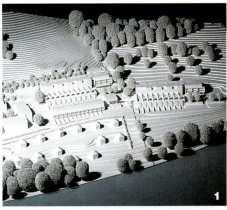

# Rykart

**Architekten und Planer FSAI/SIA (FGA)**
Giacomettistrasse 33a
3000 Bern 31
Telefon 031-352 12 52
Telefax 031-352 25 71

**Gründungsjahr** 1949 durch Ernst Rykart

**Inhaber seit 1.1.1991**
Claude Rykart, Arch. HTL, Planer NDS HTL
Philipp Rykart, dipl. Arch. ETH/SIA/FSAI

**Mitarbeiterzahl** 10

**Spezialgebiete**
Wohnungsbau und Einfamilienhäuser
Öffentliche Bauten
Schulbauten
Industrie- und Gewerbebauten
Umbauten und Sanierungen
Innenraumgestaltungen
Überbauungsordnungen und Gestaltungsplanungen
Wettbewerbsjurierungen
Expertisen als Grundlage für Sanierungen

**Publikationen**
Gewerbehaus Meried II, Niederwangen BE, Bauen heute 6/90, D+M Verlag, Zürich

Ausstellung «Neue Bären», Architekturforum Zürich, Architekturforum Bern

**Wettbewerbe**
1987 Büro- und Gewerbehaus Meriedweg 11, Niederwangen BE (1. Preis)

1990 Wohnsiedlung Dreispitz, Kirchberg BE (1. Preis)

1992 Kindergarten/Krippe Holenacker, Bern (Ankauf)

1992 Wehrdienste, Zivilschutz, Turnhalle, Kernenried BE (2. Preis)

1994 Sanierung und Erweiterung Sekundarschule, Wabern BE (3. Preis)

1996 Ideenwettbewerb Schürmattstrasse, Gümligen BE (1. Preis)

**Wichtige Projekte**
1988/91 Neubau Büro- und Gewerbehaus Meriedweg 11, Niederwangen

1988/89 Dachaufbau Bürogebäude W. Garbani AG, Bern

1990 Neubau Haus Gubler, Ittigen BE

1992/93 Sanierung MFH Mittelstrasse 9, Bern

1992/93 Attikaaufbau Sulgenauweg 42, Bern

1992/93 Neubau Reihenhaussiedlung Eichholz, Wabern BE

1993 Sanierung MFH Könizstrasse 266, Köniz BE

1993/94 Neubau Wohnsiedlung, Windisch AG

1993/94 Dachaufbau Haspelgasse 24, Bern

1993/94 Neubau MFH Köniztalstrasse 274, Köniz

1994/95 Sanierung Gebäudehülle 12 MFH Einschlag, Bolligen BE

1994/95 Neubau MFH Könizstrasse 194d, Liebefeld BE

1995 Umgestaltung Verlag Hans Huber AG, Länggassstrasse 76, Bern

1995 Umbau Bühlmann Druck, Thunstrasse 9, Bern

**Aktuelle Projekte**
Neubau Wohnsiedlung Dreispitz, Kirchberg BE

Sanierung 18 Reihen-EFH Brunnackerstrasse, Bümpliz BE

Neubau Coop-Super-Center mit Wohnungen, Belp BE

Erweiterung Haus Heusser, Muri BE

Erweiterung Spedition Fa. Stoppani, Niederwangen BE

Neubau Haus Schmidt/Müller, Muri BE

Sanierung MFH Morgartenstrasse 11, Bern

Neubau Wohnsiedlung Waldeck, Münchenbuchsee BE

**Abbildungen**

1. Mehrfamilienhaus Könizstrasse 194d, Liebefeld, 1994/95

2. Büro- und Gewerbehaus Meriedweg 11, Niederwangen, 1988/91

3. Umgestaltung Verlag Hans Huber AG, Länggassstrasse 76, Bern, 1995

# Scheffel Hadorn Schönthal

**Architekten SIA**
**Tivolifabrik**
**Kasernenstrasse 5**
**3601 Thun**
**Telefon 033-22 24 00**
**Telefax 033-22 26 41**

Scheffel
Hadorn
Schönthal

**Gründungsjahr** 1989

**Inhaber/Partner**
Hans Scheffel,
Architekt/Bauleiter

Daniel Hadorn,
dipl. Arch. ETH/SIA

Hansjürg Schönthal,
dipl. Arch. ETH/SIA

**Mitarbeiterzahl** 12

**Spezialgebiete**
Industrie- und Gewerbebauten

Öffentliche Bauten

Verwaltung und Banken

Wohnbauten

Sanierungen, Renovationen

Plandigitalisierungen und
Gebäudebewirtschaftung

Leitung von grossen
Projektteams

**Philosophie**
Eigenständige, auf den Ort
Bezug nehmende Architektur
unter Berücksichtigung
folgender Qualitätskriterien:

– hoher Benutzer-Nutzen

– hoher kultureller Nutzen

– niedrige Gesamtkosten

– geringe Umweltbelastung

**Wichtige Projekte**
1989 Erweiterung Parkhaus
Aarestrasse, Thun (Parkhaus
Thun AG)

1989 Labor für Spreng- und
Werkstoff-Forschung,
Gruppe für Rüstungsdienste

1990 Fabrikationsgebäude
für Nebelsatzherstellung,
Munitionsfabrik Thun

1990 Gebäudesanierung
Wohnbaugenossenschaft
Lanzgut, Thun

1990 Umbau und Erweiterung
Fabrikationsanlage
Wylerringstrasse,
Leinenweberei Bern AG

1991 Umbau, Sanierung und
Anbau Eigerturnhalle, Thun

1991 Projektwettbewerb
Wohnüberbauung
Fankhausergut, Thun (2. Preis)

1992 Wohnhaus
Sonnmattweg 12, Thun

1993 Umbau und Renovation
Obere Hauptgasse 80, Thun
(Amtsersparniskasse Thun)

1993 Gewerbehaus Tivoli-
fabrik, Kasernenstrasse, Thun
(ArGe mit H. U. Meyer)

1994 Umbau und Sanierung
Kundenbereich Bankgebäude,
Thun (Berner Kantonalbank)

1994 Gebäudeinfrastruktur-
anpassungen Bälliz 40 + 46,
Thun (SBG)

1994 Umbau
Restaurant Merkur,
Thun (Merkur AG, Bern)

1994 Wohn- und
Geschäftshaus Elvia, Thun
(Elvia, Zürich)

1994 Studienauftrag Bern,
City West, «Zweites Leben»
(Amt für Bundesbauten)

**Aktuelle Projekte**
1995 Umbau Bahnhofbuffet
Thun (SBB/Back & Brau; ArGe
mit H. Bissegger, Frauenfeld)

1995 Doppelkindergarten
mit Schulräumen, Goldiwil
(Einwohnergemeinde Thun)

1995 Fabrikationsanlage für
Nitrozellulose-Treibladungs-
pulver, Wimmis (Schweiz.
Munitionsfabrik Wimmis)

1995 Plandigitalisierung und
Raumdatenerfassung für
Gebäude der kant. Verwaltung
(Hochbauamt Kt. Bern)

**Abbildungen**

**1. Doppelkindergarten
mit Schulräumen, Goldiwil,
1995**

**2. Fabrikationsanlage
für Treibladungspulver,
Wimmis, 1995**

**3. Umbau Kundenbereich
Berner Kantonalbank,
Thun, 1994**

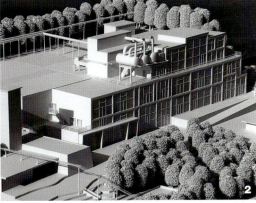

# Peter Schenk Architekten AG

Oberdorfstrasse 7
3612 Steffisburg
Telefon 033-437 27 77
Telefax 033-437 03 32

**Gründungsjahr**
1962 Einzelfirma
1987 AG

**Inhaber**
Peter Schenk,
dipl. Arch. ETH/SIA/SWB

**Leitender Angestellter**
Stefan Künzle,
dipl. Arch. ETH

**Mitarbeiterzahl** 7

**Leistungsangebot**
Gesundheitsbauten: Spitäler und Altersheime

Verwaltungsbauten

Wohnüberbauungen

Industrieanlagen

Bahnbauten

Beratung und Begleitung für Architekturwettbewerbe

**Besondere Tätigkeit**
Obmann der kant. Kommission zur Pflege der Orts- und Landschaftsbilder OLK Kreis Oberland

**Wettbewerbserfolge**
Kirchgemeindehaus Steffisburg; 1. Preis, Ausführung

Erweiterung ref. Heimstätte Gwatt; 1. Preis, Ausführung

Parallelprojektierung Regionalspital Thun (ArGe mit Lanzrein + Partner AG, Thun); Ausführung

Bezirksspital Frutigen; 2. Rang, 1. Preis, Ausführung

Asyl Gottesgnad, Steffisburg (ArGe mit Lanzrein + Partner AG, Thun); 1. Rang 1. Runde

Altersheim Adelboden; 1. Preis, Ausführung

Gemeindezentrum Buchholterberg; 1. Preis, Ausführung

Mehrzweckgebäude Heimenschwand; 1. Preis

Dorfzentrum Thierachern; 2. Preis

Gemeindehaus Steffisburg; 2. Preis, Ausführung

Parallelprojektierung Publikumsanlagen im Bahnhof Spiez BLS (mit Ing. Balzari + Schudel AG, Thun); Ausführung

**Wichtige Projekte**

**Gesundheitswesen**
1975–88 Erweiterung Regionalspital Thun (ArGe mit Lanzrein + Partner AG, Thun)

Erneuerung Bezirksspital Frutigen

Altersheim Adelboden

Erneuerung Altersheim Magda, Hilterfingen

Sanierung Operationstrakt Bezirksspital Wattenwil

**Industrie und Gewerbe**
Neubau Ballistisches Labor für P+F, Wimmis

Neubau Schiesskanäle für P+F, Wimmis, und W+F, Bern

Neubau Zündkapselfabriken 1+2 für M+F, Thun

Neubau Laboriergebäude, Thun

**Andere öffentliche Anlagen**
Kirchgemeindehaus Glockental, Steffisburg

Erweiterung Sekundarschule, Steffisburg

Verpflegungstrakt ref. Heimstätte Gwatt

Post Heimenschwand

Gemeindehaus Steffisburg

Passerelle im Bahnhof Spiez BLS

**Wohn- und Geschäftshäuser**
Kantonalbank, Oberdiessbach

Terrassenhäuser Brändlisberg, Steffisburg

Überbauung Stucki AG, Steffisburg

Verwaltungsgebäude FIS Fédération Internationale de Ski, Oberhofen (ArGe mit Lanzrein + Partner AG, Thun)

**Aktuelle Projekte**
2. Etappe Sanierung Regionalspital Thun (ArGe mit Lanzrein + Partner AG, Thun)

2. Etappe Wohnüberbauung Stuckimatte, Steffisburg

Publikumsanlagen im Bahnhof Spiez BLS (mit Ing. Balzari + Schudel AG, Thun)

**Abbildungen**
**1. Altersheim Magda, Hilterfingen, 1994–95**
**2. Überbauung Stuckimatte, Steffisburg, 1994–96**
**3. Passerelle Bahnhof Spiez BLS, 1995**

# Staempfli + Knapp

**Architekten SIA/FSAI**
Dufourstrasse 23
3000 Bern 6
Telefon 031-352 77 46
Telefax 031-352 79 44

**Gründungsjahr** 1962

**Inhaber/Partner**
Jürg Staempfli,
dipl. Arch. SIA/FSAI

Fred Knapp,
dipl. Arch. SIA/FSAI

Bernhard Staempfli,
dipl. Arch. HTL

Martin Knapp,
dipl. Arch. HTL

**Mitarbeiter**
qualifizierter, langjähriger
Mitarbeiterstab

**Infrastruktur**
CAD und EDV

**Mitarbeiterzahl** 8

**Wichtige Projekte**

**Wohnbauten**
Wohnüberbauung Holzgasse, Schönbühl

Wohnüberbauung, Rüschegg-Heubach

DEFH-Siedlung, Trogenstrasse, Oberhofen

Reihenhäuser, Büren a.A.

Mehrfamilienhaus, Utzenstorf

Diverse Ein- und Doppeleinfamilienhäuser

**Spital- und Heimbauten**
Chronischkranken-Spital Bezirksspital Münsingen

Loryheim, Heim für Schwererziehbare, Münsingen

Sonderschulheim Mätteli, Münchenbuchsee

**Schulen**
Primarschulen Rubigen, Zuzwil, Zäziwil

Mehrzweckhalle Trimstein

**Industrie- und Gewerbebauten**
Gewerbezentrum «Zelgli», Thun-Allmendingen

Gewerbezentrum «Bierigut», Thun-Allmendingen

Munitionsfabrik Thun, GP 90, Produktionshalle

**Kirchliche Bauten**
Reformierte David-Kirche, Flamatt

Pfarrhaus, Rubigen

**Arztpraxen**
Dr. Müry, Rheumatologie und Physiotherapie, Bern

Dr. Jenni, Rheumatologie und Physiotherapie, Bern

Dr. Dolder, Innere Medizin, Bern

Dr. Aus der Au, Augenarzt, Bern

Dr. Thuns, Zahnarzt, Münsingen

**Umbauten/Sanierungen**
Amt für Bundesbauten, Bundeshaus Ost

Baudirektion Stadt Bern, Lehrwerkstätten

Wohnüberbauung, Kasthoferstrasse, Bern

Mehrfamilienhaus, Lerberstrasse, Bern

Wohn- und Bürohaus, Dufourstrasse, Bern

Sekundarschule Oberhofen

Schloss Vuippens FR

Aufstockung/Dachausbau, Familie Engel, Allmendingen

Umbau Stadtvilla Familie Schnyder, Bern

Dachausbau MFH, Wabernstrasse, Bern

**Aktuelle Projekte**
Wohnsiedlung «Hängeli», Uetendorf (vorfabriz. Holzbau)

Siedlung Eisengasse, Bolligen

Sanierung Schulhaus, Rubigen

Sanierung, Aufstockung Schulhaus, Trimstein

Sanierung Wohnüberbauung, Jegenstorf

**Wettbewerbserfolge**
Reformierte Kirche, Flamatt (1. Rang)

Primarschule, Zuzwil (1. Rang)

Bezirksspital Münsingen (1. Rang)

Primarschule Wohlen (2. Rang)

Gemeindesaal Hilterfingen (2. Rang)

Kirche Zäziwil (2. Rang)

Wohn- und Gewerbezentrum, Rubigen (3. Rang)

Stegmattsteg, Wohlen (5. Rang)

Wohnüberbauung, Siedlungsstrasse, Thun (5. Rang)

Bellevue-Areal, Thun (5. Rang)

**Abbildungen**

**1. Umbau Stadtvilla Familie Schnyder, Bern**

**2. Neubau Reihenhäuser, Büren a.A.**

Fribourg
Genève
Jura
Neuchâtel
Vaud

# ASM Architekten AG

**Dorfstrasse 480**
**1714 Heitenried**
**Telefon 037-35 13 22**
**Telefax 037-35 10 22**

**Gründungsjahr** 1967

**Inhaber/Partner**
Patrick Ackermann,
dipl. Architekt ETH/SIA

Georges Ackermann

Emil Scherwey

**Mitarbeiterzahl** 13

**Spezialgebiete**
Wohn- und Siedlungsbauten

Geschäftshäuser

Öffentliche Bauten

Renovationen

Innenausbau

**Wichtige Projekte**
1991/95 Quartierplan «Maggenbergmatte», Tafers

1992/95 Um- und Anbau Stöckli, Heitenried

1993/95 Alterswohnungen, Heitenried

1994/95 Mehrfamilienhaus Les Daillettes, Marly

1994/95 Wohn- und Geschäftshaus «Bernstrasse», Flamatt

1995/96 Einfamilienhaus Perler, Windhalta, Tafers

**Wettbewerbe**
1991 Schulhauserweiterung, OS Plaffeien; 2. Preis

1991 Schulhauserweiterung, OS Düdingen; 4. Preis

**Aktuelle Projekte**
Reihenhaus, Flamatt

Wohnheim für Behinderte, Tafers

Mehrfamilienhaus, Marly

Quartierplan «Mühleweg 2», Düdingen

**Abbildungen**

1. Westfassade MFH Les Daillettes, Marly

2. Um- und Anbau Stöckli, Heitenried

3. Laubengang Alterswohnungen, Heitenried

4. Laubengang Wohn- und Geschäftshaus «Bernstrasse», Flamatt

5. Eingang Wohnungen Wohn- und Geschäftshaus «Bernstrasse», Flamatt

# Christoph & Stephan Binz

**Dipl. Arch. ETHZ/SIA/HTL**
**Lampertshalten**
**1713 St. Antoni**
**Telefon** 037-35 16 02
**Telefax** 037-35 21 97

**Gründungsjahr** 1992

**Inhaber**
Christoph Binz,
dipl. Arch. ETHZ/SIA

Stephan Binz,
dipl. Arch. HTL

**Mitarbeiterzahl** 4

**Spezialgebiete**
Wohnbauten

Öffentliche Bauten

Renovationen

**Wichtige Projekte**
1992 Umbau EFH Obermonten, St. Antoni

1992 Quartierplanung «am Bach», Niedermuhren-Heitenried

1992 Wohnhaus mit Werkstatt, Dorf-St. Antoni

1992 EFH Lampertshalten, St. Antoni

1992 Wettbewerb Sekundarschulhaus Tafers (3. Rang)

1993 REFH Lampertshalten, St. Antoni

1993 EFH «am Bach», St. Antoni

1993 EFH Eichmatt, Tafers

1993 Umbau Käserei Plasselb

1994 EFH, Kirchstrasse, Düdingen

1995 EFH, Niedermuhren-St. Antoni

1995 Umbau Wohnhaus mit Werkstatt, Niedermuhren-St. Antoni

1995 Umbau Bauernhaus, Tafers

**Aktuelle Projekte**
Um- und Anbau Primarschulhaus St. Antoni

Wohnhäuser Säget, Tafers

DEFH Lampertshalten, St. Antoni

**Abbildungen**

**1.– 3. EFH Lampertshalten, St. Antoni, 1992**

**4. EFH, Kirchstrasse, Düdingen, 1994**

**Fotos: Roggo Michel: 1, 3, 4**

# François Baud & Thomas Früh

**Atelier d'architecture EPFL/SIA**
15, rue des Voisins
1205 Genève
Téléphone 022-320 58 49
Téléfax    022-320 58 95

**Année de la fondation** 1990

**Propriétaire/partenaire**
François Baud
Thomas Früh

**Spécialisations**
Habitations individuelles et collectives

Transformations et rénovations

Aménagements intérieurs

CAD, Infographie

**Constructions importantes**
1990 Aménagement intérieur d'un hôtel, Genève

1991 Rénovation d'une maison individuelle, Conches GE

1992 Maison individuelle, piscine, Conches

1994 8 habitations contiguës, Onex GE

1994 Salle de gymnastique provisoire, Genève

1995 Rénovation d'un immeuble, Carouge GE (avec Beric SA)

**Projets en cours**
Maison individuelle avec ateliers, Veyrier GE

8 habitations contiguës, Vésenaz GE

2 habitations jumelées, Vésenaz GE

3 immeubles d'habitation HLM, Grand-Saconnex GE (avec D. Velebit)

2 habitations jumelées, Aire-la-Ville GE

**Illustrations**

**1. + 2. Huit habitations contiguës, Onex GE, 1994**

**3. Huit habitations contiguës, Vésenaz GE**

**4. Deux habitations jumelées, Vésenaz GE**

**Illustration 3:
Infographie R. Bochet**

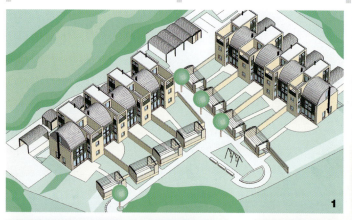

# Beric S.A.

2, Bd des Promenades
1227 Carouge/Genève
Téléphone 022-342 79 20
Téléfax 022-343 09 03

**Année de la fondation** 1958

**Propriétaire/partenaire**
Jean-Robert Lorenzini

Joël Bianchi

Richard Plottier

**Collaborateurs**
Franck Delplanque, Arch. DPLG

Gilles Degaudenzi, Arch. ETS

**Nombre d'employés actuel** 10

**Spécialisations**
Bâtiments administratifs
Bâtiments industriels
Habitat
Rénovation et transformation
Hôtellerie
Loisirs et restaurants

**Publications**
Réalisations immobilières, Ed. CRP 1988 (Halle de Fret)

Réalisations immobilières, Ed. No 47/mars 1994 (Epinettes-Parc – ouvr. 489)

Réalisations immobilières, Ed. No 52/août 1994 (Duret-Bossons – ouvr. 527)

**Philosophie**
Notre atout: 35 ans d'expérience dans la conception et la réalisation.

Notre devise: de la flexibilité, de la compétence, le respect des coûts, une exécution de qualité et des délais tenus.

Notre but: Concevoir, créer et réaliser avec comme moteur une passion véritable, et le respect des souhaits de nos partenaires et clients.

**Constructions importantes**
1984–86 Ensemble d'habitation et commercial «Résidence Fronto» à Genève

1982–87 Halle de fret de l'Aéroport de Genève-Cointrin

1981–84 Ensemble d'habitation et commercial «Centre Vermont-Nations» à Genève

1988–90 Résidence hôtelière «La Reserve» à Ferney-Voltaire (France)

1988–90 Transformation et agrandissement bâtiment d'habitation et commercial, Rue de Lausanne 37–39 à Genève

1988–91 Ensemble d'habitation à Nyon

1989–90 Résidence hôtelière «Les Citadines» à Ferney-Voltaire (France)

1990–91 Bâtiment d'habitation, Archamps-Centre (France)

1990–91 Bâtiment résidentiel d'habitation et commercial, Rue Jules Crosnier à Genève

1990–93 Ensemble d'habitation HLM et commercial à Onex-Genève

1990–91 Transformation Rue Calvin 4 à Genève

1990–92 Centre sportif «City Green du Léman» à Veigy (France)

1990–92 Centre administratif de la Mairie de Bernex-Genève

1990–92 Ensemble résidentiel d'habitation et locaux commerciaux «28–30, Rue de Saint-Jean» à Genève

1990–93 Ensemble d'habitation et locaux commerciaux «Epinettes-Parc» à Carouge-Genève

1990–93 Centre multiprofessionel à Bussigny VD

1993–94 Transformation Hôtel du Midi à Genève

1994–95 Transformation bâtiment Carouge-Genève

1994–95 Ensemble d'habitation et commercial à Onex

1995 Aménagement bureaux Kodak à Lausanne

**Projets en cours**
Ensemble résidentiel Parc-Trembley à Genève (Petit-Saconnex)

Ensemble résidentiel d'habitation à Carouge-Genève

Transformation Lloyd's Bank à Genève

Transformation Hôtel Ambassador à Genève

Ensemble d'habitation et commercial à Onex-Chancy

Immeuble d'habitation rte. Florissant à Genève

Extension Hôtel du Midi à Genève

Aménagement cabinet médical à Carouge-Genève

**Illustrations**

1. Halle de fret, Aéroport Genève-Cointrin, achevée en 1987, détail d'angle

2. Ensemble d'habitation HLM et commerces, Onex-Genève, achevé en 1993

3. Centre multiprofessionel à Bussigny VD, achevé en 1993

# Boujol & Delachaux SA

**Atelier d'architecture**
13, Grand Rue
1260 Nyon
Téléphone 022-361 72 36
Téléfax 022-361 48 26

**Succursale**
1, rue Cornavin
1201 Genève

**Année de la fondation** 1983

**Propriétaire/partenaire**
Bernard Boujol,
architecte REG A/SIA

Nicolas Delachaux,
architecte EPF L/SIA

**Nombre d'employés actuel** 6

**Spécialisations**
– Architecture
– Urbanisme
– Monuments historiques
– Expertises

**Publications**
NZZ, n° 119 du 26/9/1989
Werk, 8/1989
Archimade, 1989
Baumeister n° 1/90
Revue SIA n° 14/91
Urbanisme et Cités n° 3/92
Architecture Suisse n° 103/92
Arch/Eternit n° 110/94
Revue Habitation, 1994

**Concours**
1986 Concours de logements sociaux et artisanat, Coppet (1er prix)

1989 Concours Europan, Mention

1990 Concours d'idées, Coire (4ème prix)

1991 Concours pour centre sportif, Couvet (7ème prix)

**Philosophie**
L'acte de bâtir ne se résume pas à juxtaposer des éléments les uns aux autres de manière plus ou moins habile en utilisant un langage de «surfaçage». C'est tout d'abord comprendre le lieu, l'investir du projet qui en soit le répondant par sa position spaciale, sa forme, sa matière. Ensuite viendront les contraintes à résoudre de manière performante (coût, règlements, etc.).

**Constructions importantes**
1983–89:
– Restaurations diverses (logements-commerces) VD et GE
– Habitations unifamiliales, VD et GE
– Etudes urbanistiques, VD
– Aménagement Centre pour enfants handicapés, Nyon

1990:
– Jardin d'enfants, Nyon
– Habitation unifamiliale, Anières
– Logements contiguës, St-Cergue
– Centre d'arts plastiques, Nyon
– Habitation unifamiliale, Crans
– Jardin d'enfants, Coppet
– Halles industrielles (projet), Vuitebœuf

1991:
– Restauration Cure Etat de Vaud, Bursins
– Agrandissement habitation, Gland
– Piscine et logement de fonction, Mies
– Centre des Toises (36 logements et artisanat), Coppet
– Maisons de village (7 logements et commerces), Grens
– Restauration rural, Grens

1992:
– Restauration bâtiment XVIII° s, Nyon
– Agrandissement imprimerie, Genève

1993:
– Habitation pour deux familles, Prangins
– Habitation unifamiliale, Bâle
– Restauration domaine XVIII° s, Prangins
– Habitation unifamiliale, Crans

1994:
– Plan de quartier, Nyon
– Piscine couverte, Begnins
– Restauration château de Promenthoux, Prangins
– Transformations logements, Crans-Arzier
– Inventaire patrimoine bâti Etat de Vaud, Leysin

**Projets en cours**
Centre sportif, Genève

Habitations unifamiliales, Nyon, Lutry et Prangins

Restauration de logements, Genève

Restauration du château, Nyon (avec Ch. Amsler LS)

Centre de cure post-hospitalier, Walzenhausen

**Illustrations**

**1.** 36 logements et artisanat, Coppet, 1990–92

**2.** Logement unifamilial, Crans-près-Céligny, 1993

**3.** Cure Etat de Vaud, Bursins, 1991–93

**4.** Logements mitoyens, Belmont s/Lausanne, 1988

**5.** Logement contiguës, St-Cergue, 1990

**6.** Grange-Rouge, Grens, 1991

# Jacques Bugna

**Atelier d'architecture EPF/SIA/AGA**
Route de Malagnou 28
1211 Genève 17
Téléphone 022-735 83 50
Téléfax    022-735 80 21

**Année de la fondation**
1951 par feu Arthur Bugna

**Propriétaire**
J. Bugna, arch. EPFL/SIA/AGA

**Collaborateurs dirigeants**
A. Ecabert, architecte
P. Ambrosetti, arch. EAUG/SIA
F. Campiche, architecte
E. Dijkhuizen, arch. EPFL/SIA
U. Manera, arch. ETS

**Nombre d'employés actuel** 15

**Spécialisations**
Bâtiments de prestige ou hautement technologiques
Bâtiments publics
Equipements sportifs
Bâtiments industriels
Immeubles d'habitation
Constructions en bois
Rénovation et réhabilitation

**Publications**
Théâtre de Monthey/VS, Aktuelle Wettbewerbs Scene 2–3/83

Direction Télécom PTT, Architecture Romande 1/90

Union Européenne de Radiotélévision (UER), Réalisations Immobilières, mars 94

Hôtel de Police, Réalisations Immobilières, avril 94

**Concours primés**
1986 Concours à deux degrés pour l'Hôtel de Police de Genève, 3ème prix et exécution

1986 Concours de projets pour un pavillon de psychogériatrie à Malévoz, Valais, 5ème prix

1987 Concours d'idées «Lancy-Sud»/GE, achat

1988 Concours de projets pour l'Hôtel de Ville de Montreux, Vaud, 11ème prix

1989 Concours de projets pour immeubles locatifs à Lausanne, Vaud, 1er prix et exécution

1992 Concours de projets pour un immeuble HLM, rue de Lyon, Genève, 2ème prix

1993 Concours pour l'école des Genêts, Genève, 3ème prix

1994 Appel d'offres international pour la rénovation de la Salle des Assemblées de l'ONU, 5ème rang (2ème Suisse)

**Philosophie**
Fort d'une longue expérience dans des domaines très diversifiés, allant de l'étude d'une villa à celle de la planification de tout un quartier, l'objectif visé est de tout mettre en œuvre, afin d'apporter face à la problématique énoncée, la réponse la plus appropriée.

Chaque projet est un nouveau défi, où l'inspiration trouve ses sources dans l'analyse et l'interprétation du lieu et du contexte. Dans ce sens, le bureau ne propose pas un style unique comme réponse universelle, même si son langage architectural se veut résolument contemporain.

**Constructions importantes**
1971/78/87 Centre, tour et studio Ernest-Ansermet de la Radio-Télévision Suisse Romande (RTSR), Genève

1977 Siège de l'Union Européenne de Radiotélévision (UER), Genève

1977 Ecole supérieure de Commerce de Malagnou/GE

1982 Centrale des Laiteries Réunies de Genève (LRG)

1983 Centre Sportif Sous-Moulin, communes des «3 Chêne», Genève

1985 Ecole et salle polyvalente de Verbier, Valais

1985–91 Restaurant (450 places), transformations et aménagements du bâtiment principal de l'OMS, Genève

1986 Ecole de Genthod/GE

1987 Ensemble de logements et chapelle aux Pâquis, Genève

1989 Direction Télécom PTT, Genève

1991 Résidence Rouelbeau à Meinier, Genève

1993 Ensemble d'immeubles locatifs à Lausanne, Vaud

1994 Centre administratif et technique de l'UER, Genève

1994 Beckman Eurocenter à Nyon, Vaud

1994 Hôtel de Police de Genève

1995 Siège principal de la CAP Assurance, Genève

1996 Agence SBS du BIT/GE

**Illustrations**
1. **Résidence Rouelbeau**
2. **Agence SBS de l'OMS**
3. **Union Européenne de Radiotélévision (UER)**
4. **Immeubles locatifs Boveresses 25, Lausanne**
5. **Concours «rue de Lyon»**
6. **Hôtel de Police**

# Etienne Chavanne

**Architecte dipl. EPFZ/SIA**
Rue de l'Hôtel de Ville 8A
2740 Moutier
Téléphone 032-93 25 14
Téléfax    032-93 20 26

Succursale à
Rue St-Maurice 7
2800 Delémont
Téléphone 066-22 84 22
Téléfax 066-22 57 38

**Année de la fondation**
1963 Atelier Urba
1970 Chavanne & Hirschi
1985 Etienne Chavanne

**Propriétaire**
Etienne Chavanne,
architecte dipl. EPFZ/SIA

**Collaborateurs dirigeants**
Daniel Leuenberger, architecte
Yvonnick Haldemann, architecte
Blérim Uka, architecte

**Nombre d'employés actuel** 8

**Spécialisations**
Habitat indiv. et collectif
Bâtiments publics (écoles, sport)
Industrie
Planification locale

**Philosophie**
Clareté d'expression et de concept

Economie des moyens

Modestie d'intervention

Respect du site naturel et construit

Assurer un lien culturel entre le patrimoine hérité et notre époque

Recherche du meilleur rapport qualité/prix du bâti

Offrir aux M. O. une qualité de services et de collaboration la meilleure possible

**Concours**
Nombreux concours «dans les prix»:

Village de vacances Les Savagnières (2$^{ème}$ prix)

Ecole prim., Moutier (2$^{ème}$ prix)

Centre paroissial, Delémont (achat)

Ecole secondaire, Porrentruy (2$^{ème}$ prix)

Prison régionale, Moutier (1$^{er}$ prix)

Centre d'entretien N 16 (3$^{ème}$ prix)

Habitat groupé, Bévilard (1$^{er}$ prix)

Salle de spectacle, Moutier (4$^{ème}$ prix)

Piscine et salle de sport, Porrentruy (4$^{ème}$ prix)

**Constructions importantes**
1963–95 Très nombreuses maisons individuelles

1965 Ecole secondaire, Moutier (ext.)

1969–95 Nombreuses habitations groupées

1972 Ecole prim. et salle gymnastique, Courroux

1975 Ecole prim.(ext.), Courfaivre

1978–82 Salles gymnastiques à St-Brais, Perrefitte, Delémont et Les Genevez

1985 Immeuble PPE, Moutier

1986–94 Immeubles locatifs CPJ, Delémont

1991 Immeuble PPE Piaget, Moutier

1986–90 SIP, Surfaces Industrielles Polyvalentes, Delémont

1990 Nouvelle usine Durtal, Delémont

1990 Usine BIWI (ext.), Glovelier

1991 Nouvelle usine Sycrilor, Le Noirmont

1992 Usine Montavon (ext.), Boécourt

1992 Usine Burri (ext.), Moutier

1994 Nouvelle prison régionale, Moutier

1995 Salle polysports, Moutier

**Projets en cours**
Immeuble de bureaux et d'habitation, Delémont

Immeuble de commerces et d'habitation «Centre-Ville», Moutier

Centre commercial, Reconvilier

Habitat groupé «Le Mexique», Delémont

**Illustrations**
**1. Salle polysports, Moutier, 1995**

**2. Usine BIWI SA, Glovelier, 1990**

**3. Usine Sycrilor SA, Le Noirmont, 1991**

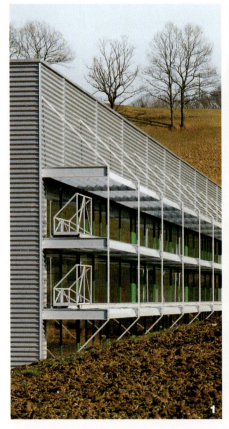

# de Benoit & Wagner

**Architectes SA
REG A/GPA/SIA
ch. d'Entre-Bois 2bis
1018 Lausanne
Téléphone 021-647 30 80
Téléfax 021-647 60 79**

**Année de la fondation** 1987

**Propriétaire/partenaire**
Pascal de Benoit (40),
Arch. ETS/REG A

Martin Wagner (41),
Arch. REG A

**Structure du bureau**
5 personnes
informatique (dao + gestion)

**Spécialisations**
Rénovations d'immeubles

Transformations

Maisons familiales

Bâtiments publics

**Publications**
Aktuelle Wettbewerbs Scene 2/89, 2/90, 6/90, 4–5/93

AW – Architektur + Wettbewerbe 140/89, 145/91

Archimade-GPA 21/88, 25/89, 30/90, 34/91, 42/93, 51/96

Journal de la construction 5/94

AS – Architecture Suisse 116/95

**Distinctions**
Concours immeuble administratif et de logements, av. de la Harpe, Lausanne, 1er prix

Concours d'idée, gare du Flon, Lausanne, 5ème prix

Concours d'idée, Place de Rome à Martigny, 4ème prix

Concours Ecole Supérieure de Commerce, Lausanne, 1er prix

Concours gare de Morges, 9ème prix

Concours d'aménagement du secteur «En la Praz» à Cugy, 6ème prix

**Philosophie**
Volonté d'imagination, de réalisme, d'efficacité, de qualité, de compétitivité et de responsabilité.

**Constructions importantes**
1978–91 Plusieurs réfections d'immeubles, transformations et aménagement d'appartements ou de commerces

1990 Réfection de l'enveloppe d'un immeuble locatif, Petite Corniche 15-17-19 à Lutry

1992 Construction d'une halte ferroviaire pour le train LEB, La Fleur de Lys à Prilly

1993 Construction de 2 villas familiales à Lutry

1993 Etude d'expérimentation d'habitations pour familles en milieu urbain

1992–95 Aménagement du centre du village de Begnins: centre scolaire de 21 classes, salle de gymnastique, parking souterrain de 150 places, abris PC, gare routière et place publique

1994 Réfection d'un immeuble de 64 appartements, ch. d'Entre-Bois 53–55, Lausanne

1995 Création d'un centre paroissial dans une cure (monument historique) à Chêne-Pâquier

**Projets en cours**
Rénovation de 2 immeubles de 12 appartements, à Lausanne

Création d'un cabinet médical à Sion

Divers concours d'architecture

**Illustrations**

1. Réfection d'un immeuble locatif, concept d'intervention Lausanne, 1994

2. Transformation dans une cure, foyer d'accueil du centre paroissial, Chêne-Pâquier, 1995

3. Collège de Begnins, vue générale, 1992–95

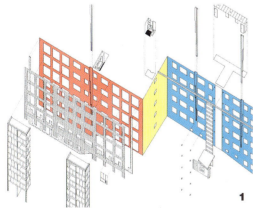

# Hervé De Giovannini

**Bureau d'architecture SIA**
Bd. de Grancy 8
1006 Lausanne
Téléphone 021-616 59 14
Téléfax     021-616 59 14

Rue Malatrex 38
1201 Genève
Téléphone 022-344 07 40
Téléfax     022-344 07 49

**Anneé de la fondation** 1984

**Propriétaire**
Hervé De Giovannini,
Architecte EPFL/SIA

**Nombre d'employés actuel** 12

**Spécialisations**
Projets liés au logement
Projets liés à l'industrie

**Publications**
AS 101, Mai 1992

**Concours**
Concours cantonal
Nouveau collège, Gland,
7ème prix

Concours cantonal
Extension du bâtiment de la
Police cantonale,
Le Mont-sur-Lausanne,
1er achat

Concours cantonal
Nouveau collège Terre Sainte,
Coppet, 9ème prix

Concours cantonal
Aménagement du site historique de Moudon, 5ème prix

**Philosophie**
La beauté résultera de la forme et de la correspondance du tout aux parties, des parties entre elles, et de celles-ci au tout, de sorte que l'édifice apparaisse comme un corps entier et bien fini dans lequel chaque membre convient aux autres et où tous les membres sont nécessaires à ce que l'on voulu a faire.

Andrea Palladio

**Constructions importantes**
Bâtiment industriel
«La Chatanerie», Crissier

Bâtiment industriel
«Praz Riond», Penthaz

Siège de la société Valtronic SA,
Les Charbonnières

Ensemble de 54 logements
résidentiels, Thonex

Quartier de 53 habitations
résidentielles, Chavornay

Manufacture d'horlogerie
Dubois & Depraz SA, Le Lieu

**Projets en cours**
Ensemble urbain de
40 logements «Moulin Parc»,
Yverdon-les-Bains

Quartier de 60 logements
résidentiels, Epalinges

Ensemble urbain de 12 logements, Yverdon-les-Bains

Site de loisirs Verdland,
Montana-Aminona

Immeuble de 28 logements
en ossature bois, Versoix

**Illustrations**

**1. + 2.** Manufacture d'horlogerie Dubois & Depraz SA,
Le Lieu, 1995–96

**3.** Immeuble HLM de 15
logements Montmeillan,
Lausanne

**4. + 5.** Valtronic SA,
Les Charbonnières, 1992

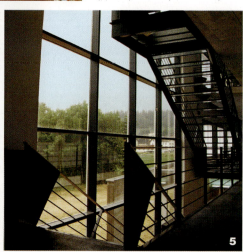

# Delessert, Pfister, Rochat, Locher, Jaccottet

**Atelier d'architecture**
Rue de Genève 42
1004 Lausanne
Téléphone 021-626 24 94
          021-312 22 49
Téléfax   021-625 83 50

**Année de la fondation** 1991

**Propriétaire/partenaire**
J.-R. Delessert, M. Pfister,
A. Rochat, J. Locher, V. Jaccottet,
Architectes EPF-ETS-SIA

**Nombre de collaborateurs** 7

**Spécialisations**
– Logement
– Urbanisme
– Industrie et artisanat
– Commerce et administration
– Réhabilitation d'espaces industriels
– Sauvegarde du patrimoine bâti

**Publications**
Cahiers suisses de l'architecture et du design/Akt. Wettbewerbs Scene 2/89, 6/90, 6/93, 6/95; Bauen + Wohnen 6/89; AW. 140 12/89; «Architecture et démarche énergétique», éd. Muller, 1985; Habitation 4/89; Journal de la construction 5/89; L'Illustré 1/91; Femina 16/91, 9/93; Privé: Wohnmagazin 3/94

**Distinctions**
1983 Logements CIPEF, Préverenges (en association; 3ème prix)

1985 Restaurant La Berneuse, Leysin (en association; 4ème prix)

1988 Quartier de la Gare du Flon, Lausanne (3ème prix)

1991 Gare de Morges (1er achat)

1992 Centre communal du Grand-Pré, Cheseaux (1er prix)

1995 Centre de traitements psychiatriques, Yverdon (1er prix)

**Philosophie**
«Nul pouvoir, un peu de savoir, un peu de sagesse, et le plus de saveur possible.»
Roland Barthes, Leçon

**Constructions importantes**

**Industrie et artisanat**
1990 Halles industrielles et logement, Echandens (en association)

1992 Fabrique Blancpain, Paudex

1994 Atelier «Metal System», Echandens

**Commerce et administration**
1988 Show-Room Computer Shop, Genève

1990 Préfecture de district, Yverdon

1992 Magasin COOP et abri PC, Penthalaz (en association)

1994 Banco Espirito Santo, Lausanne

1995 Bar Pré-Fleury, Lausanne

**Logement**
1985 Villa Jornod, Montherod

1987 9 habitations, Savigny

1989 Habitation Mottaz, Yverdon

1991 EMS «La Venoge», Penthalaz (en association)

1991 11 appartements, Penthalaz

1992 6 appartements, Penthalaz

1996 Villa Hauri-Angst, Corseaux

**Transformations**
1989 Loft pour artiste, l'Auberson

1991 Villa Schwander, Pully

1991 Colonie de vacances, Blonay

1993 Garderie d'Entrebois, Lausanne

1995 Maison vigneronne, Blonay

1995 UAPE Entrebois, Lausanne

**Urbanisme**
1987 PPA «Praz-Gérémoz», Penthalaz

1991 Etudes PPA «Gare du Flon», Lausanne

1994 Etude PPA «Le Grand-Pré», Cheseaux

**Projets en cours**
Centre communal du Grand-Pré, Cheseaux

Centre de réfugiés, Bex

Restauration d'un immeuble de 37 logements, Lausanne

Villa Charbon, Lutry

Villa Grieshaber, Lutry

Habitation Lambelet, Villars-sous-Yens

**Illustrations**

**1. Centre de la Chocolatière, Echandens, 1990**

**2. Villa Hauri-Angst, Corseaux, 1996**

**3. Centre communal du Grand-Pré, Cheseaux, 1992**

**Photos:**
**Ch. Coigny: 1, M. Koenig: 2**

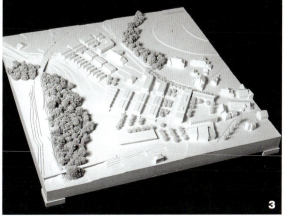

# Hervé Dessimoz

**Architecte EPFL-SIA
et ses collaborateurs**
Ch. du Grand-Puits 42
1217 Meyrin
Téléphone 022-782 05 40
Téléfax 022-782 07 07

**Année de la fondation** 1977

**Propriétaire**
Hervé Dessimoz

**Nombre d'employés actuel** 11

**Spécialisations**
Aménagement du territoire et urbanisme

Architecture (constructions nouvelles et rénovation)

**Distinctions**
Architecte diplômé de l'Ecole Polytechnique Fédérale de Lausanne

2ème prix au concours du Centre Socio Culturel et Commercial à Vernier GE

5ème prix et participation au 2ème tour du Concours du Centre Culturel de la Commune de Meyrin

1er prix ex-aequo pour l'étude du périmètre Alhambra-Rôtisserie à Genève

**Philosophie**
… l'imagination est une puissance majeure de la nature humaine. L'imagination dans ses vives actions nous détache à la fois du passé et de la réalité. Elle ouvre sur l'avenir… Cette ouverture sur l'avenir est à la base de tous les actes d'Architecture du bureau Hervé Dessimoz… renouant avec les préceptes humanistes, résolument pluridisciplinaires, nous sommes des interlocuteurs incontestés et appréciés du Maître de l'Ouvrage et de l'entrepreneur.

**Constructions importantes**
Rénovation transformation de l'école Ferdinand Hodler, Ville de Genève

Construction du groupe scolaire Bella Vista II, Ville de Meyrin

Construction des logements pour travailleurs saisonniers, Fonds Cantonal du Logement à Genève

Agrandissement et transformation Centre Commercial de Meyrin, SA Financière CCM, UBS, Migros, Coop, EPA, H & M, La Poste

Construction d'un ensemble résidentiel à Montbrillant GE, Confédération Suisse Adm. Féd. Finances

Centre Multi-Activités du Grand-Puits à Meyrin

**Projets en cours**
Quartier résidentiel de Monthoux GE, Confédération Suisse

Extension et transformation de la Maison de la Radio à Lausanne, SSR

Rénovation de la Tour Winterthur à Paris la Défense, Wintherthur Ass.

Construction du point Atlas de l'expérience LHC, Cern GE

**Illustrations**

**1. Logements pour travailleurs saisonniers, Vernier, 1988**

**2. Ecole Bella Vista II, Meyrin, 1990**

**3. Centre Commercial, Meyrin, 1990**

**4. Centre Multi-Activités du Grand-Puits, Meyrin, 1993/94**

**5. Ensemble résidentiel, Montbrillant, 1992/93**

# Andreas Dürr

**Atelier d'Architecture et d'Urbanisme**
15, Rue Emile-Yung
1205 Genève
Téléphone 022-346 65 36
Téléfax     022-789 01 71

**Année de la fondation** 1982

**Propriétaire/partenaire**
Andreas Dürr, arch. EAUG/SIA

Dominique Dürr, dipl. SES

**Collaborateurs dirigeants**
Thierry Celton, arch. EIG

**Nombre d'employés actuel** 2

**Spécialisations**
– Restaurations, rénovations
– Bâtiments publics
– Maisons d'habitations
– Immeubles administratifs, établissements bancaires
– Hôtels
– Halles à grandes portées en bois
– Constructions à ossatures en bois
– Architecture d'intérieur et décoration
– Paysagisme et aménagements extérieurs

**Publications**
«Formes et Surfaces», AA L'Architecture d'Aujourd'hui N° 216/Sept. 81

«Miterleben wie ein Holzhaus wächst», Schweizer Holzbau, 2/96

«La Construction de Demain», Journal de la construction N° 11/1995

**Distinctions**
Assistant à l'Ecole d'Architecture de l'Université de Genève 1975–81 (Mathématique et Géométrie descriptive)

Secrétaire général de Lignum-Genève, communauté genevoise d'action en faveur du bois

Diplôme photographe ETSP 1973

**Philosophie**
Depuis l'aube des civilisations, les hommes ont construit et par conséquent mesuré en utilisant des outils intemporels tels que la coudée, le doigt, le pouce, le pied, la foulée. De là découle la mathématique innée à l'homme qui a donné naissance aux proportions et aux tracés régulateurs.

Les anciens, Egyptiens, Chaldéens, Grecs, ainsi que des créateurs universels comme Alberti, Léonard de Vinci, Michel-Ange, Vignola, pensaient que la connaissance complète de la géométrie, la méditation de la «Science de l'Espace» étaient indispensables à ceux dont le pinceau, le crayon, le ciseau ou le cordon devaient créer ou fixer des formes.

Ainsi l'architecte doit être soucieux des proportions, de l'esthétique et de l'harmonie. Dans toutes réalisations il doit tenir compte de ces paramètres et s'efforcer de réaliser un ensemble harmonieux entre la construction, la décoration intérieure et les aménagements extérieurs.

**Constructions importantes**
1986 Six villas contiguës en arc de cercle à Genthod GE

1989 Restauration et réhabiliation d'un immeuble du 19$^{ème}$ siècle, rue de Candolle, la Bâloise assurances, Genève

1990–95 Transformation et restauration par étapes de la Banque Privée Edmond de Rothschild SA, Genève

1991 Restauration et aménagement d'une chapelle du 14$^{ème}$ siècle et d'un bâtiment annexe, décoration et aménagement des jardins, Mougins, Alpes-Maritimes, France

1993 Maison coloniale pour les Caraïbes livrée depuis la Suisse et réalisation de la décoration et des aménagements extérieurs

1994 Projet d'une passerelle au-dessus de l'autoroute, reliant les halles 5 et 7 de Palexpo, portée libre de 45 m, Genève (non exécutée)

1994 Aménagement d'une salle de trader et dessin du mobilier

**Projets en cours**
Projet de 8 immeubles villageois à ossature bois, environ 60 logements, Genève

Recherche pour la rationalisation des constructions à ossature bois et étude de coûts pour la semi-préfabrication

**Illustrations**

**1. Chalet en madriers à Verbier, 1995**

**2. Banque privée Edmond de Rothschild SA, transformation, restauration et aménagements intérieurs**

**3. Construction d'une villa individuelle sur la Côte d'Azur et aménagements extérieurs**

**4. Hangar pour le stockage des copeaux de bois, Etat de Genève, 1995**

**5. Maison coloniale dans les Caraïbes**

# Favre & Guth S. A.

Architectes, Ingénieurs
& Associés
Route de Drize 7
1227 Carouge
Téléphone 022-300 31 31
Téléfax     022-300 31 40

**Année de la fondation** 1967

**Propriétaire/partenaire**
Patrice Bezos, Architecte SIA

Pierre Delacombaz,
Architecte FAS, AGA

Daniel Stettler, Architecte

Gilbert Taillens, Architect

**Collaborateurs dirigeants**
Serge Delapame, Architecte

Caroline Kuppenheim,
Architecte

Fabio Ricchetti, Architecte

**Nombre d'employés actuel** 28

**Spécialisations**
– Logements
– Bureaux
– Commerces/grandes surfaces
– Bibliothèques
– Industries
– Rénovations

**Publications**
Nombreuses publications dans différentes revues suisses et internationales, avant 1996

2 articles dans le Journal de l'Immobilier, au premier trimestre 1996

**Philosophie**
Pour Favre & Guth S.A., à chaque objet architectural correspond la création d'un lieu de vie unique, dans un environnement spécifique.

Pour répondre aux besoins des utilisateurs, l'équipe de Favre & Guth S.A. construit sa démarche sur la base de quatre mots clés:

Qualité:
Prise en compte de tous les paramètres permettant une adéquation parfaite entre les buts de l'opération et sa réalisation.

Fonctionnalité:
Créer des espaces autorisant une utilisation optimum.

Performance:
Répondre complètement aux préoccupations du Maître de l'Ouvrage et maîtriser le processus de réalisation dans ses aspects financiers et techniques.

Intégration:
Apporter à un site une plus-value en terme d'architecture et de qualification de l'espace.

**Constructions importantes**
1967–70 8 immeubles d'habitation, Rue Joseph-Girard, Carouge

1968–70 Synagogue de Malagnou, Avenue Krieg, Genève

1968–71 Centre informatique de la Société de Banque Suisse, Lancy (1ère étape)

1969–71 Tour Lombard: 4 000 m² de bureaux et 43 logements, Genève

1971–85 Confédération-Centre: 12 000 m² de bureaux, 45 commerces, 3 salles de cinéma, Bourse de Genève, 55 logements, Rue de la Confédération, Genève

1973–80 Centre informatique de la Société de Banque Suisse, Lancy (2ème étape)

1976–79 Nirvana: immeuble mixte de bureaux et logements, Quai du Mont-Blanc 21, Genève

1980–81 Bijouterie Chaumet, Rue du Rhône, Genève

1980–81 Construction d'un immeuble de logements et commerces, Rue de Berne 18, Genève

1981–84 Tour Balexert: 6500 m² de bureaux, Avenue Louis-Casaï, Genève

1981–85 Caterpillar Overseas: 12 000 m² de bureaux, siège d'une multinationale pour l'Europe, l'Afrique et le Moyen-Orient, Genève

1981–88 Châtelaine-Maisonneuve: 17 immeubles HLM de 266 logements, Chemin de Maisonneuve, Genève

1981–88 Châtelaine-Centre: 4 immeubles, 14 000 m² de bureaux, Avenue du Pailly, Genève

1982–84 Immeuble de bureaux et logements, Rue Thalberg, Genève

1982–86 Quai du Seujet: immeubles de 7 000 m² de bureaux, agence bancaire, 54 logements, Genève

1982–86 Tetra-Pak: 6 000 m² de bureaux, siège mondial du Groupe Tetra-Laval (1ère étape), Pully-Lausanne

1983–85 Immeuble de bureaux et logements, Rue Amat, Genève

1983–86 Rénovation et extension de l'Hôtel de la Cigogne, Place Longemalle, Genève

1983–92 Bibliothèque Municipale de Genève: centrale des bibliothèques et 12 logements, Place de la Tour de Boël, Genève

1984–93 Charmilles, 1ère étape: 260 logements HLM, Rue de Lyon, Genève

1985–87 Extension de la Mission diplomatique de l'URSS, Avenue de la Paix, Genève

1985–88 Rénovation de 5 immeubles de commerces, bureaux et logements, Rue d'Italie, Genève

1986–88 Immeuble de bureaux et passage commercial Rue de la Croix d'Or 7, Genève

1988–92 Rénovation de 4 immeubles de commerces, bureaux et logements Rue du Rhône 110 à 112, Genève

1989–90 Rénovation d'un immeuble de commerces et bureaux Rue Neuve-du-Molard 3, Genève

1992–95 4 immeubles HLM, 48 logements, Chemin de l'Ecu, Vernier

1993–94 Construction d'un immeuble de logements, commerces et bureaux, angle Rue Jean-Pelletier/Rue de Genève, Chêne-Bourg/Genève

1993–95 Construction d'une usine de production de machines, Kustner Industries S. A. à Satigny/Genève

1994 Réaménagement de la Bijouterie Les Ambassadeurs, Bahnhofstrasse 64, Zurich

1994 Réaménagement de la Bijouterie Clarence, Passage Malbuisson, Genève

1994–95 Transformation en bureaux de l'immeuble Grand-Rue 23, Genève

1994–95 Rénovation de 4 immeubles de logements en coopérative d'habitation, Satigny-Genève

**Projets en cours**

Charmilles, 2ème étape: 150 logements, 14 000 m² de bureaux, centre commercial de 60 boutiques (17 000 m²), Rue de Lyon, Genève

89 logements, 5 immeubles, Rue Daniel-Gevril, Carouge

403 logements HLM, HCM et libres, Route de Drize, Carouge

85 logements en coopérative HBM, Chemin Vert, Carouge

200 logements HCM et PPE, Chemin de la Tour-de-Pinchat, Veyrier

53 villas individuelles et jumelles, Chemin de Siernes, Veyrier

Rénovation, transformation en bureaux de l'immeuble Rue du Rhône 92, Genève

Rénovation de 2 immeubles de commerces et bureaux, Rue Lévrier, Genève

Rénovation de 4 immeubles de bureaux et logements à Moillebeau, Genève

12 immeubles de logements, Satigny

Centre de loisirs, casino, commerces, théâtre, cinémas, hôtel, bureaux (43 000 m²), Istanbul (Turquie)

**Illustrations**

**1. Confédération-Centre, Genève, 1971–85**

**2. Caterpillar Overseas, Genève, 1981–85**

**3. Tetra-Pak, Lausanne, 1982–86**

**4. Bibliothèque Municipale, Genève, 1983–92**

**5. Châtelaine-Centre, Avenue du Pailly, Genève, 1981–88**

**6. Châtelaine-Maisonneuve, Ch. de Maisonneuve, Genève, 1981–88**

**7. Les Quatre-Fontaines, Pinchat-Veyrier**

**8. Charmilles 2, Rue de Lyon, Genève**

# Charles Feigel

**Architecte FSAI/SIA**
Route des Clos 112
2012 Auvernier
Téléphone 032-731 91 31
Téléfax 032-731 95 36

**Création du bureau** 1971

**Propriétaire**
Charles Feigel,
architecte FSAI/SIA,
examen d'Etat vaudois

**Collaborateurs**
Corrado Bellei
John Renaud

Depuis 1994 étroite collaboration avec P.-H. Schmutz, architecte diplomé EPFZ

**Nombre de personnes** 6

**Spécialisations**
Habitations groupées et individuelles

Revitalisations et transformations

Restauration d'édifices classés monuments historiques

Aménagements intérieurs

**Publications**
Aktuelle Wettbewerbs Scene 3/93

Archithese 4/94

Architecture romande 1996

**Philosophie**
Analyser les données de base, préciser avec le Maître de l'ouvrage ses besoins en fixant les paramètres objectifs et subjectifs, architecturer les résultats en relation avec les prescriptions en vigueur et les exigences du site. Elaboration des projets en étroite collaboration avec mes partenaires.

**Principales réalisations**
Quartier «Les Buchilles» à Boudry

Immeubles multifamiliales à Cormondrèche et à Neuchâtel

Maisons familiales à Cormondrèche et à Auvernier

Restaurations des églises catholiques
– St-Maurice au Landeron
– Sacré-Cœur à La Chaux-de-Fonds
– Notre-Dame à Neuchâtel

Extension Restaurant du Poisson Auvernier avec la création d'un nouveau Café-Brasserie

Intervention Collège de Rochefort

**Concours**
1986 Complexe scolaire et sportif du Landeron (3ème rang, second achat; avec M. Tanner)

1986 Salle polyvalente de Cortaillod (5ème prix)

1992 Centre sportif, Couvet (6ème prix; Coll. B. Delefortrie)

**Projets en cours**
Restauration de l'église Notre-Dame de Neuchâtel

Ultime étape quartier «Les Buchilles» à Boudry

Camping aux Brenets

Habitations à Neuchâtel

**Illustrations**

**1.** Immeuble locatif du quartier «Les Buchilles» à Boudry

**2.** Aménagement de l'entrée du Collège de Rochefort

**3.** Aménagement du chœur de l'église Sacré-Cœur à La Chaux-de-Fonds

**Photos:** Yves André, Boudry

# Galeras Architectes Associés SA

19, chemin des Tulipiers
1208 Genève
Téléphone 022-786 63 10
Téléfax  022-786 57 66

**Année de fondation** 1961/1990

**Propriétaire/partenaires**
Antoine Galeras,
arch. AGA/SIA/FAS

Isis Payeras, arch. EAUG/SIA

Françoise Magnin-Galeras,
arch. EAUG/SIA

Galeras Architectes Associées crée en 1990 est le successeur de Bonnard, Galeras, Pagé (1961–1967) et de Galeras & Pagé (1968–1989).

**Nombre d'employés actuel** 5

**Spécialisations**
– Restauration et conservation de monuments historiques
– Travaux de transformation-extension-réhabilitation
– Habitations individuelles
– Aménagement muséal
– Aménagement intérieur

**Publications**
Nombreux articles publiés dans les revues spécialisées et dans les quotidiens

**Distinctions**
Membre de la Commission fédérale des monuments historiques

Membre du Comité international des monuments et des sites (Icomos)

Ancien membre de la Commission cantonale des monuments historiques

**Philosophie**
La qualité de l'intervention de l'architecte, dans la sauvegarde et la conservation du patrimoine construit, implique un grand intérêt de sa part pour les œuvres du passé.

Notre attitude face à un monument historique est d'abord l'auscultation méticuleuse et la prise de connaissance de l'état physique de l'édifice, analyses et études effectuées en étroite collaboration avec des spécialistes.

Ce travail pluridisciplinaire éveille la sensibilité et détermine l'option de conservation-restauration-réhabilitation, tout en essayant de préserver et consolider ce qui peut l'être. Il s'agit d'aider la lecture en marquant notre époque par des interventions avec des techniques et matériaux contemporains.

Cet ensemble abouti à la réalisation de l'ouvrage en se souciant de manière permanente du respect des prix et des délais.

**Constructions importantes**
1971–73 Prieuré de Saint-Jean, promenade archéologique, Genève

1971–74 Maison forte/Mairie de Genthod, restauration et aménagement de la mairie, Genthod

1974–92 Cathédrale Saint-Pierre, restauration et conservation, Genève (en association)

1978–86 Site archéologique sous la Cathédrale Saint-Pierre, 1$^{ère}$ étape, Genève

1980–86 Maison Tavel, Musée du Vieux-Genève, restauration, Genève

1985–87 Chapelle de Peney, restauration, Peney

1987–93 Site archéologique sous la Cathédrale Saint-Pierre, 2$^{ème}$ étape, Genève

1987–97 Temple de Saint-Gervais, restauration du Temple et aménagement du site, Genève

1988 Maison Mallet, restauration de la façade principale, Genève

1988–89 Mairie de Vandœuvres, restauration des façades en pisé et aménagement des combles, Vandœuvres

1990–98 Château de Prangins, restauration et aménagement muséal, Prangins

1991–92 Temple de Céligny, reconstruction après incendie, Céligny

1993–94 Maison privée à Satigny, restauration des façades, aménagement des combles, Satigny

**Projets en cours**
Château de Prangins, restauration et aménagement muséal, Prangins

Temple de Saint-Gervais, restauration de la chapelle de l'Escalade, Genève

Site archéologique sous la Cathédrale Saint-Pierre, 4$^{ème}$ étape, Genève

**Illustrations**

**1.** Maison Tavel, Musée du Vieux Genève, façade principale, 1986

**2.** Maison Tavel, Musée du Vieux Genève, caves monumentales, 1986

**3.** Temple de Saint-Gervais, Genève, vue extérieure, 1992

**4.** Temple de Saint-Gervais, Genève, vue de la nef, 1992

**5.** Site archéologique sous la Cathédrale Saint-Pierre, Genève, 1986

**6.** Château de Prangins, conservation et aménagement muséal, en cours

# Dominique Grenier et Associés SA

**Atelier d'architecture SA**
SIA/AAA/CESJTS
36, rue du 31 Décembre
1207 Genève
Téléphone 022-786 44 33
Téléfax 022-786 49 52

2, rue St-Pierre
1701 Fribourg
Téléphone 037-22 54 05
Téléfax 037-22 54 10

**Langues**
Français, allemand, anglais

**Année de la fondation** 1972
SA depuis 1996 (Anciennement Ph. Joye et Associés)

**Collaborateurs dirigeants**
André König, arch. EIG/REG
Christian Jaggi, arch. ETS
Elmar Robatel, arch. HTL
Manfred Engel, arch. HTL
Urs Thoma, arch. HTL

**Nombre d'employés actuel** 22

**Spécialisations**
Bâtiments d'habitations
Centre scolaire et sportif
Bâtiments administratifs et commerciaux
Transformations
Plans de quartier
Aménagement du territoire
Organisation de concours
Expertises

**Publications**
AS 58/83, 88/89
SZS 13/88
Ecole et sport Construction 1991
Architecture romande 1/92
Revue chantier 5/94

**Distinctions**
1983 Oscar européen des petits centres commerciaux, Centre commercial, Düdingen FR
1993 Prix européen «Le Béton dans les bâtiments d'aujourd'hui», Garage PTT, Fribourg
1989 Prix européen de la construction métallique, Centre sportif du «Bois-des-Frères», Genève
1990 Prix de la construction adaptée aux handicapés, Centre sportif du «Bois-des-Frères», Genève
1993 Plan de quartier «Wolfacker», Düdingen FR (1er rang)
1995 IAKS Awards catégorie C (médaille de bronze)

**Philosophie**
– Savoir se libérer de toutes préoccupations formelles.
– Savoir écouter, aider et conseiller le maître d'œuvre pour la concrétisation spatiale de son programme.
– Savoir englober au sein d'une équipe pluridisciplinaire les acteurs du théâtre de la vie.

**Constructions importantes**
1972 Quartier d'habitations «Les Hauts-de-Schiffenen» et «Le Castel», Fribourg
1983 Centre paroissial, Düdingen
1985 Centre sportif «Leimacher», Düdingen
1986 Halle polysport, Lancy GE
1986–94 Réaménagement du grand hangar à l'aéroport de Cointrin, Genève
1986–94 Centre administratif des Acacias UBS, Genève
1988 Immeubles d'habitats et administratif CNA, Fribourg
1989–91 Transformation d'un immeuble commercial et habitations FAN, Neuchâtel
1990 Ensemble d'habitations, av. Général-Guisan, Fribourg
1990 Restructuration du centre commercial des arcades de Cornavin, Genève
1991 Transformation des ateliers de décors du Grand Théâtre, Genève
1994 Transformation d'immeubles en vieille ville de Fribourg
1994 Agrandissement du supermarché «La Placette», Fribourg
1994 Urbanisation du quartier de «La Longeraie», Morges
1995 Agrandissement du centre commercial Jumbo, Villars-sur-Glâne FR
1995 Ecole du Val d'Arve, Carouge GE
1995 Réorganisation de la banque privée Darier Hentsch, Genève

**Projets en cours**
Agrandissement centre commercial «Mythen Center», Schwyz

Bâtiments d'habitations et paramédicaux, rue Jordil-Geiler, Fribourg

Business Center Télécom, Fribourg

Agrandissement de la résidence du roi Fahd d'Arabie Saoudite à Genève

Projet d'une résidence pour étudiants, Genève

**Illustrations**

**1.** Immeuble Jendly, Düdingen FR

**2. + 3.** Business Center Télécom, rte des Arsenaux, Fribourg

**4.** Centre administratif UBS Acacias, Carouge GE; escalier ovoïde hall d'entrée

**5.** Centre sportif du «Bois-des-Frères», Genève

# Guex + Favero

**Architectes**
32, Av. de Frontenex
1207 Genève
Téléphone 022-736 11 58
Téléfax    022-736 33 93

**Année de la fondation** 1992
succ. de Guex + Kirchhoff, 1964

**Propriétaires/partenaires**
François Guex,
Architecte EAUG

Alfio Favero,
Architecte REG

**Spécialisations**
Villas individuelles, mitoyennes

Logements collectifs

Etablissements bancaires

Bâtiments administratifs et industriels

Transformations et rénovations

Aménagements intérieurs

CAO, images de synthèses

**Publications**
Archi-News, Oct. 1995

Bauen + Planen, Févr. 1996

Schweizer Journal, Mars/Avril 1996

**Distinctions**
Concours Services Industriels de Genève, 1er prix

Concours international Star informatique, 2ème prix

**Philosophie**
1. Favoriser le rôle prédominant du dialogue architecte maître d'ouvrage, même dans le cadre d'un mandat partiel.

2. Développer l'esprit de création et la capacité de synthèse au moment du processus de conception.

3. Privilégier au travers de nos moyens techniques et humains, la trilogie, délai – qualité – prix.

**Constructions importantes**
1987–92 Transformation du siège principal de la BPS au Quai des Bergues, Genève

1990–92 Constructions et transformations de logements pour garde-frontières, Perly-Certoux, Chancy, Soral, Veigy et Mategnin

1993–94 Agrandissement de la salle des fêtes et de l'auberge communale, Thônex

1991–95 Centralisation immobilière des Services Industriels de Genève: Réalisation d'un complexe administratif, ateliers, hangars, dépôts, restaurant et salle polyvalente au Lignon, Vernier

**Projets en cours**
Villas jumelles, Genève

Centre administratif et commercial, salle polyvalente, Onex

Transformation et rénovation d'une banque au Quai du Mont-Blanc, Genève

**Illustrations**

**1. + 2. Centralisation immobilière des Services Industriels au Lignon, Vernier, 1995**

**3. Transformation et rénovation de la banque IMB au Quai du Mont-Blanc, Genève, 1996**

**Photos:**
**Erick Saillet: 1, 2**
**Guex + Favero: 3**

# JB + AA Architectes Associés

de Planta, Portier
Architectes Associés
2, av. Gare des Eaux-Vives
1207 Genève
Téléphone 022-718 07 77
Téléfax    022-736 43 44

**Année de la fondation** 1986
(succ. de Addor & Julliard 1952
et Julliard & Bolliger 1967)

**Propriétaire/partenaire**
– François de Planta,
  arch. EPFL/SIA/AGA
– Pierre-Alain Portier

**Collaborateur dirigeant**
– Nicolas Favre

**Nombre d'employés actuel** 12

**Spécialisations**
– Bâtiments publics
  (écoles, P.T.T., universités)
– Bâtiments administratifs
– Laboratoires de recherche
– Usines et garages
– Maisons d'habitation
– Maisons individuelles

**Publications**
Construire en Acier 24/85

Schweizer Journal 1–10/91

Werk, Bauen & Wohnen 10/91

Architecture et Construction
Volume 6/94, Volume 7/95

Journal de la
Construction 4/93

Architecture Suisse 11/94

**Philosophie**
Le bureau a toujours souhaité placer le Maître d'Ouvrage au centre de ses préoccupations, en privilégiant l'intervention fonctionnelle plutôt que formelle.

L'accent est mis sur le soin apporté aux détails et sur leur mise en œuvre en exigeant une grande rigueur d'exécution.

Les fondateurs du bureau se sont donné les moyens techniques et technologiques de transmettre un savoir faire aux plus jeunes, permettant l'éclosion de la 3ème génération d'architectes depuis 1952.

**Constructions importantes**

**De 1952 à 1966
Addor & Julliard**
1955–56 Siège de la Société
C. Zschokke SA, Genève

1955–57 Malagnou Cité,
4 immeubles résidentiels
de grand luxe, Genève

1956–57 Siège de Tavaro SA,
Genève

1957–62 Parc de Budé,
ensemble de 4 immeubles
résidentiels

1960–62 Immeuble administratif et commercial au
8, rue du 31 décembre, Genève

1962 Immeuble industriel
aux Avanchets

1961–63 Ecole de Budé

1961–63 Ecole de Commerce
à St-Jean

1960–64 Cité Satellite de
Meyrin, 13 immeubles d'habitation avec centre commercial

1961–64 Lac Centre,
immeuble administratif
et commercial, Genève

1961–64 Hôtel Intercontinental,
Genève

1962–64 Ecole des Boudines
à Meyrin

1962–65 Cité du Lignon,
84 immeubles d'habitation
avec centre commercial

1954–67 Cayla,
9 immeubles d'habitation
de type économique, Genève

1952–72 Institut Batelle,
centre de recherche scientifique, Carouge

**Dès 1967, Julliard & Bolliger**
1967–71 Parc Plein-Soleil,
ensemble résidentiel de haut
standing au Grand-Saconnex

1969–71 Bâtiment social
avec auditoire pour Zyma SA
à Nyon

1972–73 Bâtiment artisanal
C.I.P.E., La Praille

1970–75 Plan directeur et réalisation d'un ensemble urbain
de 6 immeubles à but social au
Quai du Seujet, Genève

1974–76 Ecole et parking
souterrain au Quai du Seujet,
Genève

1976–77 Groupe Résidentiel
à Bernex

1977–79 Bâtiment administratif de l'U.S. Mission à Pregny
Chambésy

1979–83 Immeuble de
Bureaux C.A.P.I., Genève

1980–85 Les Rives du Rhône,
2 immeubles d'habitation
de haut standing au Quai du
Seujet, Genève

**Dès 1986, JB + AA**

1962–86 Centre Médical Universitaire à Genève

1982–86 Ensemble résidentiel Beau-Soleil, Genève

1983–86 Usine de Biogen SA, Meyrin

1983–86 Immeuble mixte habitation-commerce pour l'Hospice Général, Genève

1962–95 Montres Rolex SA, siège mondial étapes 1 à 7, Genève

1972–88 Centre de distribution et siège administratif de Blanc & Paiche SA à Meyrin

1986–96 Agrandissement de l'usine Genex SA, Chêne-Bourg

1987–89 Transformation des combles au 11, route de Chêne, Genève

1988–89 Aménagement du siège de la Caisse Nationale du Crédit Agricole, Genève

1985–90 Immeubles de 60 logements HLM à Thônex

1986–90 Transformation des combles au 14, quai Gustave-Ador, Genève

1986–90 Transformation de l'usine Beyeler & Cie SA, Genève

1983–91 Groupe scolaire de Plan-Les-Ouates

1989–92 Immeuble de 30 logements, Nyon

1991–92 Hall d'exposition Mazda, Genève

1991–92 Transformation de l'usine Virex SA, Vernier

1991–92 Villa à Anières

1983–93 Siège social de Providentia Assurances sur la Vie à Nyon

1991–93 Transformation de la Poste de Champel

1972–94 Transformation de l'Hôtel des Postes du Mont-Blanc, Genève

1992–94 Villa à Chêne-Bougeries

1992–96 Centre de Voirie et du Feu à Cologny

1993–94 Transformation de la Poste du Lignon

1994–95 Eglise Roumaine, Thônex

**Concours primés**

1958 Centre Médical Universitaire, Genève, 1er prix

1961 Ecole de Commerce de St-Jean, Genève, 1er prix

1968 Centre Electronique Horloger, Neuchâtel, 1er prix

1970 Prison de Choulex, 1er prix

1983 Siège social de Providentia Assurances sur la Vie, Nyon, 1er prix

1983 Groupe scolaire de Plan-Les-Ouates, 1er prix

1987 Ensemble socio-culturel et commercial, Lancy-Sud, 1er prix

1993 Extension de l'U.I.T., Genève, 2ème prix

1994 Immeubles de logements économiques pour la C.I.A., Grand-Saconnex, 1er prix

1995 Manufacture Jaeger-Le Coultre, 1er prix

**Projets en cours**

Immeuble administratif et commercial au 9–11, rue du Marché, Genève

Bâtiment socio-culturel «L'Escargot» avec salle de spectacles, discothèque et cinémas à Lancy-Sud

Agrandissement de la Manufacture Jaeger-Le Coultre, Le Sentier

Transformation typologie des guichets du Centre Postal de Cornavin, Genève

Agrandissement de l'école primaire d'Anières

**Illustrations**

**1.** Centre Médical Universitaire, vue aérienne, Genève, 1962–86

**2.** Centre Médical Universitaire, Auditorium, Genève, 1962–86

**3.** Siège mondial des Montres Rolex SA, façade principale, 1962–96

**4.** Immeuble administratif Blanc & Paiche SA, façade cour, Meyrin, 1972–88

**5.** Immeuble administratif et commercial au 9–11, rue du Marché, façade rue du Marché, Genève, 1987–95

**6.** Siège de la Providentia Assurances sur la Vie, façade jardin, Nyon, 1983–94

**7.** Groupe scolaire de Plan-les-Ouates, piscine couverte, 1983–91

**8.** Ensemble résidentiel au quai du Seujet, vue du plan d'eau, Genève, 1970–85

**Photos:**
Trepper: 1
Alain Julliard: 2, 3, 4, 6, 8
JB + AA: 5, 7

# Gilbert Longchamp SA

**Bureau d'architecture**
rte St-Nicolas-de-Flüe 22
1700 Fribourg
Téléphone 037- 24 13 31
Téléfax    037- 24 13 03

**Année de la fondation** 1972
Reprise en 1972
du bureau Colliard

**Collaborateurs dirigeants**
Architectes:
– Jean-Louis Waeber
– Jean-Pierre Pochon
– Steve Jean-Petit-Matile

Chefs de chantier:
– Claude Sallin
– Jean-Luc Overney
– Christian Bourqui

**Nombre d'employés actuel** 20

**Spécialisations**
– Bâtiments industriels
– Constructions scolaires et sportives
– Bâtiments administratifs et commerciaux
– Bâtiment d'habitation
– Transformations
– Maisons familiales
– Plans de quartier
– Aménagements intérieurs

**Publications**
Architecture romande 2/91; Ardomasa, 1227 Carouge

Architecture & Construction 92–93, 94–95; Editions CRP S.à.r.l., rue du Bugnon 51, 1820 Renens

Architekturszene Schweiz; MediART, Taunusstein 1991

**Distinctions**
Lauréat et rangs d'honneurs lors de participation à divers concours

**Philosophie**
L'architecte est un alchimiste, à l'écoute attentive du client, il prend en compte ses vœux, il compose avec l'architecture, la connaissance de la construction, les lois.

Rien ne vaut l'expérience acquise tout au long d'un itinéraire sans cesse recommencé, dans l'exercice privilégié du métier d'architecte.

**Constructions importantes**
1981–82 Ensemble d'habitation, rue d'Alt, Fribourg (collab.)

1986–88 Reconstruction de la rue Locarno, CNA, Fribourg (collab.)

1986–89 Ensemble d'habitation Le Châtelet, Fribourg (collab.)

1988–89 Studios d'enregistrement Audio films, Rossens

1988–89 Immeuble administratif Esprit d'Entreprise SA, Granges-Paccot

1988–92 Usine Condis, Rossens

1989–90 Ensemble d'habitation La Lisière, Villars s/Glâne (collab.)

1989–90 Immeuble administratif et commercial Glasson matériaux, Givisiez

1989–90 Immeuble commercial et d'habitation Soleil les Dailles, Villars s/Glâne (collab.)

1989–91 Résidence pour personnes âgées, Matran

1989–91 Bâtiment administratif (laboratoire vétérinaire Ec. et mat. scolaire), Etat de Fribourg, Granges-Paccot

1991–92 Ecole des Rochettes, Villars s/Glâne

1992–93 Home des Bonnes-fontaines, Fribourg

1992–94 Usine Vifor, Fribourg

1993–94 Immeuble d'habitation Champs des Fontaines, Villars s/Glâne

1994 Patinoire de Marly

1994–96 Centre d'entretien de la N 1, Domdidier

1995 Centre de commande EEF, Hauterive FR

1995 Immeuble d'habitation Chantemerle 9 et 11, Granges-Paccot

**Projets en cours**
Divers plans de quartier

Fribourg: immeuble administratif Telecom (collab.)

Granges-Paccot: Bâtiment d'exposition Expo-Center

Hôtel «Le Sauvage», Fribourg

**Illustrations**

1. Audio film, Rossens, 1989

2. Esprit d'entreprise SA, Granges-Paccot, 1989

3. Immeuble locatif «Champs-des-Fontaines», Villars-sur-Glâne, 1993

4. Centre d'exposition, Granges-Paccot, 1996–97

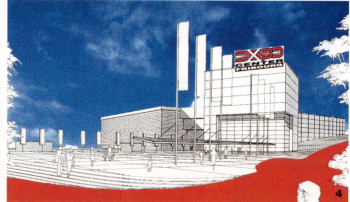

# Ernest Martin Architectes SA

11, rue de Candolle
1205 Genève
Téléphone 022-311 15 55
Téléfax 022-311 51 05

**Année de la fondation**
1941/1990

**Propriétaire/partenaire**
Ernest Martin,
Arch. EPFZ/SIA/FAS

Isabelle Irlé-Martin,
Arch. EPFL/SIA

Ernest Martin Architectes SA, 1990, est le successeur des bureaux d'architectes Ernest Martin, 1941–1966, et Ernest Martin & Associés, 1967–1989.

**Nombre d'employés actuel** 3

**Spécialisations**
– Constructions immobilières, habitations et commerciales
– Travaux de transformations-extensions
– Restauration et réhabilitation de monuments historiques

**Publications**
Nombreux articles publiés dans des revues et publications spécialisées

Rapports de participation à des séminaires

**Distinctions**
Ancien membre de la Commission fédérale des monuments historiques

Membre du Conseil international des monuments et des sites (Icomos)

Ancien président du Comité suisse (Icomos)

Ancien président du Comité international pour la conservation des monuments en bois

Délégué suisse à six sessions du Comité du patrimoine mondial de l'Unesco

**Philosophie**
– Intégration d'œuvres architecturales contemporaines dans le tissu urbain historique des agglomérations et des villes
– Création d'espaces de qualité
– Technologie de pointe et méthode traditionelle au service de l'architecture d'intégration
– Limites et finalités de la conservation des bâtiments historiques

**Constructions importantes**
Avant 1980 – parmi de nombreuses réalisations:

Bâtiment administratif Organisation Météorologique Mondiale, Genève

CFF – La Praille et bâtiment de service Genève, bâtiments administratifs

Logements étudiants, Cité universitaire Genève (Ass.)

Immeuble de logements ave. Dumas 20, 22, 24, Genève

Immeubles commerciaux Acacias 24 et 48, Genève

Transformation et rénovation SBS, Grand Mézel 2–4, Genève

1983–87 Collège Calvin, Genève (Ass.)

1985–88 Restructuration urbaine Carouge Centre, Carouge

1985–89 Fondation de logements pour personnes âgées ou isolées, immeuble Genève (Ass.)

1986–91 Conservation-restauration cathédrale Saint-Pierre, Genève (Ass.)

1986–91 Transformation logements Campagne Masset, Aïre, Genève

1987–89 Transformation agence banque et logements BCG-Bernex, Genève

1988 Immeuble logements sociaux Cité Vieusseux, Genève (Ass.)

1990–95 Immeubles 218 logements sociaux Sport-Essor, Aïre, Genève (Ass.)

1990–95 Rénovation, transformation immeuble 18ème siècle, Cour Saint-Pierre 1, Genève

1991–94 Extension/transformation 3 villas privées, Chêne-Bougeries, Genève

1992–93 Rénovation immeubles Cité Aïre, Genève (Ass.)

1994–95 Rénovation immeubles Cité Vieusseux 11–21, Genève

**Projects en cours**
Renovation technique d'un immeuble et création d'appartements dans les combles, av. Peschier 6, Genève

Transformation villa privée, Genève

Aménagement locaux de bureaux

**Illustrations**

1. Collège Calvin (Ass.), Genève, 1987

2. Acacias 48, Genève

3. Carouge centre, restructurations d'un quartier ancien Carouge, 1988

4. Villa Chêne-Bougeries, extension, transformation

# Roulin & Vianu SA

**Atelier d'Architecture**
Ch. de Vuillonnex, 20
1232 Confignon
Téléphone 022-757 33 50
Téléfax 022-757 54 07

**Année de la fondation** 1980

**Propriétaire**
D. Vianu Family Trust

**Collaborateurs dirigeants**
Jean-François Roulin,
arch., ing.

Micaela Vianu-Patru,
arch. EPF/SIA

**Nombre d'employés actuel** 4

**Spécialisations**
Bâtiments administratifs
et industriels

Transformations, agrandissements

Habitats individuels et collectifs

Etudes d'urbanisme

Lieux de loisirs et restaurants

**Publications**
«10 ans déjà», recueil
d'architecture et d'urbanisme

Divers articles dans la revue
«Habitation»

«La Suisse» (juin 1987)

SIA (1989)

Architecture Romande
(juin 1991)

«Anthos» (1991)

**Philosophie**
Priorité:
construire des lieux de vie
(et pas seulement des œuvres
d'architecture)

Rôle professionnel:
intermédiaire entre un lieu et
un client, un programme et les
corps de métier (et pas nécessairement auteur d'une
œuvre)

Simplicité:
réaliser ce qui est demandé
avec des moyens minimums,
faciles à contrôler (la poésie
naît d'elle-même)

Bataille sur les prix:
apporter un meilleur confort
pour un moindre coût

Fiabilité:
respecter les devis, les délais,
les standards

L'aventure partagée:
édifier avec (nos clients, nos
partenaires, nos collaborateurs)

Passion:
des lieux habités

**Constructions importantes**
1981/82 Transformation de
l'ancienne ferme de l'Evêché,
5 logements et 1 cabinet
médical, Lausanne

1983 Bâtiment Schenker
pour 2 commerces de fleurs et
1 publiciste, Grand Lancy GE

1984/85 LEM II, extension
d'un bâtiment industriel,
Plan-les-Ouates GE

1985/86 Transformation d'un
rural à Chancy GE

1985/91 Centre de technologies
nouvelles pour LEM SA pour
800 personnes, production,
recherche, administration et
2 bâtiments de loisirs et de
formation, Plan-les-Ouates

1985/91 20 logements et
1 bureau en milieu villageois
à Confignon GE

1986/89 Centre artisanal
et industriel Moret SA aux
Acacias GE

1987/89 Centre industriel et
administratif pour l'électronique LeCROY SA à Meyrin GE

1987/90 Immeuble de
9 logements à Bernex GE

1988/91 Surélévation d'un
immeuble S. I. Frontenex-Vert,
création de 2 logements en
duplex et d'un ascenseur sur
cour, rue du 31 décembre,
Genève

1988/90 2 villas jumelles
à Cartigny GE

1989/90 Transformation
d'un rural à Dardagny

1989/90 Bâtiment industriel
et administratif Hammerli SA
à Nyon VD

1990/92 Tennis et club-house
à Confignon GE

1991/94 Etudes d'urbanisme,
plans directeurs

**Projets en cours**
Agence UBS

Immeuble locatif HLM en bois

Maison familiale

Transformation immeuble
1900 ville Genève

Installation centrale chaleur
force

Habitat groupé

**Illustrations**

**1. Centre de technologies
nouvelles, Plan-les-Ouates,
1985–91**

**2. LeCROY SA, Meyrin,
1987–89**

**3. Immeuble d'habitation,
Bernex, 1987–90**

# Singer + Porret

Fbg du Lac 9
2001 Neuchâtel
Téléphone 038-24 52 52
Téléfax    038-24 61 76

Rue F.-Courvoisier 40
2300 La Chaux-de-Fonds
Téléphone 039-28 50 58
Téléfax    039-28 17 14

Rte de Duillier 18
1260 Nyon
Téléphone 022-361 35 55
Téléfax    022-361 09 88

France:
205, rue de la Cité
F-01220 Divonne-les-Bains
Téléphone +33 50 20 43 60
ou        +33 09 42 32 58

**Associations**
SIA – RIBA – SKR/SCR –
ICOMOS – CSEA

**Année de la fondation** 1980

**Propriétaire/partenaire**
Jacques-Henry Singer
Daniel-André Porret

**Collaborateurs dirigeants**
Antoine Guilhen
Frédéric Dumont-Girard

**Nombre d'employés actuel** 16

## Spécialisations
– Urbanisme: plans d'aménagement, plans et règlements de quartier
– Architecture: bâtiments nouveaux, transformations, rénovations, solaire
– Restauration de bâtiments classés
– CAO et image de synthèse
– Architecture d'intérieur
– Expertises juridiques
– Evaluations immobilières
– Jurys de concours

## Publications
«L'accessibilité de la CAO aux bureaux indépendants», Bulletin CRB 1984/1

Palladio sur Léman/La Gordanne, Connaissance des Arts 439/1988

«Handicaps et Vieillissement», L'année Gérontologique 1991, Facts and research in gerontology, Serdi, Paris

## Philosophie
La forme – La fonction – Le coût – Le temps.

De la gestation de projet à l'exploitation d'ouvrages construits, utilisation de méthodologie et d'instruments de travail au service du mandant et dans le respect de l'environnement.

## Constructions importantes
1981–84 Réhabilitation du «Home bâlois», Internat à Neuchâtel, pour le canton de Bâle-Ville

1985–87 Restauration du Palais de la Gordanne à Féchy VD; site classé au niveau national

1985–88 Diverses usines dans le canton de Neuchâtel

1985–90 Construction d'un foyer pour handicapés à Neuchâtel (en collaboration avec M. Béguin, architecte)

1988–90 Bâtiment artisanal, commercial et d'habitat, Nyon

1988–94 Agrandissement Hôtel Beaulac****, Neuchâtel

1988–95 Traitement architectural des éléments de la J 20 Neuchâtel–La Chaux-de-Fonds

1989–93 Construction de l'Hôtel Beaufort*****, Neuchâtel

1991–95 Bâtiment de recherche pour le Centre Suisse d'Electronique et de Microtechnique, Neuchâtel

Plans de quartiers et plans spéciaux à Couvet NE, La Tour-de-Peilz VD, La Sagne NE, Bevaix NE et St-Rémy-les-Chevreuse (F)

## Projets en cours
Centre de tourisme aéronautique sportif et de cure en partenariat avec le Département de la Lozère et la région du Languedoc-Roussillon (F)

Bâtiment commercial et d'habitation avec parking souterrain à Neuchâtel

Quartier d'habitation (100 appartements), Tour-de-Peilz VD

Elaboration du plan directeur UNI Lac (Sciences humaines) pour l'Université de Neuchâtel

Plan directeur d'extension pour une manufacture d'horlogerie, Le Brassus

Transformation de bâtiments pour l'implantation du nouveau centre psychatrique-gériatrique de Perreux, Boudry NE

## Illustrations

**1. Bassin thérapeutique, Foyer Handicap Neuchâtel, 1990**

**2. Façade Sud, Palais de la Gordanne, Perroy, 1987**

**3. Façade Sud, agrandissement Hôtel Beaulac, Neuchâtel, 1994**

# S+M Architectes SA

Avenue du Lignon 38
1219 Le Lignon-Genève
Téléphone 022-796 45 45
Téléfax 022-796 34 36

Markusstrasse 12
8042 Zürich
Telefon 01-363 24 40
Telefax 01-362 79 59

**Année de la fondation** 1961

**Partenaires**
Giacinto Baggi
Rudolf Bhend
Hermann Zimmer

**Collaborateurs dirigeants**
Edouard Schläfli
Catherine Pelichet

**Nombre d'employés actuel** 12

**Spécialisations**
Bâtiments industriels
et artisanaux

Plans directeurs

Centres commerciaux

Rénovations et transformations

**Présentation**
Installé à Genève depuis 1961, S+M Architectes s'occupe de tous les mandats d'architectes avec engagement et compétence.

Avec les maisons sœur, S+M Architekten AG à Zurich et S+M Bauplanung + Projektmanagement GmbH à Hambourg, des mandats dans toute la Suisse et en Allemagne voisine seront traités.

**Prestations**
Mandat d'architecte classique

Mandat de planification génerale

Mandat partiel

Management de projet

**Philosophie**
Notre objectif consiste à synthétiser, en vue d'un résultat exigeant par rapport à l'aspect esthétique, les attentes de nos clients au niveau de la fonction d'un bâtiment, du coût de la construction et des délais à respecter.

**Constructions importantes**
Centre commercial Balexert

Centre commercial Crissier

Reconstruction après incendie:
– Grand-Passage, Genève
– Centre Commercial La Tourelle, Genève

Usine d'embouteillage, SEBA SA – Aproz

Centre de loisir, Fondation «Pré Vert du Signal de Bougy»

Centrale de distribution, Migros, Genève

Produits laitiers, Conserves Estavayer SA

Agrandissement et transformation bâtiment administratif et laboratoire CESA, Estavayer-le-Lac

Conditionnement de fromages, Mifroma SA, Ursy

Immeuble artisanal et industriel, Acacias-Centre, Genève

Marché en gros, Poznan (Pologne)

Diverses stations-services, Esso (Suisse) SA, Agip (Suisse) SA

**Projets en cours**
Centre administratif et de production, Patek Philippe SA, Genève (ass. avec GA Groupement d'architectes SA)

Centre commercial «La Renfile», Genève

Plan directeur logistique CESA, Estavayer-le-Lac

Restructuration bâtiment administratif et restaurant du personnel Mifroma SA, Ursy

**Illustrations**

**1. Patek Philippe SA, ateliers, 1996**

**2. Conserves Estavayer SA, réception lait, 1995**

**3. Patek Philippe SA, bâtiment horlogers, 1996**

**Graubünden**

# Bearth + Deplazes

**Dipl. Architekten**
ETH/SIA/SWB
Reichsgasse 55
7000 Chur
Telefon 081-253 58 59/60
Telefax 081-253 58 61

**Gründungsjahr** 1988

**Inhaber/Partner**
Valentin Bearth

Andrea Deplazes

**Leitender Angestellter**
Daniel Ladner, dipl. Arch. HTL

**Mitarbeiterzahl** 10

**Spezialgebiete**
Öffentliche und institutionelle Bauten

Wohn- und Gewerbebau

Industriebau

Holzbau

Umbau und Sanierungen

Gestaltung und Beratung im Tiefbau

Planungen und Siedlungsbau

**Publikationen**
Junge Schweizer Architekten, Verlag Artemis/Birkhäuser, 1995

Werk, Bauen + Wohnen 1+2/93, 3/94, 3/95, 5/95, 11/95

Faces 24/92, 34-35/95

Baumeister 8/94, München

archithese 3/95, 5/95

Deutsche Bauzeitung 8/94, Stuttgart

Rivista Tecnica 5/93

«Bauen in den Bergen», Dokumentarfilm von Christa Hauser, ORF 1994

**Auszeichnungen**
1992 Eidg. Kunststipendium für Architektur, «Arbeiten in Holz»

1992 Internat. Architekturpreis für Neues Bauen in den Alpen (Schule in Alvaschein)

1994 Auszeichnung guter Bauten im Kanton Graubünden (Schulen in Alvaschein und Tschlin)

1996 Internat. Architekturpreis für Neues Bauen in den Alpen (Schule in Tschlin)

**Wichtige Projekte**
1988–89 Wohnhaus Wegelin, Malans

1989–91 Schule mit Halle (Holzbau), Alvaschein

1990 MAG-C, Mineralölabscheideranlage ARA Chur

1990–93 Renovation und Restauration Marienkirche mit Friedhof, Lenz

1991–93 Schule mit Halle, Tschlin

1992–94 Schule, Malix

1993–94 Architektonische Gestaltung und Beratung für Au-Brücke, Landquart

1990–94 Wohnsiedlung, Chur-Masans

1992–94 Wohnhaus Werner, Trin

1994 Wohnhaus Hirsbrunner (Holzbau), Scharans

1995 Wohnhaus Bearth, Chur

1995 Umbau und Renovation Fred Optiker, Chur

**Wettbewerbe**
1991 Wohnsiedlung «In den Lachen», Chur

1991 Schweizerische Holzfachschule, Biel

1993 Gewerbeschule, Bulle

1994 Kur- und Golfzentrum, Alvaneu

1995 Bürohaus für AHV/GVA, Chur

1995 Wohnüberbauung BUAG-Areal, Uster

1995 Wohnüberbauung Brisgi, Baden

**Aktuelle Projekte**
1994–97 Schule mit Halle, Vella

seit 1995 Überdachung Perron- und Geleiseanlagen Bahnhof Disentis

seit 1995 Architektonische Gestaltung und Beratung für Sunniberg-Brücke, Klosters

seit 1996 MFH mit Eigentumswohnungen, Chur

**Abbildungen**

1. Schule, Tschlin, 1991–93
2. Haus Bearth, Chur, 1995
3. Haus Werner, Trin, 1992–94
4. Schule, Malix, 1992–94

# Gion A. Caminada

**Architekt SIA**
Cons
7149 Vrin
Telefon 081-931 17 66
Telefax 081-931 34 03

**Mitarbeiterzahl** 3

**Spezialgebiete**
Wohnungsbau

Landwirtschaftliche Bauten

Öffentliche Bauten

**Publikationen**
Archithese 5/95

Hochparterre 3/96

**Auszeichnungen**
1994 Gute Bauten im Kanton Graubünden

1995 SAB-Preis

**Philosophie**
Bauen als kulturelle Aufgabe verstehen.

**Wichtige Projekte**
1994/95 Schulhaus, Duvin (Wettbewerb, 1. Preis)

1995/96 Mehrzweckhalle, Vrin

Gestaltungsplanung zur Dorfentwicklung, Vrin

Mehrere Ställe, Vrin und Umgebung

**Aktuelle Projekte**
Projekt für die Direktverarbeitung von landwirtschaftlichen Produkten, Vrin

Totenstube, Vrin

**Abbildungen**

1. Schule, Duvin, 1994/95

2. Mehrzweckhalle, Vrin, 1995/96

3. Stall Casanova, Vrin, 1995

**Fotos: Anna Lenz, Mastrils**

# Hitz Architektur AG

**Architekturbüro SIA**
Via dil Casti
7017 Flims-Dorf
Telefon 081-911 14 40
Telefax 081-911 52 35

**Gründungsjahr** 1981
vormals Rudolf Hitz, Arch.,
Büro seit 1963

**Inhaber**
Martin Hitz, dipl. Arch. ETH/SIA

**Leitender Angestellter**
Werner Furrer, Bauleiter

**Mitarbeiterzahl** 7

**Ständige Arbeitsgemeinschaft mit**
Häfele Bauleitungen AG
Postfach
8112 Otelfingen
Telefon 01-845 09 45
Telefax 01-845 08 60

**Gründungsjahr** 1991

**Inhaber**
Bernhard Häfele, Bauleiter

**Mitarbeiterzahl** 5

**Spezialgebiete**
Wohnbau

Tourismusbau

Umbauten, Renovationen

Hotellerie

Sportbauten

**Philosophie/Geschäftsleitbild**
Wir sind tätig in allen Teilbereichen der klassischen Architektur, der neutralen Beratung und der Organisation im Bauwesen.

Wir sind bestrebt, als Dienstleistung und in treuhänderischer Funktion den jeweiligen Gegebenheiten angepasste Problemlösungen auf hohem Qualitätsniveau zu erbringen. Dies sowohl bezüglich der architektonischen Gestaltung als auch von der wirtschaftlichen und der technologischen Seite her. Seriöse Arbeit im Bereich der Termingerechtigkeit wie auch im Umgang mit den Kosten gehört zu unseren Steckenpferden.

Gebührende Rücksichtnahme auf die ökologischen Gegebenheiten und die Umwelteinflüsse sehen wir als unsere Pflicht an.

Um unseren Auftraggebern optimal entsprechen zu können, sind wir bemüht, in all unseren Geschäftstätigkeiten ein loyaler und fairer Partner zu sein und unsere Unabhängigkeit zu wahren.

Wir sind bestrebt, die persönliche und die berufliche Entfaltung unserer Mitarbeiter zu fördern.

Wir bemühen uns dauernd um unsere Weiterbildung und um den Anschluss an die ständige Entwicklung auf dem Bausektor.

Unser Motto:
klein – effizient – flexibel.

**Wichtige Projekte**
1983/84 Mehrzweckhalle, Sagogn GR

1985/86 Sportzentrum «Prau la Selva», Flims GR

1980–95 Diverse Eigentumswohnungen im Raum Flims/Surselva

1993 Umbau und Renovation Wohn- und Geschäftshaus, Otelfingen

1994 Sportanlage Oberstufe, Otelfingen

1994 Renovation und Teilneubau Bauernhaus, Otelfingen

1995 Wettbewerb Primarschulerweiterung, Dällikon (2. Preis; mit B. Häfele)

**Aktuelle Projekte**
Erweiterung Primarschule Dänikon/Hüttikon

Neubau Mehrfamilienhaus, Otelfingen

Umbau und denkmalpflegerische Sanierung Mehrfamilienhaus, Otelfingen

Neubau Zweifamilienhaus, Flims

Diverse Umbauten, Flims

Neubau Zweifamilienhaus, Otelfingen

Umbau Privatbank, Genf

**Abbildungen**

**1. Renovation und Teilneubau Bauernhaus/Scheune, Otelfingen, 1994**

**2. Eishalle und Aussenanlagen Sportzentrum «Prau la Selva», Flims, 1985**

**3. Neubau Primarschule Dänikon/Hüttikon, 1996**

**4. Primarschule Bonaduz (Wettbewerb; mit Heisch + Partner, Flims), 1995**

**Fotos:**
**Marcel Egli, Boppelsen: 1**
**Auer + Clement, Flims: 2**

# Pablo Horváth

**Architekt ETH/SWB**
Reichsgasse 10
7000 Chur
Telefon 081-253 38 31
Telefax 081-253 71 51

Via Surpunt 41
7500 St. Moritz
Telefon 081-833 63 51

**Gründungsjahr** 1990

**Inhaber**
Pablo Horváth

**Mitarbeiterzahl** 1

**Spezialgebiete**
Neu-, Umbauten, Renovationen

Wohnungsbauten

Schulbauten

Hotelbauten

**Publikationen**
SIA 48/94

Heimatschutz 1/95

Architektur & Technik 2/95

Faces 38/96

**Auszeichnungen**
1994 Auszeichnung guter Bauten im Kanton Graubünden

**Wichtige Projekte**
1991/92 Umbau/Renovation MFH U. und A. Jecklin, Chur

1992/93 Neubauprojekt Hotel Chasté Nolda, St. Moritz

1993 Quartierplan Caschneras, Cazis

1993 An-/Umbau EFH Ch. und P. Hartmann, Trimmis

1993/94 Erweiterung Pfarranlage Erlöser, Chur (mit J. Ragettli)

1994 Stadtbildstudie Welschdörfli, Chur (mit J. Ragettli)

1994 Neubau WC-Anlage Julier-Hospiz (mit J. Ragettli)

1995 Umbau/Renovation EFH I. Buol, Chur

1995 Renovation/Umbau Jugendherberge in ein Wohnhaus, Chur

1995 Umbau/Renovation Tagesschule Lernstudio Chur AG, Chur

**Wettbewerbe**
1990 Projektwettbewerb Wohnüberbauung Pensionskasse Kanton Graubünden, Schiers (Ankauf)

1991 Projektwettbewerb Schulhauserweiterung und Gemeindesaal, Grüsch (2. Rang)

1991 Studienauftrag Verkehrs- und Parkierungsanlage, Guarda (1. Preis)

1991 Ideenwettbewerb Wohnüberbauung Cuncas, Sils i. E. (4. Rang)

1991 Projektwettbewerb Behindertenwohnheim Plankis, Chur (7. Rang)

1992 Projektwettbewerb Neubau Schulhaus und Mehrzweckhalle, Molinis (Ankauf)

1992 Projektwettbewerb Schulhauserweiterung und Turnhalle, La Punt (2. Rang)

1994 Projektwettbewerb Schulhausneubau und Turnhalle, Gemeinderäumlichkeiten, St. Peter (mit J. Ragettli; 2. Rang)

1994 Studienauftrag Kur- und Badanlage, Alvaneu (mit J. Ragettli; 3. Rang)

1995 Projektwettbewerb Alterswohnungen, Untervaz (mit J. Ragettli; 4. Rang)

**Aktuelle Projekte**
MFH in Pontresina

Bootshaus in Novate Mezzola

**Abbildungen**

**1. Erweiterung Pfarranlage Erlöser, Chur, 1993/94**

**2. Renovation/Umbau Jugendherberge in Wohnhaus, Chur, 1995**

**3. + 4. An-/Umbau EFH Ch. und P. Hartmann, Trimmis, 1993**

**Fotos: Christian Kerez, Zürich: 1, 2, 3**
**Ralph Feiner, Chur: 4**

# Marcel Liesch

**Dipl. Architekt HTL/STV**
Paradiesplatz 11
7002 Chur
Telefon 081-252 58 19
Telefax 081-253 67 19

**Gründungsjahr** 1993

**Inhaber**
Marcel Liesch,
dipl. Arch. HTL/STV

**Mitarbeiterzahl** 3

**Spezialgebiete**
Öffentliche Bauten

Schulbauten

Umbau und Sanierungen

Wohnungsbauten

Holzbau

**Wichtige Projekte**
1993–94 Bauprojekt Saalbau, Sils i. E.

1994 Anbau Werkhalle, Zuchwil (mit J. Stäuble)

1994 Büro-Raum-Konzept für eine Versicherung, Chur

1994 Vorprojekt Schulanlage mit Mehrzweckgebäude, Safien

1994–96 Mehrzweckhalle (Holzbau), Alvaneu

**Wettbewerbe**
1992 Projektwettbewerb Saalbau mit Mehrzweckanlage, Sils i. E. (1. Preis)

1993 Projektwettbewerb Erweiterung Schulanlage, Safien (1. Preis)

1993 Studienauftrag Erweiterung Schulanlage, Alvaneu (1. Preis)

1994 Projektwettbewerb Altersheim Trun (mit A. Huonder; 1. Preis)

1995 Projektwettbewerb Geschäftshaus, Ottoplatz, Chur

1995 Projektwettbewerb Sport- und Mehrzweckhalle, Sedrun (mit A. Huonder; 3. Preis)

1996 Projektwettbewerb Schulanlage, Igis/Landquart (2. Preis)

**Aktuelle Projekte**
Sanierung und Umbau Schulhaus, Alvaneu

Sanierung und Umbau Schulhaus, Safien

Umbau Wohnhaus, Chur

**Abbildungen**

**1. + 2. Mehrzweckhalle, Alvaneu, 1995/96**

**3. Modell Mehrzweckgebäude, Safien**

**Fotos:**
**Reto Führer: 2**
**Urs Forster: 3**

# Atelier Werner Schmidt

**Mag. arch./Architekt
HTL/SIA/ GSMBA/REG A**
areal fabrica
**7166 Trun**
Telefon 081- 943 25 28
Telefax 081- 943 26 39

**Gründungsjahr** 1989

**Mitarbeiterzahl** 6

**Philosophie**
Alles ist Architektur.

**Ausstellungen**
1985 Architekturbiennale, Venedig

1986 «Wohnlust» im Künstlerhaus, Wien

1986–93 Einzelausstellungen in Galerien in CH, D, A

1987 «Schau wie schön» im Museum für Angewandte Kunst, Wien

1991 «Austrian Architecture and Design Beyond Tradition in the 1990's» am Art Institute of Chicago

1994 «Formen, Falten, Kurven» Galerie «und», Freiburg (D)

1995 «Holzzeit» in Graz, «Starke Falten» im Museum Bellerive, Zürich, «Von der Idee zum Produkt» an der Ing.-Schule, Chur

**Publikationen**
Kataloge zu den Ausstellungen 1986/87/91/95

Raum und Wohnen 2/94

Schweizer Baublatt 11/96

div. weitere Publikationen

**Auszeichnungen**
1989 Würdigungspreis des Österreichischen Bundesministeriums für Wissenschaft und Forschung, Dr. E. Busek

1992 Förderpreis des Kantons Graubünden

**Wettbewerbe**
1986 Sesselwettbewerb, Fa. Vitra; 1. Preis

1987 Lampendesign in Metall, Fa. WOKA, Wien; 2. Preis

1990 Erweiterung Sportzentrum Disentis; 2. Preis

1994 Projektwettbewerb Erweiterung Lehrerseminar Chur

1994 Pflegeheim Sursassiala, Disentis; 2. Preis

1995 Projektwettbewerb Sportzentrum Sedrun; 1. Ankauf

1995 Wettbewerb Neubau evangelische Kirche, Cazis; 1. Preis

**Wichtige Projekte**
1988–92 Atelier Simon Jacomet, Surrein

ab 1989 Umbauten im Kloster Disentis (Fratertrakt, Studiensaal, Romanische Bibliothek usw.)

1990 Anbau Wintergarten H. Klöthi, Trun

1991 Verbindungtrakt Hotel Greina, Rabius

1991 Anbau Treppenturm Haus Caplazi, Rabius

1992 Entwurf Mehrzweckhalle für ArGe Bündner Holz

1992 Umbau Haus Familie Monn-Desax, Disentis

1992/93 Ausstattung Forstinspektorat des Kantons Graubünden; Cafeteria Erziehungsdepartement des Kantons Graubünden

1994 Erweiterungsbau Bergstation Caischavedra, Disentis

1994 Umbau Gemeindekanzlei, Somvix

1994 Erweiterung Kindergarten, Disentis

1994 Wintergarten Dreifamilienhaus Candinas, Disentis

1995 EFH in Brusio GR und Boll BE

**Aktuelle Projekte**
Neubau evangelische Kirche, Cazis

Null-Energie-Anbau (Schalenkonstruktion) Wohnhaus Familie Maissen, Trun

Umbau historisches Appenzellerhaus in 3-Familien-Nullenergiehaus, Appenzell

Umbau/Fassadengestaltung Zentrale PTT/Telecom, Ilanz

Maschinenhaus Kraftwerk Ferrera, Trun

Platzgestaltung Dorfplatz, Segnas

**Abbildungen**

**1. a/b Alu-Falttisch**

**2. Sinuswand im Kloster Disentis (Internat)**

**3. Atelier Simon Jacomet, Surrein (in Zusammenarbeit mit Simon Jacomet)**

**4. Modell Neubau evangelische Kirche, Cazis (Baubeginn April 1996, Baufertigstellung Herbst 1997)**

**Fotos:
Lucia Degonda, Zürich**

**Glarus**
**Luzern**
**Ob-/Nidwalden**
**Schwyz**
**Uri**

# Lukas Ammann

Architekt ETH/SIA/REG A
Kapellplatz 10
6004 Luzern
Telefon 041-410 01 40
Telefax 041-410 02 40

**Gründungsjahr** 1980

**Leitender Angestellter**
Fritz Stalder, Architekt HTL

**Mitarbeiterzahl** 7

**Spezialgebiete**
Banken und Büros

Gebäudesanierungen und Denkmalpflege

Gewerbe- und Industriebauten

Ladenbau und Innenausbau

Einfamilien- und Mehrfamilienhäuser

**Publikationen**
Programme Notes, UBC-Canada 1977

Neue Architektur Schweiz 1994, S+W Verlag, Henndorf

**Wichtige Projekte**

**Gebäudesanierungen mit Nutzungsverdichtungen**
1980 Schwanenplatz 6, Luzern
1981 Haldenstr. 5, Luzern
1983/84 Kramgasse 5, Luzern
1991/92 Grendel 2, Luzern
1993/94 Bundesstr. 25, Luzern
1994/95 Sonnenbergstr. 20, Luzern

**Ladenausbau und Innenausbau**
1980 Boutique Ammann, Shopping-Center Emmen
1981 Parfumerie Finsle, Shop-Ville, Zürich
1983/84 Kofler Damenmode, Weggisgasse 17, Luzern
1988 Peter Stutz Goldschmied, Gerbergasse, Luzern
1994 Kofler Herrenmode, Grendel 21, Luzern

**Gewerbe-, Industrie- und Bürobauten**
1986/87 Kerzenfabrik Balthasar, Hochdorf
1987/88 Caprice Cosmetic SA, Hochdorf
1991/92 Logistikzentrum SKA, Rösslimatt, Luzern
1992/93 Gebäudesanierung SKA, Schwanenplatz, Luzern
1993/94 Ausbildungszentrum Schindler Aufzüge AG, Ebikon

**Wohnhäuser**
1980 Einfamilienhaus in Bissone TI
1988/89 Villa im Bellerive, Luzern
1991/92 Vierfamilienhaus Wesemlin-Terrasse 18, Luzern
1994/95 Villa am Bachtel, Kastanienbaum
1994/95 Villa im Bellerive, Luzern

**Abbildungen**

**1.** Ausbildungszentrum Schindler Aufzüge AG, Ebikon

**2.** Lagerhalle Balthasar+Co., Hochdorf

**3.** Vier Eigentumswohnungen Wesemlin-Terrasse 18, Luzern

# Boog Rudolf Leuenberger

**BRL Architekten AG
Architektur und
Innenarchitektur / GSMBA
Kasimir-Pfyffer-Strasse 2
6003 Luzern
Telefon 041-240 92 88
Telefax 041-240 92 89**

**Gründungsjahr** 1990

**Inhaber/Partner**
Mark Boog, dipl. Arch. HTL

Jörg Rudolf,
dipl. Innenarch. HfG

Peter Leuenberger,
dipl. Arch. HTL

**Mitarbeiterzahl** 6

**Spezialgebiete**
– Umbauten/Sanierungen
– Wohnungsbau
– Industrie- und Gewerbebau
– Ladenbau
– Restaurants
– Arztpraxen
– Renovationen
– Standbau
– Ausstellungsgestaltung
– Produktgestaltung

**Publikationen**
Tagespresse:
Laden Langenbacher Juwelen, Luzern; Glasi Bar, Hergiswil; Therapiezentrum und Bildungswerkstätte für Drogenkranke, Kriens

Hochparterre 3/95:
Hergiswiler Glas AG

**Philosophie**
Unser Ziel ist, durch diszipliniertem Umgang mit Materialien, klaren und ganzheitlichen Formen bzw. Lösungen, benutzerfreundliche und funktionale Räume zu gestalten.

Respekt- und massvolles Hinzufügen zu Bestehendem ist unser Engagement und unser Beitrag zur heutigen Zeit.

**Wichtige Projekte**

**Hergiswiler Glas AG**
Kartonagenlager

Div. Industrieumbauten

Umbau Kantine

Wohnhaus
Familie Robert Niederer

Ausstellung «Vom Feuer geformt»

Neubau
Ausstellung/Werkstatt/Lager

Umbau 2.-Wahl-Laden

Umbau und Renovation altes Verwaltungsgebäude in Mehrfamilienhaus

Café-Bar

Erweiterung Glashütte

**Umbauten/Renovationen**
Dachgeschossumbau
Bühlmann/Kälin, Luzern

Dachstockausbau Nussbaumer/Hellmüller, Ebikon

Umbau und Renovation Villa Rebhalde, Bussmann/Spörri, Luzern

Umbau Villa Viktoria, Luzern

Umbau Ferienhaus Lehn in Therapiezentrum und Bildungswerkstätte für Drogenkranke, Kriens

Umbau und Vergrösserung Firma Zeneca, Luzern

Umbau und Renovation Einfamilienhaus Boog/Birve, Luzern

Fassadensanierung Metallbau Keller AG, Hergiswil

Umbau Wohnung Keller, Hergiswil

Um- + Anbau Mehrfamilienhaus Willener/Linder, Luzern

**Praxen**
Zahnarztpraxis
Dr. Syfrig/Dr. Bloch, Luzern

**Ladenbau**
Blumenladen Fiorino, Hergiswil

Langenbacher Juwelen, Mühlenplatz, Luzern

**Aktuelle Projekte**
Dachstockausbau Odermatt, Ebikon

Umbau Wohn- + Geschäftshaus BSL Ticketprint AG, Luzern

Um- + Anbau Einfamilienhaus Graber/Wyss, Kriens

Neugestaltung Laden Casa Tessuti, Luzern

Neugestaltung Kleiderboutique Claudia Krebser, Luzern

**Abbildungen**

**1. Wohnhaus Robert Niederer, Hergiswil**

**2. 2.-Wahl-Laden Hergiswiler Glas AG, Hergiswil**

**3. Langenbacher Juwelen, Mühlenplatz, Luzern**

**4. Zahnarztpraxis
Dr. Syfrig/Dr. Bloch, Luzern**

**5. Umbau Haus Lehn in Therapiezentrum und Bildungswerkstätte für Drogenkranke, Kriens**

**6. Umbau und Erweiterung Firma Zeneca, Luzern**

# Markus Boyer

**Dipl. Architekt ETH/SIA**
Steinhofstrasse 44
6005 Luzern
Telefon 041-318 30 60
Telefax 041-318 30 50

**Zweigbüro Nidwalden**
Im Breitli 14
6374 Buochs
Telefon 041-320 76 76
Telefax 041-320 76 76

**Gründungsjahr** 1938

**Inhaber**
Markus Boyer (seit 1978)

**Mitarbeiterzahl** 12

**Spezialgebiete**
u. a.
Industrie- und Verwaltungsbauten
Spital- und Heimbauten
Bau und Kunst

**Publikationen**
«Werk, Bauen + Wohnen»:
7+8/1992

«SI+A» Schweizer Ingenieur und Architekt: 20/1991

«as Schweizer Architektur»:
Nr. 92/Mai 1990
Nr. 93/Juli+August 1990
Nr. 97/Mai 1991
Nr. 116/April 1995
Nr. 118/September 1995

«Bauen in Stahl»:
19/1980
24/1981
3/1986
6/1992

«Raum und Wohnen»: 7/91

«Exemplum»: 3/1990

«Bauen heute»: 1/1993

«Schweizer Journal»:
2+3/1992, 1/1993

**Auszeichnungen**
Diverse Wettbewerbserfolge

**Philosophie**
«Kultur heisst, das Notwendige schön machen» (Goethe)

**Wichtige Bauten**
1974 Wohnquartier für 161 Wohnungen, area 94 I, Harlow Development Corporation, Harlow, England

1974 Wohnquartier für 202 Wohnungen, area 98, Harlow Development Corporation, Harlow, England

1975 Mehrfamilienhäuser, Church End, Harlow Development Corporation, Harlow, England

1978 Praxis für Kieferorthopädie, Dr. Haag, Luzern

1979 Schwestern-Pflegeheim, Klinik St. Anna, Luzern

1980 SGV-Werft mit Werkstätten, Büros, Wohnung, Schiffahrtsgesellschaft Vierwaldstättersee, Luzern

1980 Hochregallager und Verwaltungsgebäude, Herzog-Elmiger AG, Kriens

1980 Umbau und Restaurierung städt. Einwohnerkontrolle, Luzern

1982 Lagergebäude, Heizgebäude, Siloanlage, Lachappelle AG, Kriens

1983 Verteilzentrale (Hochregallager, Verwaltungsgebäude, Werkstatt), Pistor, Bäcker-Konditor-Einkauf, Rothenburg

1984 Neubau für die Raumfahrt «Ariane» (Integrationshalle, Montagehallen, Büros), Eidg. Flugzeugwerk, Emmen

1984 Lagerhalle Coca-Cola-Erfrischungsgetränke, Lufrisca AG, Ibach, Luzern

1984 Augenarztpraxis Dr. Hahn, Luzern

1986 Wohnüberbauung Hochbühl, S. + H. Bachmann, Luzern

1986 Wohnhausgruppe Altschwändi, A. Häcki, Engelberg OW

1987 Personalwohnhäuser Lützelmatt, Klinik St. Anna, Luzern

1987 Dachausbau und Renovation Villa Viktoria, Oberhochbühl, Luzern

1987 Druckerei- und Lagergebäude, P. Vogler AG, Neudorf

1988 Mitteltrakt Schwestern- und Exerzitienhaus Bruchmatt, Luzern

1990 Wohnhaus Oberhochbühl, I. + M. Boyer, Luzern

1991 Depotneubau der Vitznau-Rigi-Bahn, Rigibahn Gesellschaft AG, Vitznau

1991 Neubau für zentrale Materialwirtschaft (2 Hochregallager, Werkstätten, Labors, Büros), Eidg. Flugzeugwerk, Emmen

1992 Klinik für Onkologie, Kantonsspital, Luzern

1992 Hochregallager, Packerei und Verwaltungsgebäude, Ferronorm AG, Emmenweid, Littau

1994 Mehrzwecksaal und Schulhauserweiterung, Schwarzenberg

1994 Arealzufahrt und Portierloge, Eidg. Flugzeugwerk, Emmen

1995 Wohnüberbauung Ennenmatt, Wohnbaugenossenschaft, Schwarzenberg

1995 Wohn- und Geschäftsüberbauung Obergrund, Städtische Pensionskasse, Luzern

**Wichtige Projekte (nicht ausgeführt)**

1976 Ideenwettbewerb Bahnhof Luzern (3. Preis)

1976 Wettbewerb kath. Kirche Schöftland (1. Preis)

1978 Projekt Hotel Rachmaninof am See, Hertenstein

1980 Dreifachturnhalle und Primarschule Mariahilf, Einwohnergemeinde, Luzern

1981 Gestaltungskonzept für 120 Verkaufsfilialen, Hofpfisterei, München

1981 Betriebszentrale Eichhof AG/Lufrisca AG, Grosshof, Luzern

1984 Garagen-, Ausstellungs- und Servicegebäude, Koch-Panorama AG, Ebikon

1987 Wohnhausgruppe Hünenbergring, Luzern

1990 Wettbewerb Wohnüberbauung Eintracht, Wolfenschiessen NW (1. Preis)

1991 Wohnüberbauung Zentrum über dem Depotneubau der Vitznau-Rigi-Bahn, Vitznau

1991 Gestaltungsplan Werkhof, Büros, Wohnungen, Kopp AG/Altras AG, Bahnhofplatz, Horw

**Aktuelle Bauten und Projekte**

1996 Einfamilienhaus Stalder, Meggen

1996 Einbau Verwaltungsgericht, Wohn- und Geschäftsüberbauung Obergrund, Luzern

1996 Gestaltungsplan Wohn- und Gewerbezentrum Pulvermühle, Kriens

1996 Kühl- und Tiefkühllager, Pistor, Bäcker-Konditor-Gastro-Service, Rothenburg

1996 Diverse Umbauten und Renovationen

1997 Gesamtsanierung Alterssiedlung Eichhof, Bürgergemeinde Luzern

**Abbildungen**

**1. Neubau für zentrale Materialwirtschaft, Eidg. Flugzeugwerk, Emmen**

**2. Halbzeughochregallager, Neubau für zentrale Materialwirtschaft, Eidg. Flugzeugwerk, Emmen**

**3. Wohn- und Geschäftsüberbauung Obergrund, Luzern**

**4. Klinik für Onkologie am Kantonsspital Luzern**

# Hans Bründler

**Dipl. Architekt ETH/SIA**
Grabenweg 3
6037 Root
Telefon 041-450 24 40
Telefax 041-450 21 73

**Gründungsjahr** 1980

**Inhaber**
Hans Bründler

**Mitarbeiterzahl** 4

**Spezialgebiete**
Öffentliche Bauten

Ein-, Reihenein- und Mehrfamilienhäuser

Umbauten/Renovationen

Gewerbebauten

Bebauungs- und Gestaltungspläne

Expertisen und Schatzungen

**Philosophie**
«Bevor man mit dem Bauen beginnt, soll man sorgfältig jeden Teil des Grundrisses und des Aufrisses des Gebäudes studieren, das errichtet werden soll. Bei jedem Bau sollen, wie Vitruv lehrt, drei Dinge beobachtet werden, ohne die ein Gebäude kein Lob verdient. Diese drei Dinge sind: der Nutzen, die Dauerhaftigkeit und die Schönheit.»
(Kapitel I, «Die vier Bücher zur Architektur», Andrea Palladio, 1570)

**Wichtige Projekte**
1979 Erweiterung Pfarreiheim, Root

1981 14 Reiheneinfamilienhäuser Hirzenmatt, Root

1982 9-Familien-Haus Pro Familia, Root

1983 Einfamilienhaus Rüesch, Ebertswil

1983 Doppeleinfamilienhaus Schmid und Sprenger, Horw

1984 2-Familien-Haus Knüsel, Ottenhusen

Augenarztpraxis Dr. Naef und Dr. Amberg, Luzern

1985 Werkhalle Schreinerei J. Kretz, Root

1985 Einfamilienhaus Dr. Hunziker, Kastanienbaum

1985 Atelierhaus B. Müller, Hämikon

1987 Holzlagergebäude Personalkorporation Root

1988 Altersheim Unterfeld (ArGe), Root

1988 Wohnüberbauung Arnet, Michaelskreuzstrasse 3, Root

1989 7-Familien-Haus, Baugenossenschaft Root

1989 Wintergarten J. Sattler, Root

1989 Zweifamilienhaus Buholzer, Meierskappel

1990 Gemeindehaus Eschenbach (Projekt)

1990 Umbau Gemeindehaus Root

1990 Röseligarten, Zentrum für Schule, Kindergarten und Vereine, Root

1991 Pfadihuus Root (Projekt)

1992 8-Familien-Haus, Baugenossenschaft Root

1993 Erweiterung Einfamilienhaus H. Stehlin, Rotkreuz

1994 Gasthaus Rössli, V. Petermann (Projekt)

**Aktuelle Bauten und Projekte**
Erweiterung Schulanlage Arena, Root

Restauration Gasthaus Rössli (mit neuem Anbau), Root

Büroanbau und Einfamilienhaus Sattler und Birrer, Root

Einfamilienhaus Bolt, Buchrain

Umbau und Renovation Wohnhaus Bischof, Hochdorf

3-Familien-Haus Koch, Root

**Abbildungen**
1. Altersheim Unterfeld, Root, 1988
2. Röseligarten, Zentrum für Schule, Kindergarten und Vereine, Root, 1991
3. Forsthaus Personalkorporation, Root, 1987
4. Röseligarten, Musiklokal, 1991

# BSS Architekten

**Architekten SIA**
Hirschistrasse 15
6430 Schwyz
Telefon 041-811 37 37
Telefax 041-811 74 30

**Gründungsjahr** 1980

**Inhaber/Partner**
Hans Bisig, dipl. Arch. ETH/SIA

Alfred Suter, Arch. SWB

Karl Schönbächler,
dipl. Arch. ETH/SIA

Hermann Heussi, Arch. HTL

**Mitarbeiterzahl** 13

**Spezialgebiete**
– Landesausstellungsthemen
– Gestaltungsplanungen
– Ortsbildinventarisationen
– Siedlungen/Gesamtkonzepte
– Siedlungsbau/verdichtetes Wohnen
– Sämtliche raumplanerischen und architektonischen Aufgaben, welche sich im ländlichen Raum stellen

**Philosophie**
Jede Raum- und Bauaufgabe stellt eine neue Herausforderung dar. Dabei versuchen wir, im konservativen, ländlichen Kontext zeitgenössische Architekturthemen aufzugreifen und auf unsere Weise umzusetzen – morphologische und typologische Themen ebenso wie ökonomische und ökologische Fragestellungen. Aufbauend auf der Vielfalt der Aufgaben und der reichen Praxis, stellen wir uns mit Freude den Aufgaben der Zukunft.

**Wettbewerbe (1. Preise)**
Wohnüberbauung Honegg, Seeblick und Hirzenmatt, Küssnacht

KV-Schule Lachen

Feuerwehrgebäude Brunnen (mit R. Stirnemann)

Post u. Gemeindehaus Wollerau

Schulanlage Schmerikon (ArGe mit Weber und Kälin, Rapperswil)

Wohn- und Geschäftsüberbauung Vorderes Rubiswil, Schwyz

Dreifachturnhalle Kantonsschule Schwyz (mit R. Stirnemann)

**Wichtige Projekte**
Ökologisches Haus Müller, Steinhausen

Überbauung Nümattli, Rickenbach

Wohn- und Geschäftsüberbauung Steisteg, Schwyz (Basler Versicherung)

Feuerwehrgebäude Schwyz

AHV-Erweiterungsbau, Schwyz

Reihenhäuser Mangelegg, Schwyz

Ortsbildinventare Lachen, Schwyz, Arth, Einsiedeln, Küssnacht a. R., Brunnen

Gestaltungsplan Mangelegg (150 WE)

Gestaltungsplan Steisteg (200 WE/Gewerbe)

Gestaltungsplan Rubiswil (200 WE/Gewerbe)

Gestaltungsplan Bahnhofplatz, Brunnen (100 WE/Gewerbe)

Neubau AHV Kanton Schwyz, Schwyz

Wohn- und Geschäftsüberbauung Bahnhofplatz, Brunnen

Kaufmännische Berufsschule Lachen

Büro- und Gewerbebau A. Weber, Seewen

Wohnüberbauung Honegg, Küssnacht (120 WE)

Reihenhäuser Seeblick, Immensee

Feuerwehrgebäude Brunnen

Bürogebäude Mittlerer Steisteg, Schwyz

Anbau Haus Bühlmann, Schwyz

Einfamilienhaus Schönbächler, Schwyz

Bibliothek und Mediothek Lehrerseminar, Rickenbach

Mehrfamilienhäuser Gand, Gersau

Dreifachturnhalle Kantonsschule Schwyz

SBV, Bank mit Wohn- und Geschäftsüberbauung, Lachen

**Aktuelle Projekte**
Wohnüberbauung Honegg, Küssnacht

Wohnprojekt Mythenstein, Brunnen

Wohnüberbauung Bättigmatte, Seewen

Alterssiedlung Riedstrasse, Schwyz

Eigentumswohnungen Im Park, Brunnen

Wohnüberbauung Nümattli, Rickenbach

**Abbildungen**

**1. Hauptfront Neubau AHV Kanton Schwyz, 1992**

**2. Kopfbau Wohn- und Geschäftsüberbauung Bahnhofplatz, Brunnen, 1993**

**3. Hoffassade Einfamilienhaus Schönbächler, Seewen, 1994**

**4. Detail Anbau Haus Bühlmann, Schwyz, 1991**

# A. Christen + J. Mahnig

**Architekten HTL**
Nägeligasse 6
6370 Stans
Telefon 041-610 28 36
Telefax 041-610 27 36

**Gründungsjahr** 1990

**Inhaber/Partner**
Alois Christen
Josef Mahnig

**Mitarbeiterzahl** 3 bis 5

**Spezialgebiete**
Siedlungsbau
Öffentliche Bauten
Gewerbebauten
Umbauten/Sanierungen

**Philosophie**
Präzise Analyse von Bedürfnissen und Möglichkeiten des Auftraggebers und des Ortes, wo die Bauaufgabe verwirklicht werden soll.

Umsetzen der Ergebnisse dieser Analysen, so dass Funktionen, Form, Konstruktion und Wirtschaftlichkeit beim Bau und im Betrieb gleichwertig behandelt werden.

Für zukünftige Funktionen soll möglichst grosser Raum gelassen werden.

**Wichtige Projekte**
1989 Siedlung Wechselchärn, Stans

1990 Haus Kuster, Stans

1991 Umbau Haus Jlge, Stans

1994 Achtfamilienhaus Wechsel, Stans

1994 Haus Duss, Buochs

1995 Siedlung Matte, Altdorf

1995 Haus Philipp-Zberg, Schattdorf

1996 Behinderten-Wohnheim Kanton Nidwalden, Stans

**Aktuelle Projekte**
Neubau Behinderten-Wohnheim Kanton Nidwalden, Stans

Reiheneinfamilienhäuser, Stans

Diverse Umbauten

**Abbildungen**

1. Haus Kuster, Stans, 1990

2. Achtfamilienhaus Wechsel, Stans, 1994

3. Siedlung Matte, Altdorf, 1995

4. Umbau Haus Jlge, Stans, 1991

**Fotos:**
**Rudolf Steiner, Luzern**

# Hugo Flory

**Architekt SIA/SWB**
Mühlemattstrasse 16
6004 Luzern
Telefon 041-240 44 18
Telefax 041-240 44 17

**Gründungsjahr** 1973

**Inhaber**
Hugo Flory, Arch. SIA/SWB

**Partner**
Markus Mächler, Arch. HTL

**Mitarbeiterzahl** 10

**Spezialgebiete**
– Wohnungsbau
– Öffentliche und private Verwaltungsbauten
– Industrie-/Gewerbebauten
– Museums- und Kulturräume
– Restaurant- und Ladenbau
– Umbauten/Sanierungen
– Restaurierungen/Umnutzungen

**Philosophie**
Ob Neubauten in bestehendem Ensemble, Umnutzung historischer Bauten oder Sanierung älterer Bausubstanz: Respekt vor Vorhandenem, Sorgfalt im Entwurf, innovative, materialgerechte und ökonomische Lösungen sind unsere Devise.

**Publikationen**
Neubau Brünigdepot, Luzern in: as Schw. Architektur 66/85

Anbau und Umbau Restaurant Centro im Aalto-Hochhaus im Schönbühl, Luzern, in: as Schweizer Architektur 110/93

Casa Camelia am Lago Maggiore, Gerra Gambarogno TI, in: Ideales Heim (CH), Oktober 1994; Atrium (D, A, E, I), Oktober 1995; as Schweizer Architektur, März 1996

Jazz-Schule Luzern, Umbau und Umnutzung Haus Süesswinkel 8, Luzern, in: Luzerner Kulturraumbau, Januar 1995

**Auszeichnungen**
Auszeichnung für gutes Bauen der Stadt Luzern 1985 für das Brünigdepot, Luzern

**Wichtige Bauten**
1976–97 Umnutzung, Restaurierung div. Bauten und Gartenanlagen des Zisterzienserklosters St. Urban LU

1980–82 Brünigdepot, Luzern (Lokremise, Reparaturwerkstätte für LKW, Schulungsräume SBB)

1987–88 Um- und Anbau Restaurant Centro im Aalto-Hochhaus im Schönbühl, Luzern

1988–90 Lackier- und Beschichtungswerk Hofstetter, im Fänn, Küssnacht SZ (mit A. Bollier, Arch., Walchwil)

1990–91 Anbau Büropavillon an das Hans-Erni-Haus im Verkehrshaus Luzern (mit S. Zurfluh, Architekt ETH, Rothenburg)

1991–93 Casa Camelia (kleines Turmhaus) am Lago Maggiore, Gerra Gambarogno TI

1991–94 Wohnüberbauung Geissbachacker, Root (15 Alters- und 12 Familienwohnungen, Gemeinschaftsräume, Einstellhalle)

**Wichtige Projekte (nicht ausgeführt)**
1989–90 Wettbewerb Wohnüberbauung Oberhouelbach, Kriens LU

1990–92 Wettbewerb Zentrumsüberbauung «am Gütsch», Brunnen SZ

**Aktuelle Bauten und Projekte**
1986–96 Umnutzung und Restaurierung der historischen Häusergruppe Bahnhofstrasse 12–18, Luzern (Kantonale Verwaltung/Erziehungsdepartement, Restaurant-Einbau, Wohnungen)

1986–96 Verkehrshaus der Schweiz in Luzern (mit S. Zurfluh, Arch. ETH, Rothenburg): Gesamtkonzept, Reorganisationen, (Anbau Hans-Erni-Museum, Umbau Konferenzsaal, Um- und Anbau Eingangshalle, Neubau Museums-Shop, Neugestaltung Publikumszone/Zugangsbereiche, Neubau IMAX-Filmtheater)

1990–97 Wohnsiedlung Elfenau, Luzern (Sanierung Küchen und Bäder, Fassadenneugestaltung: energetische Sanierung, Balkonerweiterungen, Wintergärten)

**Wettbewerbe**
1986 Ergänzungsbau Sozialer Wohnungsbau Elfenau, Luzern, 1. Rang mit Weiterbearbeitung

1988 Richtplanstudie Gesamtareal Verkehrshaus Luzern (mit S. Zurfluh, Arch. ETH, Rothenburg), 1. Rang mit Weiterbearbeitung

1988 Wohnüberbauung Oberhouelbach, Kriens, 1. Rang mit Weiterbearb. (Gestaltungsplan)

1990 Wohn-, Geschäfts- und Hotel-Zentrumsüberbauung, Brunnen, 1. Rang mit Weiterbearbeitung (Gestaltungsplan)

1990 Wohnüberbauung Schädrüti, Adligenswil, 1. Rang mit Weiterbearbeitung

1990 Alters- u. Familienwohnungen Geissbachacker, Root, 1. Rang mit Weiterbearbeitung

1993 Dorfzentrum mit Wohnungen, Büros, Läden, Oberkirch LU, 7. Rang

1995 Mehrfamilienhaus, Birkenweg, Hochdorf (mit S. Zurfluh, Arch. ETH, Rothenburg), 1. Rang mit Weiterbearbeitung

**Abbildungen**

**1.** IMAX-Filmtheater im Verkehrshaus der Schweiz, LU

**2.** Farb- und Beschichtungswerk im Fänn, Küssnacht SZ

**3. + 4.** Casa Camelia sul Lago, Gerra Gambarogno TI

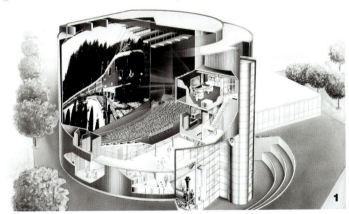

# Joseph Eduard Föhn

**Architekturbüro ETH/SIA**
Archivgasse 6, PF 104
6431 Schwyz
Telefon 041-811 75 61

**Büro Föhn + Partner**
**ETH-Architekten + Ingenieure**
Obstgartenstrasse 7
8006 Zürich
Telefon 01-364 26 06
Telefax 01-364 18 87

**Gründungsjahr**
Schwyz 1976, Zürich 1984

**Inhaber**
Joseph Eduard Föhn,
dipl. ETH Arch., EUR ING

**Gegenwärtige Mitarbeiter**
Ateliers Schwyz und Zürich 12,
Partner: Büro PLANEXPERT
(Filialen Dübendorf und Bern)

**Spezialgebiete**
– Bauen im historischen
  Kontext, Fachgutachter
– Ökohäuser, Wohnungsbau
– Schulhäuser, Betagtenheime
– Städt. und kirchliche Zentren
– Büro-, Dienstleistungsbauten
– Restaurationen, Denkmalpflege

**Publikationen**
«40 Werke – works in progress»,
Verlag March AG, Lachen 1994

«Ökologie + Unternehmensführung», Verlag Triner AG,
Schwyz 1994

«Bauleitung und Projektleitung», WEKA Verlag AG,
Zürich 1994, in: Werk, Bauen + Wohnen 2/95

«Wettbewerb Schulhaus Goldau»,
in: Werk, Bauen + Wohnen 3/96

«Wettbewerb Kaufhaus Altdorf»,
in: SI+A 38/94, 112. Jahrgang

«Wettbewerb Casinoareal SZ»,
Aktuelle Wettbewerbs Scene
2/90.5A, S. 3–28, 18. Jahrgang

Forschungsbericht BPS Teil 1,
Institut für Hochbauforschung,
1983 HBF, ETH Zürich/BIGA

Werkanalysen und Berichte in
den Fachzeitschriften seit 1983

**Auszeichnungen**
Lehrauftrag Architektur und
Gestalten, Dozent am ATIS,
Ingenieurschule HTL, Horw LU

International Associate AIA,
American Institute of Architects, Paris 1995

Aufnahme in das Register der
FEANI als EUR ING (Europa-Ingenieur) Reg-Nr. 15651
Generalsekretariat Paris, 1993

**Wichtige Projekte**
1983 Archäologische
Grabungen auf Monte Jato,
Westsizilien (Italien)

1984 Seeufergestaltung Zug,
städtebaul. Ideenwettbewerb

1984 Gesamtplanung Scuol GR,
Ortsbauliches Konzept und
Richtplanung

1986 Kulturplatz Kaserne ZH,
städtebaul. Ideenwettbewerb

1986 Bürogebäude Zollikon,
Integrationsplanung, Projekt

1988 Vallé du Flon, Lausanne,
städtebaul. Ideenwettbewerb

1988 Pilotplanung Casinoareal
Schwyz, ortsbauliches Konzept,
Integrationsplanung

1989 Arch. Gestaltung der
Festplätze zu 700 Jahre
Eidgenossenschaft

1990–94 Bäckerhof Hard, ZH,
Projektierung und Ausführung

1991 Haus Schwan, Schwyz,
Projektierung und Ausführung

1992 Regierungsgebäude, SZ,
Erweiterung und Renovation

1993 Zentrum-Bahnhof
Gümligen BE, städtebaulicher
Ideenwettbewerb

1996 Schulhaus mit Turnhallen
und Dorfplatz in Goldau/SZ,
Wettbewerb 2. Rang, 2. Preis

**Aktuelle Projekte**
1990–95 Masterplan AirPark
Zürich, Projektierungsauftrag
und Entwurf

1991–95 Gewerbepark
Pfäffikon ZH, Richtplan und
Gesamtkonzeption

1994–97 Reitergebäude Stadt
Zürich, Projektierung und
Ausführung

1992–95 Bahnhofareal
Regensdorf, Richtplan und
Gesamtkonzeption

1995 Korean-Center Los Angeles,
internationaler Wettbewerb

1996 Taichung Civic Center,
internationaler Wettbewerb

1997 Japan National Library,
internationaler Wettbewerb

1994–98 Hotel + Kaufhaus in
Altdorf, Wettbewerb 1. Rang
und 1. Ankauf, Ausführung

**Abbildungen**

**1. Office-Park Pfäffikon,
Gesamtanlage Südost**

**2. Regierungsgebäude in
Schwyz, Galeriebereiche**

**3. Landhaus Schwan in
Schwyz, Situierung West**

# GMT Architekten

Architekten SWB/SIA
Hirschmattstrasse 56
6002 Luzern
Telefon 041-210 10 22
Telefax 041-210 10 28

**Gründungsjahr** 1980/87

**Inhaber/Partner**
Thomas Grimm,
dipl. Arch. HTL/SWB

Thomas Marti,
dipl. Arch. HTL/SWB/SIA

Walter Tschopp,
dipl. Arch. HTL/SWB

**Mitarbeiterzahl** 7

**Tätigkeitsgebiete**
Wohnungsbau

Industrie- und Gewerbebau

Büro- und Verwaltungsbau

Sanierungen, Umbauten und Renovationen

Innenausbauten und Einrichtungen

Bebauungs- und Gestaltungspläne

Schatzungen

**Philosophie**
Ziel unserer Arbeit ist, durch Ideenreichtum, Beharrlichkeit und Einsatz jede Bauaufgabe zu einer individuellen Lösung zu führen. Dabei werden die vielseitigen Bedürfnisse der Auftraggeber, die Bedingungen des Ortes und der Umwelt aufmerksam studiert und respektvoll umgesetzt.

**Wichtige Projekte**
1980–95 Einfamilienhäuser in Buchrain, Hellbühl, Horw, Kastanienbaum, Littau, Luzern, Meggen, Neuenkirch, Oberhofen, Rothenburg, Rotkreuz und Udligenswil

1984/96 Labor-, Verwaltungs- und Fabrikationsgebäude Lea Ronal AG, Grossmatte, Littau

1987 Neubau Büro- und Gewerbegebäude Agpharm, Dierikon

1987 Sanierung Wohn- und Geschäftshaus Löwenstrasse 9, Luzern

1987/88 Einrichtung von Arztpraxen für eine Kinderärztin und einen Allgemeinpraktiker, Luzern

1989 Einrichtung Werbeagentur Ottiger, Reussbühl

1989–94 Erweiterung 7-Air, Fabrikationsräume mit Hochregallager, Malerei und Blechbearbeitungszentrum, Hitzkirch («Prix eta» 1995)

1992 Sanierung Wohn- und Geschäftshaus Hirschmattstrasse 56, Luzern

**Wettbewerbe**
1987 Ideenwettbewerb Sanierung Wohnsiedlung Aarepark, Solothurn

1989 Studienauftrag Grossgarage Auto Koch AG, Kriens (1. Preis und Weiterbearbeitung)

1989 Projektwettbewerb Pflegeheim Wesemlin, Luzern (2. Preis)

1989 Projektwettbewerb Sanierung und Verdichtung Wohnsiedlung Waldweg, Luzern (3. Preis)

1992 Projektwettbewerb Wohnsiedlung Listrig, Emmenbrücke (3. Preis)

1992 Ideenwettbewerb Wohnsiedlung Krauerhus, Neuenkirch (1. Preis und Weiterbearbeitung)

1994 Projektwettbewerb Neubau Werkhof der Stadt Luzern (3. Preis)

1995 Studienauftrag Maihof, Allgemeine Baugenossenschaft Luzern

1995 Studienauftrag Mühlebachweg, Luzern (1. Preis und Weiterbearbeitung)

**Abbildungen**
1. Grossgarage Auto Koch AG, Kriens, 1989/94
2. Büro- und Gewerbegebäude Agpharm, Dierikon, 1987/90
3. Hochregallager 7-Air, Hitzkirch, 1989/94
4. Mühlebachweg, Luzern, 1995

**Fotos:**
Daniel Meyer, Luzern: 2

1

2

3

4

# Gmür Kneubühler Steimann AG

**Dipl. Architekten HTL**
Kanonenstrasse 8
6003 Luzern
Telefon 041-240 03 40
Telefax 041-240 03 50

**Gründungsjahr** 1994

**Inhaber/Partner**
Rolf Gmür

Thomas Steimann

René Kneubühler

**Mitarbeiterzahl** 5

**Spezialgebiete**
Kostengünstiger Wohnungsbau

Öffentliche Bauten

Schulbauten

Bauen in historischem Umfeld

Gewerbebau

**Publikationen**
Luzerner Zeitung vom 14.10.95

**Philosophie**
Heute scheint Sparsamkeit allgegenwärtig, gleichsam wie ein Damoklesschwert, über den Baustellen zu hängen. Genau das ist der Punkt, wo wir mit unserer Entwurfsmethodik anknüpfen.

Bauen als rationalen, rationalisierbaren Vorgang aufzufassen ist Teil des modernen Paradigmas und Kern für die Arbeiten in unserem Büro. Wir haben es uns zur Aufgabe gemacht, günstigen Wohnraum in verdichtetem Umfeld und mit hoher Lebensqualität zu schaffen. Dies wird einerseits möglich durch im Baubereich weiterentwickelte Techniken der Serienanfertigung (standardisierte Innenausbauteile, Ansätze zur Vorfabrikation ganzer Wohneinheiten), andererseits aber auch, weil das intensive Forschen nach ausgewogenen Verhältnissen von Planung und Geld, von Boden und Kauf, von Finanzierung und Baukosten, von entwerferischer Konzeption und Anforderungsprofil, von Siedlungsstruktur und Verkehr, schliesslich von scheinbarer und wirksamer Sparsamkeit sowie von Illusion und Wirklichkeit die Grundlage für unsere Arbeiten bildet.

**Wichtige Projekte**
1994 Erweiterung Montagehalle mit Hochregallager, Wirth + Co. AG, Buchrain

1995 Neubau Doppeleinfamilienhaus Oezligen, Beromünster

1995 Messestand für Swiss-Bau Basel, Riss AG, Dällikon

1995 Erweiterung und Sanierung Einfamilienhaus Lucius J. Wissmer, Buchrain

1995 Projektwettbewerb Milchwirtschaftliche Schule, Sursee

1996 Psychotherapie-Praxis E. + E. Frey-Babst, Luzern

**Aktuelle Projekte**
Erweiterung und Umbau Einfamilienhaus Fessler, Neuenkirch LU

Landhaus für zwei Familien Sonnmatt, Udligenswil LU

Wohneinheiten für fünf Familien in Meggen LU

**Abbildungen**

**1. + 2. Neubau Doppeleinfamilienhaus Oezligen, Beromünster, 1995**

**3. Neubau Montagehalle mit Hochregallager, Wirth + Co., Buchrain, 1994**

**4. Erweiterung und Sanierung Einfamilienhaus Lucius J. Wissmer, Buchrain, 1995**

**Fotos:**
**Sergio Cavero, Zürich: 3, 4**
**Emilia Niedzwiecka, Jona: 1**
**GKS AG, Luzern: 2**

# Harksen – Trachsel – Städeli

**HTS Architekten ETH/HTL**
Bahnhofstrasse 6
6460 Altdorf
Telefon 041-871 03 34
Telefax 041-870 29 33

Zugerstrasse 17
6330 Cham
Telefon 041-780 00 50
Telefax 041-780 00 55

**Gründungsjahr** 1988

**Inhaber/Partner**
Josef Trachsel, Arch. HTL
Beat Trachsel, Arch. HTL
Daniel Harksen, Arch. HTL
Stefan Städeli, Arch. HTL
BSS Architekten ETH/HTL

**Leitende Angestellte**
Anna Imhof
Peter Zurfluh, dipl. Bauleiter Hochbau

**Mitarbeiterzahl**
Büro Altdorf 7, Büro Cham 13

**Spezialgebiete**
– Wohnbauten
– Schulbauten
– Geschäftsbauten (Banken, Praxen)
– Bürobauten
– Industriebauten
– Umbauten und Sanierungen
– Restaurationen und Denkmalpflege
– Quartiergestaltungen

**Philosophie**
Wir verstehen Architektur als Reaktion auf einen vorgegebenen Ort oder eine vorgegebene Situation. Die formale Reduktion und das Schaffen von einfachen und klaren Strukturen, unter Einbezug der geeigneten Materialien, sind eines der Hauptziele in unserer planerischen Tätigkeit und helfen uns, die Wünsche des Bauherrn funktionell und wirtschaftlich umzusetzen. Qualität gilt als oberstes Prinzip in der Planungs-, Ausführungs- und Abrechnungsphase.

**Wichtige Projekte**
1988/89 Wohn- und Geschäftshaus Kirchgemeinde, Bürglen

1989/90 Mehrzweckgebäude, Attinghausen

1989–95 Div. Umbauten für KPD PTT, Luzern, und GD PTT, Bern

1990/91 Wohn- und Geschäftshaus Burgstr. 5, Attinghausen

1990/91 Erweiterung und Sanierung Primarschulhaus, Seedorf

1990/93 Erweiterung und Sanierung Primarschulhaus, Unterschächen

1991/92 Erweiterung Primarschulhaus, Bürglen

1992/93 MFH Bristenstr. 15, Altdorf

1992/93 Sanierung Bürogebäude Flüelerstrasse 1, Altdorf

1992/93 EFH Spitzrütti 4, Schattdorf

1993/94 Einfamilienhäuser Brückenstalden 14–16, Bürglen

1993/94 Reiheneinfamilienhäuser Betschartmatte 27–39a, Bürglen

1993/95 Wohnhäuser Vogelsanggasse 14 und 14a, Altdorf

**Wettbewerbe**
1988 Projektwettbewerb Mehrzweckgebäude, Attinghausen (1. Preis und Weiterbearbeitung)

1989 Projektwettbewerb Kantonale Bauernschule Uri, Seedorf (2. Preis)

1992 Projektwettbewerb Wohnheim für Behinderte im Kanton Uri, Schattdorf (1. Preis und Weiterbearbeitung)

1992 Studienauftrag Wohnüberbauung Rosenau, Flüelen (1. Preis und Weiterbearbeitung)

1993 Studienauftrag Gemeindehaus, Flüelen (1. Preis)

1994 Wettbewerb «Betriebsnotwendige Bauten EWA», Altdorf (7. Rang)

**Aktuelle Projekte**
Renovation «Planzerhaus» (1609; Nat. Denkmalpflegeobjekt), Bürglen

Wohnheim für Behinderte, Rüttistrasse, Schattdorf

Restaurierung Pfarrkirche St. Peter und Paul (1682–85; Nat. Denkmalpflegeobjekt), Bürglen

Bürogebäude Kt. Verwaltung Uri, Brickermatte, Bürglen

**Abbildungen**

**1. Sichtbacksteinfassade Wohnheim für Behinderte, Schattdorf**

**2. Eternitfassade Einfamilienhäuser Brückenstalden 14–16, Bürglen**

**3. Naturholzfassade Wohnhaus Vogelsanggasse 14a, Altdorf**

**4. HIT-Fassade Neubau Kt. Verwaltung Uri, Bürglen**

# Hauser + Marti

**Dipl. Architekten ETH/SIA**
Hauptstrasse 41
8750 Glarus
Telefon 055-640 80 50
Telefax 055-640 82 14

**Gründungsjahr** 1985

**Inhaber**
Kaspar Marti,
dipl. Arch. ETH/SIA/EUR ING

Jacques Hauser,
dipl. Arch. ETH

**Mitarbeiterzahl** 9

**Spezialgebiete**
Wohnungsbau

Kostengünstiger
Wohnungsbau

Sanierungen/Umbauten

Nutzungsplanungen

Expertisen/Schatzungen

**Publikationen**
Wettbewerb «Neues Leben
in alte Häuser», Aarepark,
Solothurn
Arch 95, 5/88

Kurs- und Ferienzentrum
Lihn, Filzbach,
Arch 107, 2/93

Reihenhaus F. + C. Jenny AG,
Ziegelbrücke,
Architektur & Technik 2/94

Galerie Tschudi, Glarus,
Abitare November 1994

**Auszeichnungen**
1992 1. Preis Europan Suisse/
Stiftung für Architektur
Geisendorf «Kostengünstiger
Wohnungsbau»

**Wichtige Projekte**
1985 Umbau Gemeindehaus
Matt

1986 Siedlung Feld, Diesbach

1988 Umbau «Glarner Nachrichten», Glarus

1989 Umgestaltung Mensa
Kantonsschule Glarus

1990 Kantine/Speiserestaurant,
Kalkfabrik Netstal, Netstal

1990 Mitarbeiterwohnungen
Cotlan, Rüti

1991/1995 Kurs- und Ferienzentrum Lihn, Filzbach

1991 Galerie Tschudi, Glarus

1992 Umbau Mädchenheim in
Mehrfamilienhaus, Rüti

1992 Mitarbeiterwohnungen
F. + C. Jenny AG, Ziegelbrücke

1993 Mehrfamilienhaus
Obere Säge, Ennenda

1993 Sanierung Villa,
F. + C. Jenny AG, Ziegelbrücke

1993 Umbau Turnhalle Zaun,
Glarus (Zusammen mit Claudio
Conte)

1994 Sanierung Villa Spälti,
Glarus

1994 Sanierung Schwesternhochhaus Kantonsspital Glarus

**Aktuelle Projekte**
Ausbau alte Fabrikliegenschaft
Mühle, Schwanden
(Wohnen und Arbeiten)

Sanierung Kindergarten
Erlen, Glarus

Sanierung von Mehrfamilienhäusern in Niederurnen,
Netstal, Glarus und Ennenda

**Abbildungen**
1. Schwesternhochhaus
Kantonsspital Glarus, 1994

2. Kurs- und Ferienzentrum
Lihn, Filzbach, 1991/1995

3. Mitarbeiterwohnungen
F. + C. Jenny AG,
Ziegelbrücke, 1992

# Jäger, Jäger, Egli AG

**Architekten ETH/SIA**
Gerliswilstrasse 43
6020 Emmenbrücke
Telefon 041-260 82 82
Telefax 041-260 82 85

**Gründungsjahr** 1991

**Inhaber/Partner**
Martin Jäger,
dipl. Arch. ETH/SIA/FSAI

Thomas Jäger,
Architekt REG A/SIA

Hansjürg Egli,
dipl. Arch. HBK/HTL

**Mitarbeiterzahl** 11

**Auszeichnungen**
Schulhaus mit Kindergarten, Menznau LU, 1. Preis

Schulhaus, Neuenkirch LU, 1. Preis

Schulhaus und Mehrzwecksaal, Buochs NW, 1. Preis

Wohnüberbauung Listrig, Emmenbrücke, 1. Preis

Wohnüberbauung Oezlige, Beromünster, 1. Preis

**Philosophie**
Erarbeiten von qualitätsvollen architektonischen Konzepten unter Wahrung der Interessen der Bauherrschaft.

Umsetzen der Konzepte in moderne, zeitgemässe Architektur mit anspruchsvollen, aber kostengünstigen Details.

**Wichtige Projekte**
1991–96 Oberstufenschulhaus Menznau

1991 Bankgebäude, Beromünster

1992 Umbau Villa Mattmann, Luzern

1992–96 Wohnüberbauung Listrig, Emmenbrücke

1994 Clubhaus Listrig, Emmenbrücke

1994–96 Primarschulhaus Neuenkirch

1995 Dorfkäserei Schüpfheim

1995 Dorfkäserei Hergiswil

1995 Einfamilienhaus Wallimann, Beromünster

1994–97 Wohnsiedlung, Beromünster

**Spezialgebiete**
Schulhausbauten

Öffentliche Bauten

Bankgebäude

Umbauten/Sanierungen

Gestaltungspläne

Käsereibauten

Wohnungs- und Siedlungsbau

**Abbildungen**

**1. Schulhausanlage Grünau, Neuenkirch, Wettbewerb 1993**

**2. Schulhaus Menznau, Wettbewerb 1991**

**3. Clubhaus Listrig, Emmenbrücke**

**4. Doppelhaus Wohnsiedlung Oezligen, Beromünster, 1995**

# Marco Korner

Dipl. Architekt ETH/SIA
Geissmatthalde 5
6004 Luzern
Telefon 041-240 05 66
Telefax 041-240 87 87

**Gründungsjahr** 1947

**Inhaber**
Marco Korner,
Teilhaber 1979–87,
Inhaber seit 1988

**Mitarbeiterzahl** 5 bis 8

**Spezialgebiete**
– Ein- und Mehrfamilienhäuser
– Wohn- und Geschäftshäuser
– Gewerbebauten
– Innenraumgestaltung
– Arztpraxen und Bürobauten
– Renovationen, Sanierungen
– Um-, An- und Aufbauten
– Beratungen
– Expertisen und Schatzungen

**Philosophie**
Suchen und Finden des Konsens aus den Wünschen und Bedürfnissen der Bauherrschaft und der bestmöglichen Funktion innerhalb einer harmonischen Form unter Berücksichtigung der zur Verfügung stehenden Finanzen.
Vernünftige Integration in die Umgebung. Pflege des Details, ohne den Blick auf das Ganze zu verlieren.
Nichts dem Zufall überlassen.

Meine Bauten sollen dem Bauherrn und den Benützern dienen. Umfassende Beratung des Bauherrn in allen Phasen.

**Wichtige Projekte**

**Neubauten**
1979 Wohn- und Geschäftshaus St.-Karli-Strasse, Luzern

1980 EFH (4 Geschosse/Lift), Salzfassstrasse, Luzern

1980 Wohn- und Geschäftshaus Sternegg mit Café und Arztpraxis, Luzern

1982 Einfamilienhaus, Michelholzstrasse, Widen AG

1983 Doppeleinfamilienhaus, Ebnetrain, Meggen LU

1980–83 Mehrfamilienhäuser, Zyböriweg, Luzern

1985 Mehrfamilienhaus, Geissmattstrasse, Luzern

1987 Gewerbe- und Wohngebäude Dierikon LU

1988–91 Wohnbauten Pilatusblick Hochrüti, Luzern

1989–92 Wohnbauten auf Reussport (33 Whg.), Luzern

1989 Planung Einfamilienhaussiedlung, Meggen

1992 Terrassenhäuser Luegetenstrasse, Luzern

1994 Einfamilienhaus, Spielhöflistrasse, Rickenbach SZ

**Umbauten und Sanierungen**
1983 Dachaufbau auf MFH auf Reussport, Luzern

1984 Totalsanierung eines Bauernhauses, Fahrwangen AG

1983–85 Umbau und Energiesanierung Mehrfamilienhäuser Geissmatthalde, Luzern

1989 Totalsanierung und Dachausbau Mehrfamilienhaus, St.-Karli-Strasse, Luzern

1989–90 Aufstockung und Fassadensanierung Blindenwerkstätten, Horw

1993 Umbau Einfamilienhaus auf Weinbergli, Luzern

1993 Anbau eines Wintergartens, Kastanienbaum LU

1993 Umbau Mehrfamilienhaus, Sempach-Station LU

**Innenraumgestaltung**
1980 Arztpraxis für allg. Medizin, Luzern

1980 Café Sternegg, Sternmattstrasse, Luzern

1986 Arztpraxis für Rheumatologie, Basel

1988 Arztpraxis für Gynäkologie, Alpenstrasse, Luzern

1989 Versicherungsagentur Würzenbach, Luzern

1991 Büroumbau einer Treuhand-Gesellschaft, Landenbergstrasse, Luzern

1992 Augenärztepraxis, Stadthausstrasse, Luzern

**Projektstudien**
1984 Projekt für Lärmschutzüberdachung aus Glas auf N2-Sentibrücken, Luzern

1994 Studienauftrag Gemeindehaus, Ebikon LU

1994 Gestaltungsplan Stegen West, Horw

**Aktuelle Projekte**
Fassadensanierung Kirche St. Karl (Sichtbetonfassade, Baujahr 1934), Luzern

Wohnbauten Stegen West (Terrassenhäuser mit 20 STWEG-Whg.), Horw LU

Einbau von zwei Bürogeschossen in Lagerhalle, Kriens LU

**Abbildungen**

**1. Fassadensanierung Kirche St. Karl, Luzern**

**2. Wohnbauten Pilatusblick Hochrüti, Luzern, 1988–91**

**3. Einfamilienhaus Spielhöflistrasse, Rickenbach SZ, 1994**

**4. Aufstockung und Fassadensanierung Blindenwerkstätten, Horw, 1989–90**

**5. Wohnbauten auf Reussport, Luzern, 1989–92**

# Mennel Architekten AG

Brünigstrasse 104
6060 Sarnen
Telefon 041-660 11 36
Telefax 041-660 51 78

**Gründungsjahr** 1978

**Inhaber**
Christoph Mennel,
dipl. Arch. ETH/SIA

**Leitende Angestellte**
Paul Felder, Bauleiter

Ulrich Hess, Arch. HTL

Nick Meyer, Arch. HTL/SWB

**Mitarbeiterzahl** 12

**Spezialgebiete**
Bauten der Öffentlichkeit

Industrie- und Gewerbebauten

Wohnungsbau

Restaurierungen

Umbauten

Bauen für Betagte

Umnutzung bestehender Bausubstanz

**Wichtige Projekte**
1979 Betagtenheim
Am Schärme, Sarnen

1981–94 Wohnsiedlung
Bünten, Sarnen

1983 Einfamilienhaus
W. und R. Röthlin, Kerns

1985 Dorfplatzgestaltung
Kägiswil

1985–89 Fabrikationsgebäude
Leister Elektro-Gerätebau,
Kägiswil

1988 Wohn- und Geschäftshaus National Versicherungsgesellschaft, Sarnen

1988 Lager- und Produktionsgebäude Reinhard AG,
Dagmersellen

1989 Umbau und Aufstockung
Hauptsitz Obwaldner
Kantonalbank, Sarnen

1989 Umnutzung ehemalige
«Hüetli»-Fabrik, Arbeitszentrum für Behinderte, Sarnen

1990 Fabrikationsgebäude
Biofamilia AG, Sachseln

1990 Kantonales Verwaltungsgebäude, Sarnen (Kunst am
Bau: Thomas Birve und
Hugo Schär)

1991 Erweiterung mit Pflegeabteilung, Betagtenheim
Am Schärme, Sarnen

1991 Erweiterung Büro- und
Produktionsgebäude Rohrer
Metallbau AG, Alpnach
(Bauleitung: Johann Imfeld,
Alpnach)

1992 Restaurierung altes
Gymnasium, Sarnen

1993 Büro- und Lagergebäude
Durrer Parqueterie AG,
Alpnach
(Gesamtkoordination:
Portmann + Schuler, Luzern;
Bauleitung: Carl Schuler,
Sarnen)

1994 Familiensiedlung
Bachmätteli, Sachseln

**Aktuelle Projekte**
Mehrzweckgebäude Bezirksgemeinde, Kägiswil

Wohnsiedlung Spitzlermatte,
Kägiswil

Wohnsiedlung Sonnenhof,
Sarnen

Ausbau und Erweiterung
Kantonsspital Sarnen
(in Arbeitsgemeinschaft mit
P. Dillier, D. Geissler,
W. Staub, F. Vogler)

**Abbildungen**

1. Nordansicht kantonales Verwaltungsgebäude, Sarnen

2. Lichthof kantonales Verwaltungsgebäude, Sarnen

# Neidhart, Käppeli + Partner AG

Dipl. Architekten ETH/SIA
Libellenstrasse 67
6004 Luzern
Telefon 041-420 50 38
Telefax 041-420 50 84

**Gründungsjahr** AG 1990
Zusammenlegung der Einzelfirmen von H. Käppeli (seit 1968) und Joe A. Neidhart (seit 1981).

**Inhaber**
Joe A. Neidhart,
dipl. Arch. ETH/SIA, MAUD' 78
Harvard University

**Partner**
Ludwig Heer, Bauleiter

Beat Salvisberg, Arch. HTL

**Mitarbeiterzahl** 10

**Die 5 Gebote**
– Bauherren-Wünsche durch Varianten prüfen und klären.
– Materialwahl und Formensprache aus der Aufgabe und Analyse herleiten.
– Angepasste Technologie und ökologisches Bauen fördern.
– Kostenbewusstsein und Terminabläufe in die Planungsphase einbeziehen.
– Langfristige Identifikation des Erstellers und Benützers mit dem Bauobjekt erzielen.

**Planungs- und Baubereiche**
Wohnungsbau inkl. Umgebung
Geschäfts- und Gewerbebau
Schulbau und Sportanlagen
Hotels und Heime
Öffentliche Bauten
Religiöse Bauten
Arztpraxen, Büroausbauten
Innenausstattungen

**Spezialgebiete**
Restaurierung/Denkmalpflege
Umnutzungen von Bauten
Energietechn. Sanierungen
Bauen für Behinderte
Bauökonomie/Bauberatung
Quartiergestaltungspläne

**Quartierplanungen**
1992 Verdichtete Wohnsiedlung Länzeweid, Hildisrieden LU (Einladung Wettbewerb, 1. Rang)

1993 Gemischte Wohnsiedlung Chäppeliacher, Römerswil LU

**Neubauten**
1990/94 Wohnsiedlung Stutzerhus, Merlischachen SZ (1. + 2. Teil), mit total 12 REFH und 20 WE

1994 Wohn- und Geschäftshaus (WEG) Bahnhofstr. 1, Root LU

1994 Mehrfamilienhaus mit 8 WE (WEG) Baugenossenschaft Römerswil LU

1996 Doppel-EFH Steigerweg 8/10, Luzern

**Umbauten und Sanierungen**
1990 Fassadensanierung/ Dachaufstockung Siedlung Wichlern, Kriens LU
1990 1. Etappe mit 60 Whg.
1996 2. Etappe mit 55 Whg.

1990 Sanierung Pfarreisaal St. Josef Maihof, Luzern

Hotel Des Balances, Luzern
1990 Erneuerung Liftanlage u. 13 Gästezimmer (Etappe Mitte)
1993 Sanierung Büros und 18 Gästezimmer (Etappe Ost)

1992 Bauernhaus-Umbau Prof. Dr. F. Frey-von Matt, Kriechenwil BE

1993 Energietechnische Sanierung Bürogebäude Murbacherstr. 21/23, Luzern

1994 Dachstockausbau (3 WE), Bundesstrasse 10, Luzern

1994 Sanierung/Umbau Alterswohnungen (40 WE), Marienhaus St. Anna, Luzern

1995 Umbau Villa (3 WE) Dreilindenstrasse 67, Luzern

1996 Umbau Pflegeabteilung D5, Klinik St. Anna, Luzern

**Aktuelle Bauten u. Projekte**
1995 Neubau Doppel-EFH, Rebstockhalde, Luzern

1996 Umbau Höhere Fachschule im Sozialbereich (HFS), Zentralstrasse 18, Luzern

1996 Sanierung Wohn- und Geschäftshaus Gibraltarstrasse 3, Luzern

1996 Neubau MFH mit 6 WE Schönrütirain 1, Meggen LU

1996 Anbau Chalet Landschaustrasse 21, Luzern

1997 Neubau MFH B (nach WEG), Baugenossenschaft Römerswil

**Abbildungen**

**1. Pflegestation D5, Klinik St. Anna, Luzern**

**2. MFH Baugenossenschaft Römerswil**

**3. Marienhaus Kapelle St. Anna, Luzern**

**4. Wohn- und Geschäftshaus Bahnhofstrasse 1, Root**

# NSB Architekten AG

**Projektierungsbüro SIA**
**Merkurstrasse 7**
**6020 Emmenbrücke**
**Telefon 041-260 66 66**
**Telefax 041-260 66 69**

**Gründungsjahr** 1978

**Inhaber**
P. Nosetti,
dipl. Arch. ETH/SIA/FSAI

B. Heynen, eidg. dipl. Bauleiter

HP. Müller, eidg. dipl. Bauleiter

**Mitarbeiterzahl** 15

**Publikationen**
«Berufsschule Emmen»,
Schweizer Baublatt, 1979

«Zentrumsüberbauung Gardi, Adligenswil», Handel heute, 1979

«Zentrumsüberbauung Gersag, Emmenbrücke», Schweizer Baublatt, 1980

«Wohnüberbauung Hubermatte, Dagmersellen», Bauen in Beton, 1989

«Wohn- und Geschäftshaus Sonnenplatz, Emmenbrücke», Bauen heute, 1992

**Wettbewerbe**
Berufsschule Emmen (1. Rang)

Oberstufenschulhaus Adligenswil (2. Rang)

Gewerbezone Buchrain (1. Rang)

Reihenhaussiedlung Herdschwand, Emmenbrücke (1. Rang)

Wohnsiedlung Listrig, Emmenbrücke (4. Rang)

Zentrumsplatz, Adligenswil (Ankauf)

Zentrumsplanung, Root (2. Rang)

**Philosophie**
Die fachliche Ausbildung der Inhaber bildet die Voraussetzung für unsere Zieldefinition: In Harmonie mit der Bauherrschaft sollen Bauten erstellt werden, welche sowohl die Forderung nach Wirtschaftlichkeit als auch die städtebaulichen Anforderungen erfüllen. Dabei schenken wir den vorhandenen Ressourcen im Rahmen unseres Umweltbewusstseins grosse Beachtung.

Vorhandene Synergien zwischen unseren Abteilungen Planung, Bauleitung und Administration werden in jedem Fachbereich optimal eingesetzt und genutzt. Lernen und Entwickeln heisst für uns, gesammelte Erfahrungen mit neuen Ideen zu kombinieren.

– Mit Innovation wollen wir jeden Tag nicht das Rad, sondern… die Zukunft neu erfinden!

– Mit kreativen Visionen, nicht aber mit Utopien packen wir die Zukunft an!

**Wichtige Projekte**
1979 Ferienhäuser Schönisei, Sörenberg

1981 Wohnüberbauung Widspüel, Adligenswil

1982 Wohnüberbauung Erlen, Emmenbrücke

1983 Wohnüberbauung Buchfeld, Buchrain

1985 Wohnüberbauung Gämpi, Adligenswil

1985 Sanierung Wohnhaus Scherrer, Meggen

1985 Schlosserei Siegrist, Adligenswil

1985 Wohn- u. Geschäftshaus, Kasernenplatz, Luzern (ArGe)

1985 Oberstufenschulhaus Adligenswil (ArGe)

1985 Wohnüberbauung Unterhof, Oberkirch

1985 Sanierung/Umbau Schulhaus Hübeli, Emmenbrücke

1986 Verdichtetes Wohnen Obere Erlen, Emmenbrücke

1987 Sanierung/Umbau Pfarrhaus Gerliswil, Emmenbrücke

1987 Sanierung/Umbau Hotel Rigi-Staffel

1987 Männerwohnheim Lindenfeld, Emmenbrücke

1987 Verdichtetes Wohnen Dörfli, St. Erhard

1988 Anbau/Aufstockung Hotel Landhaus, Emmenbrücke

1988 Umbau/Aufstockung Pflegeheim Alp, Emmenbrücke

1990 Verdichtetes Wohnen, Ottenhusen

1990 Personalhaus Mattli, Morschach

1992 Ferienwohnungen Kristall, Engelberg

1994 Wohnsiedlung Listrig, Emmenbrücke (ArGe)

**Aktuelle Projekte**
Erweiterung Klebewerkstatt, Flugzeugwerke Emmen

Wohnüberbauung Obere Wiese, Emmenbrücke (Pensionskasse Von Moos Stahl AG, Luzern)

Gestaltungspläne Gasshof, Littau und St. Margrethenhof, Ballwil, Listrig, Emmenbrücke

**Abbildungen**

**1. Umbau Postgebäude Emmenbrücke 1**

**2. Wohnüberbauung Lindenfeld, Luzern**

**3. Neubau Wohn- und Geschäftshaus, Emmenbrücke**

**4. Wohnüberbauung Hubermatte, Dagmersellen**

**5. Schlammverbrennungsanlage ARA Buholz, Emmen**

**6. Neubau SKA, Emmenbrücke**

# Josef Reichlin

**Dipl. Architekt ETH/SIA**
Sonnenplätzli 5a
6430 Schwyz
Telefon 041-811 29 02
Telefax 041-811 74 51

**Gründungsjahr** 1979

**Inhaber** Josef Reichlin

**Mitarbeiterzahl** 7

**Spezialgebiete**
Wohnungsbau
Gewerbebauten
Umbauten
Öffentliche Bauten
Gestaltungspläne
Expertisen
Schatzungen
Übernahme von Aufträgen als Generalplaner, -unternehmer

**Wichtige Projekte**
1979–87 Überbauung Studenmatt, Ibach SZ (3 Etappen, ArGe)

1981 Umbau/Erweiterung Lindernenhütte, SAC-Sektion Mythen

1982/83 Neubau Raiffeisenbank, Muotathal (örtliche Bauleitung)

1982/83 Erweiterung Möbelfabrik Betschart AG, Muotathal

1981–83 Um-/Anbau Laboratorium der Urkantone, Brunnen

1981/82 EFH Chriesigarte, Rickenbach SZ

1981–83 An-/Umbau Bankfiliale Goldau KBS

1983–87 Neubau Gemeindebaute «Chüechlibunker», Schwyz (ArGe)

1985 Werkhof Grossried, Radio/TV Marty, Schwyz

1985–90 Terrassenhäuser Ölberg, Goldau

1986/87 EFH mit Tierarztpraxis Dr. J. Risi, Arth

1986/87 Aufstockung KV-Schulhaus, Schwyz

1988–91 Überbauung Gerbi, Schwyz

1989–91 Überbauung Brüöl, Schwyz (ArGe)

1989 Gestaltungsplan Bergstrasse, Rickenbach

1989/90 Gewerbebau I + K AG, Ibach SZ

1990–92 MFH Mangelegg, Schwyz (ArGe)

1990/91 EFH Steinerstrasse 27, Schwyz

1991/92 REFH Bergstrasse, Rickenbach

1992 Umbau/Renovation Pfarrhaus, Schwyz

1992/93 MFH Dorfbachstrasse 64/66, Schwyz

1993/94 EFH Marktstrasse 23a, Muotathal

Gestaltungsplan Sennmatt, Illgau

1994/95 4 DEFH Fuchsmatt, Rickenbach

1994/95 Renovation Schulanlage Lücken, Schwyz

1994/95 EFH Chappelweid, Rickenbach

1995/96 Umbau Generalagentur Schweizerische Mobiliar, Schwyz

**Aktuelle Projekte**
MFH Gotthardstrasse 5, Goldau

Umbau MEFH Gotthardstrasse 3, Goldau

EFH Sunnmatt, Goldau

Gestaltungsplan Mettlen, Morschach

Gestaltungsplan Kreuzmatt, Schwyz

**Abbildungen**

**1. EFH Steinerstrasse 27, Schwyz**

**2. EFH Marktstrasse 23a, Muotathal**

**3. Gewerbebau I + K AG, Ibach**

**4. EFH Dr. med. vet. J. Risi, Arth**

# Spettig Gähwiler Lindegger AG

**Architekturbüro SIA**
Bergstrasse 32
6000 Luzern 6
Telefon 041-410 99 22
Telefax 041-410 99 09

Spettig Gähwiler Lindegger AG
Architekturbüro SIA

**Gründungsjahr** 1947

**Inhaber**
Beat Gähwiler, Architekt HTL

Werner Lindegger

**Mitarbeiterzahl** 8

**Spezialgebiete**
Restaurierung denkmalpflegerisch geschützter Objekte

Bauerneuerungen

Neubauten aller Art

**Philosophie**
Rücksichtnahme:
Die gewachsene Umgebung, die vorhandene Bausubstanz und die Umwelt werden respektiert.

Zusammenarbeit:
Neubauprojekte und Sanierungskonzepte werden in enger Zusammenarbeit mit dem Auftraggeber entwickelt.

Zuverlässigkeit:
Gewährleistung der Qualitätssicherung, der Termin- und der Kostenkontrolle.

**Wichtige Projekte**

**Restaurierungen/Renovationen**
1984 Renovation Pfarrhof Ruswil LU

1986/91 Renovation Westfassade und Türme Hofkirche, Luzern

1992 Renovation Pfarrkirche Ruswil LU

1993 Renovation Pfarrkirche Rain LU, Neugestaltung Chorraum

1995 Renovation Kirche St. Paul, Luzern

1995 Renovation Kirche Reussbühl LU

**Umbauten/Bauerneuerungen**
1988 Umbau und Renovation Pfarrkirche Muri AG

1988 Umbau Raiffeisenbank Littau LU

1989 Umbau und Renovation Pfarrkirche Littau, Einbau Werktagskapelle

1991 Umbau und Renovation Schloss Neuhabsburg, Meggen LU

1993 Umbau Villa Rose, Meggen

1993 Renovation Kirche Bruder Klaus, Kriens LU (Neugestaltung Werktagskapelle)

**Neubauten**
1984 Bürohaus Seepark, Landenbergstrasse 34, Luzern

1985 Wohnüberbauung Schützenmatte, Stansstad NW

1986 Infrastrukturbauten Kinderheim St. Benedikt, Hermetschwil AG

1987 Wohn- und Geschäftshäuser Würzenbachstr. 3–11, Luzern

1988 Wohnüberbauung Allwegmatte, Ennetmoos NW

1993 Zentrumsüberbauung Pfistern, Luzernerstr. 7, Kriens

1995 Wohnüberbauung Gärtnerweg 18-22, Kriens LU

1995 Wohnüberbauung Neuhushof 7/8/9, Littau LU

**Aktuelle Projekte**
Renovation Kirche St. Leonhard, Wohlen AG

Sanierung Kirchenzentrum St. Michael, Littau LU

Erweiterung Altersheim Maria-Bernarda, Auw AG

Renovation Wallfahrtskirche Hergiswald LU

**Abbildungen**

**1. Renovation Pfarrkirche Boswil AG**

**2. Renovation Pfarrhof Ruswil LU**

**3. Umbau und Renovation Schloss Neuhabsburg, Meggen LU**

**4. Renovation Kirche Bruder Klaus, Kriens LU (Werktagskapelle)**

**5. Zentrumsüberbauung Pfistern, Luzernerstrasse 7, Kriens**

**6. Bürohaus Seepark, Landenbergstrasse 34, Luzern**

# Gebrüder Schärli AG

**Dipl. Architekten ETH**
Fluhmattweg 6
6000 Luzern 6
Telefon 041-410 58 51
Telefax 041-410 74 76

**Gründungsjahr** 1927/1954, seit 1.1.93 Aktiengesellschaft

**Inhaber/Partner**
Stefan Schärli, dipl. Arch. ETH/SIA/FSAI

Rudolf Schärli, dipl. Arch. ETH/SIA/IVAS

Alfred Schärli, Dr. oec. publ.

Otto Schärli, dipl. Arch. ETH/BSA/SWB

**Mitarbeiterzahl** 12

**Spezialgebiete**
Öffentliche Bauten, Spitäler, Heime

Industriebauten, spez. Milchwirtschaft

Kirchenbauten

Wohnbauten

Hotelbauten

Renovationen/Sanierungen

Expertisen, Schatzungen, Wettbewerbe

Baumanagement

**Publikationen**
Architekturszene Schweiz, mediART, 1991

Otto Schärli, Werkstatt des Lebens, AT Verlag, 1991

Luzerner Architekten, Werk Verlag, 1985

Archithese 3/89

SI+A Nr. 36/94

Hauptstadt Berlin, Stadtmitte Spreeinsel, Bauwelt Birkhäuser, 1994

«Der Architekt», Zeitschrift des BDA, Nr. 12/94

**Philosophie**
Die Bedürfnisse der Bauherren, die Ansprüche von Bewohnern und Benützern unserer Bauten architektonisch präzise umzusetzen und dabei Kosten und Termine im Griff zu halten sind unsere obersten Ziele.

**Wichtige Projekte**
1962–86 Kantonsspital Luzern (in ArGe)

1985 Wettbewerb Paraplegikerzentrum Nottwil (mit Gübelin + Rigert; 2. Preis)

1988 Wettbewerb Frauenklinik Luzern (Ankauf)

1988 Wettbewerb Turnhalle, Adligenswil (1. Preis)

1988 Erweiterung Käselager Emmental AG, Luzern

1989 Betagtenzentrum Rosenberg, Luzern

1989 Erweiterung Käselager P. Bürki AG, Luzern

1990 Wettbewerb Neubau Heim im Bergli (1. Preis)

1991 Schul- und Bürogebäude Avia-Haus, Luzern

1991 Avia-Tankstelle Landenbergstrasse, Luzern

1991 Erweiterungsbau Unterwerk Steghof, Luzern

1992 Gedeckter Waschplatz Seekag, Luzern

1992 Aufstockung und Panoramalift Managementgebäude Schindler, Ebikon

1993 Neubau Ärztehaus, Fluhmattweg, Luzern

1994 Wettbewerb Spreeinsel, Hauptstadt Berlin (Nachrücker engere Wahl)

1995 Ausstellungs- und Tennishalle mit gedeckter Stehtribüne, Allmend, Luzern

1995 Stiftung für Wohnungsbau der SUVA, Wohnhaus Landschaustrasse 26, Luzern

1995 Renovation Haus Pfyffer von Wyher, Hertensteinstr. 28, Luzern

1995 Schmuckladen Fillner, Hertensteinstrasse 28, Luzern

**Aktuelle Projekte**
Neubau Hertensteinstrasse 26, Luzern (in ArGe mit Scheitlin & Syfrig, Luzern)

Wettbewerb Haus des Sports, Luzern; 1. Preis (Weiterbearbeitung)

Studienauftrag Sportanlagen Bruchareal, Kanton Luzern

Studienauftrag Wohnüberbauung Schlösslihalde, Luzern (Luzintra AG)

Wohnhaus Dreilindenstr. 73a, Luzern

Fassadenrenovation Baslerhof, Alpenstrasse 1, Luzern

Sanierung 9-Familien-Haus, Bergstrasse 7a, Luzern

**Abbildungen**

**1. Stiftung für Wohnungsbau der SUVA, Wohnhaus Landschaustr. 26, Luzern**

**2. Renovation Haus Pfyffer von Wyher, Luzern**

**3. Schmuckladen Fillner, Luzern**

**4. Ausstellungshalle, Allmend, Luzern**

**Fotos: Louis Brem: 1–3, Dominik Baumann: 4**

# Tüfer Grüter Schmid

Dipl. Architekten ETH/SIA
Habsburgerstrasse 26
und Zentralstrasse 38a
6003 Luzern
Telefon 041-210 15 23
Telefax 041-210 21 51

**Gründungsjahr** 1975

**Inhaber/Partner**
Peter Tüfer,
dipl. Arch. ETH/SIA

Meinrad Grüter,
dipl. Arch. ETH/SIA

Eugen Schmid,
dipl. Arch. ETH/SIA

**Leitende Angestellte**
Andreas Moser,
dipl. Arch. ETH/SIA

Frank Lüdi,
dipl. Arch. ETH/SIA

**Mitarbeiterzahl** 20

**Spezialgebiete**
– Wohnungsbau
– Öffentliche Bauten
– Verwaltungsbauten
– Hotels und Restaurants
– Restaurationen
  und Denkmalpflege
– Arztpraxen
– Umbauten
– Gestaltungspläne
– Schatzungen und Expertisen

**Auszeichnungen**
Auszeichnung guter Bauten in der Stadt Luzern

Auszeichnung guter Bauten im Kanton Luzern

**Wettbewerbe**
1986 Überbauung Hauptstr. 9, Hochdorf; 1. Preis und Weiterbearbeitung

1988 Überbauung Behmen II, Aarau; 3. Preis

1988 Dorfzentrum Rotkreuz; 1. Preis und Weiterbearbeitung

1990 Dreifachturnhalle Grosswangen; 1. Preis

1991 Verwaltungszentrum an der Aa, Zug; 3. Rang

1992 Ideenwettbewerb Dorfzentrum Oberkirch; 1. Preis

1992 Wohnüberbauung Herdschwand, Emmenbrücke; 3. Rang

1993 Gemeinde- und Wohnhaus Römerswil; 1. Preis und Weiterbearbeitung

1993 Alterswohnungen CWG, Hochdorf; 1. Preis und Weiterbearbeitung

1994 Wohnsiedlung mit Gewerbehaus Grund, Rotkreuz; 1. Preis und Weiterbearbeitung

1994 Berufsschule mit 2 Dreifachturnhallen, Schützenareal, Zürich; Projekt in der engeren Auswahl

1994 Zentrale Gemeindeverwaltung Littau; 1. Preis und Weiterbearbeitung

1994 Werkhof Luzern mit Cometti, Galliker, Geissbühler, Architekten, Luzern; 1. Preis und Weiterbearbeitung

1995 Milchwirtschaftliche Schule, Sursee (in ArGe mit GG + Partner, Luzern); 4. Preis

1995 Gestaltungsplan Zellfeld, Schenkon; 1. Preis und Weiterbearbeitung

**Wichtige Projekte**
1975–90 Einfamilienhäuser in Luzern, Meggen, Horw, Kriens, Hochdorf, Hergiswil

1978 Umbau Hotel des Alpes, Luzern

1982–89 Umbauten Kursaal-Casino, Luzern

1984–88 Überbauung Kasernenplatz mit Läden, Büros, Wohnungen, Luzern

1987–93 Überbauung Huob mit Wohn- und Gewerbebauten, Meggen

1988–89 Mehrfamilienhaus Wesemlinring 18, Luzern

1989–90 Überbauung Hofmatt, Meggen

1990 Arztpraxis für Chirurgie, Luzern

1990–91 Personalhaus Rosenberg, Luzern

1990–91 Hotel Hermitage, Luzern

1991 Umbau Luzerner Landbank, Luzern

1992 Wohnhaus Rosenberghöhe, Luzern

1992–93 Hotel und Restaurant Hofgarten, Luzern

1993–94 Mehrfamilienhäuser Wesemlinrain, Luzern

1993–94 Umbauten Frauenklinik am Kantonsspital Luzern

1994 Gestaltungsplan Langensand, Horw

1994–95 Wohnhaus Mättelistrasse, Meggen

1995 Arztpraxis für Augenkrankheiten, Luzern

1995 Umbau Altersheim Sunneziel, Meggen

1996 Gestaltungsplan Blumenhof, Luzern

**Abbildungen**

**1. Wohn- und Gewerbehaus Lädelistrasse, Luzern, 1991**

**2. Dreifachturnhalle Maihof, Luzern, 1993**

**3. Büroeinbau Amgen AG, Luzern, 1992**

**4. Sanierung Rhynauerhof, Luzern, 1994**

**Schaffhausen**
**St. Gallen**
**Thurgau**

# ABR & Partner AG

**Architekten**
Grubenstrasse 1
8201 Schaffhausen
Telefon 052-672 59 22
Telefax 052-672 62 38

**Gründungsjahr** 1989

**Inhaber/Partner**
Felix Aries

Hansjörg Zimmermann

Christian Bächtold

**Leitender Angestellter**
Urs Wildberger

**Mitarbeiterzahl** 13

**Spezialgebiete**
Kostengünstig Bauen durch individuelle, konzeptionelle Problemlösungen

Leichtbaukonstruktionen in Holzelementbau

Industrie- und Verwaltungsbauten

Revitalisierungen, Nutzungskonzepte und Trägerschaftsentwicklungen

Erscheinungsbild-Umsetzungen in der Innenarchitektur als Teil der Corporate Identity

Bauen und Renovieren unter «Betrieb der Liegenschaft»

Entwickeln von Renovationsgerechten Entwurfs- und Betriebskonzepten für bestehende Liegenschaften

**Publikationen**
Kindergarten Geissberg in Holzbau 1992, im Energiefachbuch 1993

Neubau Storz-Endoskop, in Schweizer Industriebau, 1993

Umbau Bankverein Schaffhausen, in DBZ Licht/Architektur, Sondernummer

Neubau Scheffmacher AG, in DBZ, 1993

EFH Gigliotti, in Raum + Wohnen, 1993

EFH in Schaffhausen, Holzkonstruktion, in Das Einfamilienhaus, 1994

Wohnhäuser in Schaffhausen, in Raum + Wohnen 3/95

Neue Architekturwege FMB/SIA Bulletin Nr. 18, 1996

Kindergarten Geissberg, Architektur + Technik, Nr. 4/1996

**Philosophie**
«Bauen so gut wie nötig und mit sinnvoller Perfektion.»

**Wichtige Bauten**

**Banken**
Gesamtumbau Schweiz. Bankverein, Schaffhausen

Gesamtumbau Kantonalbank Schaffhausen

**Gesundheit**
Gesamtumbau Privatklinik Belair, Schaffhausen

Diverse Sanierungen Kantonsspital Schaffhausen

Radiologiezentrum Schwyz, Ausführungskoordination

Diverse Arztpraxen in Schaffhausen

**Verwaltung, Industrie, Gewerbe**
Personalrestaurant und div. Umstrukturierungen Knorr-Nährmittel AG in Thayngen

Produktion und Verwaltung Storz-Endoskop GmbH, Schaffhausen

**Revitalisierungen**
CMC/ABB, Schaffhausen

Filatura, Aathal

Zunfthaus Rüden, Schaffhausen, «zur Akademie medizinische Fortbildung»

Schöpfe Büttenhardt, Zentrum für Kultur

**Gesamtplanung**
Altstadt-Komplex Rüden-Buchsbaum-Areal in Schaffhausen (Wohnungen, Büros, Läden)

**Leichtbaukonstruktionen in Holz**
Einfamilienhaus und Atelier in Schaffhausen

Bürogebäude in Romont

Kindergarten in Schaffhausen

**Aktuelle Objekte**
Sporthalle Birchrüti, Schaffhausen (Holzkonstruktion)

Kantonsspital Schaffhausen, Einbau Privatabteilung, Konzept Erscheinungsbild «Bauen unter Betrieb»

Erweiterungsbau Storz-Endoskop GmbH, Schaffhausen

Umbau Schweiz. Bankverein, Kreuzlingen, «Bauen unter Betrieb»

Revitalisierungsstudie Modellager (Denkmalschutz), Von Roll, Delémont

Gesamtsanierung Mehrfamilienhaus in Basel, «Bauen unter Betrieb»

**Abbildungen**
1. Sporthalle Birchrüti
2. – 4. Holzdetails

# asa

**Arbeitsgruppe für Siedlungsplanung und Architektur AG**
Spinnereistrasse 29
8640 Rapperswil
Telefon 055 - 210 60 51
Telefax 055 - 210 11 17

**Zweigbüro:**
Bankstrasse 8
8610 Uster
Telefon 01- 942 10 11

**Gründungsjahr** 1978

**Inhaber/Partner**
Martin Eicher

Hans Jörg Horlacher

Felix Güntensperger

Urs Heuberger

Heinrich Horlacher

**Mitarbeiterzahl** 15

**Spezialgebiete**
Bauen: Wohnsiedlungen, Umbauten/Renovationen, Schulbauten

Planen: Ortsplanung, Überbauungs-/Gestaltungspläne, Quartierpläne

Verkehr: öffentlicher Verkehr, Radwege, Verkehrsberuhigung

**Publikationen**
Siedlung «a de Bahn», Nänikon, KS 1/88

Siedlung «Widacher», Rüti, KS 1/91

Siedlung «Schwerzi», Nänikon, KS 1/88

**Philosophie**
Dem Ort und der Bauaufgabe entsprechend reagieren, gemeinsam mit dem Auftraggeber die Ziele umsetzen, behutsam mit Landschaft und Ressourcen umgehen, aufgrund des Budgets das Optimum erreichen und etwas Beständiges schaffen.

**Wichtige Projekte**
1983 Siedlung «a de Bahn», Nänikon

1987 Siedlung «Widacher», Rüti

1990 Landwirtschaftliche Siedlung «Hopern», Nänikon

1990–94 Siedlung «Schwerzi», Nänikon

1991–96 Siedlung «Lindenstrasse», Nänikon

1993 Umbau Spinnerei Kunz in ein Kulturzentrum, Uster

1994/95 Renovation Wohnhäuser Eisenbahnerbaugenossenschaft Rapperswil

1994 Wohnsiedlung, Egg ZH (Wettbewerb, 1. Preis)

1995 Hangüberbauung, Tuggen SG (Wettbewerb, 2. Preis)

1995 Seeufergestaltung, Staad SG (Wettbewerb, 2. Preis)

1995 Primarschulhaus Nänikon/Uster (Wettbewerb, 1. Preis)

**Aktuelle Projekte**
Wohnsiedlung, Egg ZH

Wohnsiedlung, Rikon ZH

Mehrfamilienhäuser, Uster

Wohnsiedlung, Nänikon/Uster

Schulhaus, Nänikon/Uster

**Abbildungen**

**1. Siedlung «Widacher», Rüti, 1987**

**2. Siedlung «Schwerzi», Nänikon, 1990–94**

**3. Siedlung «a de Bahn», Nänikon, 1983**

**4. Anbau V. + M. Harder, Rapperswil, 1995**

# BGS Architekten

**Dipl. Architekten HTL**
St. Gallerstrasse 167
8645 Jona
Telefon 055-225 40 40
Telefax 055-225 40 41

**Gründungsjahr** 1989

**Inhaber/Partner**
Hans Bucher
Heinz Gmür
Fritz Schiess

**Mitarbeiterzahl** 7

**Spezialgebiete**
Öffentliche Bauten
Siedlungsbau
Wohnungsbau
Umbauten/Sanierungen
Renovationen
Innenarchitektur
Bauausführungen/Baumanagement

**Philosophie**
Unsere Wurzeln sind mit der traditionellen Moderne in der Architektur verwachsen. Das Analysieren des Umfelds sowie die Bedürfnisse der Benützer führen uns zur Struktur von Raum und Material. Wirtschaftlich vernünftig zu bleiben und dem «Einfachen» den nötigen Respekt zukommen zu lassen ist Teil unseres Ziels.

**Wichtige Projekte**
1989 Kindergarten Hummelberg, Jona

1990 Realschulhaus Amden (Wettbewerb)

1992 Friedhoferweiterung mit Renovation Kapelle, St. Gallenkappel

1993 Umbau Restaurant Rössli, Lachen

1994 Wohnsiedlung «Würzengässli», St. Gallenkappel

1995 Wohnbauten «Erlen West», Jona

1996 Bühnenanbau und Umbau Foyer Primarschulhaus, St. Gallenkappel

**Wettbewerbe**
1990 Altersheim Eschenbach (2. Preis)

1991 Feuerwehrdepot mit Saal, Amden (1. Preis)

1991 Verwaltungsgebäude, Rieden (1. Preis)

1995 Ideenwettbewerb «Laui», Tuggen (3. Preis)

**Aktuelle Projekte**
Reihenhäuser «Erlen Ost», Jona

Ersatz der Sicherungsanlagen, SBB Pfäffikon SZ

Saalneubau mit Feuerwehrdepot, Amden

Neubauten Ausbildungsgebäude, Interkantonales Technikum Rapperswil (ArGe mit I. Burgdorf + B. Burren, Zürich)

**Abbildungen**

**1. Kindergarten Hummelberg, Jona, 1989**

**2. Friedhoferweiterung mit Renovation Kapelle, St. Gallenkappel, 1992**

**3. Wohnsiedlung «Würzengässli», St. Gallenkappel, 1994**

**4. Wohnbauten «Erlen West», Jona, 1995**

**Fotos: Martin Hemmi, Zürich**

# Architektur Cyrill Bischof

**Architekt ETH/SIA**
Bahnhofstrasse 40
8590 Romanshorn
Telefon 071-466 76 76
Telefax 071-466 76 77

**Gründungsjahr** 1990

**Inhaber**
Cyrill Bischof, Arch. ETH/SIA

**Mitarbeiterzahl** 9

**Technische Daten**
Einsatz von SIA-Leistungsmodell 95

Einführung internes Qualitätsmanagement

Infrastruktur:
CAD, EDV, ISDN, Elementkostenplanung

**Wettbewerbe**
1991 Schulanlage mit Mehrzweckhalle, Dozwil (1. Preis)

1993 Zentrumsüberbauung mit Gemeindeverwaltung und Feuerwehrdepot, Uttwil (1. Preis)

**Philosophie**
Wir wollen das Moderne – nicht das Modische.

Wir entwickeln das Einfache – nicht das Simple.

Wir suchen das Preiswerte – nicht das Billige.

Wir planen das Passende – nicht das Angepasste.

**Wichtige Projekte**
1991 Umbau Haus Plattner, Uttwil

1992 Erweiterung Dreifamilienhaus Garoni, Arbon

1992 Umbau Bürotrakt Firma Talux, Uttwil

1992 Sanierung Haus Hugentobler, Romanshorn

1993 Neubau Zweifamilienhaus Bischof-Rimle, Romanshorn

1993 Aufbau Lernatelier Schule für Beruf und Weiterbildung, Romanshorn

1993 Sanierung Feriensiedlung VBG, Moscia, Ascona

1994 Anbau Haus Bügler, Romanshorn

1994 Gesamtsanierung Dreifamilienhaus Steinmann, Zürich

1994 Umbau Haus Kummer, Oberaach

1995 Neubau Laufstall Waldhof, Wäldi

1995 Umbau Kulturhaus, Romanshorn

1995 Schulanlage Dozwil (Oberstufe, Primarschule, Mehrzweckhalle)

**Städtebauliche Arbeiten/ Gestaltungspläne**
Schulbereich Dozwil

Zentrum Uttwil

Wohnsiedlung Fischingen

Zentrum Frasnacht

**Aktuelle Projekte**
Neubau Lager- und Werkhalle Firma Biro, Romanshorn

Wohnüberbauung Holzgasswiesen, Romanshorn

Wohnüberbauung Sonnenfeld, Romanshorn

**Abbildungen**

**1. + 2. Schulanlage Dozwil, 1995**

**3. + 4. Aufbau Lernatelier Schule für Beruf und Weiterbildung, Romanshorn, 1993**

**5. Anbau Haus Bügler, Romanshorn, 1994**

# Peter + Hanni Diethelm-Grauer

**Dipl. Architekten ETH/SIA**
Bahnhofplatz 2
9001 St. Gallen
Telefon 071-223 49 76
Telefax 071-223 49 76

**Gründungsjahr** 1981

**Inhaber/Partner**
Peter Diethelm-Grauer

Hanni Diethelm-Grauer

**Mitarbeiterzahl** 1

**Spezialgebiete**
Wohnen:
vom Esstisch bis zur Siedlung

Umbauten/Renovationen:
auch in Zusammenarbeit mit der Denkmalpflege

**Lehrtätigkeit**
seit 1991 Dozenten für Architekturgeschichte und Städtebau an der Ingenieurschule St. Gallen (ISG)

seit 1995 gleiche Lehrtätigkeit an der Liechtensteinischen Ingenieurschule (LIS)

**Philosophie**
Ausgehend vom konkreten Problem, versuchen wir möglichst unvoreingenommen auf die Wünsche des Bauherrn einzugehen. Beide sollen sich dabei von vorgefassten Bildern lösen können, um Neues, direkt den Bedürfnissen Entsprechendes, zu ermöglichen.

Kostengünstig Bauen bedeutet für uns, in langwieriger Arbeit die Grundrissflächen zu optimieren und dank vielschichtigen Bezügen, trotz knappem Raum, eine innere Grosszügigkeit zu erreichen. Das Tageslicht spielt dabei eine grosse Rolle.

Auch mit Materialien möchten wir möglichst direkt umgehen, um auch hier, weg von festgefahrenen Verwendungen, Detaillierungen und Bildern, eine sparsame Qualität zu erreichen.

**Wettbewerbe**
1989–91 Gemeindehaus, Grossverteiler, Wohnungen, Affoltern a. A. (Ankauf und drei weitere Bearbeitungsstufen; in Zusammenarbeit mit Jakob Schilling, Zürich, und Esther Stierli, Morges)

1992 Kantonales Laboratorium, St. Gallen (Ankauf)

1992 Einfamilienhaussiedlung, Hinteregg ZH (1. Preis und Ausführung; in Zusammenarbeit mit Esther Stierli, Morges)

1993 Schulanlage, Degersheim (3. Preis)

**Wichtige Projekte**
1990/91 Anbau EFH Peer, Dietikon

1991/92 Umbau Gewerberaum zu Wohnung, Degersheim

1992/93 Wohnungseinbau in Dachgeschoss, Degersheim

1992/95 Wohnüberbauung mit 13 Doppelhäusern, Hinteregg ZH (in Zusammenarbeit mit Esther Stierli, Morges)

1993/94 Aussenrenovation Dreifamilienhaus, Degersheim

**Aktuelle Projekte**
1994/96 Zweifamilienhaus Lemmenmeier, St. Gallen

1995/96 Scheunenumbau zu EFH Borer-Altorfer, Oberwil ZH

1995/96 Einfamilienhaus Dubacher, Degersheim

**Abbildungen**
**1. Wohnüberbauung, Hinteregg ZH (in Zusammenarbeit mit Esther Stierli, Morges), 1992/95**

**2.+5. Anbau EFH Peer, Dietikon, 1990/91**

**3. Aussenrenovation Dreifamilienhaus, Degersheim, 1993/94**

**4. Umbau zu Wohnung, Degersheim, 1991/92**

**6. Dachgeschosseinbau, Degersheim, 1992/93**

# Eggenberger & Partner AG

**Architekten HTL**
Bahnhofstrasse 54
9470 Buchs
Telefon 081-750 01 10
Telefax 081-756 73 18

**Gründungsjahr** 1978

**Inhaber/Partner**
David Eggenberger,
Arch. HTL (Inhaber)

Heinz Eggenberger,
Arch. HTL (Partner)

Albert Raimann,
eidg. dipl. Bauleiter (Partner)

**Mitarbeiterzahl** 9

**Spezialgebiete**
– Wohnen
– Bildung und Forschung
– Industrie und Gewerbe
– Handel und Verwaltung
– Fürsorge und Gesundheit
– Freizeit, Sport, Erholung

**Publikationen**
Schweizer Holzbau 4/84, 4/89

Architekturszene Schweiz (1991)
Médi ART, Taunusstein

Neue Architektur, S+W Verlag +
PR, Henndorf (A), 1995

**Philosophie**
Das Besondere des Ortes und das Elementare der Aufgabe führen zur Lösung, dem architektonischen Werk. Mit unserer Arbeit wollen wir zu einer menschen- und umweltgerechten Gestaltung unseres Lebensraumes beitragen.

**Wettbewerbe, 1. Preise**
1979 Schulzentrum Sennwald, Salez

1980 Oberstufenschule Kirchbünt, Grabs

1984 Mehrzweckgebäude Feld, Marbach

1984 Altersheim, Grabs

1985 Schulzentrum, Flums

1986 Mehrzweckturnhalle Feld, Grabs

1986 Kindergarten Bühlbrunnen, Frümsen

1988 Mehrzweckgebäude Dornau, Trübbach

1990 Schulanlage Unterdorf, Grabs

1990 Schulanlage Kirchenfeld, Diepoldsau

1992 Alterswohnungen und Feuerwehrgebäude, Sevelen

1992 Hotel- und Schulungszentrum Alvier, Wartau

**Wichtige Projekte**

**Wohnen**
Wohnsiedlung Unterdorf, Grabs

Gartensiedlung Hanfland, Trübbach

Wohnsiedlung Sonnmatt, Werdenberg

Alterswohnungen Büelhof, Sevelen

**Bildung/Sport**
Schulzentrum Sennwald, Salez

Oberstufenschule Kirchbünt, Grabs

Oberstufenschule Flums-Berschis

Primarschule und Mehrzweckhalle Unterdorf, Grabs

Kindergarten Bühlbrunnen, Frümsen

Primarschule Chastli, Schänis

**Industrie und Gewerbe**
Büro- und Produktionsgebäude Sevex, Sevelen

Beleuchtungskörperfabrik Temde, Sevelen

Amag-Garage Kuhn, Buchs

Cash-and-Carry-Verteilzentrum, Buchs

Mechanische Werkstatt Tanner, Sevelen

**Bundesbauten**
Militärische Anlage kmo

**Gemeindebauten**
Mehrzweckgebäude Feld, Marbach

Mehrzweckgebäude Dornau, Trübbach

Umbau Rathaus Buchs SG

**Aktuelle Projekte**
Neubau Produktions- und Lagerhalle Rieter, Sevelen

Regionalmuseum «Schlangenhaus» Werdenberg (eidg. Denkmalobjekt)

Erweiterungsbau Mechanische Werkstatt Tanner, Sevelen

Überbauung für Wohnen und Gewerbe, Wieden, Buchs

2. Etappe Wohnsiedlung Sonnmatt, Werdenberg

**Abbildungen**

**1. Schulanlage Unterdorf, Grabs**

**2. Beleuchtungskörperfabrik Temde, Sevelen**

**3. Wohnsiedlung Unterdorf, Grabs**

**4. Rebhäuschen Zimmermann, Malans**

**5. Alterswohnungen Büelhof, Sevelen**

# Arnold Flammer

**Dipl. Architekt ETH**
**SIA/SWB/CSEA**
**Neugasse 43**
**9000 St. Gallen**
**Telefon 071-223 34 02**
**Telefax 071-223 34 09**

**Gründungsjahr** 1982

**Inhaber**
Arnold Flammer,
dipl. Arch. ETH

**Mitarbeiterzahl** 4

**Spezialgebiete**
Restaurierungen/Sanierungen

Bauuntersuchungen von historischen Bauten

Beratungen zu historisch wertvollen Bauten

Ortsbild- und Objektinventare

**Auszeichnungen**
St. Galler Erkerpreis 1994, Bank Thorbecke AG

**Philosophie**
Jeder Bau wird einmal zum Altbau

Architektur ist nicht nur Neuschöpfung, sondern auch wiederkehrende Auseinandersetzung mit Bestehendem

Baugeschichte wahren durch zeitgenössisches Gestalten von Neuem

Ökologie, Baubiologie und Brandschutz sind wesentliche Komponenten des Denkmalschutzes

**Wichtige Projekte**
seit 1984 Etappenweise Sanierung/Renovation Bauernhaus, Rehetobel AR

1985–86 Neubau EFH Hofeggring, Gossau SG

1985–90 Etappenweise Sanierung «Kirchhoferhaus», Universität St. Gallen

1987–88 Aussenrenovation und innerer Umbau Italienisches Konsulat, St. Gallen

1988–89 Aussenrenovation Jugendstilvilla «Fiorino», St. Gallen

1988–89 Renovation/Umbau Wohnhaus, Zeughausgasse, St. Gallen

1990–92 Gesamtsanierung Wohn- und Geschäftshaus «Helvetia», Gossau SG

1990–93 Gesamtsanierung mit Erkerrestaurierung Haus «Zum Pelikan», St. Gallen

1991–95 Gesamtsanierung Bauernhaus «Büel», Wattwil SG

1994 Innere Sanierung Wohnhaus, Hechtstrasse, Teufen AR

1994–95 Ladenumbau mit Galerie-Einbau «Umbrail Sport», Gossau SG

1994–95 Teilweise Innenrenovation Villa «Tigerberg», St. Gallen

**Aktuelle Projekte**
Gesamtsanierung und Anbau «Alte Mühle», Vilters SG

Etappenweise Gesamtsanierung Wohnhaus «Höfli», Thal SG

**Abbildungen**
1. Aussenrenovation Villa «Fiorino», St. Gallen, 1989
2. Restaurierung Bauernhaus, Rehetobel AR, 1989
3. Erkerrestaurierung am Haus «Zum Pelikan», St. Gallen, 1993

# Forrer Krebs Ley

Architekturbüro AG SIA/STV
Vadianstrasse 46
9001 St. Gallen
Telefon 071-220 30 30
Telefax 071-223 22 25

**Gründungsjahr** 1950

**Inhaber**
Heiner C. Forrer
Ruedi Krebs
Hermann Ley

**Mitarbeiterzahl** 28

**Spezialgebiete**
Wohnen
Bildung und Forschung
Industrie und Gewerbe
Handel und Verwaltung
Fürsorge und Gesundheit
Freizeit, Sport, Erholung

**Philosophie**
Es ist unser Ziel, neben sorgfältiger, kompetenter Projektierung, Kostenkontrolle, Bau- und Projektleitung auch die Anforderungen hinsichtlich einer eigenständigen und zeitgemässen Architektur zu erfüllen. Wir akquirieren unsere Aufträge unabhängig von Bodenspekulationen oder sogenannten Architekturverpflichtungen und sind damit ein idealer, unabhängiger Partner und Interessenvertreter für unsere Bauherrschaften.

**Wichtige Projekte**
1983–87 Neubau MFH Axensteinstrasse 4, 6; Speicherstrasse 25, 27, 29, St. Gallen

1986–87 Totalsanierung MFH Hinterberg 34, 36, 38, St. Gallen

1984–88 Neubau MFH «Sägewies», Heiden

1985–88 Neubau EFH Sandrainstrasse 7, St. Gallen

1983–89 Aussenrenovation EMPA, Unterstrasse 11, St. Gallen

1985–89 Neubau Oberstufenzentrum mit Mehrzweckanlage, Mosnang

1987–89 Neubau Malerwerkstatt, Stockenstrasse 9, Bürglen

1988–89 Erweiterung Buchhandlung Rösslitor, Webergasse 7, St. Gallen

1984–90 Erweiterung Hartchromwerk, Martinsbruggstrasse 94, St. Gallen

1985–90 Umbau und Erweiterung Ostschweiz. Kinderspital, St. Gallen (ArGe mit P. Haas)

1986–90 Neubau MFH Schorenstrasse 1, 3, 5, 7, St. Gallen

1986–90 Totalsanierung Internat Dufourstrasse 108, 112, St. Gallen

1987–90 Neubau Geschäftshaus Teufenerstrasse 38, St. Gallen (Egeli-Haus)

1987–90 Umbau und Erweiterung Chromwerk, Martinsbruggstrasse 94a, St. Gallen

1990–92 Neubau Verwaltung Olma-Messen, St. Gallen

1990–92 Erweiterung Oberstufenzentrum Necker

1987–94 Erweiterung und Ausbau Kantonsspital St. Gallen (ArGe mit Spitalabt. des kant. HBA)

**Aktuelle Projekte**
Wohnüberbauung Bachwiese, Gossau

Wohnüberbauung Hof-Chräzeren, St. Gallen

Alterssiedlung Schützenwiese, Arbon

Sporthalle Schiers

Renovation Bürgerspital St. Gallen

Wohnüberbauung Mariabergstrasse, Rorschach

**Abbildungen**
1. Einfamilienhaus, Sandrainstrasse, St. Gallen
2. Malerwerkstatt, Stockenstrasse, Bürglen TG
3. Buchhandlung Rösslitor, St. Gallen
4. Mehrfamilienhäuser, Schorenstrasse, St. Gallen
5. «Egeli-Haus», Teufenerstrasse, St. Gallen
6. Kantonsspital (Radiologie) St. Gallen

# Gmür Kneubühler Steimann AG

**Dipl. Architekten HTL**
Spitzenwiesstrasse 22
8645 Jona
Telefon 077- 93 55 28

**Hauptbüro Luzern**
Telefon 041-240 03 40
Telefax 041-240 03 50

**Gründungsjahr** 1995
vormals Rolf Gmür,
dipl. Arch. HTL

**Inhaber/Partner**
Rolf Gmür

René Kneubühler

Thomas Steimann

**Mitarbeiterzahl** 5

**Spezialgebiete**
Kostengünstiger Wohnungsbau

Öffentliche Bauten

Schulbauten

Bauen in historischem Umfeld

Gewerbebau

**Publikationen**
Strafanstalt Saxerriet, Aktuelle Wettbewerbs Scene 4 + 5/94

Karl-Krämer-Verlag Stuttgart, Gemeindehaus Jona, aw Architektur + Wettbewerb 163/95

Schulanlage Weiden, Jona, SIA 6/96

Wohnen am Hummelwald, Jona, Linth Zeitung 17/96

**Philosophie**
Heute scheint Sparsamkeit allgegenwärtig, gleichsam wie ein Damoklesschwert, über den Baustellen zu hängen. Genau das ist der Punkt, wo wir mit unserer Entwurfsmethodik anknüpfen.

Bauen als rationalen, rationalisierbaren Vorgang aufzufassen ist Teil des modernen Paradigmas und Kern für die Arbeiten in unserem Büro. Wir haben es uns zur Aufgabe gemacht, günstigen Wohnraum in verdichtetem Umfeld und mit hoher Lebensqualität zu schaffen. Dies wird einerseits möglich durch im Baubereich weiterentwickelte Techniken der Serienanfertigung (standardisierte Innenausbauteile, Ansätze zur Vorfabrikation ganzer Wohneinheiten), andererseits aber auch, weil das intensive Forschen nach ausgewogenen Verhältnissen von Planung und Geld, von Boden und Kauf, von Finanzierung und Baukosten, von entwerferischer Konzeption und Anforderungsprofil, von Siedlungsstruktur und Verkehr, schliesslich von scheinbarer und wirksamer Sparsamkeit sowie von Illusion und Wirklichkeit die Grundlage für unsere Arbeiten bildet.

**Wichtige Projekte**
1994 Projektwettbewerb Strafanstalt Saxerriet (7. Rang)

1994 Projektwettbewerb Gemeindehaus Jona (4. Rang)

1994 Umbau Einfamilienhaus Isler, Rapperswil

1994 Umbau Einfamilienhaus Dreier, Jona

1995 Projektwettbewerb Schulanlage Weiden, Jona (2. Rang)

**Aktuelle Projekte**
Drei Wohneinheiten am Hummelwald, Jona SG

Doppeleinfamilienhaus am Hummelwald, Jona SG

**Abbildungen**

**1. + 2. Umbau Einfamilienhaus Dreier, Jona, 1994**

**3. Neubau Triplex am Hummelwald, Jona, 1996**

**4. Neubau Doppeleinfamilienhaus am Hummelwald, Jona, 1996**

**5. Schulanlage Weiden, Jona, 1995**

**Fotos:
Anka + Emilia Niedzwiecka, Jona: 1, 2
GKS AG, Jona: 3 – 5**

# Hasler + Wohlwend

Wiedenstrasse 52
9470 Buchs
Stelzweg 11
9450 Altstätten
Telefon 081-756 19 29
Telefax 081-756 19 29

**Gründungsjahr** 1995

**Inhaber/Partner**

Elmar Hasler,
dipl. Arch. HTL

Nic Wohlwend,
dipl. Arch. HTL

**Spezialgebiete**

Kostengünstiger Wohnungsbau

Öffentliche Bauten und Anlagen

An- und Umbauten

Industriebauten

Städtebauliche Konzepte

**Philosophie**

Häuser sehen,
sie berühren und erleben,
die Materialien
in ihrer Schönheit nehmen,
wie sie sind – in ihrer Kraft
den Menschen und
den Ort verstehen,
den Zusammenhang erkennen
und begehren,
den inneren Gefühlen folgen
und etwas Gutes schaffen.

**Wichtige Projekte**

Wettbewerb Schulhaus, Gams SG

Projekt Rathaus, Mauren (FL)

Projekt Haus Thurnherr, Eichberg SG

Vorprojekt Wohnsiedlung Habitus, Sevelen

Eingeladener Wettbewerb Zünd Plotter-Technik, Altstätten SG

Eingeladener Wettbewerb Raiffeisenbank, Gossau SG

Eingeladener Wettbewerb Kindergarten Feld, Altstätten

Haus Riahi, Hammamet (Tunesien)

**Aktuelle Projekte**

Haus Büchel, Vaduz (FL)

Haus Netzer, Hinterforst SG

Umbau Haus Pichler, Schruns (A)

Umbau Mehrfamilienhaus, Plauen (D)

**Abbildungen**

**1. Wettbewerb Kindergarten Feld, Altstätten**

**2. Haus Büchel, Vaduz, Fertigstellung Sommer 1996**

**3. Grundriss Haus Büchel, Vaduz, 1996**

**4. Haus Netzer, Hinterforst SG, Fertigstellung Sommer 1996**

1

2

3

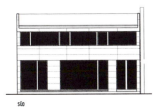
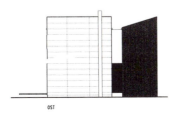
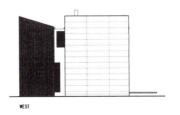

4

# Alfred Holzer

**Architekturbüro A. Holzer**
Obere Bahnhofstrasse 54
8640 Rapperswil
Telefon 055-210 07 37
Telefax 055-210 07 39

**Gründungsjahr** 1990

**Inhaber**
Alfred Holzer,
dipl. Arch. ETH/SIA,
Regionalvertreter des Heimatschutzes SG/AI

**Mitarbeiterzahl** 2

**Spezialgebiete**
Wohn- und Geschäftshäuser

Öffentliche Bauten

An- und Umbauten

**Philosophie**
Mit wenig Mitteln Raum für verschiedene Bedürfnisse in einem bedürftigen Kontext zu schaffen.

**Wichtige Projekte**
1990–95 Werk- und Wohnüberbauung A. Bernet (ABU) und St. Gallisch-Appenzellische Kraftwerke AG (SAK), Uznach

1993 Umbau alte Federfabrik zu einem Kindergarten, Kaltbrunn

1993 Ideenwettbewerb «Lido», Rapperswil (4. Rang)

1994 Wettbewerb Gemeindehaus Jona (6. Rang)

1995 Wettbewerb Schulhaus, Jona (5. Rang)

**Aktuelle Projekte**
Verschiedene Einfamilienhäuser

Wettbewerbe

**Abbildungen**

1. Möbelverkaufshalle ABU, Wohn- und Gewerbebau, Uznach, 1993–94

2. Wohnungsbau SAK, Wohn- und Werkbau, Uznach, 1993–95

3. Zweifamilienhaus Holzer-Wegmann, Uznach, 1990–91

4. Einfamilienhaus Weckerle, Amden, 1994–95

5. Wintergartenanbau Roduner, Wagen, 1994–95

# Felix Kuhn

**Dipl. Architekt ETH/SIA**
Kappelistrasse 7
9470 Buchs
Telefon 081-756 14 54
Telefax 081-756 72 86

**Gründungsjahr** 1993

**Inhaber**
Felix Kuhn, dipl. Arch. ETH/SIA

**Leitender Angestellter**
Benno John, dipl. Arch. HTL

**Mitarbeiterzahl** 3

**Publikationen**
«Treffpunkt Barcelona. Eine Ausstellung junger Schweizer Architektinnen und Architekten», Katalog: ACTAR, Barcelona 1995

Unsere Entwurfshaltung zeigt sich am besten anhand einer konkreten Bauaufgabe, dem Ziel und dem Inhalt unserer Arbeit:

Alterswohnungen, Buchs

Genossenschaft Alterswohnungen Buchs, J. Schwendener, Buchs

Mitarbeit: Benno John
Studienauftrag: 1993
Ausführung: 1994/95

Das Gebäude mit 32 Kleinwohnungen liegt neben einem Schulhaus in einem Wohnquartier ausserhalb des kleinstädtischen Zentrums von Buchs an der Bahnlinie Zürich–Arlberg–Wien. Der Wohnblock besetzt den hintersten Teil der tiefen Parzelle. Der für Kleinwohnungen in einem länglichen Gebäude erforderliche Erschliessungskorridor schützt gegen die Lärmbelastung durch die Bahnlinie. Die Wohnungen sind der Bahn abgewandt gegen Westen orientiert.

Ein gut sichtbarer Eingang und eine ruhige Fassade mit wenigen grossen Öffnungen machen den 90 m langen Zugang zum Gebäude zu einem angenehmen Weg. Die Eingangshalle und der Aufenthaltsraum sind ebenerdig und weisen eine ihrer Bestimmung angemessene Raumhöhe von 3,50 m auf.

Im Gegensatz zur Hauptfassade hat die Rückseite des Gebäudes eher Hofcharakter. Die Wohnungen weisen den vom Staat vorgegebenen und mit Mietzinssubventionen geförderten Standard auf.

Die gegen Westen ausgerichteten Balkone sind vor Sonne, Einsicht, Wind und Wetter geschützt. Durch eine grosszügige Verglasung gegen innen wirken sie als Erweiterung der Wohnräume und haben einen hohen Wohnwert.

Das Treppenhaus und die Korridore wurden zugunsten der Wohnungen auf ein Minimum reduziert. Die Konzeption der Fenster ist auf die optische Erweiterung dieser dienenden Räume ausgerichtet und lässt sie trotzdem angenehm und hell erscheinen.

**Aktuelle Projekte**

Haus Kolbe-Rothenberger, Buchs

Jugendclub der Gemeinde Buchs

Studienauftrag Renovation und Erweiterung Schulanlage Räfis, Buchs

**Abbildungen**

**Alterswohnungen, Buchs, 1995:**

1. Nord- und Ostfassade

2. Westfassade mit Haupteingang

3. Aufenthaltsraum

4. Küche einer Attikawohnung

**Fotos:**
**Franz Rindlisbacher, Zürich**

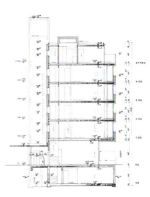

# Kuster & Kuster

**BSA/SIA/GSMBA**
Spisergasse 12
9004 St. Gallen
Telefon 071-223 59 10
Telefax 071-223 64 56

**Gründungsjahr** 1975

**Inhaber/Partner**
Karl Kuster

Walter Kuster

**Mitarbeiterzahl** 9

**Spezialgebiete**
Wohnungsbau

Schulbauten

Öffentliche Bauten

Gewerbebauten

Umbauten/Sanierungen

Einfamilienhäuser

Innenausbau

**Publikationen**
Werk, Bauen und Wohnen

SI+A Architektur und Wettbewerbe

Architekturführer Ostschweiz

**Wichtige Projekte**
Einfamilienhaus Hutter, Rorschacherberg

Schulpavillon Oberzil, St. Gallen

Erweiterung Altersheim Quisisana, Heiden (Wettbewerb, 1. Preis; ausgeführt)

Alterssiedlung Quisisana, Heiden (Wettbewerb, 1. Preis; ausgeführt)

Bezirksgebäude, Bazenheid (Wettbewerb, 1. Preis; ausgeführt)

Oberstufenschule, Bütschwil (Wettbewerb, 1. Preis; ausgeführt)

Gemeindezentrum «Forum im Ried», Igis-Landquart (Wettbewerb, 1. Preis; ausgeführt)

Oberstufenschule mit Turnhalle, Niederhelfenschwil (Wettbewerb, 1. Preis; ausgeführt)

Neubauten Kasernenanlage, Neuchlen-Gossau (Wettbewerb mit Überarbeitung; in Ausführung)

PTT-Transport- u. Materialdienst, St. Gallen (Wettbewerb, 1. Preis; nicht ausgeführt)

Gemeindezentrum, Bazenheid (Wettbewerb, 1. Preis; nicht ausgeführt)

Wohnüberbauung Wanne-Locher, Altstätten (Wettbewerb, 1. Preis; nicht ausgeführt)

Kornhaus Rorschach, Umnutzung in kulturelles Zentrum (Wettbewerb, 1. Preis; nicht ausgeführt)

«Feuerschaugemeinde» Appenzell, Um- und Erweiterungsbau (Wettbewerb, 1. Preis; nicht ausgeführt)

Wohn- und Geschäftshaus «Dorf», Au SG (Studienauftrag mit Weiterbearbeitung; nicht ausgeführt)

**Aktuelle Projekte**
Umbau von zwei bestehenden Häusern in Wohnheime, Kant. psychiatr. Klinik, Wil

Industriegebäude «Optiprint», Rehetobel AR

Wohnsiedlung mit Einfamilien- und Reihenhäusern, Lutzenberg

Anbau eines Hallenschwimmbads, Wolfhalden

**Abbildungen**

**1.** Schulpavillon, St. Gallen, 1992

**2.** Industriegebäude, Rehetobel AR, 1996

**3.** Wohn- und Geschäftshaus, Au SG, 1993

**4.** Umnutzung Kornhaus, Rorschach, 1990

**5.** Gemeindehaus Jona, 1994

**6.** Kaserne Gossau SG, 1996

# Gianpiero Melchiori

Dipl. Arch. ETH/SIA
Flurhofstrasse 22
9000 St. Gallen
Telefon 071-245 92 39
Telefax 071-245 92 55

**Gründungsjahr** 1988

**Inhaber**
Gianpiero Melchiori

**Mitarbeiterzahl** 4

**Spezialgebiete**
Öffentliche Bauten

Wohnungsbau, Einfamilienhäuser

Renovationen

Bauen für Betagte

Siedlungsplanung

Sport und Freizeit

**Publikationen**
NZZ vom 14.8.87

Architektur & Wirtschaft 1/92, 11/95

Arch Eternit 1/95

**Auszeichnungen**
1981–84 Assistent und Koexaminator an der ETH Zürich bei Prof. Benedikt Huber

Diverse Wettbewerbserfolge

**Philosophie**
Wir versuchen, Ästhetik und Poetik zu verbinden, hören, was der Ort uns sagt, und interpretieren diesen neu. Wir gehen auf die echten Bedürfnisse der Benutzer und der Öffentlichkeit ein.

**Wichtige Projekte**
1989 Restauration Friedhof Feldli, St. Gallen

1990 Anbau EFH Spagnol, Codroipo (I)

1990–93 Regionales Pflegeheim, Heiden

1992–95 Sanitätshilfsstelle, Heiden

1994 Restauration Broderbrunnen mit städtebaulicher Studie, St. Gallen

1994–95 Doppelturnhalle mit Sportanlage Buechen, Thal-Staad

1994–95 Villa Melonenhof, St. Gallen

1995 Renovation Leichenhalle Ostfriedhof, St. Gallen

**Aktuelle Projekte**
Wohn- und Gewerbeüberbauung in Trogen

EFH Gairing, Rheineck

Renovation Abdankungshalle Kesselhalde, St. Gallen

EFH-Überbauungen in Staad und Rorschacherberg

**Abbildungen**
**1.–5. Regionales Pflegeheim, Heiden**

**6. Doppelturnhalle Buechen, Thal-Staad**

**Fotos:
Jürg Zimmermann: 1–5**

# Nüesch Architekten

**Nüesch Architekten AG**
Dipl. Arch. ETH/SIA/RIBA
Erlachstrasse 3
9014 St. Gallen
Telefon 071-274 15 15
Telefax 071-274 15 34

Hauptstrasse 25
9436 Balgach
Telefon 071-727 90 90
Telefax 071-727 90 70

Ried 10
D-88239 Neuravensburg
Telefon +49-7528 97125

**Gründungsjahr** 1953

**Partner**
Klauspeter Nüesch
Riccardo Klaiber
Walter Suter
Heinz Luschtinetz
Markus Scherrer

**Leitender Angestellter**
Michael Schläpfer

**Mitarbeiterzahl** 15

**Spezialgebiete**
– Industrie und Gewerbe
– Wohnbauten
– Restaurierung von Kirchen und anderen denkmalpflegerischen Objekten
– Shopping-Einrichtungen
– Öffentliche Bauten
– Hotels, Freizeitbauten
– Baubiologie und Ökologie

**Philosophie**
Im Mittelpunkt steht die treuhänderische Dienstleistung am Kunden, unabhängig von Lieferanten und Unternehmern. Wir möchten unseren Kunden bei der Lösung komplexer Probleme architektonischer, bautechnischer und betriebswirtschaftlicher Art professionell zur Seite stehen.

Die Erfahrung unserer Partner erlaubt uns, auf verschiedenen Gebieten, auch international, tätig zu sein. Unser Partnermodell stellt Kontinuität und Professionalität sicher, indem Schlüsselfunktionen der Firma durch unternehmerisch denkende Architekten, Bauleiter, Baubiologen und Unternehmensberater aller Altersstufen und Spezialisierungen besetzt sind.

Wir sind überzeugt, dass sich gute, zeitgemässe Architektur und optimales Kosten- und Terminmanagement vereinbaren lassen.

**Wichtige Projekte**
1979 Restaurierung und Sanierung evangelische Kirche St. Laurenzen, St. Gallen

1988 Neubau Zivilschutzanlage Waldau, St. Gallen

1991 Neubau Geschäftshaus Bohl, St. Gallen

1991 Umbau und Restaurierung Schuhhaus Schneider, St. Gallen

1992 Foyerplanung Europasitz Schindler, Brüssel (B)

1992 Restaurierung und Sanierung evang. Kirche Linsebühl, St. Gallen

1992 Umnutzung Neumühle Töss in Büro- und Gewerbezentrum, Winterthur

1992 Büroumbau und Restaurierung Lohnerhof, Konstanz (D)

1993 Restaurierung und Sanierung paritätische Kirche, Mogelsberg

1993 Neubau Speditionsterminal Gebrüder Weiss, Altenrhein

1993 Hochregallager Merz-Meyer, St. Margrethen

1994 Neubau Doppelkindergarten Breite, Balgach

1994 Neubau Wohnüberbauung in der Altstadt, Diessenhofen

1994 Fabrikgebäude Filtrox AG, St. Gallen

1995 Low-cost-Einfamilienhaus in Riesa, Sachsen (D)

1995 Einfamilienhaus, Höhenstrasse, Engelburg

1996 Fabrikumnutzung Wohnüberbauung Unisto, Horn

**Aktuelle Projekte**
Neubau Reihenhäuser, Gessnerstrasse, St. Gallen

Neubau Doppelhäuser, Mörschwil

Neubau Wohnüberbauung Bengerareal (60 Wohnungen), Bregenz (A)

Umnutzung und Restaurierung Fünfeckhaus, Trogen

Umbau und Erweiterung Hotel Kristiania, Lech (A)

Restaurierung und Sanierung evangelische Kirche, Azmoos

Seminarzentrum Kreuma bei Leipzig, Sachsen (D)

**Abbildungen**

**1. Einfamilienhaus, Engelburg, 1995**

**2. Speditionsterminal Gebrüder Weiss, Altenrhein, 1993**

**3. Geschäftshaus Bohl, St. Gallen, 1991**

**4. Evangelische Kirche Linsebühl, St. Gallen, 1992**

**5. Schuhhaus Schneider, St. Gallen, 1991**

# Oestreich + Schmid

**Architekten HTL/STV**
Krügerstrasse 24
9000 St. Gallen
Telefon 071-278 76 73
Telefax 071-278 76 24

**Gründungsjahr** 1993

**Inhaber/Partner**
Peter Oestreich

Markus Schmid

**Mitarbeiterzahl** 4

**Spezialgebiete**
Öffentliche Bauten

Wohn-/Geschäftshäuser

Siedlungsbau

Umbauten/Umnutzungen

Wettbewerbe

**Publikationen**
Europan 3, «Zuhause in der Stadt», städtebauliche Projekte in der Schweiz, Werk-Verlag, Zürich

Europan 3, «Zuhause in der Stadt», Urbanisierung städtischer Quartiere, herausgegeben von Europan, Paris, europäische Ergebnisse

Diverse Publikationen in der Tagespresse (NZZ, TA)

Ausstellung des Europan-3-Projektes im Architekturmuseum NAI in Rotterdam (NL)

**Philosophie**
Die Teilnahme an verschiedenen Wettbewerben ermöglicht uns, die Disziplin des Entwerfens zu schärfen, um sie auch in der Realisierung von Bauten wieder zu gebrauchen.

Die Projekte entstehen aus einer genauen Analyse des Ortes. Wir betrachten das Bauen als permanenten Lernprozess.

**Wichtige Projekte**
1992 Projektwettbewerb Uhrenfabrik Corum, La Chaux-de-Fonds (letzter Rundgang)

1993/94 Europan 3, «Zuhause in der Stadt», europäischer Projektwettbewerb zur Förderung des exemplarischen Wohnungsbaus, Lachen-Vonwil, St. Gallen (1. Preis, in Vorbereitung)

1994 Ideenwettbewerb Wohnungsbau Häberlimatte, Zollikofen BE (auf Einladung, letzter Rundgang)

1995 Projektwettbewerb öffentliche Saunaanlage im städtischen Hallenbad Blumenwies, St. Gallen (1. Preis, in Ausführung)

1995 Projektwettbewerb Neubau Raiffeisenbank, Herisauerstrasse, Gossau SG (1. Preis, in Ausführung)

1996 Studienauftrag auf dem Spitalgut (Areal Bürgerspital) in St. Gallen, Planungsverfahren zur Erlangung von Entwürfen für ein Bebauungskonzept für Alterswohnungen (auf Einladung)

1996 Studienauftrag für Überbauung Gebiet Mühlenstrasse, Abtwil SG (auf Einladung)

**Aktuelle Projekte**
Öffentliche Saunaanlage im städtischen Hallenbad Blumenwies, St. Gallen

Neubau Raiffeisenbank, Herisauerstrasse, Gossau SG

Umbauten, Studienaufträge

**Abbildungen**

1. + 2. Europan 3, St. Gallen, 1994

3. Öffentliche Saunaanlage im städtischen Hallenbad Blumenwies, St. Gallen, 1996

4. Neubau Raiffeisenbank, Herisauerstrasse, Gossau SG, 1996

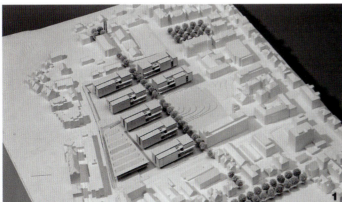
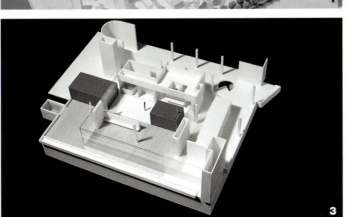

# Olbrecht und Lanter AG

**Architekten FH**
Industriestrasse 21
8500 Frauenfeld
Telefon 052-728 89 79
Telefax 052-728 89 78

**Gründungsjahr** 1977

**Inhaber**
Marcel Olbrecht

**Leitender Angestellter**
Urs Fankhauser

**Mitarbeiterzahl** 5

**Spezialgebiete**
Ein- und Mehrfamilienhäuser
Reihenhaussiedlungen
Schulbauten
Öffentliche Bauten
Industrie und Gewerbe
Umbauten/Umnutzungen

**Werkverzeichnis**

**Schulbauten**
1981/94 Wettbewerb Realschule Herisau (mit P. Lanter)

1987/90 Wettbewerb Primarschule Oberwiesen, Frauenfeld

1991/93 Wettbewerb Primarschule Regelwiesen, Märstetten

1993/96 Wettbewerb Oberstufenzentrum Burgweg, Hüttwilen

1995 Wettbewerb OSG Weinfelden: Oberstufenzentrum Weitsicht, Märstetten (in Ausführung)

**Wohnbauten**
1984/90 Siedlung Saum, Herisau (mit P. Lanter)

1993/96 Siedlung Sperberweg, Frauenfeld

**Öffentliche Bauten**
1986/90 Altersheim Stadtgarten, Frauenfeld

1995 Wettbewerb Dienstleistungszentrum Amriswil (1. Preis)

**Umnutzungen**
1987/90 Eisenwerk Frauenfeld (Wohnungen und Büro)

**Gewerbe und Industrie**
1990/91 Autospritzwerk Strupler, Frauenfeld

1993/95 Hefe Schweiz AG, Stettfurt

**Abbildungen**

1. + 2. Oberstufenzentrum Burgweg, Hüttwilen, 1994/96

3. Einfamilienhaus Moser, Frauenfeld, 1994

4. Hefe Schweiz AG, Stettfurt, 1993/95

5. Dienstleistungszentrum Amriswil, 1995

6. Oberstufenzentrum Weitsicht, Märstetten, 1995

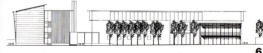

# Rausch Ladner Clerici AG

**Architekturbüro SIA/STV**
Thalerstrasse 10
9424 Rheineck
Telefon 071-886 17 17
Telefax 071-886 17 00

**Inhaber/Partner**
Rudolf Rausch
Franz Ladner
Alex Clerici

**Weitere Mitglieder der Geschäftsleitung**
Titus Ladner
Silvio Clerici
Rolf Gerosa
Hans Sulser

**Mitarbeiterzahl** 41

**Spezialgebiete**
Industrie- und Gewerbebauten
Geschäftsbauten
Öffentliche Bauten
Einkaufszentren
Restaurationen, Sanierungen

**Philosophie**
Unser Ziel ist es, für unsere Bauherrschaft ein kompetenter Partner in allen Bereichen einer gestellten Bauaufgabe zu sein und diese als eine Gesamtheit zu verstehen.

**Wichtige Projekte**
1984–87 Neubau Säntispark (Bade-, Sauna- und Sportanlagen, Einkaufszentrum und Hotel), Abtwil

1987/88 Neubau Technisches Zentrum SFS Presswerk Heerbrugg AG

1987/89 Neubau Sanitas Troesch AG, St. Gallen

1989/90 Erweiterung Betriebszentrale GMSG, Gossau SG

1989/90 Umbau und Erweiterung Altersheim Trüeterhof, Thal

1990/91 Aquarena Thermalbad, Bad Schinznach

1991/92 Umbau und Erweiterung Schulhaus Risegg, Staad SG

1991/92 Neubau Produktions- und Lagergebäude EGO Kunststoff AG, Altstätten

1992 Neubau Fabrikations- und Bürogebäude Coltène, Altstätten

1992/93 Erweiterung Montage- und Lagerhalle Pyropac AG, Sennwald

1992/93 Neubau MFH, Adlerstrasse, Oberriet

1993/94 Neubau Migros Rhyguet, Rheineck

1994 Neubau Einkaufszentrum Zehntfeld, Widnau

1993/94 Umbau und Erweiterung Migros-Markt, Wattwil

1992/94 Innenrestaurierung katholische Pfarrkirche St. Kolumban, Rorschach

1993/94 Aussen- und Innenrenovation kath. Pfarrkirche Maria Geburt, Kriessern

1993/94 Neubau MFH Lindenstrasse 6, Rheineck

1994/95 Neubau Kindergarten und Ringerausbildungszentrum, Kriessern

1994/95 Neubau Büro- und Lagergebäude HWB Kunststoffwerke AG, Wolfhalden

**Aktuelle Projekte**
Neubau Feuerwehrdepot, Goldach

Schweizer Dorf mit Schaukäserei, Hartha/Dresden (D)

Neubau Migros-Markt, Altstätten

Logistikzentrum SFS, Heerbrugg

Innenrestaurierung Kirche, Haslen

Neubau Migros-Markt, Sulgen

Einkaufszentrum Radolfszell (D)

Mehrfamilienhäuser Wohnbaugenossenschaft, Goldach

**Abbildungen**

1. Aquarena, Bad Schinznach, 1990/91

2. Schulhaus Risegg, Staad, 1991/92

3. Katholische Pfarrkirche St. Kolumban, Rorschach, 1994

4. Betriebszentrale GMSG, Gossau SG, 1990

# Bruno Stäheli

**Dipl. Architekt ETH/SIA**
Zürcherstrasse 83
8501 Frauenfeld
Telefon 054-728 08 80
Telefax 054-728 08 99

**Gründungsjahr** 1994

**Inhaber**
Bruno Stäheli

**Leitende Angestellte**
Andreas Tschurlovits

Jordi Bellprat

Markus Bühler

**Mitarbeiterzahl** 7

**Spezialgebiete**
Einfamilienhäuser

Mehrfamilienhäuser

Schulbauten

Gestaltungspläne

Umbauten/Sanierungen

**Philosophie**
Im Zentrum unseres Entwerfens steht der Mensch. Wir wollen Räume gestalten, die viele Saiten menschlicher Empfindung zum Klingen bringen. Einfachheit, Klarheit und Ordnung sind unsere Mittel, um die wesentlichen, stimmungserzeugenden Elemente herauszuschälen: Form, Licht, Farbe, Material, Textur.

**Wichtige Projekte**
1993/94 Einfamilienhaus in Frauenfeld

1994/95 Projektwettbewerb Primarschule Nussbaumen (Ankauf und Überarbeitung)

1994/95 Neubau Primarschulhaus Rietwies in Balterswil (1. Preis Projektwettbewerb)

1994/95 Neubau Wohnüberbauung Solitude in Frauenfeld (1. Etappe)

1995 Arealüberbauungsplan Hüebli in Dettighofen

1995 Studie für einen Gestaltungsplan in Wittenbach

1995 Umbau Oberstufenzentrum Reutenen 2 in Frauenfeld

1994/95 Diverse Umbauten

**Aktuelle Projekte**
Neubau Primarschul-Turnhalle Rietwies in Balterswil

Neubau Einfamilienhaus Ellenbroek in Scherzingen

Umbau Wohnhaus in Stettfurt

Gestaltungsplanstudie in Frauenfeld

**Abbildungen**

1. Einfamilienhaus, Frauenfeld, 1993/94

2. + 3. Primarschulhaus Rietwies, Balterswil, 1995

4. Veloarena Oberstufenzentrum Reutenen, Frauenfeld, 1994

5. Arealüberbauungsplan Solitude, Frauenfeld, 1994/95

6. Wohnüberbauung Solitude (1. Etappe), Frauenfeld, 1994/95

# Zöllig und Partner AG

**HTL/STV/SWB**
**Weideggstrasse 21**
**9230 Flawil**
**Telefon** 071-393 11 82
**Telefax** 071-393 69 62

**Gründungsjahr** 1990

**Inhaber/Partner**
Markus Zöllig
Heinz Eggenberger
Ernst Nikolussi

**Mitarbeiterzahl** 7

**Spezialgebiete**
Siedlungsbau
Industriebau
Schwimmbadbau
Öffentliche Bauten

**Wettbewerbe**
Mehrzweckturnhalle, Gähwil (1. Rang)
Mehrzweckturnhalle, Kaltbrunn (3. Rang)
Stadtsaal, Gossau SG (5. Rang)
Betagtenheim, Flawil (Ankauf)
Gemeindehaus, Jona (Ankauf)
Schulanlage Weiden, Jona (Ankauf)
Schulanlage, Ebnat-Kappel (Ankauf)

**Philosophie**
Kostengünstige und benutzerfreundliche Bauten, anständig ins bestehende Umfeld integriert, sind Ziel unserer Arbeit. Grosser Wert wird auf eine präzise und schlichte Detailgestaltung gelegt.

**Wichtige Projekte**
Wohnsiedlung Ökorama 1, Flawil
Wohnsiedlung Ökorama 2, Flawil
Mehrzweckturnhalle, Gähwil
Käsereifelager, Jonschwil

**Aktuelle Projekte**
Wohnsiedlung Ökorama 3, Flawil
Sanierung und Attraktivitätssteigerung Schwimmbad, Flawil
Chemielager CFS, Flawil

**Abbildungen**

1. Wohnsiedlung Ökorama, Flawil, 1994

2. Mehrzweckturnhalle, Gähwil, 1994–95

3. Foyer Mehrzweckturnhalle, Gähwil, 1994–95

Solothurn

# A + P Latscha · Roschi & Partner

**Architektur + Planung AG**
Baumgarten 732
4622 Egerkingen
Telefon 062-398 26 26
Telefax 062-398 25 80

Bahnhofstrasse 34
2501 Biel
Telefon 031-22 42 46
Telefax 031-22 46 43

**Gründungsjahr** 1988

**Inhaber**
Urs Latscha
Kurt Roschi

**Partner**
Urs Müller
Urs von Arx

**Spezialgebiete**
Wohnungsbau
Öffentliche Bauten
Verwaltungsbauten
Läden
Industrie- und Gewerbebauten
Sportbauten

**Philosophie**
…die Teamarbeit hat bei der Lösung unserer Aufgaben einen wichtigen Stellenwert. Es ist unser Ziel, im Zusammenspiel von Nutzen, Konstruktion und Raum eine dem Ort entsprechende Lösung zu realisieren.

Durch die Teilnahme an zahlreichen Wettbewerben versuchen wir, Standortbestimmungen zu machen und so in unseren Bemühungen, gute Arbeit zu leisten, weiterzukommen.

**Wichtige Projekte**
1988 Dorfzentrum Hägendorf (Wettbewerb, 1. Preis; nicht realisiert)

1989–95 Chemieunternehmen Spirig, Egerkingen (ArGe mit Büro Stampfli)

1990 Umbau und Sanierung Mehrzweckhalle und Schulanlage, Gemeinde Kestenholz, 1992 Bezug

1990 Umbau und Sanierung Mehrzweckanlage, Gemeinde Härkingen, 1993 Bezug

1990 Wettbewerb Gemeindehaus und Werkhof, Herbetswil, 1993 Bezug

1990 Verwaltungsgebäude Schmelzihof, Balsthal, 1991 Bezug

1992 Neubau Spezialtrakt Kreisschule Oensingen (ArGe mit Büro Zurmühle und Schenk), 1993 Bezug

1993 Post und Bistro, Wangen, 1994 Bezug

**Aktuelle Projekte**
MM Neumarkt, Biel (ArGe mit Büro Mollet)

Coop-Filiale mit Wohnungen, Hägendorf

Nationales Leistungszentrum des Schweiz. Tennisverbandes, Biel

Erweiterungsbau Chemieunternehmen Spirig, Egerkingen

**Abbildungen**
1. Gemeindehaus Herbetswil, 1993
2. Post und Bistro Wangen, 1994
3. Bistro Wangen, 1994
4. Spezialtrakt Kreisschule Oensingen, 1993

# bader partner

**Architektur Planung Energie
Bauerneuerung Beratung**
Bielstrasse 145
4503 Solothurn
Telefon 065-21 61 91
Telefax 065-23 61 37

**Filialen:**
**Grenchen, Aarau, Biel**

**Gründungsjahr** 1961

**Inhaber**
Hans R. Bader, Kurt Müller, Hans Muster

**Mitarbeiterzahl** 32

**Spezialgebiete**
– Wohnungsbau, Geschäftsgebäude, Industriebauten, Sportstättenbau
– Arealanalysen, Betriebsplanungen, Büroraumkonzepte
– Projektmanagement
– Generalplanung
– Bauerneuerung, Energie

**Publikationen**
– Bauen + Wohnen 6/78
– aktuelles bauen 9/78
– werk archithese 29–30/79
– Schweiz. Journal 5/80, 14/89
– Almanach 81
– Architekturszene Schweiz mediART 1991
– Städtebau und -planung 4/93
– Schw. Architekturführer 94
– Schweiz. Baublatt 36/95

**Philosophie**
Die Analyse der Problemstellung, der Umgebungssituation und der Bedürfnisse der zukünftigen Benützer bildet die Grundlage für eine Architektur von innen, die auch nach aussen ihren ästhetischen Ausdruck findet. Zur Einheit am Bau gehören die Logik des Aufbaus, die klare Struktur sowie die Flexibilität, laufende Veränderungen durch innere und äussere Einflüsse jederzeit zu ermöglichen. Der Haustechnik wird unter dem Gesichtspunkt der Energieoptimierung höchste Beachtung geschenkt. Das vernetzte Vorgehen bei der Projektierung und der Gestaltung sowie die gezielte Materialwahl bringen auch das Kosten-Leistungs-Verhältnis des Gesamtprojektes in Übereinstimmung. Funktionalität, Termin und Budgetrahmen stehen immer im Zentrum der Projektausführung.

**Wettbewerbe, 1. Rang**
Mehrzweckhalle, Halten

Alters- und Pflegeheim «Am Weinberg», Grenchen

Mehrzweckgebäude, Hunzenschwil

Schwerstbehindertenheim, Biberist

Gemeindebau, Hallwil

Schulhaus/Turnhalle, Staufen

Erweiterung öffentliche Bauten und Anlagen, Oekingen

**Wichtige Projekte**
1984/88 Druckzentrum und Verlagsgebäude Vogt-Schild AG, Solothurn

1986 Zentrumsüberbauung Ascom AG, Solothurn

1989 Geschäftsgebäude AEK Schweiz. Mobiliar, Solothurn

1990 DEFH «Felsenburg», Solothurn

1991 Geschäftsüberbauung «Westring», Solothurn

1991 Fabrikationsgebäude Berberat AG, Grenchen

1991 Alters- und Pflegeheim «Am Weinberg», Grenchen

1992 Wohn- und Geschäftsüberbauung «Rötipark», Solothurn

1992 Wohn- und Geschäftsüberbauung «Mürgeli», Zuchwil

1992 Solothurnisches Pflegeheim für Behinderte «Oberwald», Biberist

1992 Umbau Wohnhaus Müller, Oberdorf

1993 Gewerblich-industrielle Berufsschule/Gemeindesaal/VEBO, Breitenbach

1994 Sanierung und Neubau Schulhaus III «Kaselfeld», Bellach

1994 Umnutzung «Delta»-Areal, Langendorf

1994 Umbau Regiobank, Solothurn

1995 Dreifachsporthalle mit Sporthotel, Zuchwil

1996 Wohn- und Geschäftsgebäude «Gärtli», Solothurn

**Aktuelle Projekte**
Wohnüberbauung «Chantier», Solothurn

Landwirtschaftliche Bauten, Lohn-Ammannsegg

Umnutzung Areal «Vogelherd», Solothurn

Umnutzung ehem. Industrieareal «Schanzmühle», Solothurn

**Abbildungen**

**1. Überbauung «Gärtli», Solothurn**

**2. Regiobank, Solothurn**

**3. Überbauung «Rötipark», Solothurn**

**4. Sporthalle und Sporthotel, Zuchwil**

**5. Überbauung «Mürgeli», Zuchwil**

**6. Berufsschule «Grien», Breitenbach**

# Etter + Partner AG

Architekturbüro SIA
Weissensteinstrasse 2
4500 Solothurn
Telefon 065-22 63 44
Telefax 065-23 59 15

ab 9.11.96
Telefon 032-625 81 10
Telefax 032-625 81 11

E + P
ETTER + PARTNER AG

**Gründungsjahr** 1956
AG seit 1.1.91

**Inhaber/Partner**
Andreas Etter, dipl. Arch. HTL
Hubert Sterki, dipl. Arch. HTL

**Leitende Angestellte**
Hansruedi Trachsel, eidg. dipl. Bauleiter
Jean-Claude Eschmann, dipl. Arch. HTL

**Mitarbeiterzahl** 12

**Spezialgebiete**
Umnutzungen
Werterhaltungen
Bauerneuerungen
Industrie- und Verwaltungsbauten
Öffentliche Bauten
Wohn- und Siedlungsbau

**Wettbewerbe, 1. Preise**
1987/88 Gestaltungsplan Grütt–Kriegstettenstrasse, Gerlafingen
1993 Schulanlagen und Turnhalle, Luterbach (in Ausführung)
1994 Kostengünstiger Systembau für Mehrfamilienhäuser (in Ausführung)

**Philosophie**
– Klare Formensprache
– Nachhaltige Projektplanung
– Innovative Produkteanwendung
– Einbezug ökologischer Materialien
– Kostenoptimierung
– Rationelle Bauablaufplanung

**Wichtige Projekte**

**Umnutzung, Werterhaltung, Bauerneuerung**
1991 Umbau und Sanierung Gemeindehaus und Raiffeisenbank, Oberdorf SO
1992/93 Dach- und Kuppelsanierung, Unterhaltsarbeiten Kirchenzentrum, Langendorf
1992/93 Totalumbau und Anbau Postgebäude, Bellach
1992/93 Sanierung MFH, Schöngrünstrasse, Solothurn
1993 Umnutzungsstudie alte Waffenfabrik, Zuchwil SO

**Öffentliche Bauten**
1991/92 Erweiterung Staatsarchiv, Solothurn
1991/94 Verwaltungsschutzbau VESO, Solothurn
1991/94 Kindergarten West und Ost, Oberdorf
1994/95 Neubau Postgebäude mit Doppelhaus, Nennigkofen

**Industrie- /Verwaltungsbau**
1993 Aufstockung Verwaltungsgebäude A. Flury AG, Deitingen
1982–94 Verwaltungs-, Schulungs-, div. Fabrikations- und Lagerbauten Scintilla AG, Zuchwil SO und St. Niklaus VS
1994/95 Neubau Fabrikationshalle Aeschlimann AG Decolletages, Lüsslingen
1994/95 Zentrumsüberbauung mit Büros, Wohnungen, Coop-Center, Bellach

**Wohn- und Siedlungsbau**
1991/93 EFH-Siedlung Eichölzli, Langendorf (1.+ 2. Etappe)
1991/94 Wohnüberbauung (137 Wohnungen) Lengmatt, Langendorf (1. Etappe)

**Aktuelle Projekte**
1994/96 EFH-Siedlung (12 Einheiten) Breitenfeld, Bellach
1995/96 Gebäudesanierung MFH-Überbauung Innerfeld, Zuchwil
1995/96 Gebäudesanierung MFH-Überbauung Grederhof, Bellach
1995/96 Neubau Turnhalle Schulanlagen, Luterbach (1. Etappe)
1996 Wohnsiedlung (19 Einheiten) «Marti-Weg», Langendorf

**Abbildungen**
**1. Wohntrakt Zentrumsüberbauung, Bellach, 1994**
**2. Gewerbetrakt Zentrumsüberbauung, Bellach, 1994/95**
**3. Detail Anlieferungstunnel Zentrumsüberbauung, Bellach, 1994/95**
**4. Fassadenausschnitt Neubau Fabrikationshalle Aeschlimann AG, Lüsslingen, 1994/95**
**5. Neubau Turnhalle, Luterbach, 1995/96**

# Bernhard Frei

Architekt ETH/SIA
Hofuhrenstrasse 14
4707 Deitingen
Telefon 065-44 22 11
Telefax 065-44 22 94

ab 9.11.96:
4543 Deitingen
Telefon 032-614 22 11
Telefax 032-614 22 94

**Gründungsjahr** 1984

**Inhaber**
Bernhard Frei,
dipl. Arch. ETH/SIA

**Leitender Angestellter**
Guido Frei, dipl. Bauführer

**Mitarbeiterzahl** 6

**Spezialgebiete**
Bauten für Industrie und Gewerbe

Bürobau

Bauten für das Militär

Schulen

Wohnungsbau

Baubiologie

**Wichtige Projekte**
1985 Neubau Schreinerei mit Schnitzelheizung, Deitingen

1986 Umnutzung ehemaliges Frauengefängnis Deitingen in Büro- und Gewerberäume

1987 Arztpraxis mit Wohnhaus Dr. von Greyerz, Kestenholz

1988 Arztpraxis mit Wohnhaus Dr. Dicht, Günsberg

1989 Umbau Bahnhofgarage, Wangen a. A.

1990 Umbau Kinderheim St. Ursula, Deitingen

1992 Neubau Ausbildungsanlage für Atemschutzgeräteträger ASA, Zeughaus und Waffenplatz Wangen a. A.

1992 Sanierung Personalhäuser der Anstalt Schachen, Deitingen

1993 Projekt Stellwerk Bahnhof Spiez (BLS); Ausführung: Bruno Clivio Architekten, Spiez

1994 Neubau Büro Breitschmid, Oberdorf SO

**Aktuelle Projekte**
Um- und Neubau Institut Dr. Pfister (Mittelschule), Oberägeri

Wohnüberbauung Stöcklimatt, Deitingen

Diverse Einfamilienhäuser

**Abbildungen**

**1. Ausbildungsanlage für Atemschutzgeräteträger, Wangen a. A., 1992**

**2. + 3. Stellwerk Bahnhof Spiez, 1993**

**Fotos: Martin Hemmi, Zürich**

# Fugazza Steinmann & Partner

**Dipl. Arch. ETH/SIA AG**
Gallusstrasse 23
4612 Wangen bei Olten
Telefon 062-212 56 42

**Hauptsitz**
(siehe auch Teil Aargau)
Schönaustrasse 59
5430 Wettingen
Telefon 056-437 87 87
Telefax 056-437 87 00

**Gründungsjahr** 1977

**Inhaber**
Heinz Fugazza
William Steinmann

**Mitarbeiterzahl** insgesamt 28

**Leitbild**
Unsere Bauten wollen mehr als nur Funktionserfüllung sein: Gute Architektur innerhalb des städtebaulichen Rahmens steht im Dialog mit der gebauten Umgebung und gibt dem Ort seine Identifikation.

**Werkverzeichnis**

**Fürsorge und Gesundheit**
1982 Wettbewerb Regionales Alters- und Pflegeheim Gösgen
1988 Bezug

1987 Wettbewerb Altersheim/ Alterswohnungen Safenwil-Walterswil
1990 Bezug

1987 Wettbewerb Alters- und Pflegeheim Erlinsbach
1991 Bezug

1991 Studienauftrag Alterswohnungen Gösgen
1995 Bezug

**Gemeindebauten**
1992 Gemeindekanzlei Wangen bei Olten

**Freizeit- und Sportbauten**
1981 Wettbewerb Mehrzweckhalle und Sportanlage Däniken
1986 Bezug

**Wohnungsbau**
1980 Mehrfamilienhaus Hürzeler, Wangen bei Olten

1983 Arztpraxis Dres. Berger mit Wohnhaus, Wangen bei Olten

1995 Zwei Einfamilienhäuser, Husi + Müller, Wangen bei Olten

**Aktuelle Projekte**
1989 Studienauftrag Altersheim Marienheim, Wangen bei Olten
1997 Bezug Neubau
1999 Bezug Umbau

1996 Umbau Restaurant «Alte Post», Wangen bei Olten

1996 Studienauftrag Alterswohnungen Erlinsbach

**Abbildungen**

1. Alters- und Krankenheim Erlinsbach, Wettbewerb 1. Preis, Bezug 1991

2. HTL Oensingen, Wettbewerbsprojekt, 1996

3. Altersheim/Alterswohnungen Safenwil-Walterswil, Wettbewerb 1. Preis, Bezug 1990

4. Mehrzweckhalle und Sportanlage Däniken, Wettbewerb 1. Preis, Bezug 1986

5. Gemeindekanzlei Wangen bei Olten, Bezug 1992 (im Bildvordergrund Stele von Adelheid Hanselmann, Zürich)

# Planwerk 3

John C. Ermel
Dipl. Architekt ETH/SIA
Burgstrasse 3
4143 Dornach
Telefon 061-701 60 44
Telefax 061-701 61 45

Wilfried Emmer
Thomas Schröder
Dipl.-Ing. Architekten
Erlenbacher Strasse 43
D-67659 Kaiserslautern
Telefon 0049 6301-7113 0
Telefax 0049 6301-7113 44

Ilmtalstrasse 36
D-99425 Weimar
Telefon 0049 36453-811 12

**Gründungsjahr** 1987
Partnerschaft seit 1994

**Mitarbeiterzahl** 10

**Spezialgebiete**
– Ökologisches und Organisches Bauen
– Wohnhäuser und Siedlungen
– Öffentliche Bauten, Schulen
– Büro- und Gewerbebauten
– Umbauten/Sanierungen in denkmalgeschütztem Kontext

**Wettbewerbe**
1988/89 Ideenwettbewerb Marktplatz Offenbach/Queich (D), 3. Preis

1989 Ideen- und Realisierungswettbewerb Ortskerngestaltung Theley (D), 2. Preis

1990 Realisierungswettbewerb Ortskerngestaltung und Dorfgemeinschaftshaus Spirkelbach (D), 1. Preis

1991 Realisierungswettbewerb (Gutachterverfahren) Kindertagesstätte Lebenshilfe e.V. Kaiserslautern (D), 2. Preis

**Philosophie**
Im Mittelpunkt unserer Arbeit steht der Mensch. Für seine physischen und psychischen Bedürfnisse die entsprechenden Räume zu schaffen, ist unsere Aufgabe. Diese ist an jedem Ort und zu jeder Zeit immer wieder neu.

Jede Lebensfunktion erfordert ihr gemässe Raumformen in dafür geeigneten Materialien. Auf die individuelle Fragestellung der Auftraggeber die adäquate Lösung zu finden, ist unser Ziel. Diese in das gegebene Umfeld von Natur und Kultur harmonisch einzufügen, ist unsere ökologische und soziale Verantwortung.

**Wichtige Projekte**
1989 Teilumnutzung Alte Papierfabrik zu Wohn-, Arbeits- und Bildungszwecken als ökologisch-soziales Projekt, Ebertsheim (D)

1989 Umbau Geschäftshaus zu Arztgemeinschaftspraxis, Kaiserslautern (D)

1990 Neubau Wohnhaus Wessels, Gata de Gorgos (E)

1990 Neugestaltung Friedhof und Leichenhalle, Neidenfels (D)

1990 Neubau Eingangs- und Hofpavillons Wohnanlage Pfingstweide, Ludwigshafen (D)

1991 Neubau Wohnhaus Glatz, Freiburg im Breisgau (D)

1991 Umbau und Sanierung Sporthalle Hauptschule, Grünstadt (D)

1992 Neubau Wohnhaus Emmer, Enkenbach-Alsenborn (D)

1993 Umbau Bürohaus Planwerk 3, Kaiserslautern (D)

1993 Neubau Wohnhaus Raidt, Tübingen (D)

1993 Umbau altes Feuerwehrhaus zu Circusmuseum, Enkenbach-Alsenborn (D)

1994 Neubau 1. Bauabschnitt (Unter- und Mittelstufe) Freie Waldorfschule Westpfalz, Otterberg (D)

1994 Neubau Dorfgemeinschaftshaus mit Platzgestaltung, Spirkelbach (D)

1995 Neubau Wohnhaus Am Wald, Dornach

**Aktuelle Projekte**
Wohn- und Gewerbesiedlung Lolibach, Duggingen (mit BPR + Partner, Stuttgart)

Eurythmeum Elena Zuccoli, Dornach (nach Vorprojekt von Arch. Walter Keller †)

Betonsanierung Goetheanum, Freie Hochschule für Geisteswissenschaft, Dornach

Hallen- und Freibad, Enkenbach-Alsenborn (D)

Neugestaltung Rathausareal, Kirchheimbolanden (D)

2. Bauabschnitt (Oberstufe mit Aula und Sporthalle) Freie Waldorfschule Westpfalz, Otterberg (D)

**Abbildungen**

**1. Wohnhaus Raidt, Tübingen (Foto: T. Dix)**

**2. Freie Waldorfschule Westpfalz, Otterberg**

**3. Siedlung Lolibach, Duggingen**

**4. Dorfgemeinschaftshaus, Spirkelbach**

# Peter Schibli

**Architekt ETH**
Ringstrasse 20
4600 Olten
Telefon 062-212 34 34
Telefax 062-212 42 10

**Gründungsjahr** 1984

**Inhaber/Partner**
Peter Schibli, Arch. ETH
Urs Planzer, Arch. HTL

**Mitarbeiterzahl** 10

**Spezialgebiete**
Bauten für Industrie und Gewerbe
Verwaltungen/Banken
Schulen
Wohnungsbau
Siedlungsplanung
Umbauten, Sanierungen

**Philosophie**
«…unser Ziel ist, aufwendige Funktionsabläufe in einfachen Baukuben mit industrialisierten Elementen unter konsequenter Pflege des Details zu lösen…»

**Wichtige Projekte**
1984–86 Erweiterung Schweizer Buchzentrum, Hägendorf

1985–86 Erweiterung Kolumbarium Friedhof Meisenhard, Olten

1988–90 Kantine, Bibliothek/Mediothek Kantonsschule Solothurn

1989–93 Wohnheim mit Beschäftigungsstätte «Schärenmatte», Olten

1990–95 Grossisten-Einkaufszentrum für Gärtner und Floristen, ESG «Grünes Zentrum», Hägendorf

1992 Siedlungsplanung mit Gestaltungsplänen «Fustlig», Olten

1993–95 Umbau und Sanierung Siedlung Kleinholz (Bauetappe III) für Baugenossenschaft Dreitannen, Olten

1994–96 Geschäftshaus Schweizer Mobiliarversicherungsgesellschaft, Balsthal

**Aktuelle Projekte**
Geschäftshaus Schweizer Mobiliarversicherungen, Balsthal

Sanierung und Umbau Siedlung Kleinholz (Bauetappe IV, Nachverdichtungsprojekte) für Baugenossenschaft Dreitannen, Olten

Sanierung und Umbau Martin-Disteli-Haus zu einem Tagungszentrum, Olten

Erweiterung der Urnenanlagen Friedhof Meisenhard, Olten

Erweiterung und Ausbau ESG «Grünes Zentrum», Hägendorf

Erweiterung Bürogebäude Simetra, Olten

**Abbildungen**
1. – 3. Kantonsschule, Solothurn

4. + 5. «Grünes Zentrum», Hägendorf

# Schmuziger & Grünig

**Architektengemeinschaft
Klaus Schmuziger**
dipl. Architekt ETH SIA
STADTMIX Leberngasse 5
4600 Olten
Telefon 062-205 50 70
Telefax 062-205 50 75

**Ernst Grünig**
dipl. Architekt HTL STV
STADTMIX Leberngasse 7
4600 Olten
Kohlholzweg 13
4614 Hägendorf
Telefon 062-205 50 40
Telefax 062-205 50 45
Ausführungsplanung
Generalunternehmung

**Gründungsjahr** 1978

**Mitarbeiterzahl** 10

**Spezialgebiete**
– Sanierungen, Umnutzungen
– Öffentliche Bauten + Anlagen
– Geschäftsbauten
– Siedlungsbauten

**Auszeichnungen**
1989 Anerkennung für behindertengerechtes Bauen

1995 SIA-Priisnagel für Neugestaltung Stadtbibliothek Olten

**Publikationen**
Stadtbibliothek Olten, Hochparterre 4/94

EFH-Siedlung Hägendorf, Das Einfamilienhaus 1/89

«Olten 1798–1991», Beitrag «Städtebau und Architektur», Einwohnergemeinde Olten, 1991

«Lostorf – Lebensraum im Wandel», Beitrag «Siedlungsraum», Verein pro 42, 1991

Journal Solothurn, Beitrag «Stadtkern Olten im Wandel», Architektur + Wirtschaft 12/95

**Geschäftsprinzipien**
Wir erfüllen echte und sinnvolle Bedürfnisse der Kunden, der Gesellschaft und der Umwelt. Wir pflegen schonenden Umgang mit Ressourcen und Energie. Bei guter Wirtschaftlichkeit sind wir Garanten für hohe Qualität der Architektur und der städtebaulich-landschaftlichen Eingriffe. Wir halten Qualitäts-, Termin- und Kostenvorgaben ein. Ausgehend vom Architekturstil des Rationalismus, entwickeln wir einen persönlichen Stil mit fortschrittlichem Inhalt und eigenständigen Formen. Unser Bewusstsein richtet sich gegen Modisches. Langlebigkeit und vielseitiger Gebrauch der Bauwerke bedeuten uns daher viel.

**Wichtige Projekte**
1986 MFH-Überbauung mit Gewerberäumen und Restaurant, Mühletalweg, Olten

1987 Umbau Gemeindehaus, Niedererlinsbach

1988 Zentrumsplanung, Windisch

1988 EFH-Siedlung, Hägendorf

1989 Wohn- und Geschäftshaus SUVA, Schützenmatt, Olten

1991 Quartierplanung Bornfeld, Olten

1991 Mehrzweckanlage: Gemeindehaus, Schule, Feuerwehr- und Werkhof, ZSA, Matzendorf

1993 Neugestaltung Stadtbibliothek Olten (Altstadt)

1993 Sanierung Untersuchungsgefängnis und Motorfahrzeugkontrolle, Olten

1994 Genossenschaftliche Alterswohnungen Kürzefeld, Däniken

1995 Um- und Neubau Primarschule, Lostorf

1995 Neubau Bürogebäude mit Versuchsfärberei Scholl AG, Safenwil

1995 Umbau Geschäftshaus Kreuz mit Restauranterweiterung, Olten (Altstadt)

**Aktuelle Projekte**
EFH-Siedlung Neuhäuslermatt, Wangen bei Olten

Überbauung Wohn- und Geschäftshäuser STADTMIX, Leberngasse, Olten

Umnutzung und Sanierung Färbiladen AG, Safenwil

**1. Preise Wettbewerbe**
1981 Um- und Neubau Gemeindehaus, Niedererlinsbach

1982 Zentrum Windisch

1986 Siedlung Walker, Trimbach

1989 Gemeindehaus mit Mehrzweckanlage, Matzendorf

1990 Alterswohnungen, Däniken

1991 Genossenschaftlicher Wohnungsbau, Däniken

1991 Primarschule, Lostorf

1992 Bürogebäude mit Versuchsfärberei Scholl AG, Safenwil

Insgesamt 20 Preise + Ankäufe

**Abbildung**
**Überbauung Wohn- und Geschäftshäuser STADTMIX, Olten**

# Stefan Sieboth

**AG für Architektur und Industrial Design SIA/SWB/SID**
Holunderweg 6
4552 Derendingen
Telefon 032-682 34 24
Telefax 032-682 19 27

**Gründungsjahr** 1960

**Inhaber**
Stefan Sieboth,
Arch. SIA/SWB/SID

**Leitende Angestellte**
Walter Kämpfer,
Baumanagement

Alfredo Pergola, Arch. HTL

**Mitarbeiterzahl** 10

**Spezialgebiete**
Industriebauten
mit Reinraumtechnik

Verwaltungsbauten

Gewerbebauten

Wohnungsbauten

Öffentliche Bauten

**Publikationen**
Almanach des Kantons
Solothurn, 1981

«Industrie-Dorf»-Architektur,
Raum und Wohnen, Etzel
Verlag AG

«Das Wohnschiff an der
Emme», Das Einfamilienhaus,
Etzel Verlag AG

Schweizer Architekturführer
1929-90, Werk Verlag

**Philosophie**
«…mit einem Team von zehn
Personen wird trotz einer
starken konservativen Gegenströmung eine progressive
Architektur vertreten…»

**Wichtige Projekte**
1980–81 Fabrikneubau
Blösch AG, Grenchen

1981–84 Fabrikneubau ABB
Semiconductors AG, Lenzburg

1982–94 Wohnsiedlung
Weihermatt, Derendingen

1984–85 Fabrikneubau Aarlan
von HEC, Aarwangen

1985–86 Fabrikneubau für
Reinraumtechnik Wild Leitz
AG, Heerbrugg (Wettbewerb)

1987–89 Fabrikneubau für
Microelektronik Ascom Favag
SA, Bevaix

1987–89 Entsorgungsterminal
ABB, Birr

1987–89 Alters- und Pflegeheim, Derendingen-Luterbach
(Wettbewerb)

1989–91 Innovationszentrum
der Solothurnischen Handelskammer, Solothurn

1991 Masterplan und Teilrealisierung Ciba Geigy AG,
Werk Stein

1991–93 Thomson, vorm. ABB
Elektronenröhren-Fabrik,
Lenzburg

**Aktuelle Projekte**
seit 1993, Theapiezentrum
Im Schache, Deitingen

seit 1993, MVN 2000, Migros
Verteilbetriebe, Neuendorf
(Wettbewerb)

seit 1994, Schafroth-
Gewerbezentrum, Burgdorf
(Wettbewerb)

seit 1994, MMM 2001, Migros,
Langendorf

**Abbildung**

**Innovationszentrum der Solothurnischen Handelskammer, Solothurn**

# Edi Stuber – Thomas Germann

**Dipl. Architekten ETH SIA**
Römerstrasse 3
4600 Olten
Telefon 062-212 06 06
Telefax 062-212 06 67

**Gründungsjahr** 1978

**Teilhaber/Partner**
Edi Stuber,
dipl. Arch. ETH/SIA

Thomas Germann,
dipl. Arch. ETH/SIA

**Kooperationen**

mit Partnern in:
Berlin, Hamburg, Potsdam,
Helsinki, Stockholm, Rotterdam,
Paris

**Mitarbeiterzahl** 8

**Tätigkeitsfeld**
Bauten für Industrie
und Gewerbe

Schulen

Schwimmbäder

Wohnen

Verwaltungen/Banken

Landwirtschaft

Renovationen

usw.

**Philosophie**
Die Interessen der Bauherrschaft und der Architektur treuhänderisch wahren.

**Wichtige Projekte**
1982–86 Verwaltungsgebäude Solothurner Handelsbank, Olten

1983–85 Produktionsneubau Epos Verzinkerei AG, Däniken

1986–90 Freibad Schützenmatte, Olten

1987–91 EFH-Siedlung Platanen, Olten (1./2. Etappe)

1990–93 CMO-Verwaltungsgebäude, Olten

1992–94 Haus Beck, Hägendorf

1990–94 Schulhaus Oberdorf, Oensingen

1990–95 Regionale Entsorgungsanlage Niedergösgen

**Aktuelle Projekte**
1991–96 Produktionsneubau Filztuchfabrik, Olten

1993–97 Neu- und Umbau Landwirtschaftsbetrieb und Restaurant, Biberstein

1993–97 Simulatorneubau Kernkraftwerk Gösgen

1996–97 EFH-Siedlung Platanen, Olten (3. Etappe)

1996–97 Masterplan für Industriebetrieb, Wangen

**Abbildungen**

1. Haus Beck, Hägendorf

2. Siedlung Platanen, Olten

3. Schulhaus Oberdorf, Oensingen

# Zurmühle. Schenk. Bigler + Partner

**Dipl. Architekten HTL/STV**
**Planungsbüro SIA**
Schachenstrasse 40
4702 Oensingen
Telefon 062-396 18 78
Telefax 062-396 10 19

**Gründungsjahr** 1967

**Inhaber/Partner**
Marcel Schenk,
dipl. Arch. HTL/STV

Emil Zurmühle,
dipl. Arch. HTL/REG A/SIA

René Bigler,
dipl. Arch. HTL/STV

**Leitende Angestellte**
Heinz Stählin,
dipl. Bauleiter

Roger Christen,
dipl. Arch. HTL/STV

**Mitarbeiterzahl** 25

**Spezialgebiete**
Kostengünstig und flächensparend bauen durch individuelle konzeptionelle Problemlösungen

Industrie- und Gewerbebauten (fleischverarbeitende Schlacht- und Produktionsanlagen)

Richtplanungen/Gestaltungspläne

Öffentliche Bauten

Dienstleistungsgebäude/Banken

**Publikationen**
Wettbewerbspublikationen in diversen Fachschriften

**Auszeichnungen**
Diverse Wettbewerbe

**Spezialität**
Bauten für Industrie, Gewerbe und Handel, speziell Fleischverarbeitungsbetriebe

Überbauungskonzepte, Richtpläne und Gestaltungspläne, Siedlungsbau

Öffentliche Bauten

**Philosophie**
Komplexe Probleme innerhalb einer sparsamen und einfachen Architektur zu lösen. Vielschichtigkeit trotz einfacher Strukturen zu schaffen: sei es nun mit dem Aufwand der Mittel oder mit den landschaftlichen Eingriffen.

«Jeder Eingriff bedingt eine Zerstörung, zerstöre mit Verstand.» (L. Snozzi)

**Wichtige Projekte**

1974–96 Schlachthaus mit Fleischverarbeitung für Grieder AG, Oensingen

1987–89 Gartensiedlung mit eigenem Bürohaus, Oensingen

1987 Ingenieurbüro BSB+Partner, Oensingen

1988–90 Terrassensiedlung in Niederscherli BE

1988–94 Zentrumsüberbauung im Mühlefeld mit Gestaltungsrichtplanung über 70 000 m$^2$, Oensingen

1993–94 HTL-Provisorium/ Dienstleistungszentrum, Oensingen

1993–95 Saalbau/Feuerwehrstützpunkt der Einwohnergemeinde Oensingen (SIA-Studienwettbewerb, 1. Platz)

1993–96 Überbauung im Homberg: Mehrfamilienhäuser (Maisonettes), Reihenhäuser (Kompakthäuser), Wangen bei Olten

1994–95 Geschäftshaus Zellweger, Gossau ZH

**Banken**

1985 Raiffeisen, Oensingen

1986 Raiffeisen, Aedermannsdorf

1987 Solothurner Kantonalbank, Egerkingen

1989 Raiffeisen, Wangen bei Olten

1994 SOBA, Oensingen

**Schulen**

1989 Primarschule-Erweiterung, Aedermannsdorf

1991–92 Schulhauserweiterung Kreisschule, spez. Trakt, Oensingen (in Arbeitsgemeinschaft)

1993–95 Schulhaus Oberdorf, Oensingen (KV und Bauleitung)

**Post**

1985 Post Egerkingen

1994 Post Aedermannsdorf

**Aktuelle Projekte**

Terrassenhäuser im Homberg, Wangen bei Olten

Fleischverarbeitungsbetrieb Bigler AG, Büren a.d. Aare

Metzgereibetrieb Felder, Schwyz

Grossmetzgerei Meinen, Bern

**Abbildungen**

1. Zentrumsüberbauung im Mühlefeld, Oensingen, 1988–94

2. MFH der Überbauung im Homberg, Wangen bei Olten, 1993–95

3. HTL-Provisorium, Oensingen, 1993–94

4. Bienkensaal, Saalbau/ Feuerwehr, Oensingen, 1993–95

5. Konzertbestuhlung Bienkensaal, Oensingen

6. Foyertreppe Bienkensaal, Oensingen

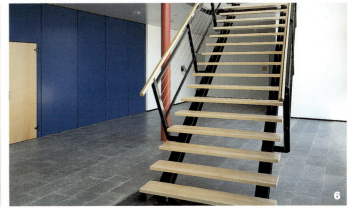

**Ticino**

# Sergio Calori

**Studio d'architettura**
SIA/OTIA
Via Fusoni 4
6900 Lugano
Telefono 091-922 66 64
Telefax   091-923 25 10

**Anno della fondazione** 1982

**Proprietà**
Sergio Calori,
arch. REG A/SIA/OTIA

**Impiegati con funzione di direzione**
Fabrizio Ballabio,
arch. STS/OTIA

**Numero di collaboratori** 2

**Specializzazione**
Case unifamiliari
Riattazioni
Edilizia sociale
Edifici commerciali
Edifici artigianali
Edilizia residenziale
Arredi

**Pubblicazioni**
Casa per Anziani, Sorengo:
Rivista Tecnica 5/82, 5/87;
Habitat 19/91

Riattamento, Coldrerio:
Rivista Tecnica 7–8/86

Casa unifamiliare, Bedano:
Ville Giardini 5/87

Edificio artigianale-commerciale-abitativo, Muzzano:
Abacus 25/91; Habitat 23/92

**Premi d'onore**
1. Premio Concorso per una casa per anziani consortile a Sorengo

1. Premio Concorso per la panificazione di Piazza Brocchi e Adiacenze a Montagnola

**Filosofia**
La continua ricerca progettuale, l'idea, per la realizzazione di costruiti semplici e chiari a beneficio dell'uomo e corrispondenti all'orografia del territorio in cui si è chiamati ad operare.

**Progetti importanti**
1982–87 Casa per anziani a Sorengo

1983–86 Casa unifamiliare a Bedano

1984–86 Riattazione a Coldrerio

1985–87 Casa bifamiliare ad Origlio

1985–87 Ristrutturazione edificio con ristorante e appartamenti a Gentilino

1986–88 Ristrutturazione ristorante «Spaghetti Jazz» a Viglio

1987–89 Edificio artigianale-commerciale-abitativo a Muzzano

1987–92 Riattamento di un edificio abitativo progettato dall'architetto Mario Chiattone nel 1932 a Viganello

1993–95 Casa unifamiliare a Grancia

**Progetti attuali**
Ultimazione rifacimento facciate e disegno nuovo tetto stabile d'appartamenti a Lugano

Pianificazione Piazza Brocchi e Adiacenze a Montagnola

Progetto area di svago con attracchi natanti a Pian Roncate, Comune di Montagnola

Progetto di un edificio residenziale a Canobbio

**Immagini**

1. Casa per anziani, Sorengo, 1987

2. Casa unifamiliare, Bedano, 1986

3. Edificio artigianale-commerciale-abitativo, Muzzano, 1989

4. Casa unifamiliare, Grancia, 1995

# Fernando Cattaneo

**Studio d'architettura**
SIA/OTIA/FUS
Via Mirasole 1
6500 Bellinzona
Telefono 091-825 60 29
Telefax   091-825 39 53

**Anno della fondazione** 1971

**Proprietà**
Fernando Cattaneo,
arch. dipl. ETHZ

**Impiegati
con funzione di direzione**
Pietro Mazzoleni, arch. STS
Silvia Casanova, arch. ETHZ
Michele Tommasina, arch. STS
Floriano Castelli, direttore
lavori

**Numero di collaboratori** 10

**Specializzazione**
Edilizia residenziale
Edifici commerciali
e amministrativi
Edilizia scolastica
Edilizia sociale
Arredi speciali disegnati
Pianificazione urbanistica

**Pubblicazioni**
Architekturszene Schweiz,
Mediart, 1991

Centro esposizioni Delcó,
Rivista Tecnica, 1992

Centro scolastico Sala
Capriasca, Rivista Tecnica,
1993

**Filosofia**
L'opera dell'architetto é sopratutto volta a creare degli spazi (interni ed esterni) dove l'uomo possa abitare, istruirsi, lavorare, divertirsi, coltivare i suoi interessi, curarsi... insomma vivere nel migliore dei modi! Che responsabilità!

**Progetti importanti**
1975 Palazzo Elvezia,
Bellinzona

1987 Complesso Verdeprato,
Giubiasco

1987 Centro Manutenzione
PTT, Bellinzona

1989 Casa Anziani
Paganini-Ré, Bellinzona

1989 Stabile amministrativo
SSIC, Bellinzona

1989 Centro City, Bellinzona

1989 Complesso Familia, Comano

1990 Complesso
Pie' del Monte, Locarno

1990 Cargo Domicilio FFS,
Manno

1991 Centro HFZ, Bellinzona

1991 Centro esposizioni Delcó,
St. Antonino

1991 Centro Civico, Gorduno

1992 Stabile amministrativo
Insai, Bellinzona

1993 Casa anziani Circolo del
Ticino, Sementina

1993 Centrale FFS, Bellinzona

1993 Complesso residenziale,
Camorino

1995 Scuola materna, Claro
(in collaborazione arch.
I. Fontana)

**Progetti attuali**
Casa anziani della Riviera,
Claro (in collaborazione arch.
I. Fontana)

Centro civico, Gudo

Complesso Cassa pensioni
dello Stato, Bellizona

Centro Sportivo della Capriasca

Palazzo Pellicano, Bellinzona

Pianificazione territoriale
in diversi Comuni

Piano Trasporti del Luganese
(in collaborazione)

**Illustrazioni**

**1. Cargo Domicilio FFS,
Manno, 1990**

**2. Centro HFZ, Bellinzona,
1991**

**3. Casa anziani della
Riviera, Claro, 1994**

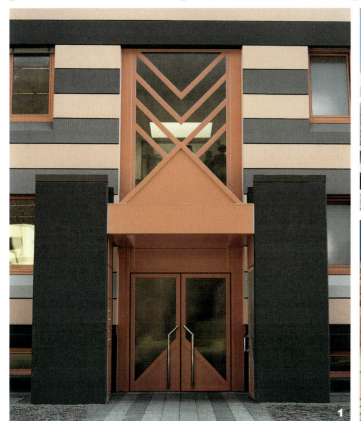

# d'Azzo & Groh

**Architetti SIA**
Via Berna 3
6900 Lugano
Telefono 091-923 19 58
Telefax 091-922 64 37

**Anno della fondazione** 1986

**Titolari**
Marco d'Azzo,
arch. dipl. STS

Mischa Groh,
arch. dipl. ETH

**Associati**
Giulio Pellegatta,
arch. dipl. STS

Carlos Heras,
arch. dipl. UNLP

**Numero di collaboratori** 6

**Filosofia**
Il luogo e il tema determinano l'impostazione di progetto, senza schemi prestabiliti, la coerenza lo informa in tutte le sue parti fino alla scelta dell'ultimo dettaglio.

Molto prima che bello o brutto i parametri di valutazione sono: giusto o sbagliato senza preconcetti e sempre senza ambiguità.

**Progetti significativi**
1987 Atelier per uno scultore a Comano

1987 Sede Ticino Vita a Breganzona

1988 Palazzina di 5 appartamenti a Lugano

1988 Casa bifamiliare a Mendrisio

1989 Ristrutturazione a Padola di Cadore (I)

1989 Ristorante Aeroporto ad Agno

1990 Progetto per uno stabile amministrativo a Lugano

1991 Ristrutturazione di una villa ad Albonago

1991 Negozio di abbigliamento a Lugano

1992 Ristrutturazione di un appartamento a Castagnola

1992 Negozio di abbigliamento a Lucerna

1992 Ristrutturazione di una casa nel nucleo di Mendrisio

1992 Negozio di abbigliamento a Padola di Cadore (I)

1992 Negozio ad Auronzo di Cadore (I)

1992 Stabile commerciale e abitativo a Strausberg-Berlino (D)

1993 Casa unifamiliare a Croglio

1993 Ristrutturazione di una casa unifamiliare a Pura

1993 Ristrutturazione di una casa unifamiliare ad Arogno

1993 Progetto per uno stabile amministrativo a Berlino (D)

1994 Casa unifamiliare a Meride

1995 Ristrutturazione parziale dell'Unione di Banche Svizzere, Piazza Riforma, Lugano

**Concorsi**
1987 Concorso per la sistemazione del «Regierungsviertel» a Vaduz (FL); 5° premio

1987 Concorso per una casa per anziani a Comano; 1° premio

1988 Concorso per uno stabile commerciale-abitativo a Lugano; 1° premio ex aequo

1990 Concorso per la nuova scuola media a Breganzona; 3° premio

1990 Concorso per il prototipo di un'edicola indetto dalla casa editrice Rizzoli; 3° premio

1990 Concorso per la nuova sede per la Società di Banche Svizzera a Pazzallo; 5° premio

1991 Concorso per infrastrutture turistiche e ricreative ad Airolo; 3° premio

1992 Concorso per appartamenti a basso costo a Balzers (FL); 3° premio

1992 Concorso per la sistemazione dell'area ex stazione a Soazza; 3° premio

1996 Concorso per infrastrutture turistiche e ricreative a San Bernardino

**Progetti attuali**
Casa unifamiliare a Berlino (D)

Ristrutturazione casa unifamiliare a Stromboli (I)

Palazzina con 24 appartamenti a Berlino (D)

Casa unifamiliare a Croglio

Stabile commerciale a Lugano-Paradiso

Ristrutturazione casa comunale ad Arogno

Stabile amministrativo a Milano (I)

Ristrutturazione casa unifamiliare a Magliaso

**Illustrazioni**

**1. Immobile commerciale-abitativo a Strausberg-Berlino (D), 1992**

**2. Casa unifamiliare a Croglio, 1993**

**3. Riattazione a Padola di Cadore, Belluno (I), 1989**

# Vittorio Pedrocchi

**Arch. dipl. ETH/SIA/OTIA**
**Studio d'architettura**
**Piazza Stazione 6**
**6600 Locarno-Muralto**
**Telefono 091-743 25 34**
**Telefax   091-743 25 35**

**Anno della fondazione** 1960

**Proprietà**
Vittorio Pedrocchi,
arch. dipl. ETH/SIA/OTIA

**Numero di collaboratori** 2
e collaboratori indipendenti

**Specializzazione**
Edilizia scolastica

Edilizia abitativa collettiva

Edilizia unifamigliare

Edilizia di riattazione

Progetto e produzione mobili design

Arredo

**Pubblicazioni**
Architekturszene Schweiz

Rivista Tecnica

Habitat, Architecture Romande

Abacus, Architecture Suisse

Architekturpreis Beton (VSZKGF)

«50 anni di architettura in Ticino», Grassi & Co.

**Premi d'onore**
Scuola Elementare, Muralto (1. premio)

Scuola Media, Gordola (1. premio)

Premi + acquisti + menzioni:
– Collegio Papio, Ascona
– Scoula Materna, Locarno
– Casa Anziani, Biasca
– Archivio di Stato, Bellinzona
– Complesso per Servizi, Locarno
– Recupero campo di concentramento a Fossoli (I), concorso internazionale

**Filosofia**
Ricerca paziente delle relazioni spaziali esterne tra i volumi e di quelle interne nei volumi.

Integrazione del discorso architettonico e volumetrico con quello strutturale.

Ricerca costante dell'arricchimento architettonico, formale, funzionale ed umano, di tipologie e tematiche banalizzate.

**Progetti importanti**
1962–65 Scuola Elementare, Muralto

1966–67 Villa Lafranchi, Minusio

1967–68 Villa Romagnoli, Arbedo

1969–71 Palazzo Postale, Brissago

1969–72 Scuola Elementare, Losone

1971–73 Villa Bazzi, Ascona

1972–74 Villa Tami, Arbedo

1972–74 Casa d'appartamenti e spazi commerciali, Losone

1972–75 Centrale Telefonica, Muralto

1972–75 Scuola Media, Gordola

1976–77 Villa Storelli, Losone

1981–83 Centrale Telefonica, Loco

1984–87 Casa d'appartamenti, Solduno

1985–87 Riattazione Casa Rusca museo, Locarno

1986–88 Villa Bassenauer, Darmstadt

1987–89 Riattazione Casino Kursaal, Locarno

1987–94 Riattazione Casorella museo, Locarno

1991–96 Scuola Elementare, Riazzino

1992–95 Villa Perucchi, Ascona

**Progetti attuali**
1990–96 Palestra + centro sociale, Muralto

1991–96 Villa Henauer, Brione s/Minusio

1991–96 Scuola Elementare, Riazzino

1992–96 Riattazione Chiesa S. Sebastiano, Lodano

**Immagini**

**1. Facciata sud, Villa Perucchi, Ascona, 1992–95**

**2. Facciata ovest, Villa Perucchi, Ascona, 1992–95**

**3. Dettaglio attico, casa d'appartamenti, Solduno, 1984–87**

**4. Modello Scuola Elementare, Riazzino, 1991–96 (in costruzione)**

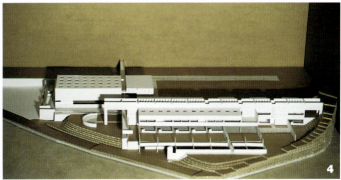

# Guido Tallone

**Studio di architettura e pianificazione SIA/OTIA/FUS/REG A**
Via Ballerini 21
6600 Locarno
Telefono 091-751 03 53
Telefax 091-751 97 32

**Anno della fondazione** 1966

**Proprietà**
Guido Tallone, Arch. dipl. ETH-Z

**Collaboratore**
Aldo Cacchioli, arch. STS

**Numero di collaboratori** 7

**Specializzazione**
Edifici amministrativi
Edifici ospedalieri e di cura
Edifici per il culto
Edifici abitativi
Centri artigianali
Centri scolastici

**Pubblicazioni**
Rivista Tecnica 24/70, 8/72, 17/73, 5/74, 7/75, 9–10/78, 3/80, 12/81, 7–8/82, 11/82, 12/82

Quaderni della Rivista Tecnica: Assemblea generale della SIA 1983, 50 anni di architettura in Ticino 1930–1980

Planen + Bauen 18/74

Bau + Architektur, Sonderausgabe März 1983

Schweizer Ingenieur und Architekt 20/83

Musée cantonal des Beaux-Arts, Sion, Artistes tessinois contemporains, SPSAS, 1985

BKS – Architettura in Ticino, Ed. A. Salvioni & Co.

Spitäler, Alters- und Pflegeheime 2/90

Abacus 23/90, 25/91, Ed. Sinopia, Milano

L'Habitat 13/90

Architecture romande 5/91

Architekturszene Schweiz, Verlag Mediart, Taunusstein 1991

Rivista Tecnica 6/91, 7–8/93, Ed. ADV

Ville giardini 284/1993, Ed. Elemond, Milano

Schweizer Kunst-GSMBA, numero speciale, Fondazione Bick

Architektur & Technik 6/94

La Sacra Famiglia di Locarno, Ed. Fidia, Lugano 1994

Chiesa Oggi, Ed. Di Baio, Milano, dicembre 1994

**Progetti importanti**
1970–74 Quartiere residenziale propr. Cassa pensione Migros, Sant'Antonino

1973–80 Centro professionale della Società svizzera impresari costruttori a Gordola

1971–74 Stabile amministrativo Banca Svizzera Italiana, Bellinzona

1976–79 Stabile amministrativo Interprogramme, Lugano

1979–81 Ampliamento stabile amministrativo Unione di Banche Svizzere, Locarno

1985–88 Centro artigiani e uffici amministrativi Frigerio a Locarno

1986–88 Residenza per anziani «Al Lido», Locarno

1988–94 Stabili amministrativo Olgiati a Giubiasco con sede Credito Svizzero, Unione Banche Svizzere, assicur. Rentenanstalt

1989–91 Ristrutturazione e formazione nuove sedi Banca di Credito Commerciale e Mobiliare, Lugano, Muralto e Locarno

1989–91 Centro per anziani non vedenti a Tenero (Unitas)

1979–94 Ampliamento e ristrutturazione Ospedale regionale La Carità, Locarno

1990–92 Centro parrocchiale e Chiesa Sacra Famiglia a Locarno

1982–94 Nuova officina e amministrazione aeroporto militare, Lodrino

**Progetti attuali**
Nuova ala Ospedale regionale di Locarno

Centro di servizio e manutenzione per il Piano viario del Locarnese a Losone

Restauro Chiesa parrocchiale S. Maurizio a Maggia

**Illustrazione**
**Centro parrocchiale e Chiesa Sacra Famiglia, Locarno (1990–92)**
**Foto:**
Stefania Beretta, Giubiasco

# Christoph Zürcher

Studio d'architettura C.Z.S.A.
SIA/OTIA
Pza. Fontana Pedrazzini 10
6600 Locarno
Telefono 091-751 74 68
Telefax   091-751 41 49

**Anno della fondazione** 1983

**Proprietà**
Christoph Zürcher,
Arch. Reg. A/SIA/OTIA

**Impiegati con funzione di direzione**
Loredana Lindenmann,
Arch. STS/OTIA

Roberto Wezel, disegnatore

Elena Frosio, disegnatrice

Cristina Meier, ammistratrice

**Collaboratori attuali** 5

**Specializzazione**
– Case unifamiliari
– Riattazioni
– Case plurifamiliari
– Costruzioni culturali
– Mostre culturali

**Pubblicazioni**
Catalogo mostra d'architettura,
Madrid, TICINO HOY 1993

Casa Szeemann, Tegna,
WERK Nr. 11/1990

Casa Szeemann, Tegna,
Häuser Nr. 5/1991

Casa Szeemann, Tegna,
as Dic. 1990

**Mostre**
1993 Hoy Ticino a Madrid,
mostra sull'architettura ticinese

**Progetti**
1978–80 Monte Verità, Ascona,
Zurigo, Berlino, Vienna.
Allestimento mostra d'arte.

1980 Museo Villa Anatta, Ascona

1980 Casa G. Darugar,
Lugano, Casa unifamiliare

1981 Mytos + Ritual, Zürich,
allestimento esposizione d'arte

1981 Riattazione
Casa Ch. Derleth, Losone

1983–88 Festival Int. del Film,
Locarno, Allestimento e decorazioni, con M. Konzelmann

1983–86 Museo Elisarion,
Monte Verità, Ascona

1986 Riattazione Casa
Belli-Bacchetta Minusio,
Casa unifamiliare

1986 Video-Studios Cinepress,
Zurigo

1987 Museo Elisarion, Ascona

1987–89 Casa Pfister, Minusio,
Casa unifamiliare

1987–89 Casa Lüscher-Szeemann, Tegna,
Casa unifamiliare + atelier

1989 Video Sculpturen, Zurigo,
Allestimento mostra d'arte

1989–91 Fabbrica Swiss Jewel,
Tenero

1990–91 Casa Gobbi, Verscio,
Casa unifamiliare

1991 Casa Pizzuti, Robasacco,
Casa unifamiliare

1992 Casa Aebischer, Ascona,
Casa unifamiliare

1992 Riattazione Casa
Dr. Wanner, Indemini, Casa
unifamiliare

1993 Riattazione Case
Dr. Fischer, Cavigliano, Casa
unifamiliare

1993 Casa Hermann, Ascona,
Casa unifamiliare

1993 Camping Delta, Locarno

1992–94 Riattazione Negromante, Locarno, Casa plurifamiliare, uffici, negozi

1994 Casa Wolgensinger, Tegna,
Casa unifamiliare + atelier

1994 Casa Dr. Schwarz,
Ronco s/A, Casa unifamiliare

1994 Casa T. Wydler, Intragna,
Casa unifamiliare + atelier

1994–95 Casa Hausen I,
Hausen AG, Casa plurifamiliare

1995 Casa Dr. Siegenthaler,
Avegno, Casa unifamiliare

Dal 1978 Allestimento mostre
in collaborazione con Harald
Szeemann

**Progetti in elaborazione**
Casa Jörg, Bellinzona, Casa
plurifamiliare

Teatro Dimitri, Verscio, riattazione

Casa privata Dimitri, Cadanza,
riattazione

Museo d'arte, privato a Zurigo

Museo d'arte, privato Ascona

Museo «United swiss saltworks»
a Pratteln

Casa plurifamiliare ad Orselina

Diversi piccole riattazione e
progetti

**Illustrazioni**
**1. Casa Fischer, Cavigliano, 1993**

**2. Casa ed Atelier
T. Wydler, Intragna, 1995**

**3. Casa Pizzuti, Robasacco, 1991**

**4. Casa Dr. Siegenthaler, Avegno, 1995**

**Wallis/Valais**

# Architekturbüro Holler AG

Furkastrasse 17
3900 Brig
Telefon 028-24 36 36
Telefax 028-24 37 38

**Gründungsjahr** 1973

**Inhaber**
Hartmut Holler,
dipl. Ing. Arch. TH/SIA

**Leitender Mitarbeiter**
Hanspeter Altorfer,
dipl. Arch. ETH (seit 1982)

**1996 vorgesehen**
Umwandlung in
Holler + Partner AG
(Inhaber/Partner: Hartmut
Holler, Hanspeter Altorfer)

**Mitarbeiterzahl**
wechselnd, je nach Auftragsbestand

**Spezialgebiete**
Unsere Arbeit umfasst Bauaufgaben jeglicher Art von Planung bis Abrechnung sowie Gutachten und Schatzungen.

**Philosophie**
«Bei jedem Bau sollten, wie Vitruv lehrt, drei Dinge beachtet werden, ohne die ein Gebäude kein Lob verdient. Diese drei Dinge sind: Der Nutzen oder die Annehmlichkeit, die Dauerhaftigkeit und die Schönheit.»
(Andrea Palladio: «I Quattro libri dell'Architettura», anno 1570, Buch I, Kap. 1, S. 1)

Rechnet man dem Begriff «Nutzen» auch das umweltgerechte Bauen hinzu, so haben diese Forderungen auch heute noch uneingeschränkte Gültigkeit.

**Wichtige Bauten + Projekte**
1974 Wohnsiedlung «Alte Gasse», Ried-Brig VS

1976 Wohn- und Geschäftshaus Crédit Suisse/PTT, Renens VD (Projektentwurf in freier Mitarbeit für H. Collomb SA, Arch.-Büro, Lausanne)

1980 Wiederaufbau Bordierhütte (SAC), Riedgletscher, 3000 m ü. M., St. Niklaus (mit Arch. H. Collomb SA + R. Abbet, Lausanne)

1980 EFH Fam. Schneider, Oberbann, Leuk-Stadt VS

1980 Umbau Flarzhäuser für Fam. Dr. Becchio, Blumenbergstrasse, Hombrechtikon ZH

1981/82 Wettbewerb Post- und Geschäftshaus PTT, Brig (2. Preis und Projektüberarbeitung)

1984 Wohnsiedlung «Residenz Pergola», FO-Strasse, Naters VS

1984 Telefonzentrale PTT, Mörel VS

1984 Wettbewerb Überbauung «Weri» mit Parkhaus, Altersheim, Bibliothek, Brig (3. Preis und Projektüberarbeitung)

1985 EFH Fam. Dr. Roten, Kirchweg, Termen VS

1986 Wettbewerb Technisches Zentrum der Kreistelefondirektion PTT, Sitten (2. Preis)

1987 Altersheim «Weri», Brig (Planung bis Ausführungsprojekt, nicht realisiert)

1987 Wettbewerb Schulhaus Collombey-Muraz (3. Preis)

1988 Wettbewerb Hôtel de Ville, Siders (1. Ankauf)

1989 Wettbewerb Gemeinde- und Geschäftszentrum, Susten VS (3. Preis)

1989 Erweiterung Schulhaus Ried-Brig (Auftrag aus Wettbewerb)

1993 Parkhaus (335 Pl.) Überbauung «Weri», Brig (Auftrag aus Wettbewerb)

1995 Kantons- und Stadtbibliothek (ODIS, Saal, Aussenbereiche), Überbauung «Weri», Brig (Auftrag aus Wettbewerb)

1995 MFH «Gardino», Jesuitenweg, Brig-Glis

**Abbildungen**

1. EFH Roten, Termen VS

2. + 5. Kantonsbibliothek, Brig

3. Erweiterung Schulhaus Ried-Brig VS

4. MFH «Gardino», Brig-Glis

**Fotos:**
Thomas Andenmatten, Brig

# Pierre Schweizer

**Bureau d'architecture A31**
1, av. Château de la Cour
3960 Sierre
Téléphone 027-55 36 91
Téléfax     027-56 31 12

**Année de la fondation** 1981

**Propriétaire**
Pierre Schweizer,
arch. EPF-Z-SIA

**Collaborateur dirigeant**
Bruno Cina,
directeur dipl. des travaux
du bâtiment

**Nombre d'employés actuel** 4

**Spécialisations**
Bâtiments publics

Architecture solaire passive

**Distinctions**
Lauréat de divers concours
d'architecture

**Philosophie**
La communication est la base de toute activité humaine.

Chaque problème posé est un nouveau défi qui sera défini par le contexte, la fonction et les moyens.

Le processus de planification est une demarche où s'impliquent différents acteurs, sous la régie d'un architecte: le but est de démontrer les partis possibles.

Construire est un acte culturel.

Kommunikation ist die Grundlage allen menschlichen Handelns.

Jede Aufgabe ist eine neue Herausforderung, die über den Kontext, die Funktion und die Mittel definiert wird.

Planung ist ein Prozess mit vielen Akteuren, in dem der Architekt die Funktion des Regisseurs ausübt: Ziel ist es, Lösungswege aufzuzeigen.

Bauen ist ein kultureller Vorgang.

**Constructions importantes**
1985/91 Werkhof N 9, Simplon-Dorf (avec A. Meillard, arch., Sierre)

1988/90 Jardin Nôtre Dame des Marais, Sierre

1989/92 Transformation et annexe du central téléphonique, Sierre

1991/93 Maison de Roten, Sion

1994/95 Musée C. C. Olsommer, Veyras

1994/95 Agrandissement du cimetière, St-Luc

1994/96 Centre culturel du Marais, Sierre

1994/97 Centre scolaire primaire, Orsières

**Projets en cours**
Centre scolaire primaire, Orsières

Postneubau, Agarn

Wohn- und Geschäftshaus, Saas-Fee

**Illustrations**

**1. Transformation et annexe du central téléphonique, Sierre, 1989/92**

**2. Musée C. C. Olsommer, Veyras, 1994/95**

**Photos:**
**Jean-Blaise Pont, Sierre: 1**
**Robert Hofer, Sion: 2**

# Daniel Troger

**Büro für Architektur & Design**
Kantonsstrasse
3942 Raron
Telefon 027-934 30 00
Telefax 027-934 29 39

**Gründungsjahr** 1988

**Inhaber**
Daniel Troger,
dipl. Arch. HTL/STV

**Mitarbeiterzahl** 3

**Spezialgebiete**
Architektur

Design

Kunst

**Wettbewerbe**
Schulhaus und Mehrzweckanlage, Eischoll; 1. Preis

Bâtiment postal de Sion 1;
2. Preis

Sportzentrum, Steg; 3. Preis

Zentrumsüberbauung, Susten;
5. Preis

**Philosophie**
Der Benützer als auch der Betrachter muss neue Formen und Gestaltungselemente akzeptieren und sich vom immer noch vorherrschen Pseudo-Chalet-Stil mit überdimensioniertem österreichischem Balkongeländer mit völlig veralteten Grundrisstypen und Dekorationselementen lösen.

Dies verlangt vom Architekten eine professionelle Abwicklung von Projekten mit hoher architektonischer Qualität. Die Auseinandersetzung «Programm und Ort» muss neue weitgehende Lösungen mit Berücksichtigung des Kosmos hervorbringen.

Wir sind gezwungen, alles Verständnis vom «Objekt» abzustreifen. Es ist nicht selber, sondern dient nur als Markierung eines Ortes, desjenigen eines kosmischen Ereignisses.

Programme sollen nach heutigem Verständnis zukunftsorientiert interpretiert werden und dies auch resultierend im Objekt dynamisch widerspiegeln.

**Wichtige Projekte**
Einfamilienhaus Amacker, Raron

Ferienhaus in Steg

Um- und Neubau Hotel Rarnerhof, Raron

Friedhofanlage, St. German

Kloster in Lubagna, Angola (Projekt)

Industriehalle in Siders

Umbau und Innenausbau Sportgeschäft, Raron

Umbau Wohnhaus Ruffener, Raron

Renovation Zentriegenhaus, Raron (Studie)

Wohnhaus in Steg

Schulhaus und Mehrzweckzentrum, Eischoll

Forstrevier und Feuerwehrlokal Südrampe

Einfamilienhaus Troger-Truffer, Raron

Quartierplan Herruviertel, Gampel (Studie)

**Aktuelle Projekte**
Wiederaufbau Schreinerei Troger Ernst & Söhne AG, Raron

Aufstockung Gewerbebau, Steinmaur

**Abbildungen**

**1. + 2. Einfamilienhaus, Raron**

**3. + 4. Mehrzweckanlage, Eischoll**

# Matthias Werlen

Dipl. Architekt ETH/SIA
Hofjistrasse 6
3900 Brig
Telefon 028-23 41 47
Telefax 028-24 58 10

**Gründungsjahr** 1991

**Inhaber**
Matthias Werlen

**Mitarbeiterzahl** 6

**Spezialgebiete**
Wohnungsbau

Industriebau

Öffentliche Bauten und Anlagen

Sanierungskonzepte, Umbauten

Liegenschaftenschatzungen, Expertisen

**Wettbewerbe**
Wohnsiedlung Grundbiel, Brig, 1. Rang

Schulhaus Zermatt

Kollegium Brig

Altstadtsanierung Brig

Alters- und Mehrzweckgebäude «Rottu», Gemeinde Bitsch, 1. Rang

**Wichtige Projekte**
1992 Wohnsiedlung Grundbiel, Brig

1993 Sanierung und Umbau Hotel Klenenhorn, Rosswald

1993 An- und Umbau Wohnhaus Murmann, Brig

1993 Sanierung Dancing Spycher, Brig

1993 Vielfältige Expertentätigkeit nach Unwetterkatastrophe in Brig

1993 Sanierungsmassnahmen-Katalog Wohnsiedlung Riedbach, Brig

1994 Mehrfamilienhaus Fantoni, Brig-Glis

1994 Aufstockung Malerwerkstatt Roten, Brig

1995 Bau und Einrichtungen Freilicht-Musical «Anatevka», Stockalperhof, Brig

**Aktuelle Projekte**
Wohnsiedlung Stützen, Brig

Kehrichtverbrennungsanlage Oberwallis, Ofenhaus, Denox, Energiegebäude

Umbau Wegenerhaus, Wohnung Dr. Pacozzi, Brig

Einfamilienhaus Aeschbach, Brig

**Abbildungen**

**1. + 2. Wohnsiedlung Grundbiel, Brig**

**3. Aufstockung Roten, Brig**

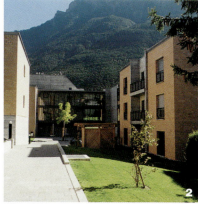

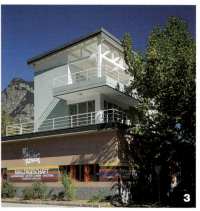

Zug

# Edwin A. Bernet

**Architekturbüro SIA**
Bellevueweg 8
6300 Zug
Telefon 041-711 17 27
Telefax 041-711 17 19

**Gründungsjahr** 1969

**Inhaber/Partner**
Edwin A. Bernet,
Architekt SIA

bis 1984 in Partnerschaft
mit H. A. Brütsch,
Architekt SIA/BSA

**Mitarbeiterzahl** 10

**Spezialgebiete**
Wohnbauten

Geschäfts-/Verwaltungsbauten

Hotelbauten

Industrie-/Gewerbebauten

Umbauten/Renovationen

**Publikationen**
Zuger Bautenführer,
Verlag Werk AG, 1992

Schweizer Journal 8/86

Bundesbauten 1972–83,
Baufachverlag AG, Zürich

Element 25/84

**Wettbewerbe**
1984 Alterswohnungen Bergli, Zug (5. Preis)

1985 Alterswohnungen St. Anna, Unterägeri (4. Preis)

1986 Gemeindezentrum Cham (2. Preis)

1987 Kant. Berufsschule Zug (2. Preis)

1987 Gesamtplanung Eidg. Munitionsfabrik, Altdorf (1. Preis)

1988 Kaufmännische Berufsschule Zug (1. Preis)

1988 Gewerbebauten Kollermühle, Zug (2. Preis)

1988 Ideenwettbewerb Bahnhof Zug (4. Preis)

**Wichtige Projekte**
1970 Einfamilienhaus O. A. Meier, Hurdenerwäldli, Pfäffikon

1973 Villa E. Gwalter, Rapperswil

1976 Eigentumswohnungen Gutschweid, Zug

1978 Geschäftshaus Gotthardstrasse 3, Zug

1981 Einfamilienhausüberbauung Guntenbühl, Steinhausen

1983 Diverse Industriebauten für Eidg. Munitionsfabrik, Altdorf

1983 Terrassenhaus Weinberghöhe, Zug

1985 Reihenhaussiedlung Rankhof, Zug

1985 Einfamilienhaus R. Amrein, Im Stutz, Horw

1986 MFH-Arealbebauung Rankweiher, Zug

1987 Erweiterung City-Hotel Ochsen, Kolinplatz, Zug

1989 Renovation/Umbau Haus Aegeristrasse, Zug

1990 Reihenhaussiedlung Im Buel, Staffelbach

1990 Wohnhaus Oswaldsgasse, Zug

1990 Planung Industriebauten für Eidg. Munitionsfabrik, Altdorf

1991 Wohn- und Geschäftshaus Bundesplatz 14, Zug

1991 Um- und Aufbau Rigihof, Bundesplatz, Zug

1992 Wohn- und Geschäftshäuser Vorstadt, Zug

1992 Café Huber, Baarerstrasse, Zug

1994 Umbau und Erweiterung Hotel Serpiano, Tessin

1995 Wohn- und Geschäftshaus Rigi, Vorstadt, Zug

**Aktuelle Projekte**
Arealbebauung Guggi/Rothusweg, Zug

Gewerbebau Huber, Cham

Aufbauten Mehrfamilienhäuser Rankweiher, Zug

**Abbildungen**
**1. Wohn- und Geschäftshaus Bundesplatz 14, Zug, 1991**

**2. Gewerbebau Huber, Cham (Modell)**

**3. Hotel Serpiano, Tessin, 1994**

**Fotos: Alois Ottiger: 1, 2**

# H. Bosshard + W. Sutter

**Dipl. Architekten
ETH/SIA/BSP
Kirchenstrasse 13
6300 Zug
Telefon 041-711 61 44
Telefax 041-711 01 80**

**Gründungsjahr** 1967

**Inhaber/Partner**
Heinz Bosshard

Werner Sutter

**Mitarbeiterzahl** 12

**Spezialgebiete**
Private und öffentliche Bauten, vorwiegend im innerstädtischen Kontext

Bebauungspläne/Areal- und Strukturplanungen

**Philosophie**
Die Stadt als übergeordnete Einheit ist immer Ausgangs- und Bezugspunkt der architektonischen Aktivität. Ob gross oder klein, ein Bauwerk ist durch seinen Bezug zur Gemeinschaft immer ein Stück Stadt. Nicht nur als Ganzes, sondern auch als Teil eines übergeordneten Ganzen erdacht, soll es der Vergänglichkeit der Modeströmungen seiner Zeit aufgrund seiner inneren Haltung eine unabhängige Konstanz entgegensetzen.

**Wichtige Projekte**
1973 Amtsblatt-Druckerei, Zug

1976 Geschäftshaus Gotthardstrasse 3, Zug

1978 Wohn- und Geschäftshäuser Industriestrasse 9 + 11, Zug

1979 Alterszentrum Herti, Zug

1982–87 Zentrumsgebäude «Stadthof», Zug

1978–80 Bebauungsplan Postplatz–Vorstadt–Schmidgasse–Bahnhofstrasse, Zug

1990–93 Überbauung Bahnhofstrasse/Schmidgasse

1990 Wohn- und Geschäftshaus Park Résidence, Zug

1990 Bebauungsplan Grafenau-Nord, Zug

1986–92 Landis & Gyr, Haus «Grafenau», Zug (1. Etappe; Wettbewerb, 1. Rang)

1987–91 Vorprojekt Bahnhof Zug (Wettbewerb, 1. Rang/Vorprojekt/Studie langfristiger Horizont)

1994–95 Erweiterung Landis & Gyr, Haus «Grafenau» (2. Etappe), Zug

**Aktuelle Projekte**
Erweiterung Überbauung Grafenau-Nord (3./4. Etappe), Zug

Bebauungsplan Grafenau-Süd, Zug

Schulhaus Oberwil

Wohnüberbauungen

**Abbildungen
Landis & Gyr, Haus «Grafenau», Zug:**

**1. Grafenau-Platz mit 150jähriger Eiche**

**2. Nordseite des Komplexes**

**3. Hauptzugang Südseite**

# Gilbert Louis Chapuis

**Atelier für Architektur und Energieplanung**
Weinbergstrasse 34
6300 Zug
Telefon 041-711 14 23
Telefax 041-712 01 40

**Gründungsjahr** 1980

**Inhaber**
Gilbert Louis Chapuis,
dipl. Arch. ETH/SIA

**Mitarbeiterzahl** 4

**Spezialgebiete**
– Wohn-, Geschäfts- und Industrieneubauten
– Energieplanung, Konzepte, Niedrigenergiehäuser
– Umbauten, Restaurierungen
– Denkmalpflegerische Planungsaufgaben
– Organisation von Architekturwettbewerben
– Experten- und Lehrtätigkeit

**Publikationen**
«Die ‹Münz› in Zug. Anwendung moderner Bautechniken an historischen Bauten», Zuger Neujahrsblatt 1984

Villette Cham, Renovation und Umbau 1986–1988

«Architektur und Holz», Zuger Zeitung, 4.11.95

Redaktion Juryberichte

**Philosophie**
Bauen als kulturelle Angelegenheit fordert uns heraus, der Aufgabe angemessene, individuelle Lösungen zu suchen. Die Analyse des Ortes sowie Modelle oder CAD Visualisierungen helfen, das neue Bauvolumen zu definieren. Der Entwurf der Räume, Raumfolgen und Lichtführung sind das Ergebnis der Atelierarbeit. Sorgfältiges Gestalten und Konstruieren gelten sowohl dem Ganzen wie auch den Details, dies in der Überzeugung, dass die Qualität auf zwei Pfeilern ruht: Zeichnungen und Bauleitung. Die Wahrung der Bauherreninteressen, Kostenkontrolle und Termineinhaltung, sind selbstverständlich und gehören zum Grundsatz unseres Dienstleistungsbetriebes.

Der Umgang mit den Energieressourcen wie auch die ökologische Verträglichkeit sind für uns wichtige Anliegen.

**Wichtige Projekte**
1978 Ortsbildinventarisation Alt- und Vorstadt, Aarburg

1980–81 Um- und Anbau der Sternwarte, Zug

1980–83 Restaurierung der «Münz», Zug*

1983–86 Restaurierung der Kirche St. Oswald, Zug*

*bei A. Schwerzmann, Zug

1986–88 Restaurierung der Villette in Cham, Projektleitung

1988–94 Renovation des Atelierhauses, Aussenrenovation des Schlosses St. Andreas, Cham

1990 Umbau und Renovation der Villa Hong-Kong, Zug

1992 Umbau und Renovation reform. Sigristenhaus, Baar

1994 MFH Mühlegasse, Baar

1995 Anbau und Restaurierung dreier Altstadthäuser St. Oswaldsgasse, Zug

**Aktuelle Projekte**
Industrieneubau Oberallmendstrasse, Zug

2 Wohnhäuser, Baar

Umbau Stadtbauamt, Zug

Massnahmenkonzept und Gestaltung der grossen Stadtmauer und der Türme von Zug

**Abbildungen**
1. + 2. Anbau und Restaurierung dreier Altstadthäuser St. Oswaldsgasse 18, Zug, 1995

3. + 4. Niedrigenergiehaus, Fassaden in Elementbauweise, Mühlegasse 8, Baar, 1994

# Derungs und Partner

**Architektur AG**
SIA/SWB/CSEA/GSMBA
Lauriedstrasse 7
6300 Zug
Telefon 041-711 33 84
Telefax 041-711 45 00

**Gründungsjahr** 1962

**Inhaber**
Chris Derungs,
Arch. SIA/SWB, Planer ETH

**Leitende Angestellte**
G. Isenring,
Entwurfsarchitekt

M. Sidler, Projektleiter

M. Oberholzer, Planung

**Mitarbeiterzahl** 10

**Spezialgebiete**
Geschäftshausbau

EDV-Rechenzentren

Industrie- und Gewerbebauten

Wohnungsbau

Umbau/Renovationen

Innenarchitektur

**Publikationen**
Werk Bauen und Wohnen

Archithese

**Wettbewerbe**
Hotel Ratenpass (1. Preis)

Hertizentrum, Zug (4. Preis)

Sportanlage, Davos (4. Preis)

Dorfzentrum Cham (3. Preis)

Altersheim, Baar (3. Preis)

Kantonale Verwaltung (3. Preis)

Bahnhof Zug (1. Preis)

Alterswohnungen Bergli, Zug (Ankauf)

Kirche Herti, Zug (Ankauf)

Tribschenareal, Luzern (7. Preis)

Kant. Strassenverkehrsamt, Zug (1. Preis)

**Philosophie**
Wir machen immer alles neu und besser.

«Entwickle eine unfehlbare Technik, dann überlass Dich der Gnade der Inspiration.» (Walter Gropius)

**Wichtige Projekte**
Terrassenhaus, Walchwil ZG

Geschäftshaus Gabor, Zug

Büro- und Lagerhaus Walterswiler Sport u. Freizeit Immobilien AG, Walterswil

Rotes Geschäftshaus, Baarerstrasse, Zug

Fabrikationsgebäude Etter Kirsch, Zug

Pfrundhaus Oswaldsgasse, Zug

Wohnhaus Gutsch, Menzingen

Gewerbebau Kübler AG, Walterswil

Landhaus Egloff, Menzingen

Schiessanlage Muotathal SZ

Geschäftshaus
Marc Rich & Co. AG, Zug

Restaurant Glashof,
Marc Rich & Co. AG, Zug

Rechenzentrum
Marc Rich & Co. AG, Zug

Gewerbezentrum, Rotkreuz

Zwei Geschäftshäuser Zentrum Cham der ZKB

Kantonales Strassenverkehrsamt Zug

Wohnüberbauung Rank, L & G, Zug

Wohnüberbauung Langrüti, Hünenberg-Cham

Terrassensiedlung Lüssirain, Zug

**Aktuelle Projekte**
Wohnüberbauung Sterenweg, Zug

Wohnüberbauung Lüssirain, Zug

Geschäftshaus Steinhauserallmend, Zug

**Abbildungen**
**1. + 2. Kant. Strassenverkehrsamt Zug, Steinhausen, 1994**

**3. Aussenansicht Marc Rich & Co. AG, Zug, 1983**

**4. Innenansicht Marc Rich & Co. AG, Zug, 1983**

# Harksen – Trachsel – Städeli

**HTS Architekten ETH/HTL**
Zugerstrasse 17
6330 Cham
Telefon 041-780 00 50
Telefax 041-780 00 55

**Bahnhofstrasse 6**
6460 Altdorf
Telefon 041-871 03 34
Telefax 041-870 29 33

**Gründungsjahr** 1988

**Inhaber/Partner**
Daniel Harksen, Arch. HTL
Josef Trachsel, Arch. HTL
Beat Trachsel, Arch. HTL
Stefan Städeli, Arch. HTL
BSS Architekten ETH/HTL
Hermann Heussi, Arch. HTL

**Leitende Angestellte**
Markus Iten, Arch. HTL
Andreas Maag, Bauleiter

**Mitarbeiterzahl**
Büro Cham 13, Büro Altdorf 7

**Spezialgebiete**
– Wohnungsbau
– Gewerbebauten
– Öffentliche Bauten
– Umbauten/Sanierungen
– Verkehrsbauten
– Quartiergestaltungen

## Philosophie

Wir verstehen Architektur als Reaktion auf einen vorgegebenen Ort oder eine vorgegebene Situation. Die formale Reduktion und das Schaffen von einfachen und klaren Strukturen, unter Einbezug der geeigneten Materialien, sind eines der Hauptziele in unserer planerischen Tätigkeit und helfen uns, die Wünsche des Bauherrn funktionell und wirtschaftlich umzusetzen. Qualität gilt als oberstes Prinzip in der Planungs-, Ausführungs- und Abrechnungsphase.

## Wichtige Projekte

1988–98 Neubau Gewerblich-Industrielle Berufsschule Zug, 1. Etappe

1991 Sonderschulgarten-Gestaltung, Sonderschule-Kinderheim, Hagendorn

1991–93 Alterssiedlung in der Schönau, Kaltbrunn

1991 Doppeleinfamilienhaus, Mettmenstetten

1995 Wohnüberbauung Oberdorf Eschen, Steinhausen

## Wettbewerbe

1987 Projektwettbewerb Neubau Gewerblich-Industrielle Berufsschule Zug (1. Preis und Weiterbearbeitung)

1988 Projektwettbewerb Neubau Kaufmännische Berufsschule Zug (3. Preis)

1989 Projektwettbewerb Betagtenheim, Eschenbach SG (4. Preis)

1989 Projektwettbewerb Rathaus, Menzingen (4. Rang)

1990 Ideenwettbewerb Gubelstrasse Nord, Landis & Gyr, Zug

1990 Studienauftrag Alterssiedlung, Kaltbrunn (1. Preis und Weiterbearbeitung)

1990 Projektwettbewerb Bauernschule, Seedorf (2. Preis)

1991 Projektwettbewerb Kantonale Verwaltung Zug (7. Rang/4. Preis)

1992 Projektwettbewerb Wohnheim für Behinderte, Schattdorf (1. Preis und Weiterbearbeitung)

1993 Projektwettbewerb Berufsschulzentrum Schütze, Zürich (11. Rang/7. Preis)

1993 Studienauftrag durch Präqualifikation, Gaswerkareal, Zug

## Aktuelle Projekte

1988–98 Neubau Gewerblich-Industrielle Berufsschule Zug, 1. Etappe

1996 Einfamilienhaus Hörler-Streule, Appenzell

1996 Quartiergestaltungsplan Streule, Appenzell

1996 Reihenhäuser, Beugenstrasse, Oberrüti AG

1996 Umbau/Umnutzungen Sonderschul-Kinderheim, Hagendorn

1996–2001 Dreifachturnhalle mit Schulgebäude, Gewerblich-Industrielle Berufsschule Zug, 2. Etappe

**Abbildungen**

**Trakte 3 und 4 des Unterrichtsgebäudes der Gewerblich-Industriellen Berufsschule Zug, Stand 1995**

# Hegi Koch Kolb

**Architekturbüro SIA**
Ober Altstadt 4
6300 Zug
Telefon 041-710 54 30
Telefax 041-710 54 33

**Zweigbüro in Wohlen**

HEGI
KOCH
KOLB
ARCHITEKTEN

**Gründungsjahr** 1984

**Inhaber**
Stefan Hegi, dipl. Arch. ETH

Felix Koch, dipl. Arch. HTL

Kurt Kolb,
dipl. Innenarch. SfGZ

**Leitende Angestellte**
Markus Haas, Bauleiter

Alain Baur, Techniker TS

**Mitarbeiterzahl** 10

**Spezialgebiete**
Umbauten

Wohnbauten

Öffentliche Bauten

Industrie- und Gewerbebau

Kindergärten

Bauen nach ökologischen Gesichtspunkten

**Publikationen**
Zuger Bautenführer 1992

Hochparterre 5/95

**Philosophie**
Zusammen mit unserer Bauherrschaft versuchen wir Raumqualität mit Benützerbedürfnissen in Einklang zu bringen. Wir sind uns dabei stets bewusst, mit unseren Projekten einen Kulturbeitrag zu leisten. Mit den Prinzipien der einfachen, ablesbaren Strukturen und mittels umsichtigem Umgang mit Material und Energie erzielen wir angemessene Lösungen. In diesem Sinn wird die Ästhetik der Sparsamkeit zum gegenwartsbezogenen Ausdruck unseres Schaffens!

**Wichtige Bauten und Arbeiten**
1988 Gewerbebau/Schreinerei, Kollerstrasse 32, Zug

1990 Wohnüberbauung, Baar (Wettbewerb, 2. Preis)

1991 Renovation/Umbau von vier Kindergärten, Baar

1992 Zweifamilienhaus Hutter, Aarbachstrasse 16, Baar

1994 Umbau/Renovation Gasthaus Rathauskeller, Zug

1994 Umbau Ober Altstadt 4, Zug

**Aktuelle Projekte**
Quartierzentrum Baar/Inwil

Kirchenplatzgestaltung Baar/Inwil

**Abbildungen**
1. Gasthaus Rathauskeller, Zug

2. Erweiterung Zweifamilienhaus, Baar

3. Gewerbebau, Zug

# Müller + Staub Partner AG

**Architekten ETH/SIA/HTL**
Marktgasse 13
6340 Baar
Telefon 041-760 40 20
Telefax 041-760 40 27

**Gründungsjahr** 1963

**Inhaber**
Hannes Müller
Robert Neumeister
Kurt Schmid
Alois Staub
Karl Steinauer

**Mitarbeiter/-innen** 16

**Spezialgebiete**
Preisgünstiger Wohnungsbau (WEG)
Öffentlicher Bau, Schulhäuser
Hotel/Restaurant
Umbau/Renovationen
Bauleitungen
Schatzungen

**Publikationen**
Schulbau in der Schweiz, Institut für Hochbauforschung ETHZ

Zuger Bautenführer, Verlag Werk AG, Zürich

Exemplum, Ausgabe 5, Röben Tonbaustoffe

**Auszeichnungen**
Die gute Küche 1991, Schweizer Küchen-Verband

**Philosophie**
Wir stellen hohe Ansprüche an unsere Dienstleistungen.

Wir suchen Antworten auf ökologische und ökonomische Fragen.

Wir gestalten mit einfachen, lesbaren Formen und Strukturen.

Wir freuen uns über eigenständige, oft unkonventionelle Resultate, welche Identifikation ermöglichen.

**Wichtige Projekte (ab 1985)**
1985 Erweiterung Schulhaus Allenwinden, Baar

1985 Renovation Kirche Niederwil ZG

1987 Werkhof und Feuerwehrgebäude, Cham

1990 Geschäftshaus Goldwell AG, Baar-Walterswil

1991 Bebauungsplan Residenz Marc Rich, Risch ZG

1991 Wohnsiedlung Chriesimatt, Baar

1993 Erweiterung Schulhaus Neuheim ZG (Wettbewerb, 1. Preis)

1993 Hotel Restaurant Ochsen, Menzingen ZG

1994 Wohnsiedlung Eich 2, Cham

1994 Postgebäude, Menzingen ZG

1995 Geschäftshaus Glasi Zug AG, Zug

1995 Wohnsiedlung und Kindergarten Sagenbrugg, Baar (Wettbewerb, 1. Preis)

1995 Rathaus Oberägeri (Wettbewerb, 1. Preis)

**Aktuelle Projekte**
Oberstufenschule Sennweid, Baar (Studienauftrag, 1. Rang)

Preisgünstiger Wohnungsbau Am Rainbach, Baar-Inwil

Wohn- und Geschäftshaus Dossenbach, Baar

Überbauung Seeblick, Cham

Wohn- und Gewerbebauten AGB, Rotkreuz ZG

Umbau und Renovation Haus Sunnematt, Baar

**Abbildungen**

**1. Eingangsbereich Rathaus Oberägeri**

**2. Eingangshalle als «Drehscheibe», Rathaus Oberägeri**

**3. Lichtführung Eingangshalle Rathaus Oberägeri**

**4. Westfassade Ostzeile Wohnsiedlung Sagenbrugg, Baar**

**5. Ostfassade Westzeile Wohnsiedlung Sagenbrugg, Baar**

# Zumbühl & Heggli

Dipl. Architekten
ETH/SIA/HTL
Neugasse 15
Postfach 6
6301 Zug
Telefon 041-711 04 92
Telefax 041-711 04 92

**Gründungsjahr** 1990

**Inhaber/Partner**
Urs Zumbühl,
dipl. Arch. ETH/SIA

Alfons Heggli, dipl. Arch. HTL

**Mitarbeiter**
Beat Kientsch,
dipl. Arch. ETH/SIA

Jean-Daniel Wyss,
dipl. Arch. ETH

**EDV-Beratung:**
Michel Kaufmann,
dipl. Arch. HTL

**Spezialgebiete**
Öffentliche Bauten und Anlagen

Wohnungsbau

Restaurationen und Denkmalpflege

Umbauten/Sanierungen

Stadtplanung, Gestaltungspläne

**Wettbewerbe**
1985 Seeufergestaltung Zug, in Zusammenarbeit mit Jean-Daniel Wyss, 1. Preis

1990 Familienwohnungen Waldheim, Zug

1991 Kantonales Verwaltungszentrum an der Aa, Zug, 5. Preis

1992 Rathausbezirk Stans

1993 Gemeindeverwaltung Cham, 1. Preis

1993 Städtebauliche Studie Zentrumsbereich Zug, Weiterbearbeitung

**Öffentliche Aufträge**
1992 Umgestaltung Vorstadtbrücke, Zug

1993/95 Seeufergestaltung Zug, Fussgängerbrücke

1994 Umfahrung Zug/Baar, Phase 1, Studienauftrag für städtebauliche Ideenskizze

1994/95 Umfahrung Zug/Baar, Studienauftrag für städtebauliche Ideenskizze, Bundesplatz, Bahnhofstrasse und Alpenstrasse

1994/95 Neubau Gemeindehaus Cham, in Planung

1995 «Neukonzeption» Seeufergestaltung Zug

**Private Aufträge**
1991 Bebauungsplan Johannisstrasse, Cham

1992/93 Umbau Bauernhaus Langrüti, Hünenberg

1992/93 Renovation Stöckli, Wannhäusern, Cham

1994/95 Neubau von zwei Einfamilienhäusern Zugerbergstrasse 49, Zug

1994/95 Um- und Anbau Einfamilienhaus Luzernerstrasse 112, Cham

1995 Studie Doppeleinfamilienhaus, Rebmatt, Baar

1995 Neubau Geschäfts- und Wohnhaus Luzernerstrasse 12, Cham

1995 Neubau Wohn- und Geschäftshäuser Johannisstrasse, Cham

**Abbildungen**

**1. Neubau Eggbühl, zwei Einfamilienhäuser Zugerbergstrasse 49, Zug**

**2. + 4. Fussgängerbrücke und Konzeption Seeufergestaltung Stadt Zug**

**3. Neubau Eggbühl, Treppenhaus mit Blick zum Oberlicht**

# Rossi + Spillmann

Dipl. Arch. ETH/HTL/SIA
Baarerstrasse 112
6300 Zug
Telefon 041-767 20 20
Telefax 041-767 20 29

**Gründungsjahr** 1989

**Geschäftsleitung**
Piero Rossi,
dipl. Arch. ETH/SIA

Martin Spillmann,
dipl. Arch. HTL/STV

Ir Ben de Graaff,
dipl. Arch. TU Delft

Daniel Fässler,
dipl. Arch. HTL

**Mitarbeiterzahl** 11
5 dipl. Architekten
1 dipl. Bauleiter
1 Hochbautechniker
1 cand. Arch. ETH
1 Sekretärin
2 Hochbauzeichnerlehrlinge

**Spezialgebiete**
– Wohnungsbauten
– Öffentliche Bauten
– Gewerbebauten
– Wettbewerbe
– Gestaltungs- und Richtpläne
– Umbauten und Sanierungen
– Innenausbau
– Machbarkeitsstudien
– Bauherrenberatungen
– Schatzungen und Expertisen

**Publikationen**
Diverse Wettbewerbe,
SIA-Bauzeitungen

Forsthaus Korporation Zug,
Schweizer Holzbau 11/93 und
Lignum Holzbulletin 39/95

Schulanlage Obfelden,
Eternit 4/94

**Philosophie**
Wir entwickeln und realisieren mit unternehmerischer Ausrichtung Ideen und Konzepte mit hoher architektonischer Qualität.

Entwickeln und realisieren:
– aktiv und selbständig Bedürfnisse und Ideen von öffentlichen und privaten Bauherren aufnehmen und Lösungen anbieten
– das Baugeschehen beobachten, zu Lösungen Stellung nehmen und Alternativen anbieten

Unternehmerische Ausrichtung:
– zur optimalen Realisierung von Projekten Vorarbeiten im planerischen Bereich leisten
– dem Bedürfnis Kosten-Nutzen-Faktor von Bauherrschaften Rechnung tragen

Architektonische Qualität:
– Miteinbeziehen von architekturtheoretischen und städtebaulichen Überlegungen
– kulturellen und gesellschaftlichen Veränderungen Rechnung tragen
– optimales Einsetzen von Konstruktion, Material und Energie unter Berücksichtigung der heutigen ökonomischen sowie ökologischen Erkenntnisse

**Wettbewerbe**
1990 Projektwettbewerb Neubau Verwaltungsgebäude der Landis & Gyr AG in Zug (mit Arch.-Büro BFL, Paris; 1. Ankauf)

1990 Projektwettbewerb Alterswohnungen, Baar

1990 Projektwettbewerb Alterswohnungen Waldheimstrasse, Zug

1991 Projektwettbewerb Kantonales Verwaltungsgebäude in Zug, 2. Etappe (2. Platz)

1991 Studienwettbewerb Quartierplanung Herti 7, Korporation Zug

1992 Projektwettbewerb Erweiterung Schulhaus Neuheim, Kanton Zug

1992 Projektwettbewerb Verwaltungsgebäude Korporation Zug

1993 Projektwettbewerb Verwaltungsgebäude Gemeinde Cham

1994 Projektwettbewerb Überbauung Dorf, Zug (2. Platz)

1995 Studienwettbewerb mit Präqualifikation der Baudirektion Kt. Zug, Gaswerkareal, Zug (mit Arch.-Büro I+B/GWJ, Bern/Zürich)

1995 Projektwettbewerb Schulhaus Riedmatt, Zug

1996 Projektwettbewerb Baudirektion Kt. Zug, Gaswerkareal, Zug (mit Arch.-Büro I+B, Bern)

**Projektierte Bauten**
1990 Parzellierungs- und Überbauungsstudie, Gemeinde Neuenkirch LU

1990 Projekt Wohnüberbauung, Knonau ZH

1990 Projekt Umbau EFH, Zugerstrasse, Walchwil

1991 Bebauungsstudie Wohnsiedlung Weidli, Baar

1992 Bebauungsplan Wohnen und Gewerbe am Gleis, Rotkreuz

1992 Vorprojekt Gewerbehaus «Tramdepot», Baar

1993 Projekt Wohn- und Geschäftshaus, Baarerstrasse, Zug

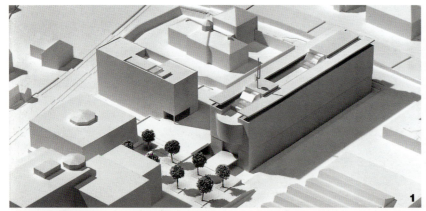

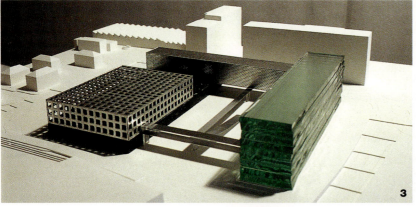

1993 Projektstudie Wohn- und Einkaufszentrum, Hünenberg

1993 Vorprojekt Autoausstellhalle und Werkstatt, Cham

1994 Revitalisierungskonzept Hotel, Zug

1995 Quartiergestaltungs- und Arealbebauungsplan Sagimatt, Areal Spillmann AG, Baar

1995 Projektstudie Büro- und Gewerbehaus Fa. Gygli AG, Zug

1995 Sanierungskonzepte für div. Wohnbauten im Kt. Zug

**Ausgeführte Neubauten**

1990–94 Ausführung Erweiterung Schulanlage Chilefeld, Obfelden

1992 Planung und Ausführung Forstmagazin Korporation Zug, Oberwil

1993–95 Planung und Ausführung Wohnhaus mit Atelier und Schwimmbad, Chamerstrasse 100, Zug

1994 Ausführung Restaurant und Tankstelle Zugerstrasse, Baar

1995 Planung und Ausführung Neubau Übungshaus GVZG, Schönau, Cham

1995 Planung und Ausführung Neubau EFH, im Than, Auw

1995–96 Ausbildungszentrum GVZG + ZS, Schönau, Cham

**Ausgeführte Umbauten**

1989 Büroumbau Rossi + Spillmann, Vorstadt, Zug

1989–90 Büroumbau V-Zug AG, Zug

1995 Sanierung von 24 Wohnungen, Zugerstrasse, Baar

1995 Sanierung von 36 Wohnungen, Eschenweg/Birkenweg, Baar

1995 Fassadensanierung, Oberallmendstrasse und Industriestrasse, Zug

1995 Büroumbau Rossi + Spillmann, Baarerstrasse 112, Zug

**Bauherrenberatungen**

1991–94 Bauherrenberatung Neubau Hauptsitz SEV, Fehraltorf

1994–96 Bauherrenberatung Sanierung Fabrikgebäude CMC, Schaffhausen

1995 Bauherrenberatung Feuerwehrgebäude, Rotkreuz

1995 Immobilienbewirtschaftung Firma MZ-Immobilien, Zug

**Aktuelle Projekte**

Neubau Bürogebäude V-Zug AG, Projekt/Planung, Ausführung Oerlikon-Bührle

Neubau Wohnüberbauung Sagimatt, Baar, Projekt/Planung, Ausführung A. Müller AG

Neubau Hochregallager, Baar, Projekt/Planung

Fassadensanierung MFH, Baarerstrasse, Zug, Projekt/Planung

Umbau/Restaurierung Altstadthaus Neugasse 20, Zug, Projekt/Planung

Sanierung von 3 MFH mit 150 Wohnungen, Rigistrasse, Baar, Projekt/Planung

Areal Rotkreuz, multikulturelles Zentrum mit Dienstleistung, Gestaltungsrichtplan

Bahnhof Zug, Planung in Zusammenarbeit mit Hornberger Architekten AG, Zürich

**Abbildungen**

**1. Modell Projektwettbewerb Kantonales Verwaltungsgebäude, 2. Etappe, Zug**

**2. Forstmagazin Korporation Zug, Oberwil**

**3. Studienwettbewerb Baudirektion Kanton Zug, Gaswerkareal, Zug (mit Arch.-Büro I+B/GWJ, Bern)**

**4. + 5. Wohnhaus mit Atelier und Schwimmbad, Chamerstrasse 100, Zug**

**Zürich**

# Atelier WW

**Dipl. Architekten**
Römeralp, Asylstrasse 108
Postfach
8030 Zürich
Telefon 01-388 66 66
Telefax 01-388 66 16

Obere Strasse 8
7270 Davos
Telefon 081-43 31 95

**Gründungsjahr** 1970

**Inhaber/Partner**
Walter Wäschle

Rolf Wüst

Urs Wüst

**Mitglied der GL**
Kurt Hangarter

**Mitarbeiterzahl** 45

**Infrastruktur**
CAD-Einsatz auf 12 Stationen der modernsten Art, seit 1985

Bauadministration:
EDV Messerli Bauad 2000

**Philosophie**
Unsere Philosophie ist die Planung, Projektierung und Ausführung einer zeitgemässen, modernen Architektur unter Berücksichtigung von Qualität, Kosten und Terminen, wobei auch der heutigen Ökologie sehr stark Rechnung getragen wird.

Dank grossem Engagement und einer beträchtlichen Anzahl erster Preise in öffentlichen sowie eingeladenen Wettbewerben kann sich das Atelier WW einen soliden Auftragsbestand sichern.

Unser Auftragsgebiet hat in all den Jahren seit der Gründung sämtliche Sparten der Architektur erfasst.

**Wichtige Bauten**

**Fürsorge und Gesundheit**
Altersheim Sempach; WB 1. Preis

Alters- und Pflegeheim Weggis; WB 1. Preis

Altersheim u. Siedlung Rebwies, Zollikon; WB 1. Preis

Alters-/Pflegeheim Herrliberg; WB 1. Preis

Behindertenheim Loomatt, Stallikon; WB 1. Preis

Rehabilitationsklinik Tenna, Davos

**Gemeindebauten**
Zentrumsplanung Sursee; WB 1. Preis

Pfarreizentrum Bruder Klaus, Zürich; WB 1. Preis

Zentrumsüberbauung Balestra, Locarno

Dienstleistungszentrum «Im Langhag», Effretikon

**Kultus und Kultur**
Um- und Neubau Kongresshaus, Zürich

Orgeleinbau Kongresshaus/Tonhalle, Zürich

**Banken**
Schweiz. Volksbank, Meilen

Büro- und Verwaltungsgebäude ZKB, Dübendorf

**Industrie/Gewerbe**
EWZ Zürich-Oerlikon; WB 1. Preis

Neue Messe Zürich; WB 1. Preis

Zentrumsplanung Sursee; WB 1. Preis

Wohn- und Geschäftshaus Post, Dietlikon; WB 1. Preis

Büro- u. Gewerbehaus Chromos, Glattbrugg; WB 1. Preis

Büro- und Verwaltungszentrum Vetropack, Bülach; WB 1. Preis

Wohn- und Geschäftsüberbauung Berninapark Zürich-Oerlikon; WB 1. Preis

Gewerbepark Leonberg/D; WB 1. Preis

Überbauung Bernstrasse, Schlieren; WB 1. Preis

Wohn- und Geschäftshaus Bergstrasse, Obermeilen

Gewerbehaus Marcel Scheiner, Neuenhof

Service- und Lagergebäude Zingg-Lamprecht, Brüttisellen

Büro-, Fabrik- u. Lagergebäude Bornhauser AG, Dübendorf

Geschäftshaus Imperial, Zürich

Werkhof und Bürogebäude Sonanini, Fehraltorf

Schappe-Areal, Kriens; 1. Preis

Büro- und Verwaltungsgebäude ZKB Dübendorf

Restaurant Römeralp, Zürich

Geschäfts- und Wohnhausüberbauung Asylstrasse, Zürich

Wohn- und Geschäftshaus Tribschen-Tor, Luzern

Hotel Derby, Davos

Büro- und Gewerbegebäude, Oberrohrdorf

Büro- und Verwaltungsgebäude Lerzenstrasse, Dietikon

Grüt-Park, Regensdorf; WB 1. Preis

**Schulen/Bildung**
Neue Berufs- und Frauenfachschule Winterthur; WB 1. Preis

Erweiterung ETH Zürich; WB 1. Preis

Ausbildungszentrum Ciba-Geigy, Basel

**Freizeit/Sport**
Sporthalle Allmend, Meilen; WB 1. Preis

Hallen- und Freibad Münchenstein; WB 1. Preis

**Wohnungsbau**
Wohn- und Geschäftshaus, Post Dietlikon; WB 1. Preis

Wohnüberbauung, Horgen; WB 1. Preis

Viesenhäuserhof, Stuttgart; WB 1. Preis

Wohn- und Geschäftshaus Bergstrasse, Obermeilen

Zentrumsüberbauung Meilen

Wohnüberbauung Althau, Spreitenbach

Wohn- und Geschäftshaus ZKB, Opfikon

Mehrfamilienhausüberbauung Winkelriedstrasse, Zürich

Überbauung Loonstrasse, Oberrohrdorf

Mehrfamilienhaus Imholz, Herrliberg

Einfamilienhausüberbauung, Künten/AG

MFH-Überbauung Loorenpark, Dietlikon

Wohnüberbauung «Im Park», St.Gallen; WB 1. Preis

Wohnüberbauung Tribschen-Tor, Luzern

Wohnüberbauung, Greifenseestrasse, Zürich

Wohn- und Geschäftshaus Berninapark, Zürich-Oerlikon; WB 1. Preis

**Umbauten/Renovationen**
Erweiterung ETH Zürich; WB 1. Preis

Umbau Restaurant Blume, Zürich-Schwamendingen

Umbau EWZ Beatenplatz, Zürich

Orgeleinbau Kongresshaus/Tonhalle, Zürich

Sanierung Stadthof 11, Zürich-Oerlikon

Sanierung Finanzamt Zürich

Restaurant Römeralp, Zürich

Ausbildungszentrum Ciba-Geigy, Basel

**Aktuelle Projekte**
Überbauung Berninapark, Zürich-Oerlikon

Büro- und Verwaltungsgebäude Lerzenstrasse, Dietlikon

Überbauung Bernstrasse, Schlieren, WB 1. Preis

Vetropack, Zentrum Rütenen, Bülach

Neue Messe Zürich

Behindertenwohnheim Loomatt, Stallikon

Wohnüberbauung Moosburg, Illnau-Effretikon

Wohnüberbauung Hamelirain, Kloten

Wohnüberbauung Grundhalden, Horgen

Wohnüberbauung am Haselbach, Knonau

Kino- und Einkaufszentrum «Multi-Box», Adliswil

Einkaufszentrum Lindenmoos, Affoltern a. Albis

Geschäftshaus Imholz, Zollikon

Wohn- und Geschäftsüberbauung ABB/Coop, Zürich-Oerlikon

Wohnüberbauung Olgastrasse, Zürich

Wohnüberbauung Böszelgstrasse, Dübendorf

Wohnüberbauung Seepark Wannen, Thalwil

Passerelle Hallenstadion, Zürich

**Abbildungen**

**1.** Wohn- und Geschäftshaus, Asylstrasse, Zürich

**2.** Grüt-Park, Regensdorf

**3.** Altersheim, Herrliberg

**4.** Gewerbehaus Marcel Scheiner, Neuenhof

**5.** EWZ-Verwaltungsgebäude, Zürich-Oerlikon

**6.** Überbauung Bernina-Park, Zürich

**7.** Neue Messe Zürich

**Fotos:**
**Monika Bischof, Zürich: 7**
**F. Busam, Dortmund: 1, 2 + 5**

# John Angst

Architekturbüro SIA
Gotthardstrasse 55
8800 Thalwil
Telefon 01-720 08 15
Telefax 01-721 14 13

**Gründungsjahr** 1967
1967–93 Dindo + Angst

**Inhaber**
John Angst,
Architekt SIA/FSAI

**Mitarbeiterzahl** 7 bis 9

**Spezialgebiete**
Schulanlagen

Geschäftshäuser

Wohnbauten: Einfamilienhäuser, Miet- und Eigentumswohnungen

Sanierung von bestehender Bausubstanz

**Wettbewerbe**
Schulanlagen

Banken

Kirchliche Bauten

Wohnbauten

Spitäler

**Wichtige Bauten**

**Schulhäuser und Schulungsgebäude**
Oberstufenschulhaus mit Freizeitanlage Obstgarten, Stäfa; Wettbewerb 1968, Einweihung Gesamtanlage 1973

Primarschulhaus Bergli, Horgen; Wettbewerb 1968, Bezug 1972 (Ausführung mit P. Fluor)

Primarschulhausanlage Kopfholz, Adliswil; Wettbewerb 1968, Bezug 1972

Schulungsgebäude «Seehalde», Oberrieden, für die Zürich Versicherungsgesellschaft; Bezug 1989

**Banken**
SKA-Niederlassung Thalwil; Bezug 1980

SBG-Niederlassung Horgen; Wettbewerb 1980, Bezug 1990 (Ausführung mit Dachtler Architekten AG)

**Wohnbauten**
1978 23 Eigentumswohnungen, Hubstrasse, Oberrieden

1982 18 EFH im Riesbächli, Zürich-Leimbach

1986 6 EFH im Bergli, Oberrieden

1990 Wohnhaus mit Arztpraxis, Feldstrasse, Oberrieden

1995–96 2 Wohnhäuser in der Hub, Oberrieden

**Umbauten und Sanierungen**
1989 PTT-Annahmestelle und Wohngebäude, Gotthardstrasse, Thalwil

1995 Sanierung Schulanlage Pünt, Oberrieden (1. Etappe; Aussenhaut und teilw. Innenräume)

**Wohn- und Geschäftshäuser**
1986 (Bezug) Sparkassenhaus, Oberrieden

1995 (Bezug) Einkaufszentrum Heumoos (mit Wohnungen), Bonstetten

**Kultus und Kultur**
1979 Umgestaltung kath. Kirche St. Joseph, Horgen

1988 Umgestaltung eines bestehenden Kinos im Centro Culturale, Poschiavo

**Bürogebäude**
1993 (bezugsbereit) Seepark, Oberrieden

**Freizeit und Sport**
1983 Tennishaus Tennisclub Oberrieden

**Aktuelle Projekte**
Einfamilienhäuser und Eigentumswohnungen Sut Baselgias, Ruschein GR

Wohnüberbauung Sunmatte, Thalwil

Sanierung Schulanlage Pünt, Oberrieden (2. Etappe)

Renovation, Um- und Neubau Wohnhäuser auf der Platte (Kernzone B), Thalwil

**Abbildungen**

**1. Bürogebäude Seepark, Oberrieden**

**2. Wohnhäuser in der Hub, Oberrieden**

**3. Einkaufszentrum und Wohnungen Heumoos, Bonstetten**

**4. SBG-Niederlassung Horgen**

# Bär + Mächler

**Architekturbüro**
SIA/GSMBA
Freiestrasse 150
8032 Zürich
Telefon 01-422 77 78
Telefax 01-422 77 84

**Gründungsjahr** 1959

**Inhaber/Partner**
Alfred Bär,
dipl. Arch. ETH/SIA

Bruno Mächler, Arch. HTL

**Spezialgebiete**
Banken

Wohnungsbau

Renovationen, Umbauten

Projektmanagement

Schätzungen

**Publikationen**
Kindergarten Zumikon,
Werk 8/66

Hörsaal USZ,
Planen und Bauen 6/82

Glashaus für Sonnenenergie,
Schweiz. Ingenieur 6/92

MFH Zürich, Eternit Arch 93
12/85

**Auszeichnungen**
Auszeichnung für gute
Bauten, Stadt Zürich, 1985

**Philosophie**
Jedes Gebäude soll seinem
Benützer dienlich sein und
nicht umgekehrt.

Lichtführung im Raum

Dreidimensionales Bauen
anstelle von grafischem
Design

Flexibilität in allen Grundrissen

Kosteneinhaltung

**Wichtige Projekte**
Buchhandlung Orell-Füssli,
Pelikanstrasse, Zürich

Doppelkindergarten mit
Wohnung, Zumikon

MFH mit Attikawohnungen
je Terrasse mit Schwimmbad

Druckerei Glattbrugg

Konfektionsfabrik Diessenhofen

Innenausbauten für Banken

Div. Einfamilienhäuser

**Aktuelle Projekte**
Diverse Objekte im Bankinnenausbau

**Abbildungen**
1. **MFH in Zürich**
2. **Glashaus in Zürich**
3. **EFH in Zürich**
4. **Druckerei Glattbrugg**
5. **Hörsaal USZ**

# BKG Architekten AG

**Architekturbüro SIA**
Münchsteig 10
8008 Zürich
Telefon 01-422 40 44
Telefax 01-422 44 96

**Gründungsjahr** 1963

**Inhaber/Partner**
Hans-Peter Bärtsch,
Arch. HTL/STV

Hans Gerber,
dipl. Arch. ETH/SIA

Christof Geyer,
dipl. Arch. ETH/SIA

Creed Kuenzle,
dipl. Arch. ETH/SIA

**Mitglied der Geschäftsleitung**
René Gianola

**Mitarbeiterzahl** 17

**Spezialgebiete**
Projektieren, bauen, erneuern:
– Wohnbauten
– Bauten für Industrie und Dienstleistung
– Bauphysikalische und energetische Sanierungen
– Umnutzung und bauliche Erneuerung bestehender, auch historischer Bausubstanz

Beraten, planen:
– Gestaltungspläne
– Bebauungsstudien
– Bauphysik, Energie
– Gutachten, Expertisen, Schätzungen
– Bauherrenberatung

**Wichtige Projekte**
1985 Produktionsgebäude Bauer AG, Rümlang (2 Etappen)

1985 Projekt Büro- und Laborbauten SEV

1986 Richtplan Gesamtareal Empa, Dübendorf

1987 Neubau Röntgenhaus Empa, Dübendorf

1987 Totalsanierung Institutsgebäude Universität Zürich

1987–94 Sanierungen und Umbauten Empa, Dübendorf

1988 Gestaltungsplan Schafschür, Feldbach

1989 Bürogebäude Kaba AG, Wetzikon (2 Etappen)

1989 Einfamilienhaus im Steinrad, Herrliberg

1990 Mehrfamilienhaus, Feldmeilen

1990 Produktionsgebäude Kaba AG, Wetzikon (2 Etappen)

1990 Sanierung der Gebäudehülle Überbauung Lochergut, Zürich

1991 Um- und Neubauten Wohnhäuser, Hallenbad und Park Hammergut, Cham

1991 Umbau und Sanierung Mehrfamilienhaus der Rentenanstalt, Hofstrasse, Zürich

1991 Umbau und Sanierung Wohn- und Geschäftshaus, Bleicherweg, Zürich

1991 Totalsanierung Mehrfamilienhaus, Nordstrasse, Zürich

1993 Projekt Gewerbeüberbauung Obermühleweid, Cham

1993 Umbau und Erweiterung Bürogebäude SBG, Zürich

1994 Projekt Einkaufszentrum Coop, Cham

1995 Fassadensanierung Geschäftshaus Göhner Merkur AG, Badenerstrasse, Zürich

1995 Wohn- und Geschäftshaus der Rentenanstalt, Zürich

1995 Umnutzung Bürogebäude, Flugplatz Dübendorf

1995 Gestaltungsplan Allmend, Erlenbach

1995 Wettbewerb Repräsentationszentrum Rück, Rüschlikon

**Aktuelle Projekte**
Wohnüberbauung Witellikon, Zollikerberg (Wettbewerb, 1. Preis; in Ausführung)

Projektierung Wohnüberbauung Schafschür, Feldbach

Fassadensanierung Bürogebäude, Flugplatz Dübendorf

Gestaltungsplan Stalden, Erlenbach

Fassadensanierung Synagoge Weststrasse, Zürich

Gesamtrenovation Wohnhaus, Badenerstrasse, Zürich

Wohnüberbauung Grundhof, Herrliberg (Studienauftrag, 1. Preis; in Projektierung)

**Abbildungen**

**1. Wohnhaus, Cham**

**2. Mehrfamilienhaus, Feldmeilen**

**3. Geschäftshaus, Badenerstrasse, Zürich**

**4. Überbauung Grundhof, Herrliberg**

**5. Produktionsgebäude Bauer AG, Rümlang**

**8. Lochergut, Zürich**

Fotos: Erwin Küenzi

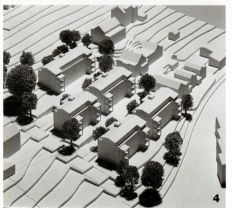

# Bouvard + Faden

**Architekturbüro SIA**
**Im eisernen Zeit 18**
**8057 Zürich**
**Telefon 01-362 52 64**
**Telefax 01-362 51 37**

**Gründungsjahr** 1988

**Inhaber/Partner**
Thomas Bouvard,
Architekt HTL

Gabi Faden,
Architektin ETH

**Mitarbeiterzahl** 1

**Spezialgebiete**
Umbauten, Sanierungen,
Erneuerungen

Zustandserfassungen, Kostenschätzungen und Konzepte für Gebäudesanierungen

Ökologisches Planen
und Bauen

Energienachweise

**Philosophie**
Die Grundlage unserer Arbeit ist eine ganzheitliche Betrachtungsweise der Architektur. Dies beinhaltet, unter Berücksichtigung der jeweiligen Rahmenbedingungen der Aufgabe, das Eingehen auf die Situation, das Umsetzen der Bedürfnisse der Benutzer in eine zeitgemässe Architektur, das Einbeziehen ökologischer Grundsätze sowie die Einhaltung der Termine und der Kosten.

**Wichtige Projekte**
Ersatzbau Einfamilienhaus Hardmeier, Thalwil

Ideenwettbewerb, Bebauung nach ökologischen Prinzipien; 4. Preis

Aussenrenovation, Umbau Einfamilienhaus Brühlmeier, Oberrohrdorf

Aussenrenovation, Umbau Einfamilienhaus Kramer, Uerikon

Aussenrenovation, Umbau Szondi-Institut, Zürich

Sanierung Mehrfamilienhäuser, Affolternstrasse, Regensdorf

Kleinprojekt «Wäschetrocknung im Mehrfamilienhaus», Diane Öko-Bau

**Aktuelle Projekte**
Wohnüberbauung nach ökologischen Prinzipien, «im Bockler», Zürich-Schwamendingen

Sanierung Mehrfamilienhaus, Wuhrstrasse, Zürich

Um- und Anbau Einfamilienhaus Salgaro, Dübendorf

Reiheneinfamilienhäuser «im Schoren», Uerikon

**Abbildungen**

**1. + 2.** Aussenrenovation, Umbau Szondi-Institut, Zürich, 1995

**3.** Sanierung Mehrfamilienhäuser, Affolternstrasse, Regensdorf, 1996

**4.** Wohnüberbauung nach ökologischen Prinzipien, «im Bockler», Zürich-Schwamendingen, Projekt 1994

**Fotos:**
Martin Hemmi, Zürich

# Broggi & Santschi Architekten AG

Mühlezelgstrasse 53
8047 Zürich
Telefon 01-491 14 14
Telefax 01-492 72 40

**Gründungsjahr** 1962

**Inhaber/Partner**
Carlo Broggi, Arch. HTL

Rolf Santschi,
dipl. Arch. ETH/SIA

Heinz Gysel, Arch. HTL

**Leitender Angestellter**
Christoph Michel, Architekt

**Mitarbeiterzahl** 14

**Philosophie**
Wir verstehen die Architektur in erster Linie als Hülle für menschliche Tätigkeit; ihre äussere Erscheinung entsteht aus der Auseinandersetzung mit dem Ort und den Bedürfnissen der Benützer.

Nur die einfache Architektursprache besteht im raschen Wandel von Stilen und -ismen.

Wir machen uns zur Aufgabe, unsere Fachkompetenz stetig zu verbessern und die traditionellen Regeln der Baukunst mit den modernen technischen Mitteln der Bauausführung zu verbinden.

**Wohnungsbau**
1981–83 MFH-Überbauung Isengrund, Adliswil

1980–83 Wohn-/Geschäftshaus, Florastrasse, Adliswil

1987–88 Wohn-/Geschäftshaus, Albisstrasse, Adliswil

1989–90 Wohnhäuser und Geschäftshaus, Zürichstrasse, Adliswil

1990–92 EFH-Überbauung Im Lätten, Kilchberg

1990–96 Gartensiedlung Sihlhof, Adliswil (ArGe mit E. Dachtler/Dr. E. P. Nigg) (Studienauftrag, 1. Rang)

1992 Studienauftrag Wohnsiedlung Bungertwies, Kloten (2. Rang)

1994–95 Wohnhaus- und Werkstattanbau, Richterswil

1994–96 EFH-Überbauung Im Lätten, Adliswil

**Denkmalobjekte**
1984–86 Umbau Alte Mühle, Wohlenschwil

1986–87 Umbau Wohnhaus, Zürich-Leimbach

1989–90 Umbau Wohnhaus, Im Lätten, Adliswil

**Öffentliche Bauten**
1972–75 Hallen- und Freibad, Adliswil

1972–75 Schulanlage Bergdietikon (Wettbewerb, 1. Preis)

1986 Antennenaufbau PTT, ETH Zürich-Hönggerberg (in Zusammenarbeit mit Prof. A. H. Steiner)

1988–96 Lehrwerkstätten Kant. Arbeitserziehungsanstalt, Uitikon

1991–92 Umbau kath. Akademikerhaus, Hirschengraben, Zürich

1992–95 Sportanlage Tüfi, Adliswil

1994–95 Schulpavillon Berufsschule Zürich-Oerlikon

1994–95 Kinderkrippe KIKRI, ETH Zürich-Hönggerberg (Studienauftrag, 1. Rang)

1995 Kindergarten Sihlhof, Adliswil

**DL/Industrie/Gewerbe**
1981–83 SBG-Filiale Florastrasse, Adliswil

1988 Erweiterung Industrieanlage Springfix AG, Wohlen

1990–91 Produktionshalle Schmid Rhyner, Adliswil

1990–92 Verwaltungs- und Produktionsbetrieb, Volketswil

**Wettbewerbe**
Viele Wettbewerbserfolge, mehrere erste Preise

**Aktuelle Projekte**
Sanierung Wohnüberbauung, Brahmsstrasse, Zürich

Anbau Institut für Kernphysik und Sanierung Labortrakt, ETH Zürich-Hönggerberg

Innenausbau Restaurant Gartensiedlung Sihlhof, Adliswil

Wohnüberbauung in Feldmeilen

Entwicklungsplanung Produktionsanlage Schmid Rhyner, Adliswil

Projekte zur Umnutzung von Fabrikanlagen

**Abbildungen**

**1. Sportanlage Tüfi, Adliswil, 1992–95**

**2. Gartensiedlung Silhhof, Adliswil, 1990–96**

**3. + 4. Kinderkrippe KIKRI, ETH Zürich-Hönggerberg, 1994–95**

**Fotos:**
P. Morf: 2
Helbling & Kupferschmid: 3, 4

# Bryner Architekten

**Architekturbüro FSAI/SIA**
**Limmattalstrasse 200a**
**8049 Zürich**
**Telefon 01-342 41 11**
**Telefax 01-342 41 28**

**Büro Uster:**
**Aathalstrasse 38a**
**8610 Uster**
**Telefon 01-941 52 77**
**Telefax 01-941 10 12**

**Gründungsjahr**
Büro Zürich 1959
Büro Uster 1994

**Inhaber/Partner**
Büro Zürich
Reinhold Bryner

Büro Uster
Markus Bryner

**Mitarbeiterzahl** 2 bis 5

**Spezialgebiete**
Wohnungsbau

Landwirtschaftsbau

Touristikbau

Restaurationen

Umbauten, Renovationen

Gewerbebauten

Öffentliche Bauten

Innenarchitektur Büros/Läden

Beratungen, Expertisen

**Publikationen**
Landwirtschaftlicher «Versuchsbetrieb», Eternit-Info, Eternit AG

«Einfamilienhaus», Ideales Heim, Verl. Schönenberger

«Regionalismus», archithese, Verlag A. Niggli AG

«Banken und Industrie», Schweizer Journal, Verlag Dr. H. Frei

**Philosophie**
Ausgewogenheit in Funktion, Form und Aufwand

**Wichtige Projekte**
1960 «Musthof», Vorzugsmilch-Betrieb Muckensturm bei Mannheim (D)

1967 Landwirtschaftlicher Versuchsbetrieb Rossweid in Sulgen-Bürglen TG

1968 Schulhaus Wäldi TG (Wettbewerb)

1969 Friedhoferweiterung, Grüningen ZH

1959–85 diverse Einfamilienhäuser im Raum Ostschweiz

1977 Eigentumswohnungen Casa Pleun Fischeisch, Flims

1978–82 EFH/MFH-Feriendorf Surpunt in Flims GR

1979 «Hönggerwehr», arch. Gestaltung, Zürich-Höngg

1980 Restauration/Umbau Casa Capol, Flims

1990 «Höngger-Markt», Erneuerung in Kernzone Höngg, Zürich

1993 «Fabrik und Müli», Renovation und Umbau Werdinsel Höngg, Zürich

**Aktuelle Projekte**
Renovation/Restauration Jugendstilhaus in Zürich

Div. Wohnbauten

**Abbildungen**

**1. «Höngger-Markt», Erneuerung in Kernzone Höngg, Zürich**

**2. Restauration Luzerner Junkernhaus, Meggen**

**3. Einfamilienhaus-Neubau Am Hungerbühl, Zürcher Oberland**

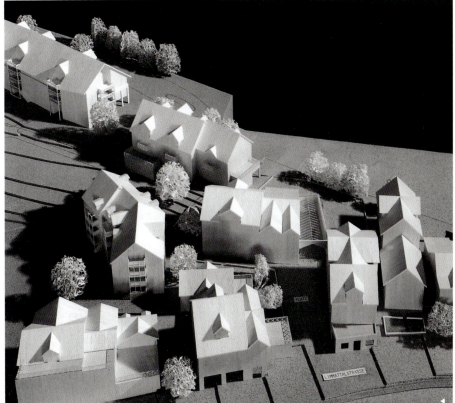

# Dachtler Architekten AG

**Dipl. Architekten**
ETH/SIA/HTL
Seestrasse 227
8810 Horgen
Telefon 01-727 64 64
Telefax 01-727 64 22

**Inhaber**
Egon Dachtler

**Gründungsjahr** 1962

**Geschäftssitz**
Talhof

**Mitarbeiterzahl** 20 bis 25

**Zertifizierung** EN/ISO 9001

**Philosophie**
«Zukunftsgerichtete Architektur, ökologisch sinnvoll und kostenbewusst», dieser Leitsatz liegt unserer Arbeitsphilosophie zugrunde.

**Denkmalpflegeobjekte**
1984 Umbau Geschäftshäuser, Seestrasse, Thalwil

1984–86 Umbau/Renovation «Talhof», Seestrasse, Horgen

1987–88 Kirchgemeindehaus Chrüzbüel, Oberrieden

1989–91 Ortsmuseum «Pfisterhaus», Thalwil

1990–94 Landhaus Bocken, Horgen

1994–95 Renovation/Umbau «alter Schynhuet», Meilen

**Öffentliche Bauten**
1965–67 Oberstufenschulhaus Rainweg, Horgen

1977–78 Oberstufenzentrum Berghalden, Horgen

1985–86 Werkhof- und Feuerwehrgebäude, Thalwil

1987/88 Kirchliches Zentrum Chrüzbüel, Oberrieden

1987–88 Neu- und Ausbau Bezirksgebäude, Horgen

**Dienstleistungsgebäude**
1980 Geschäftshaus Chratz, Horgen

1981–82 Geschäfts- und Wohnüberbauung Seefeld-/Klausstrasse, Zürich

1983 Bürogebäude Postmatte, Pfäffikon SZ

1987 Zentrumsüberbauung «Leue-Huus», Horgen

1987–89 Geschäfts-/Wohnüberbauung Dufour-/Färberstrasse (Pressehaus 2), Zürich

1988–91 Werfthalle und Bürogebäude Yachtwerft Faul, Horgen

1989–91 Personalrestaurant Dow Europe SA, Horgen

1990–91 Bürogebäude mit Betriebserweiterung, Dorfstrasse, Langnau

1990–91 Geschäftshaus, Steinacherstrasse, Wädenswil

1992–94 CS Communication Center, Horgen

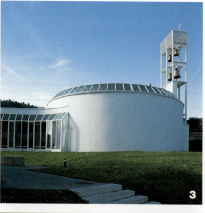

## Wohnungsbau

1970–71 Mehrfamilienhaus, Wassergasse, Horgen

1970–72 Wohnüberbauung Gehren, Horgen

1973–75 Wohnüberbauung Aubrig, Horgen

1980–83 Einfamilienhausüberbauung Schanzacker, Frohburgstrasse, Zürich

1980–83 Mehrfamilienhaus mit Eigentumswohnungen, Forsterstrasse, Zürich

1983–84 Mehrfamilienhaus Thalacker, Seestrasse, Horgen

1987–89 Wohnüberbauung Schlossbergwiese, Wädenswil

1990–91 Wohnüberbauung Neuheim, Lachen

1990–96 Gartensiedlung Sood, Adliswil (ArGe E. Dachtler/Broggi + Santschi)

1995–96 Wohnüberbauung Im Gstaldenrain, Horgen

## Wettbewerbe

Seit 1962 über 50 Wettbewerbserfolge

1981 Feuerwehrgebäude/Werkhof, Thalwil (1. Preis)

1985 Wohnüberbauung Schlossbergwiese, Wädenswil (1. Preis)

1987 Personalrestaurant Dow Europe SA, Horgen (1. Preis)*

1989 Gartensiedlung Sood, Adliswil (1. Preis)*

1989 Katholische Kirche, Hirzel (1. Preis)*

1989 Städtische Bauten/städtische Werke, Opfikon (1. Preis)*

1991 Ausbau ETH Hönggerberg, Zürich (2. Preis)**

1995 Repräsentations- und Seminarzentrum Schweizer Rück, Rüschlikon (1. Preis)

  *ArGe E. Dachtler/Dr. E. P. Nigg
 **ArGe E. Dachtler/Dr. E. P. Nigg/B. Gerosa

## Aktuelle Projekte

1996 Wohnüberbauung Oberdorf, Dübendorf

1996 Berufsschule/Werkjahr, Horgen

1996 Strandbad, Thalwil

1996 Umbau Altstadtliegenschaft, Waaggasse, Zürich

1996/97 Umbau Ausbildungszentrum SKA, Bederstrasse, Zürich (2. Etappe, Planung)

1996–97 Eigentumswohnungen, Waidlistrasse, Horgen

1996–97 Wohnüberbauung, Dietikon

1996–97 Einfamilienhausüberbauung Kummrüti, Horgen

1996–98 Geschäfts-/Wohnhaus Central, Horgen

1996–98 Gesamtplanung Cardinal-Areal, Wädenswil

1996–98 Feuerwehr- und Werkhof, Opfikon

## Abbildungen

1. Yachtwerft Faul, Horgen
2. Umbau und Renovation «Pfisterhaus», Thalwil
3. Kirchliches Zentrum Chrüzbüel, Oberrieden
4. Gottesdienstraum kirchliches Zentrum Chrüzbüel, Oberrieden
5. Personalrestaurant Dow Europe SA, Horgen
6. CS Communication Center Forum, Horgen
7. Wohnüberbauung Schlossbergwiese, Wädenswil
8. Wohnraum Attika, Schlossbergwiese, Wädenswil

# Ingrid Burgdorf und Barbara Burren

**Dipl. Architektinnen ETH**
**Pfingstweidstrasse 31a**
**8005 Zürich**
**Telefon 01-272 11 83**
**Telefax 01-272 11 85**

**Gründungsjahr** 1991

**Mitarbeiterzahl** 3–5

**Spezialgebiete**
Öffentliche Bauten

Individueller und sozialer Wohnungsbau

Büro- und Geschäftsgebäude

Kirchen

Umnutzungen

Innenausbau

**Publikationen**
Wettbewerb Wohnüberbauung Wettswil; Werk, Bauen+Wohnen 1+2/93

Unsere Arbeit lässt sich in Kürze wie folgt charakterisieren:

Analyse:
In der Analyse werden die spezifischen Bedingungen und Anforderungen der einzelnen Aufgabe mit dem Ziel untersucht, das der Aufgabe innewohnende Potential freizusetzen und Lösungsansätze zu formulieren.

Architektonische Umsetzung:
Aus den Ergebnissen der Analyse werden das Konzept und Themen entwickelt, um die Aufgabe architektonisch umzusetzen. Dabei geht es weniger um die Anwendung einer festen, stilistischen Formensprache, sondern vielmehr um eine jeweils individuelle und angemessene Übersetzung in Architektur.

**Wichtige Projekte**
1991 Neubau Ausbildungsgebäude Interkantonales Technikum Rapperswil (Projektwettbewerb, 1. Preis)

1991 Wohnhaus in Turgi (Studienauftrag)

1992 Wohnüberbauung Wannweid/Wannäcker, Wettswil (Ideenwettbewerb, 3. Preis)

1993 Erweiterung Schulanlage Oberzil, St. Gallen (Projektwettbewerb, 8. Preis)

1994 Ausbau und Sanierung Kantonale Strafanstalt Saxerriet (Projektwettbewerb, 9. Preis; mit BGS Architekten, Jona)

1994 Wohnüberbauung Stotzweid, Horgen (Siedlungskonzept, Studienauftrag)

1995 Mieterausbau für Telekurs AG im Technopark, Zürich (mit Anja Maissen, dipl. Arch. ETH)

**Aktuelle Projekte**
Umbau Dreifamilienhaus, Adelboden (in Ausführung)

Neubau Ausbildungsgebäude Interkantonales Technikum Rapperswil (in Ausführung; mit BGS Architekten, Jona)

**Abbildungen**

1. Bibliothek Technikum Rapperswil

2. Mieterausbau Telekurs

3.+ 4. Technikum Rapperswil

**Fotos:**
**Mancia/Bodmer: 2**
**H. Helfenstein: 4**

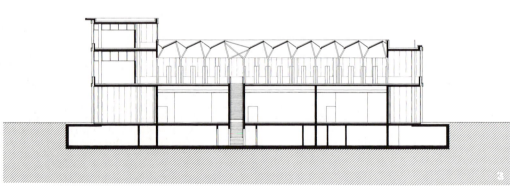

# M. Durrer + Ph. Grunder

**Dipl. Architekten ETH/SIA**
**Vordergasse 20**
**8615 Wermatswil**
**Telefon 01-942 06 11**
**Telefax 01-942 06 11**

**Gründungsjahr** 1992

**Inhaber/Partner**
M. Durrer
Ph. Grunder

**Spezialgebiete**
Wohnungsbau (ökologisch/konventionell)

Industriebau/Laborbau

Altbausanierungen/Umnutzungen

Inneneinrichtungen/Möbel

Architekturwettbewerbe

**Philosophie**
Wir beraten, planen und realisieren für private und öffentliche Bauträgerschaften. Dem Erarbeiten einer individuellen Zielformulierung, der Planung und Realisierung eines menschen- und umweltgerechten Lebensraumes und dem unterhaltsarmen und ökologischen Betrieb gelten unsere Anliegen.

Die intensive Auseinandersetzung mit Architekturwettbewerben verstehen wir als Mittel permanenter Weiterbildung. Das Entwickeln des Prototypischen ziehen wir der Quantität vor.

**Wichtige Projekte**
1992/93 Mehrfamilienhaus Chammerholzstr. 3, Wermatswil/Uster

1992 Wettbewerb Jonaviadukt, Rüti (3. Preis)

1992 Projekt Gewerbehaus Neuwis, Fehraltorf

1994/95 Mehrfamilienhaus, Waldgässli, Wermatswil/Uster

1995 Wettbewerb Schulhaus Freiestrasse, Uster (2. Preis)

1995 Umbau EFH Hammer, Seestrasse 210, Uerikon/Stäfa

1995 Laborumbauten Vernicolor AG, Grüningen

**Abbildungen**
1. Wettbewerb Schulhaus Freiestrasse, Uster (2. Preis)
2. + 3. MFH, Waldgässli, Wermatswil/Uster

# Fischer Architekten AG

Schaffhauserstrasse 316
8050 Zürich
Telefon 01-311 51 51
Telefax 01-311 34 09

Zweigbüro
Alpenstrasse 14
6300 Zug
Telefon 041-711 66 79
Telefax 041-710 49 60

**Gründungsjahr** 1929

**Inhaber/Geschäftsleitung**
Eugen O. Fischer,
dipl. Arch. ETH/SIA

Eugen Mannhart, Architekt

**Mitarbeiterzahl** 60

**Spezialgebiete**
Bauten der Öffentlichkeit

Industrie- und Gewerbebauten, Betriebsbauten

Individueller Wohnungsbau, sozialer Wohnungsbau

Restaurierungen von Schutzobjekten, Umbauten/Sanierungen

Umnutzung bestehender Bausubstanz

Areal- und Quartierplanungen

**Wichtige Bauten**
1970–72 Kirchliches Zentrum St. Katharina, Zürich-Affoltern; Auszeichnung für gute Bauten 1976

1970–73 Schulanlage Vogtsrain, Zürich-Höngg

1978–81 Geschäfts-, Büro- und Wohnüberbauung Neumarkt, Zürich-Oerlikon

1978–82 Wohnüberbauung Gartensiedlung Winzerhalde, Zürich-Höngg; Auszeichnung für gute Bauten 1985

1979–82 Aargauische Kantonalbank, Wohlen AG

1979–84 Umbau und Restauration Stockargut, Zürich

1979–95 Umbau und Renovation Fraumünsterpost, Zürich

1980–83 Erweiterung der Oberstufen-Schulanlage Boden, Richterswil

1984–86 Geschäfts- und Wohnhaus Oberdorftor, Zürich

1985–87 Renovation der Liegenschaft Zum Weingarten, Zürich-Höngg

1985–92 Umbau Haus «Astoria», Nüschelerstrasse, Zürich

1986–88 Einrichtungszentrum Wohnland, Dübendorf ZH

1987–89 Ausbildungszentrum SRK, Nottwil LU; Auszeichnung für gute Bauten 1995

1986–92 Neubau/Umbau Betriebsgebäude Sihlpost, Zürich

1989–90 Wohnhaus Bortolani, Rüschlikon

1989–91 Wohnsiedlung Bächau, Bäch SZ

1989–92 Büro- und Gewerbehaus CARBA AG, Zürich

1990–92 Geschäfts- und Wohnüberbauung Stauffacher, Zürich

1990–93 Betriebsgebäude, Kantonsapotheke, geschützte Operationsstelle, Universitätsspital, Zürich

1990–94 Fernmeldegebäude PTT, Zürich-Binz

1992–93 EPI-Personalhaus, Enzenbühlstrasse, Zürich

1992–94 Wohnüberbauung Schweiz. Rentenanstalt, Maur-Binz

1993–94 Wohnüberbauung Geisschropf, Kloten

1993–94 Wohnüberbauung Im Park und Umbau des Ruhesitzes Quelle, Diakoniewerk Neumünster, Zollikerberg

**Über 70 Wettbewerbserfolge**

**Wichtige Projekte (nicht ausgeführt)**
1983 Wettbewerb Erweiterung Kunstmuseum Winterthur, 1. Preis

1990 Projektwettbewerb für den Ausbau der ETH Hönggerberg (gemeinsam mit Prof. P. Meyer), 1. Preis

**Abbildungen**

**1. + 4.** Ausbildungszentrum SRK, Nottwil LU

**2. + 5.** Siedlung Bächau, Bäch SZ

**3. + 6.** Fernmeldegebäude PTT, Zürich-Binz

**Fotos:**
Heinz Bigler: 1, 4
Giorgio Hoch: 2, 5
Erismann + Gessler: 3, 6

# Fosco Fosco-Oppenheim Vogt

**Architektengemeinschaft 5246 Scherz**

Benno und Jacqueline Fosco-Oppenheim
Architekten ETH/BSA
Auf dem Höli, 5246 Scherz
Telefon 056-444 99 68

Klaus Vogt, Architekt BSA/SIA
Hauserstrasse 125, 5246 Scherz
Telefon 056-444 93 68

**Fosco Fosco-Oppenheim Vogt
Architekten BSA/SIA
Hardeggstrasse 17
8049 Zürich
Telefon 01-341 92 66
Telefax 01-341 92 63**

Zusammenarbeit seit 1970

**Mitarbeiterzahl** ca. 10

**Spezialgebiete**
Bauen und Planen:
– Wohnbauten
– Gewerbebauten
– Betriebsbauten
– Bahnbauten
– Labor- und Bürobauten
– Bebauungs- und Gestaltungspläne

**Auszeichnungen**
1977 Eidg. Kunststipendium

1985 + 1991 Auszeichnung für gute Bauten der Stadt Zürich

1992 «Preisnagel»: Auszeichnung für gute Bauten des SIA Solothurn

**Publikationen**
«Höli»: Werk 12/75; KS Neues 2/76, 9/80; Das ideale Heim, März 1977; Aktuelles Bauen, Feb. 79, Dez. 79; L'Architecture d'aujourd'hui, oct. 79; Deutsche Bauzeitschrift 2/81

Kappel: Archithese 1/80, 3/83; Aktuelles Bauen 3/83, 4/84; Werk, Bauen + Wohnen, 9/83; Schweizer Baublatt vom 10.5.85; Wohnbauten im Vergleich, von Prof. P Meyer, ETH

Kienastenwiesweg 28–34: Tages-Anzeiger 8.10.83; Schweizer Architekten 63, Sept. 84; Werk, Bauen + Wohnen, April 85; KS Neues 2/85

REZ: NZZ 28.10.81, 7./8.12.91; Tages-Anzeiger 2.11.81, 3.10.86; Aktuelles Bauen, Dez. 81; Werk, Bauen + Wohnen 1+2/87; Interni 7+8/87, Schweizer Architektur 80, Dez. 87; Schweizerische Baudokumentation, Juni 89; Ideales Heim, Okt. 90

Wohn-Werk-Häuser: Werk-Archithese, Nov./Dez. 78

Turnhalle Altenburg, Wettingen: KS Info 1/93

Gewerbering Wohlen: Die Schweizer Industrie 2/93; Werk, Bauen + Wohnen 9/93

Neubau Institutsgebäude Clausiusstrasse: Hochparterre 8+9/92; Tages-Anzeiger 16.7.94

**Philosophie**
Wir suchen direkte Antworten auf komplexe Fragen.
Wir bauen gerne im Kontext erhaltenswerter Altbauten. Kommunikatives Wohnen interessiert uns. Ökologisch vertretbare Lösungsansätze und benützerorientiertes Planen sind uns ein vordringliches Anliegen.
Wir planen und bauen für Private, für Gruppen und für die öffentliche Hand.

**Wichtige Projekte**
1975 Wohnsiedlung «Auf dem Höli», Scherz

1982 «Hofstatt», Wohnhaus für 7 Familien in Kappel SO

1983 Mehrfamilienhaus W. Hüsler, Kienastenwiesweg, Zürich-Witikon

1985 Turnhalle Altenburg, Wettingen

1986 REZ-Häuser an der Limmat, Hardeggstrasse 17–23, Zürich-Höngg

1987 Friedhofgebäude Baden-Rütihof

1991 Ref. Kirchgemeindehaus Kölliken

1991 Reihen-Stadthäuser Arosastrasse 18–23, Zürich-Tiefenbrunnen

1991 Mehrfamilienhaus A. Hüsler, Kienastenwiesweg, Zürich-Witikon

1992 Gewerbering Wohlen

1994 Institutsgebäude CLA der ETH, Clausiusstrasse, Zürich

**Aktuelle Projekte**
1995 2. Etappe Institutsgebäude CLA der ETH, Clausiusstrasse, Zürich

1995 Bahnhof Rüti ZH

1995 Betriebszentrum Zoo Zürich

1995 Wohnüberbauung Grossmann-Bäulistrasse, Zürich

**Abbildungen**
1. Wohnsiedlung «Auf dem Höli», Scherz
2. «Hofstatt», Wohnhaus für 7 Familien, Kappel SO
3. REZ-Häuser an der Limmat, Hardeggstrasse 17–23, Zürich
4. Mehrfamilienhaus W. Hüsler, Kienastenwiesweg, Zürich-Witikon
5. Gewerbering Wohlen
6. Institutsgebäude CLA der ETH, Clausiusstrasse, Zürich

# Christoph G. Froehlich

**Dipl. Architekt SIA/SWB**
Quellenhof
8193 Eglisau
Telefon 01-867 36 16
Telefax 01-867 37 16

**Gründungsjahr** 1977

**Inhaber**
Ch. G. Froehlich

**Mitarbeiterzahl** 4 oder 5

**Spezialgebiete**
Beratertätigkeit Altstadtfragen in Zofingen (seit 15 Jahren)

Umbauten, Renovationen und Neubau in privatem und öffentlichem Bereich

**Publikationen**
Schloss Laufen, Hotel-Journal, Herbst 84

Porträt Ch. G. Froehlich (6 Bauten), Planen + Bauen 12/85

«Quellenhof», Eglisau, Schweizer Journal 5/88

«Etzliberg», Thalwil, Hotel-Journal, Herbst 95

«3 Projekte der Provinz…», KS-Info 1/96

**Philosophie**
«In der Einfachkeit liegt die hohe Kunst…», dazu gehören gestalterische, konstruktiv-technische und wirtschaftliche Aspekte.

Über allem aber soll die zwischenmenschliche Beziehung zu den Partnern stehen, vor allem zu den verschiedenartigen Bauherrschaften!

**Wichtige Projekte**
1973 EFH D. Stucky, Eglisau

1978 EFH R. Schwyter, Eglisau

1980–81 EFH Dr. R. Urscheler, Flawil

1981–86 Umbau und Renovation Schloss Laufen (Staat Zürich)

1982–86 Umbau «Quellenhof», Eglisau

1988 Projekt Ausbildungszentrum «Schloss Eugensberg»

1988 Werkhof Hochfelden (1. Preis; nicht ausgeführt)

1988–89 DEFH P. Lindt, Eglisau

1988–89 DEFH Ferrari und Freudiger, Eglisau

1989–91 Bürogebäude Forbo International, Eglisau

1989–94 Fernmeldegebäude, Eglisau (Telecom Zürich)

1990 Schulanlage Ponte, Eglisau (1. Preis; nicht ausgeführt)

1992–93 Friedhofgebäude, Glattfelden (1. Preis)

1993–94 EFH Dr. H. Eisenegger, Höri

1993–95 Um- und Erweiterungsbau «Etzliberg», Thalwil (1. Preis)

1993–95 EFH A. Egg-Weber, Bülach

**Aktuelle Projekte**
Um- und Erweiterungsbau Schulanlage Städtli, Eglisau

Renovation Bahnhofgebäude SBB, Eglisau

Überbauung Murfeld-Hof, Eglisau

Projekt Einkaufszentrum, Eglisau

**Abbildungen**

1. Südansicht EFH Egg, Bülach, 1994

2. «Scala Reggia», EFH Egg, Bülach, 1994

3. Erweiterung Friedhofgebäude, Glattfelden, 1994

4. Restaurant und Wohnbau Etzliberg, Thalwil, 1995

5. Seerestaurant Etzliberg, Thalwil, 1995

6. Südwestansicht EFH Dr. Eisenegger, Höri, 1994

# Germann Stulz Partner

**Architekten BSA/SIA**
Riedtlistrasse 15
8006 Zürich
Telefon 01-361 73 76
Telefax 01-361 68 51

**Gründungsjahr** 1951

**Inhaber/Partner**
Peter Germann, Arch. ETH/BSA/SIA

Georg Stulz, Arch. ETH/SIA

Gregor Trachsel, Arch. HTL

Jan Noordtzij, Arch. ETH

**Mitarbeiterzahl** 9

**Spezialgebiete**
Projektieren, bauen, erhalten:
- Wohnbauten, Heime, Bauten für Betagte
- Bauten für Kultur, Unterricht und Versammlung
- Bauten für Arbeit, Handel, Dienstleistung
- Renovationen, Erweiterungen, Umbauten, Restaurierungen

Planen, beraten, gestalten:
- Ortsplanungen, Bebauungsstudien
- Gutachten, Bauberatungen, Richtprojekte
- Gestaltung von Plätzen, Verkehrs- u. Ingenieurbauten

**Publikationen**
«Einkaufszentrum Meierwis», Architektur + Ladenbau 1/70

«Restaurierung St. Peter», Schweiz. Archäologie und Kunstgeschichte, Bd. 33, 1/76

«Betagtenwohnheim Vaduz», Deutsche Bauzeitschrift 6/78

«Begleitplanung bei der N 4», Strasse und Verkehr 6/89

«Schulhaus, Kerzers», Kt. Freiburg / Zeitgenössische Architektur 1940–1994, 1994

«Rheinbrücke der N 4, Schaffhausen», Archithese 3/94

**Auszeichnungen**
«Brunel Award 1992» an SBB für Renovation Bahnhof Richterswil (mit E. Stahel)

**Philosophie**
Überlegte Einordnung der Bauten in landschaftlichen und baulichen Rahmen ist wesentliches Gestaltungsprinzip. Gleichgewichtige Behandlung von Konstruktion und Form. Dabei Tendenz zu konstruktiv und formal einfachen Lösungen.
Ziel sind Bauten als Ausdruck ihrer Entstehungszeit, unabhängig von kurzlebigen Moderströmungen.

**Wichtige Projekte**
1974 Restaurierung Kirche St. Peter, Zürich

1975 Alterswohnheim (mit W. Bachmann), Vaduz

1976 Renovation und Umbau Burgareal, Maur

1976–83 Gestaltungsarbeiten und Bauten zur N 20, Gubrist

1977 Töchterheim Winterthur

1979 Zentrumsplanung Zürich-Schwamendingen

1980 Wohnüberbauung (mit W. Bachmann), Ebmatingen

1981 Renovation ref. Kirche Neumünster, Zürich

1982 Wohnbauten, Nänikon

1983 Dorfkernplanung und Seestrasse, Richterswil

1984–96 Gestaltungsarbeiten zur N 4, Schaffhausen

1985 Renovation ref. Kirche, Wädenswil

1986 Gestaltung Schwamendingerplatz, Zürich

1986 Umbau und Erweiterung Bankfiliale, Zürich

1987 Wohnbauten, Weiningen

1988 Gesamtsanierung Wohnbauten (mit E. Stahel), Zürich

1989 Renovation und Saalbau Brutelgut, Schafisheim

1990 Atelieranbau, Zürich

1991 Renovation Bahnhof (mit E. Stahel), Richterswil

1992 Erweiterung Ladenzentrum mit Bank, Greifensee

1994 Renovation Kirchgemeindehaus, Winterthur

1995 Gestaltung Rheinbrücke (mit M. Keller), Schaffhausen

1995 Renovation Landgut, Meilen

**Aktuelle Projekte**
Gestaltungsarbeiten zur N 4, Schaffhausen

Überbauung Kern Süd, Uster

Renovation Kirche, Kilchberg

Einfamilienhaus, Erlenbach

Primarschulhaus, Dällikon

**Abbildungen**
1. St. Peter, Zürich
2. Burgareal, Maur
3. Wohnbauten, Weiningen
4. Brutelgut, Schafisheim
5. Bankneubau, Greifensee
6. Rheinbrücke N 4 (Modell), Schaffhausen

# Grego + Smolenicky

**Dipl. Architekten ETH**
Rennweg 20
8001 Zürich
Telefon 01-221 13 23
Telefax 01-221 13 23

**Gründungsjahr** 1992

**Inhaber/Partner**
Jasmin Grego,
dipl. Arch. ETH

Joseph Smolenicky,
dipl. Arch. ETH

**Mitarbeiterzahl** 2 bis 4

**Spezialgebiete**
Umbauten/Umnutzungen
Siedlungsbau
Gewerbebau
Städtebau/Landschaftsbau
Industriebau
Innenausbau

**Publikationen**
Baumeister, Deutschland, 3/94

Quaderns, Spanien, Nr. 202, 1994

Archithese 3/92, 6/94, 5/95

«Innenarchitektur in der Schweiz 1942 – 1992», VSI-Verlag

NZZ vom 12.4.96

Wind World Interior Design, Japan, Spring 1996

**Auszeichnungen**
1992 Preisträger Schweizer Pavillon, Weltausstellung in Sevilla

Wettbewerb Verwaltungsgebäude Jockey/Vollmoeller AG, Uster (2. Preis)

1995 SFAX wird schönster Coiffeursalon Europas

**Philosophie**
Ganzheitliche Strategien für projektbezogene Lösungen:

architektonisch
funktional
ökonomisch
konzeptionell
ökologisch
materialbewusst
ästhetisch

**Wichtige Projekte**
1992 Schweizer Pavillon, Weltausstellung in Sevilla (Preisträger)

1992 Eingeladener Wettbewerb «Paris – Kulturhauptstadt Europas» (Wohnungsbau)

1992 Umbau Coiffeursalon SFAX, Seefeld, Zürich

1993 Eingeladener Wettbewerb «Berlin – Kulturhauptstadt Europas» (Wohnungsbau)

1993 Umbau Villa am Niederhofen-Rain, Zürich

1995 Umbau Kommunikationsagentur VIVA AG, Seefeld, Zürich

1995 Eingeladener Wettbewerb Neugestaltung Theaterplatz, Baden

1995 Projekt unterirdischer Ballettsaal, Opernhaus Zürich

1995 Eingeladener Wettbewerb Verwaltungsgebäude Jockey/Vollmoeller AG, Uster (2. Preis)

1995 Umbau Kleiderladen Fidelio, Münzplatz, Zürich

**Aktuelle Projekte**
Holzfertighäuser im Systembau
Ballettsaal, Opernhaus Zürich
Restaurant in Zürich
Villa auf Sardinien

**Abbildungen**

**1. Coiffeursalon SFAX, Seefeld, Zürich, 1992**

**2. Erweiterung Verwaltung Jockey/Vollmoeller AG, Uster, 1995**

**3. Holzhäuser im Misox, 1994**

**Fotos: Christian Kerez: 1**

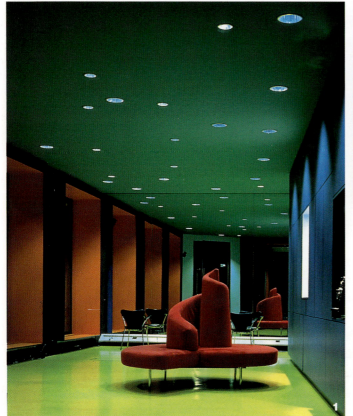

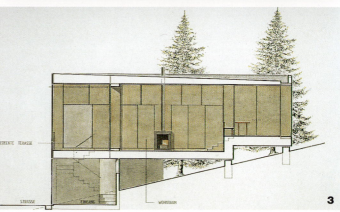

# Urs Hilpertshauser

**Architekt HTL/STV**
Kemptnerstrasse 7
8340 Hinwil
Telefon 01-937 46 66
Telefax 01-938 12 92

**Gründungsjahr** 1984

**Leitender Angestellter**
Stefan Reimann,
Architekt HTL

**Infrastruktur**
– CAD-Einsatz
– Bauadministration
– Elementkostengliederung
– Grobdiagnose (Projektierungshilfe)
– Terminplanung

**Spezialgebiete**
Schulen

Individueller und sozialer Wohnungsbau

Holzbau

Renovationen, Umbauten

Umnutzungen

Bauerneuerungen

Projektorganisation

**Publikationen**
Nebengebäude Schulhaus, Hinwil, Holz-Bulletin 31/92 und Archholz 95/96

**Philosophie**
Architektur:
Das Geniale ist immer einfach.
– Konzeption: einfach, flexibel, funktionell, einheitlich
– Ganzheitliche Lösung: dem Ort und den Anforderungen entsprechend zweckmässig, zeitgemäss

Konstruktion:
– Einfachheit: einfache, sich wiederholende Elemente, Materialien, Formen und Farben
– Ökologie: ökologische Materialwahl
– Wirtschaftlichkeit: kostenbewusste Materialwahl

Bauausführung:
– Agieren, nicht reagieren: durch Darstellung strukturierter Abläufe (Netzplan)

Baukosten:
– Kostentransparenz: detailliert erarbeitete Kosten in jeder Bauphase

**Wichtige Projekte**
Wettbewerbe:
1991 Wettbewerb auf Einladung (Primarschule Rüti ZH): Erweiterung Schulanlage Fägswil, Rüti ZH; 1. Preis, ausgeführt 1992–95

Ersatzbau:
1991 Nebengebäude Schulhaus, Hinwil; Holzbinderkonstruktion

Umbau/Umnutzung:
1992/93 Reorganisation Sauber + Gisin AG, Hinwil; konzeptionelle Beratung, Planung und Ausführung

Bauerneuerung:
1992–95 2 MFH, Effretikon; Grobdiagnose, Sanierungsmassnahmen, Planung und Ausführung

Neubau:
1994–96 4 Niedrigenergiehäuser nach ökologischen Prinzipien

**Aktuelle Projekte**
4 Niedrigenergiehäuser, Ottikon (Gossau ZH)

Einbau Postbüro in SBB-Stationsgebäude, Feldbach (Hombrechtikon)

**Abbildungen**

**1. + 2. Schulanlage Fägswil, Rüti ZH, 1995**

**3. Nebengebäude Schulhaus, Hinwil, 1991**

**4. Bauerneuerung MFH, Effretikon, 1995**

**Fotos:
Martin Hemmi: 1, 2, 4**

# hornberger architekten ag

Hofackerstrasse 13
8032 Zürich
Telefon 01-422 73 80
Telefax 01-383 07 55

**Gründungsjahr** 1982

**Inhaber/Partner**
Klaus Hornberger,
Dr. sc. techn. ETH, dipl. Arch. SIA

Roland Meier, Arch. Reg. A

**Leitender Angestellter**
Hansueli Lehmann,
dipl. Arch. ETH/SIA

**Mitarbeiterzahl** 5

**Spezialgebiete**
Öffentliche Bauten (Bahnhöfe, Werkhöfe, Verwaltungsbauten)

Wohnungsbau, Wohnsiedlungen

Zentrumsplanungen

Städtebauliche Studien, Aussenraumgestaltung

Umbauten, Renovationen, Denkmalschutz

Wettbewerbe

**Publikationen**
«Interdependenzen zwischen Stadtgestaltung und Baugesetz», Diss. K. Hornberger, ETH Zürich, 1980

«Quartiererneuerung», ORL-Studienunterlage Nr. 47, ETH Zürich, 1980 (K. Hornberger)

«Gestaltungsplan», ORL-Bericht Nr. 56, ETH Zürich, 1985 (K. Hornberger)

Diverse Artikel in Tageszeitungen und Fachzeitschriften

«Gemeindezentrum Rüti», Selbstverlag, 1995

**Auszeichnungen**
Diverse Wettbewerbspreise

Bauberatung Gemeinde Baar

Zeitweise Unterricht am IT Rapperswil, Abt. Landschaftsarchitektur

**Philosophie**
«Das Einfachste ist nicht immer das Beste, aber das Beste ist immer einfach.»
(Heinrich Tessenow, Architekt, 1867–1950)

**Wichtige Projekte**
1985 Genossenschaftliche Wohnsiedlung Schützenstrasse, Zollikon (Wettbewerb 1985, 1. Preis; realisiert 1988 mit Büro Marti Partner)

1988–95 Realisation Wohnsiedlung Than (16 EFH, Arealbebauung), Auw AG

1990 Bahnhof Rapperswil und Wohnüberbauung Rapperswil Süd (Wettbewerb 1989, 1. Preis)

1991 Sanierung und Umbau SBB-Wohnheim Josefstrasse 48, Zürich

1992 Bahnhof Zug, Bahnhof, Busbahnhof und Wohnüberbauung West (Wettbewerb 1989 + 92, 1. Preis)

1992 Stadtzentrum West (36 Wohnungen, 7 Stadthäuser, Büros, Läden), Metzingen (D) (Wettbewerb 1988, 1. Preis)

1993 Umnutzung Industrieareal, Dettingen (D) (Wettbewerb 1993, Weiterbearbeitung durch deutsche Kontaktarchitekten)

1994 Gestaltung verkehrsfreies Zentrum, Wetzikon (Projekt)

1995 Fertigstellung Gemeindezentrum (Gemeindehaus, Werkhof und Lagerhalle), Rüti (Wettbewerb 1990, 1. Preis)

**Wettbewerbe**
1988 Bahnhof/Rosenbergquartier, St. Gallen; 3. Preis

1988/89 Bahnhof Zug; 1. Preis

1989 Allianz Versicherungs AG, Charlottenplatz, Stuttgart; 2. Rang

1989 Genossenschaftliche Wohnüberbauung, Hedingen; 2. Preis

1989 Bahnhofsgebiet, Rapperswil; 1. Preis

1990 Altersheim, Baar; 2. Preis

1990 Röntgenareal (Wohnen, Schulung, Gewerbe), Zürich; 8. Preis

1991 Wohnen, Büro, Gewerbe auf ehemaligem Werkhofareal, Luzern-Tribschen; 3. Preis

1992/93 Gemeindehaus mit Post, Bank und Wohnungen, Auw AG; 2. Preis

1993 Wohnen, Gewerbe auf ehemaligem Industrieareal, Dettingen (D); 4. Preis

1994/95 Gaswerkareal, Zug: Gesamtprojekt Kanton Zug, Buszentrum Zugerland Verkehrsbetriebe für 132 Busse, Steuerverwaltung, Kaufm. Berufsschule, Sporthalle; 1. Rang, Weiterbearbeitung ZVB-Betriebe

**Aktuelle Projekte**
Gaswerkareal, Zug, Stützpunkt Zugerland-Verkehrsbetriebe: Einstellhalle, Service, Tanken, Wartung für sämtliche Busse (132 NE)

Vorbereitung zweier Wohnsiedlungen, Zollikon und Jona

**Abbildungen**
1.–3. Gemeindezentrum Rüti, 1995

4. Bahnhof Rapperswil, 1990

5. Bahnhof Zug, 1992

# Felix Huber

**Dipl. Architekt ETH/SIA**
Dolderstrasse 38
8032 Zürich
Telefon 01-251 32 44
Telefax 01-251 32 51

**Gründungsjahr** 1990

**Mitarbeiterzahl** 3

**Spezialgebiete**
– Wohnbauten
– Geschäftshäuser
– Arztpraxen
– Innenarchitektur
bei
– Neubauten und Umbauten
– Auftragsabwicklung auf deutsch und französisch

**Philosophie**
Bauen als Notwendigkeit
Bauen als Eingriff
Bauen als Einpassung ins Umfeld
Bauen als Materialisierung eines Gedankens
Bauen als Abbild der Gesellschaft
Bauen als Reise
Wir begleiten Sie mit unseren professionellen Mitteln.

**Wichtige Projekte**
1991–94 Wohn- und Geschäftshaus Alte Feldeggstrasse, Zürich-Seefeld
1994 Kinderarztpraxis, Zürich
1994 Wettbewerb Fabrik am Wasser, Zürich
1994 Renovation Mehrfamilienhaus, Küsnacht
1995 Energie-Sanierung Mehrfamilienhaus mit Läden, Zürich
1995 Studienauftrag 3 Einfamilienhäuser, Zürich
1995 Erweiterung Einfamilienhaus, Rüschlikon

**Aktuelle Projekte**
Augenarztpraxis, Zürich
Anwaltskanzlei, Zürich
4 Einfamilienhäuser, Küsnacht
Studienauftrag Bezirksgericht Kanton Zürich

**Abbildungen**

**1. Treppenhaus
Wohn- und Geschäftshaus
Alte Feldeggstrasse
Zürich 1994**

**2. Ansicht
Wohn- und Geschäftshaus
Alte Feldeggstrasse
Zürich 1994**

**3. Empfang Augenarztpraxis
Zürich 1996**

# Urs Hürner + Partner

**Architekturbüro AG**
Heinrichstrasse 267
8005 Zürich
Telefon 01- 446 57 57
Telefax 01- 446 57 00

**Gründungsjahr** 1987

**Partner**
Urs Hürner,
dipl. Arch. HTL

Hanspeter Killer,
dipl. Arch. HTL

Piotr Milert,
dipl. Arch. ETH/SIA

Ulrich Prien,
dipl. Arch. ETH/SIA

Beat Scheiwiller,
dipl. Arch. ETH/SIA

**Mitarbeiterzahl** 11

**Philosophie**
Klare, architektonisch akzentuierte Lösungen mit hohem Nutzwert für Benutzer und Investor.

**Spezialgebiete**
Bauen:
– Wohnen
– Banken/Verwaltung
– Industrie und Gewerbe
– Ver-/Entsorgungsbauten
– Sozialbauten

Planen:
– Vorbereitung Wettbewerbe
– Gesamtleitungen
– Arealgesamtplanungen/
  Generalplanungen

Energie/Ökologie:
– Gebäudesanierungen
– Energiekonzepte

Gebäudeunterhalt:
– Mittelfristige Unterhaltskonzepte
– Finanzplanungen

**Wichtige Projekte**
1989 Informatikzentrum mit Personalrestaurant, Zürich

1990 Geschäftshaus Geistlich, Schlieren

1990 Arealplanung G. Fischer, Thalwil

1991 Einfamilienhaus H. Held, Thalwil

1992 Umbau Villa F. Lienhard, Zürich

1994 Umbau Ex-Hypobank, Bank Leu, Winterthur

1995 Mehrfamilienhaus mit Werkstatt, Kappel am Albis

1995 SKA-Filiale Enge, Zürich

1995 Umbau Geschäftshaus, Bremgartenstrasse, Zürich

1995 Umbau Haus Dr. Lohmeyer, Pignia GR

1996 Kehrichtverbrennungsanlage Limmattal, Dietikon

**Aktuelle Projekte**
Einfamilienhaus mit Atelier, Osterfingen

Aussensanierung Wohnbaugenossenschaft Entlisberg, Zürich

Gesamtsanierung Hochhaus Palme, Zürich

Logistikgebäude Telecom PTT, Gossau SG

Bankfiliale, Flughafen Zürich

Aufstockung Produktionsgebäude, Kloten

**Abbildungen**

**1.** Logistikgebäude Telecom PTT, Gossau SG, im Bau seit Juni 1994

**2.** Logistikgebäude Telecom PTT, Gossau SG, Fertigstellung Juli 1998

**3.** Kehrichtverbrennungsanlage Limmattal, Dietikon, 1996

**4.** Neuer Haupteingang im Hochhaus zur Palme, Zürich, 1996

**5.** Umbau der SKA-Filiale Enge, Zürich, 1995

**Fotos: Peter Morf, Zürich**

# IGGZ

**Institut für Ganzheitliche Gestaltung Zürich**
**Spinnereistrasse 12**
**8135 Langnau am Albis**
**Telefon 0041-1-771 89 00**
**Telefax 0041-1-771 89 03**

**Gründungsjahr** 1993

**Gründer, Inhaber, Leiter**
Hans Ulrich Imesch,
Architekt – Tiefenpsychologe
SIA/SWB/S und IGfAP

**Mitarbeiter**
Praktikantinnen, Zeichner, Grafiker, Modellbauer, Fotografen, Designer, Architekten, Siedlungsgeografen, Computerspezialisten.

**Stab**
Juristen, Finanzberater, Medienbetreuer, Administration

**Tätigkeit**
Forschung, Beratung/Schulung, Implementation in den Bereichen Städtebau/Architektur/Design, Kommunikation, praxisorientierte Persönlichkeitsfindung und -entfaltung

**Methodik**
Aufgabenbearbeitung und Problemlösung aus ganzheitlicher Sicht, d.h. unter Berücksichtigung von gestalterischen, wirtschaftlichen und tiefenpsychologischen Aspekten

**Philosophie**
Was im unsichtbaren Innen ist, manifestiert sich im sichtbaren Aussen.

Was im sichtbaren Aussen ist, wirkt auf das unsichtbare Innen.

Beides qualitätvoll gestaltet ist die Ganzheit, der wir in unseren Arbeiten möglichst nahe kommen wollen.

**Arbeiten im Bereich Städtebau/Architektur/Design**
Idee, Entwurf und gestalterische Realisierung Plakatierungs-Gesamtkonzept Stadt Zürich

Städtebauliche Analysen und stadtbildgestalterische Plakatierungs-Basiskonzepte für div. Städte und Gemeinden, projektive Umsetzungen der Basiskonzepte

Architektonische Entwürfe und Realisierungen von Pilotprojekten und Bauvorhaben (z.B. Bahnhof Enge, Atelier IGGZ)

Design von Stadtmobiliar (z.B. TAPS – Temporärer Abstimmungsplakatstern, Telefonkabine Telecab 200'0, Wildanschlagsäule Kulturnagel, Stadtinformationsstelle SIS, Bus-/Tramwartehallenkonzept LUBE)

**Arbeiten im Bereich Kommunikation**
Verfassen und Gestalten von Schriften (z.B. GK-Leitfaden für APG, Bericht Gesamtkonzept Stadt Zürich für Bauamt II)

Gestaltung von Plakaten, z.B. für TAPS, Eröffnung GK 92, SGS Konzerte

AV-Medien (z.B. Tonbildschau GK 92)

Teilnahme bei Wettbewerbsjurierungen

**Arbeiten im Bereich praxisorientierte Persönlichkeitsfindung und -entfaltung**
Reisen (Meditation/Selbstentfaltung) mit kleinen Gruppen in die Sahara

Seminare/Kurse in ganzheitlicher Gestaltung

**Arbeiten für**
APG Allgemeine Plakatgesellschaft

Hochbauamt Stadt Zürich

Einzelpersonen

Österreichischen Kachelofenverband

SBB Schweiz. Bundesbahnen

Similasan AG

Telecom

Wirtschaftskammer Tirol

Lips MSM, Dietikon

**Abbildung**

**Telecab 200'0 Prototyp (Ausschnitt)**

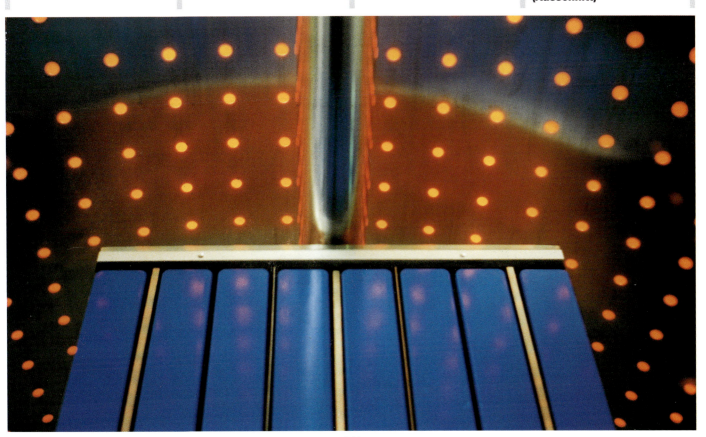

# Heinrich Irion

Dipl. Architekt ETH/SIA
St. Gallerstrasse 29
8400 Winterthur
Telefon 052-212 80 54
Telefax 052-212 95 79

**Gründungsjahr** 1965

**Leitende Angestellte**
Markus Baumann
Peter O. Meyer

**Mitarbeiterzahl** 11

**Spezialgebiete**
Planungen und Hochbauten

**Auszeichnungen**
Emch-Preis 1994 für Kläranlage Hard, Winterthur

**Philosophie**
Unser Bemühen, Projekte in einem grösseren Zusammenhang zu sehen, zwingt uns, jede Bauaufgabe neu zu analysieren und aus einem städtebaulichen Kontext bis ins kleinste Detail zu entwickeln. Wir sind keine Spezialisten für einen bestimmten Gebäudetypus, unser Spezialgebiet ist ein benützerorientiertes Planen und ein effizientes, koordiniertes Bauen. Es ist unser Ziel, für komplexe Bauaufgaben einfache Lösungen zu erarbeiten. Daneben ist uns die Teilnahme an Wettbewerben sehr wichtig, einerseits, um unsere Ideen zur Architektur öffentlich zu machen, und andererseits, um unsere eigene Entwicklung zu messen, zu überprüfen, und ganz allgemein, um die geistige Frische zu erhalten.

**Wichtige Projekte**
1971/74 Primarschulhaus Wallrüti, Winterthur

1973/74 Überbauung Büelhof, Winterthur

1982 Café Restaurant Neumarkt, Brugg

1985/86 Restaurant Neubühl, Uni Irchel, Zürich

1985 Bistro SBG, Brugg

1986 Sanierung REFH Grützenstrasse 28–42, Winterthur

1986/94 Kläranlage Hard, Winterthur

1988/89 Umbau Werkhaus mit Bibliothek, Seuzach

1990/92 Sanierung Gasthof Girenbad

1993/95 Kläranlage Weinland, Marthalen

1994 Restaurant Gambrinus, Brugg

1994 Privatabteilung Kantonsspital Winterthur

1994 An- und Umbauten Einfamilienhäuser, Winterthur

1994/95 Wohnbauten Eisenbahner-Baugenossenschaft Winterthur

1994/96 Überbauung Heinrich-Bosshard-Strasse, Winterthur

1995 Erweiterung Auto-Elektro-Garage, Winterthur

**Wettbewerbe**
1983 Kunstmuseum Winterthur (6. Rang, 3. Preis)

1985/87 Erweiterung Hallenbad Geiselweid, 2stufig (Studienauftrag)

1986 Überbauung Haltenreben 1, Winterthur (Studienauftrag)

1986 Erweiterung ETH Zürich

1987 Gemeindezentrum, Weisslingen (2. Preis)

1988 Wohn- und Gewerbezentrum, Dinhard (1. Preis)

1988 Neubau Storchenbrücke, Winterthur (Submissionswettbewerb, 3. Preis)

1989 Schulhaus und Gemeindesaal, Flaach (2. Preis)

1990 Überbauung Haltenreben 2, Winterthur (Studienauftrag)

1990 Überbauung Oberseen, Winterthur (1. Preis)

1991 Gewerbemuseum Winterthur (Studienauftrag)

1991/92 Dienstleistungs- und Verwaltungszentrum, Theaterstrasse, Winterthur (Studienauftrag)

1992 Überbauung Schlossackerstr., Winterthur (Studienauftrag)

1993 Erweiterung Kunstmuseum Winterthur (Studienauftrag)

1994 Schulhaus Wiesenstr., Winterthur (Studienauftrag)

1994 Erweiterung Stadtbibliothek Winterthur (Studienauftrag)

1995 Lehrgebäude Waffenplatz Dübendorf (Projektsubmission)

**Aktuelle Projekte**
Sanierung Bettenhaus Kantonsspital Winterthur

Überbauung Nägelseestrasse, Winterthur (Eisenbahner-Baugenossenschaft)

Eigentumswohnungen Heinrich-Bosshard-Strasse, Winterthur

Umbau Casino Winterthur

**Abbildungen**

**1. Kläranlage Hard, Winterthur, 1986/94**

**2. Restaurant Gambrinus, Neumarkt, Brugg, 1994**

**3. Eigentumswohnungen Heinrich-Bosshard-Strasse, Winterthur, 1994/96**

**4. Überbauung Nägelseestrasse, Winterthur (Eisenbahner-Baugenossenschaft), 1994/95**

Fotos: Monika Bischof: 2, 3
Pascal Böni: 4
H. Schmiedeskamp: 1

# Kaufmann, van der Meer + Partner AG

Architekten ETH/SIA/STV
Heinrichstrasse 255
8005 Zürich
Telefon 01-272 70 10
Telefax 01-272 70 40

**Gründungsjahr** 1993

**Inhaber**
Peter Kaufmann

Pieter van der Meer

**Partner**
Bernhard Friedli

**Leitende Angestellte**
Beat Küttel,
dipl. Arch. ETH

Fred Verhoeven,
dipl. Arch. ETH

Hubert Gessler,
Arch. HTL

**Mitarbeiterzahl** 12

**Wichtige Bauten und Projekte**

1993 Neu- und Umbau Seifenfabrik Steinfels, Zürich

1993 Colombo Dance Factory, Zürich

1993 Bauausführung Restaurant Back & Brau, Steinfelsareal, Zürich

1993 Music Hall Oleo Türme, Steinfelsareal, Zürich

1993 Studienauftrag Wohnüberbauung, Maur

1994 Einfamilienhaus Schumacher, Ebmatingen

1994 Fernsehstudio TeleZüri, Zürich

1994 Masterplan Cargo City Süd, Frankfurt

1994 Büro-/Gewerbebau Medicoat, Mägenwil

1994 2 Mehrfamilienhäuser mit Läden, Flims

1994 Umbau Cementia Holding, Zürich

1995 Bürobau Soder AG, Boswil

1995 Frachtanlagen FAG, Flughafen Frankfurt

1995 Bürohäuser, Flughafen Frankfurt

1995 Bauern- und Winzerhaus Mas Bollag, Pouzolles (F)

1995 Speditionszentrum Wisskirchen, Frankfurt

1996 Frachtzentrum Cargo Center 2, Airlines, Frankfurt

1996 Studienauftrag Zentrumsplanung Burgdorf

1996 Büroausbau Medtronic, Dübendorf

1996 Parkhaus Flughafen Frankfurt

**Abbildungen**

**1. Umbau Seifenfabrik F. Steinfels, Zürich, 1995**

**2. + 3. Neubauten Cargo Center 2, Flughafen Frankfurt am Main, 1996/97**

**Fotos:**
**Patrick Hofmann, Bülach: 1**

# Lanz Architekten

Schlosshofstrasse 48
8401 Winterthur
Telefon 052-203 33 88
Telefax 052-202 35 62

**Gründungsjahr** 1956

**Inhaber**
Hans Rudolf Lanz, Arch. SIA

**Partner**
Matthias Lanz, dipl. Arch. HTL
Thomas Meier, dipl. Arch. HTL

**Mitarbeiterzahl** 4

**Spezialgebiete**
Wohnungsbau/Einfamilienhäuser

Industriebauten

Öffentliche Bauten

Umbauten, Renovationen, Restaurierungen

Schulbauten

Büro- und Gewerbebauten

**Auszeichnungen**
1977 Emch-Anerkennungspreis für Renovation Studentenheim «Türmlihaus», Winterthur

1984 Emch-Anerkennungspreis für Restaurierung Stadtkirche Winterthur

**Philosophie**
Sparsamer Einsatz von Form, Farbe und Material.

Erreichen unkonventioneller Lösungen in enger Zusammenarbeit mit Bauherren, Behörden und Spezialisten.

Termin- und kostengerechte Bauausführung.

**Wichtige Projekte**
1962 Einfamilienhaus O. Baumgartner, Küsnacht ZH

1966 Busdepot Grüzefeld, Winterthur (mit A. Kellermüller)

1968 Reformierte Kirche, Trüllikon (mit A. Kellermüller)

1970 Personalrestaurant und Berufsschule Sulzer, Winterthur (mit A. Kellermüller)

1978 Renovation Studentenheim «Türmlihaus», Winterthur

1982 Forschungsgebäude Vitoreco, Kemptthal (mit Suter + Suter, Basel)

1983 Restaurierung Stadtkirche Winterthur

1985 Erweiterung Zentralschulhaus, Trüllikon

1986 Mehrfamilienhaus, Bütziackerstrasse, Winterthur-Töss

1989 Wohnüberbauung Grafenstein, Winterthur

1990 Geschäftshaus Elektro-Bosshard AG, Winterthur

1990 Nutzungsänderung Giesserei Georg Fischer AG, Schaffhausen

1991 Renovation Südturm der Stadtkirche Winterthur

1991 ASM-Kaderschule, Winterthur

1993 Mehrzweckhalle, Trüllikon

1994 Betonsanierung Einfamilienhaus Schickstrasse 3, Winterthur

1994 Erweiterung Freizeitanlage Nägelsee, Winterthur-Töss

**Aktuelle Projekte**
Erweiterung der Versuchshalle Nestlé R & D Center, Kemptthal

Kinderhort Tiefenbrunnen, Winterthur

Umbau Einfamilienhaus Ammann, Trüllikon

Doppelturnhalle Anton-Graff, Winterthur (in Planung)

**Abbildungen**

**1. Kinderhort Tiefenbrunnen, Winterthur, 1996**

**2. ASM-Kaderschule, Winterthur, 1991**

**3. Stadtkirche Winterthur, Restaurierung 1983, Renovation Südturm 1991**

**4. Einfamilienhaus Baumgartner, Küsnacht ZH, 1962**

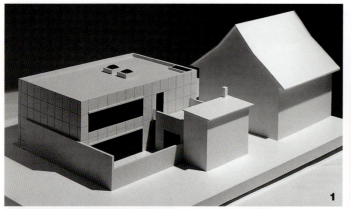

# Lendorff & Erdt

**Architekten**
Rütistrasse 4
8032 Zürich
Telefon 01-268 40 90
Telefax 01-261 17 76

**Gründungsjahr** 1969

**Inhaber**
G. Erdt, Arch. FSAI/SIA/SWB
J. Lendorff, Architekt

**Mitarbeiterzahl** 4 oder 5

**Spezialgebiete**
Öffentliche Bauten: Saalbauten/Verwaltung
Wohnsiedlungen
Industrie und Gewerbe
Umbauten: Restaurants, Geschäfts- und Wohnhäuser
Restaurationen mit Denkmalpflege
Wettbewerbe allgemein

**Publikationen**
Wohnsiedlung Buchenweg, Benglen, SI+A 47/83
Wettbewerb Bahnhof Uster, SI+A 47/83
Wettbewerb Pfarreizentrum Leepünt, Dübendorf, SI+A 26/88
Uni Zürich, Institutsgebäude Plattenstrasse, NZZ 26/90
Wettbewerb Zentrum Dübendorf, Glattaler, Dez. 91
Wettbewerb Stadthaus Dübendorf, SI+A 12/93
Kath. Pfarreizentrum Leepünt, Dübendorf, WBW 6/94

**Philosophie**
Der zeitgenössischen Architektur verpflichtet, bemühen wir uns um
– Massstäblichkeit
– ausdrucksstarke Architektur, Raumerlebnis
– Verbindung von Form und Konstruktion, klare materialgerechte Detaillierung
– kostenbewusstes Bauen
– eine optimale Gestaltung der uns anvertrauten Objekte, die sowohl den Anforderungen des Bauherrn wie auch denjenigen des Architekten entspricht.

**Wichtige Projekte**
1972 Landwirtschaftliche Siedlung Hombergweiden, Rifferswil
1972 Umbau und Restauration Corso-Haus, Zürich
1978 Umbau und Renovation Winikerhof, Uster
1980 Wohnsiedlung Buchenweg, Benglen
1986/90 Institutsgebäude Plattenstrasse, Universität Zürich
1989/90 Umbau Schweiz. Bankgesellschaft, Zürich-Witikon
1990/92 Kath. Pfarreizentrum Leepünt, Dübendorf
1990/92 Mehrfamilienhaus, Attenhoferstrasse, Zürich
1992/94 Wohnsiedlung Schönenberg, Hinwil

**Wettbewerbe**
1985/86 Bahnhof Uster (3. Preis)
1986 Gemeindesaal Thalwil (3. Preis)
1988 Gemeindesaal Dänikon (1. Preis)
1988 Pfarreizentrum Dübendorf (1. Preis)
1989 Shell-Haus, Zürich-Altstetten (3. Preis)
1989 Wohnsiedlung Fröschbach, Fällanden (2. Preis)
1991 Ideenwettbewerb Zentrum Dübendorf (1. Preis)
1991 Wohnsiedlung Rütihof, Höngg (2. Preis)
1992 Erweiterung Schulhaus Juch, Zumikon (1. Preis)
1993 Testplanung Bahnhof Dübendorf
1994 Wohnsiedlung, Pfäffikon (1. Preis)
1995 Wohnanlage Seefeld, Zürich (1. Preis)
1996 Mehrzwecksaal Dübendorf (2. Preis)

**Aktuelle Projekte**
Mehrfamilienhaus, Etzelstrasse, Zürich
Wohnanlage Seefeld, Zürich
Umbau und Renovation Schulhaus Juch, Zumikon
Wohnsiedlung Fröschbach, Fällanden
Aufstockung Personalrestaurant, Einbau Bäckerei mit Laden für Behindertenwerk, Zürich
Umnutzungsstudie Gewerbe/Wohnen, Zürich-Höngg
Diverse Umbauten

**Abbildungen**
1. **Kath. Pfarreizentrum Leepünt, Dübendorf**
2. **Wohnhaus, Attenhoferstrasse, Zürich**
3. **Institutsgebäude Plattenstrasse, Universität Zürich**

# Meier und Hitz

**Architekturbüro SIA**
Bahnhofstrasse 134
8620 Wetzikon
Telefon 01-930 19 66
Telefax 01-930 67 26

**Gründungsjahr**
1902/1986

**Inhaber/Partner**
Beat Meier,
dipl. Arch. ETH/SIA

Marco Hitz,
dipl. Arch. HTL

**Mitarbeiterzahl** 13

**Spezialgebiete**
Wohnbauten

Spitalbauten

Schulen

Heimbauten

Sanierungen

**Publikationen**
Architekturszene Schweiz;
MediART, Taunusstein 1991

**Philosophie**
Unsere Umwelt ist verbaut, unsere baulichen Bedürfnisse sind abgedeckt.
Unser Beitrag besteht im Anpassen von bestehenden Bauten und Strukturen an veränderte Bedürfnisse des Benutzers oder des Umfeldes. Diese prägen die Architektur wesentlich mit.

**Wichtige Projekte**
1979–91 Umbau, Erweiterung (3. Etappe) Landerziehungsheim Albisbrunn, Hausen a. A.

1979–92 Gesamtsanierung Zürcher Höhenklinik Wald

1981–87 Gesamtsanierung/Umbau Spital Bauma

1981–94 Umbauten/Erweiterungen, Gesamtsanierung Heim zur Platte, Bubikon

1993–95 Gesamtsanierung Schulanlage Guldisloo, Wetzikon

1993 Wettbewerb Krankenheim Rüti (1. Preis, Projektierung 1994; ArGe mit H. v. Meyenburg, L. Weisser)

**Aktuelle Projekte**
1992–96 Umbau/Erweiterung Kreisspital Männedorf

1992–96 Sanierung Liegenschaft «Am Pfisterhölzli» (330 Wohnungen), Greifensee

1995–97 Sanierung MFH, Kreuzackerstrasse, Wetzikon (IGEBA)

Gesamtplanung Erweiterungen IWAZ, Wetzikon

**Abbildungen**

**1. Modell Wettbewerb Krankenheim Rüti, 1993**

**2. Heim zur Platte, Bubikon, 1994**

**3. Gesamtsanierung Pfisterhölzli, Greifensee, 1993–96**

**4. Kreisspital Männedorf**

**5. Zürcher Höhenklinik Wald, 1988**

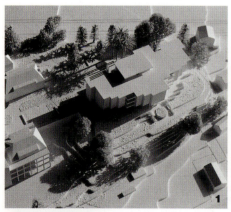

# Sacha Menz + Kuno Schumacher

**Dipl. Arch. ETH/SIA AG**
**Austrasse 40**
**8045 Zürich**
**Telefon 01-461 72 72**
**Telefax 01-461 72 73**

**Gründungsjahr** 1991

**Inhaber/Partner**
Sacha Menz

Kuno Schumacher

**MitarbeiterInnen** 2 bis 3

**Spezialgebiete**
Bauen in historischem Kontext

Wohn- und Gewerbebauten

Umnutzungen

Industriebauten

Inneneinrichtungen

Energetische Sanierungen, Solar-Anlagen

**Standpunkt**
Im Mittelpunkt unseres Denkens steht die Umsetzung von Licht, Funktion und Porportion in gebaute Räume. Die Interpretation des Bauplatzes und des Raumprogramms sowie Konstruktion, Material und Farbgebung helfen uns, gedachte Konzepte zu realisieren.

**Wichtige Projekte**
Neubau Rosengarten, Klingnau

Überbauung Unterstadtgasse, Klingnau

Umnutzungsstudie Industrieareal, Freienstein

Umbau Wohnhaus Schattengasse 23, Klingnau

Wohnüberbauung «Guflis», Untervaz GR

Strassenraumgestaltung «Dorf–Weier», Klingnau

Parkierungsanlage Grabenstrasse, Klingnau

Fassadengestaltung Industriebau, Leibstadt

Mehrzweckgebäude, Leibstadt

Design Bettgestell

Umbau Juweliergeschäft J. Frech, Zürich

**Wettbewerbe**
Areal Zehntenscheune, Rudolfstetten

Schützenareal, Zürich

Neubau Surgutneftegasbank, Surgut (Russland)

Fabrik am Wasser, Zürich

Erweiterung Museum Prado, Madrid

**Aktuelle Projekte**
Haus Oeschger-Meier, Würenlingen

Umbau Villa Merenda, Forli (I)

Umgestaltung Eingangshalle Hotel Alexandra, Arosa

Messestand Rahn AG, Zürich

Nutzungsstudie «Sommer», Klingnau

**Abbildungen**

**1. Westfassade Haus Oeschger, Würenlingen**

**2. Innenansicht Obergeschoss Haus Oeschger, Würenlingen**

**3. Mehrzweckgebäude, Leibstadt**

**4. Ostfassade Werkstattgebäude, Leibstadt**

**5. Juweliergeschäft J. Frech, Zürich**

# Merkli Architekten

**Architekten ETH/SIA**
General-Wille-Strasse 11
Postfach 371
8027 Zürich
Telefon 01-201 62 12
Telefax 01-202 83 42

**Gründungsjahr** 1930

**Inhaber**
Ruedi Merkli,
dipl. Arch. ETH/SIA

**Leitende Angestellte**
Peter Brusa

Rolf Glaser

Jürg Waltert

**Mitarbeiterzahl** 14

**Spezialgebiete**
Umbau und Renovationen von Wohn- und Geschäftshäusern

Wohn- und Gewerbebauten

Banken

CAD-Dienstleistungen (3 D)

Schätzungen, Gutachten

Bauherrentreuhand

**Wichtige Projekte**
Umbau und Renovation Geschäftshaus La Suisse, Limmatquai, Zürich

Umbau und Renovation Verwaltungsgebäude, Stampfenbachstrasse, Zürich

Umbau Geschäftshaus Buser, Oberengstringen

Neubau Zweifamilienhaus Braun, Pfaffhausen

Umbau Quellenhof, Davos

Neubauten Eigentumswohnungen Uf'm Buel (mit Hallenbad), Davos

Neubau Wohnüberbauung Wil, St. Gallen

Diverse Bankfilialen

Div. Arzt- und Zahnarztpraxen

Geschäftshaus La Suisse, Uster

Geschäftshaus Lips, Seestrasse, Zollikon

Renovation Wohnkolonie Illanzhof

Umbau alte Kantonsschule Rämistrasse, Zürich

Wohn- und Geschäftshaus, Albisstrasse, Zürich-Wollishofen

Einfamilienhäuser, Hanflandstrasse, Zollikerberg

Einfamilienhaus Kull, Zürich-Leimbach

Wohnhaus mit Kaffeerösterei, Konradstrasse, Zürich

Neubau Wohnhaus Seestrasse, Zürich-Enge

Umbau Neumühleschloss, Walchestrasse, Zürich

**Aktuelle Projekte**
Umbau und Renovation Bank Leu, Bahnhofstrasse, Zürich

Umbau Bank Affida, Zürich

Neubau Wohnhaus Goetze, Goldhaldenstrasse, Zollikon

Um- und Anbau Einfamilienhaus Honegger, Zollikon

Umbau und Aufstockung Mehrfamilienhäuser, Männedorf

Neubau und Umbau Mehrfamilienhaus Obsthaldenstrasse, Zürich

**Abbildungen**

**1. Geschäftshaus Lips, Seestrasse, Zollikon**

**2. Wohn- und Geschäftshaus, Albisstrasse, Zürich**

**3. Wohn- und Geschäftshaus Neumühleschloss, Zürich**

# Andreas Meyer

**Büro für Architektur und Ausführung**
**Augustinergasse 25**
**8001 Zürich**
**Telefon 01-211 72 33**
**Telefax 01-211 72 34**

**Gründungsjahr** 1995
vormals (1988–95)
H. Rauber & A. Meyer Architektur- und Planungsbüro und (1954–87) Helmut Rauber, dipl. Arch ETH/BSA/SIA

**Mitarbeiterzahl** 2 bis 4

**Spezialgebiete**
Wohn- und Siedlungsbau
Schulhausbau
Sanierung von Altbausubstanzen
Umbauten
Bauten für die öffentliche Hand
Richt- und Gestaltungspläne

**Philosophie**
1. Eine dem Zeitgeist sowie dem Kontext der Bauaufgabe entsprechende Erscheinung.
2. Den funktionalen Anforderungen eines Bauwerkes in einfacher Form gerecht zu werden.
3. Termin- und Kostenoptimierung (Kostentransparenz).
4. Intensive und optimale Bauherrenbetreuung.

**Wichtige Projekte**
1987–89 Wohnüberbauung «Wonneberg» (36 Wohnungen), Zürich (Projekt + Baueingabe inkl. Erwirkung der Baufreigabe)

1989–91 Totalumbau und Sanierung Wohn- und Geschäftshaus Mühlegasse 29, Zürich

1988–95 Neubau Tageshort und Gesamtsanierung Schulanlage Waidhalde, Zürich

1990–94 Totalsanierung Tramhaltestelle Bahnhofquai, Zürich

1993–94 Nasszelleneinbau Maternité Inselhof, Stadtspital Triemli, Zürich

1993–95 Dreifamilienhaus Himmelistrasse 18, Küsnacht

1994–95 Umbau und Sanierung Einfamilienhaus Brandisstrasse 57, Zollikon

**Aktuelle Projekte**
Um- und Anbau eines Einfamilienhauses in Meilen

Neubau mit 8 Wohneinheiten (Genossenschaft)

Diverse Bausanierungen EFH + MFH

**Abbildungen**

1. Treppenhaus Dreifamilienhaus Himmelistrasse 18, Küsnacht, 1993–95

2. Nordansicht Dreifamilienhaus Himmelistrasse 18, Küsnacht, 1993–95

3. Südwestfassade Wohnüberbauung «Wonneberg» (Flühgasse 33d), Zürich, Bezug 1992

4. Nordostfassade Wohnüberbauung «Wonneberg» (Flühgasse 33b), Zürich, Bezug 1992

5. Wohnraum nach Umbau und Sanierung EFH Brandisstrasse 57, Zollikon, 1995

6. Korridor/Vorplatz, Bad- und Schlafräume, EFH Brandisstrasse 57, Zollikon, 1995

# Meyer Moser Lanz Architekten AG

**Architekturbüro SIA**
Haus «zum Till»
Oberdorfstrasse 15
8001 Zürich
Telefon 01-251 70 40
Telefax 01-251 48 64

**Gründungsjahr** 1963

**Inhaber/Geschäftsleitung**
Hanspeter Meyer,
dipl. Arch. HTL

Robert Moser,
Architekt

Martin Lanz,
dipl. Arch. ETH/SIA

**Mitarbeiterzahl** 10

**Werkverzeichnis**

**Kultus und Kultur**
1991 Renovation Saal Kirchgemeindehaus Friesenberg, Zürich

**Fürsorge und Gesundheit**
1971 Arztpraxis für Rheumatologie, Eisengasse, Zürich

1982 Einfamilienhaus mit Kleintierspital, Jona

1986 Renovation Altersheim Selnau, Zürich

1990 Arztpraxis für Urologie, Goethestrasse, Zürich

**Sport und Freizeit**
1991 Umbau Klubhaus Tennisclub Zürich, Zürich

**Gastronomie und Tourismus**
1983 Wiederaufbau Taverne Schloss Herblingen, Schaffhausen

1984 Umbau und Renovation Hotel Sternen, Unterwasser

1985 Umbau und Renovation Haus Frascati, Zürich

**Gewerbe und Verkauf**
1984 Umbau EPA Oerlikon, Zürich, 1990 Bezug

1987 Umbau Café Konditorei Naef, Zürich

1988 Umbau Modehaus Robert Ober, Zürich

1995 Renovation Eichstrasse, Fa. Nussbaum, Zürich

**Altstadtrenovationen**
1978 Umbau Haus «zum Till», Zürich

1980 Renovation Haus Flueler, Trittligasse, Zürich

1983 Umbau Haus «zum Paradies», Zürich

1985 Umbau Haus an der Kirchgasse, Zürich

1987 Renovation Haus Schwarzenbach, «zum grauen Mann», Zürich

1987 Renovation Haus an der Frankengasse, Zürich

1990 Renovation Haus an der Neustadtgasse, Zürich

**Siedlungsrenovationen**
1979 Genossenschaft Sunnige Hof, Mattenhof, Zürich

1982 Genossenschaft Sunnige Hof, Albisrieden, Zürich

1991 Wohnhäuser der Rentenanstalt, Riedenhaldenstrasse, Zürich

1992 Genossenschaft Sunnige Hof, Dübendorferstrasse, Zürich

1993 Wohnhäuser Grafschaft der Globus-Pensionskasse, Oberglatt

1993 Wohnhäuser der Rentenanstalt, Kilchbergstrasse, Zürich

1994 Wohnhäuser der Rentenanstalt, Giebeleichstrasse, Glattbrugg

## Wohnungsbau

1974 Arealüberbauung Schwabach, Feldmeilen

1980 Wohnhäuser «In der Hägni», Zollikon

1984 Landhaus Dr. Andermatt, Baar

1985 Wohnbauten «Gumpisbüel», Dübendorf

1987 Terrassenhäuser Ormisstrasse, Meilen

1988 Einfamilienhaus Wibichstrasse, Zürich

1989 Umbau Haus Bederstrasse, Zürich

1990 Wohnhäuser Haldenstrasse, Zürich

1990 Wettbewerb Moosmatt, Urdorf, 1995 Bezug

1990 Umbau Haus Reinacherstrasse, Zürich

1994 Wohnhaus Obstgartenweg, Erlenbach

## Banken

1981 Schweizerische Kreditanstalt, Devisen Peterhof, Zürich

1986 Schweizerische Kreditanstalt, Büros Gartenstrasse, Zürich

1986 Umbau Premex, Münstergasse, Zürich

1988 Büroumbau mit Händlerräumen, Tokai Bank, Zürich

1988 Bank First Boston, Eisengasse, Zürich

1989 Büroeinbau BZ Bank, Zürich

1995 Umbau Rüegg Bank, Zürich

## Aktuelle Projekte

Umbau Wohnhäuser Werftstrasse, Kloten, 1996 Bezug

Wohnhaus Augustinergasse, Thalwil, 1996 Bezug

Wohnhäuser «Im Radrain», Egg, 1996 Bezug

Umbau Schweizerische Bankgesellschaft, Haus Ober, Zürich, 1996 Bezug

Renovation Mehrfamilienhäuser Bank Sparhafen, Zürich, 1996 Baubeginn

Haus für Events und Kultur, Zürich, 1996 Baubeginn

Coop-Super-Center mit Wohnungen, Pfäffikon, in Planung

Wohnhaus «Im Grüt», Uetikon am See, 1996 Baubeginn

## Abbildungen

1. **Wohnbauten Moosmatt, Urdorf, 1995**
2. **Rüegg Bank, Zürich, 1995**
3. **Landhaus Dr. Andermatt, Baar, 1984**
4. **Neue Warenhaus AG Oerlikon, Zürich, 1989**
5. **Schweizerische Kreditanstalt, Gartenstrasse, Zürich, 1986**
6.–8. **Schweizerische Bankgesellschaft, Haus Ober, Zürich, 1996**

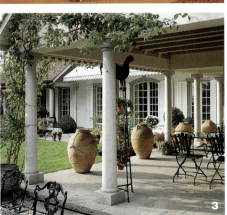

# Müller & Truniger

**Dipl. Architekten ETH/SIA**
Zentralstrasse 74A
8003 Zürich
Telefon 01-451 33 40
Telefax 01-451 33 40

**Zweigbüro:**
Meienbergstrasse 69
8645 Jona
Telefon 055-210 22 02
Telefax 055-210 22 02

**Gründungsjahr** 1994

**Inhaber/Partner**
Andreas E. Müller

Daniel Truniger

**Mitarbeiterzahl** 2 bis 4

**Spezialgebiete**
Städtebauliche Planung

Öffentliche Bauten

Geschäfts- und Bürobauten

Schulbauten

Umbauten/Umnutzungen

Wohnungsbau

**Publikationen**
SI+A September 94

AW Architektur + Wettbewerbe September 95

Aktuelle Wettbewerbs Scene 2/96

**Philosophie**
Aus den örtlichen und funktionalen Voraussetzungen der Aufgabe entwickeln wir eine szenarische Idee, deren Potential die verschiedenen Aspekte des Projektes ordnet. Einfachheit und Selbstverständlichkeit werden angestrebt, nicht durch Reduktion, sondern durch Konzentration.

Uns interessieren pragmatische und dabei sinnliche Lösungen, die einen adäquaten Bestandteil ihres Umfeldes bilden.

**Wichtige Projekte**
1993 Wettbewerb Schulhaus Oberzil, St. Gallen

1994 Wettbewerb Gemeindehaus Jona (1. Preis)

1994 Projektstudie Haus Stucky, Jona

1994 Projektstudie Haus Meister-Derungs, Aadorf

1995 Projektstudie Bellevue-Bar, Herrliberg

1995 Wettbewerb Webersbleiche, St. Gallen (5. Preis)

1996 Prototyp «Lee», Tisch, Alu/Sperrholz

**Aktuelle Projekte**
Gemeindehaus Jona (in ArGe mit H. Oberholzer AG, Rapperswil)

Neu- und Umbau Haus Meister-Derungs, Aadorf

**Abbildungen**

1. Ansicht aus Nordwest des Gemeindehauses Jona, 1994–96

2. Halle des Gemeindehauses Jona, 1994–96

3. Tisch «Lee», 1996

4. Wettbewerb Webersbleiche, St. Gallen, 1995

**Fotos:**
Matthias Auer, Zürich: 3, 4

# Andreas Müller

**Architekturbüro SIA**
Holzgasse 6
8002 Zürich
Telefon 01-201 56 84
Telefax 01-201 56 25
e-mail amarchitectzh@access.ch

**Gründungsjahr** 1994

**Inhaber**
Andreas Müller

**Mitarbeiterzahl** 1 bis 3

**Spezialgebiete**
– Industriebau
– Ökologische Architektur
– Küchendesign
– Umweltmanagement

**Publikationen**
«Biologisches Bauen in der Stadt», Natürlich 3/94, AT Verlag, Aaarau

«Konstruktive Deregulierung», Schweizerische Arbeitgeber-Zeitung 9/94

**Auszeichnungen**
1989 Europan 1, Preis für urbanes Biohaus

**Philosophie**
Spätestens seit der Konferenz von Rio ist es Allgemeingut, dass der Fortbestand der Zivilisation davon abhängt, welche Anstrengungen unternommen werden, die menschlichen Grundbedürfnisse intelligenter zu befriedigen. Ein zentrales Grundbedürfnis ist das «Behausen», da ein Grossteil eines Menschenlebens innerhalb von gebauter Architektur stattfindet. Jedes architektonische Werk ist demnach auch eine Stellungnahme zur Zukunft dieser Erde.

Im Zentrum meiner Arbeit steht deshalb das Streben nach grösstmöglicher Effizienz in ökologischer, ökonomischer und soziologischer Hinsicht. Dieser Leitgedanke führt zu neuen Ansätzen der Raum- und Infrastrukturplanung, zu anderen Gebäudestrukturen und zu verändertem Design (siehe Publikationen). Je effizienter diese Kriterien in die Planung eingebracht werden können, desto höher wird der Nutzen für die Auftraggeberschaft.

**Wichtige Projekte**
1988 Ausstellung Kulturfabrik Wetzikon

1989 Gebäude für chemische Rauchgasreinigung, KVA Bazenheid (Ecoling AG)

1989 Vorprojekt Klärschlammverbrennung Werdhölzli, Zürich (Ecoling AG)

1989 Wettbewerb Europan 1, Preis für urbanes Biohaus

1990 Wettbewerb ökologische Wohnungen, Zürich-Schwamendingen

1991–93 Dienstgebäude und Kesselhaus KVA Winterthur (Ecoling AG)

1991 Wettbewerb Schulhaus, Ruswil LU

1993 Wohnungsbau, Hornussen (Käton AG)

1993 Wettbewerb für ökologische Reihenhäuser

1994 Fahrradfabrik in Taryan, Ungarn (Nagoryan AG)

1994 Loftküche©®, Prototyp für vollindustrialisierte Küchenproduktion

1994 Wettbewerb Steinfabrikareal, Pfäffikon SZ

1995 Wohnungsbau Am Bächli, Bassersdorf (Spaltenstein AG)

1995 Wohnungsbau in Stansstad (R. Chappuis, Altdorf)

1995 Vorprojekt vollindustrialisiert hergestelltes Wohngebäude

**Aktuelle Projekte**
World Trade & Expo Center, Sharjah U.A.E. (Hediger & Partners, U.A.E.)

**Abbildungen**
**1. Verbrennungslinie 2, KVA Winterthur, 1990–94**

**2. Projekt ökologischer Wohnungsbau (Europan-Auszeichnung), 1989**

**3. Loftküche©®, Prototyp für vollindustrialisierte Küchenproduktion, 1994**

**4. Dienstgebäude KVA Winterthur, 1990–92**

# Architektur · Nil · Hürzeler

Seestrasse 78
8703 Erlenbach
Telefon 01-910 60 56
Telefax 01-910 07 03

**Gründungsjahr** 1990

**Inhaber/Partner**
Stefan Nil, Arch. SfGZ

Daniel Hürzeler,
Arch. HTL STV

**Leitende Angestellte**
Verena Klingler, Arch. HTL

**Mitarbeiterzahl** 5

**Philosophie**
Uns fasziniert:
– Einfach und lebendig
– Schlicht und ausdrucksstark
– Wachsend und beweglich
– Flächig und Weite
– Räume und Lichtspiele

**Wettbewerbe**
1990 Musée, maison du parc national, Neubau, Laruns (F), 1. Preis

1990 Schulhaus Werd, Adliswil, Erweiterung/Sanierung, 1. Preis

1991 Sprachheilschule Stäfa, Erweiterung

1992 Gewerbe-/Wohnüberbauung, Gottmatingen (D)

1994 Gewerbe-/Wohnüberbauung, Ideenwettbewerb, Freienbach

**Wichtige Projekte**
1988 EF-Reihenhaus-Umbau, Lognes-Noisiel (F)

1990 Umbau Eigentumswohnung, Paris

1990 Siedlungsplanung Villars-s. Grâne

1991 Gestaltungsplan Klosteranlage Klingnau

1991 Umbau/Sanierung Einfamilienhaus, Grignan (F)

1991–93 An-/Umbau EFH, Zumikon

1991–93 Umbau/Erweiterung MFH, Beringen SH

1992 Umbau EFH, Erlenbach

1992 Umbau Bauernhaus, Rohr SO

1993 Sanierung MFH, Küsnacht

1993 Sanierung MFH, Erlenbach

1994 Umbau EFH, Zollikon

1994 Sanierung MFH, Rapperswil

1994–95 Neubau EFH, Uerikon, Niederenergiehaus

1993–95 Umbau/Sanierung Schulhaus Werd, Adliswil

**Aktuelle Projekte**
Umbau/Sanierung Turnhalle Werd, Adliswil

Neubau DFH, Uetikon

Neubau EFH, Uetikon, Niederenergiehaus

MFH, Umnutzung Ökonomiegebäude, Erlenbach

**Abbildungen**

1. Sanierung MFH, Küsnacht ZH

2. Umbau/Sanierung Schulhaus Werd, Adliswil

3.–5. Neubau EFH, Uerikon, Niederenergiehaus

# Tobias Noser

**Architekturbüro SIA**
Dollägertenweg 10
8934 Knonau
Telefon 01-767 13 33
Telefax 01-768 23 33

**Gründungsjahr** 1986

**Inhaber**
Tobias Noser,
Dr. Ing., dipl. Arch. SIA

**Mitarbeiterzahl** 2

**Spezialgebiete**
Wohnen und Arbeiten

Öffentliche Bauten

Biologie und Bauen

Planen und Bauen unter energetischen und ökologischen Aspekten

Gestaltung des öffentlichen Raums

**Publikationen**
«Diatomeen 1», Schalen in Natur und Technik, IL 28, Institut für leichte Flächentragwerke, Universität Stuttgart, 1984, Karl-Krämer-Verlag Stuttgart

«Biologie und Bauen», Berlin 1986, Pressestelle der Hochschule der Künste Berlin, Berlin 10

«Konstruktives Entwerfen», Seminar weitgespannte Konstruktionen, ETH Zürich 1989, Lehrstuhl Prof. Dr. R. Schaal, ETH Hönggerberg, Zürich

**Auszeichnungen**
1983 Promotion zum Dr. Ing. an der Technischen Universität Berlin

1981–86 Mitglied der Arbeitsgruppe Biologie und Bauen, Universität Stuttgart

1988–90 Lehrauftrag konstruktives Entwerfen an der Architekturabteilung der ETH Zürich

**Wichtige Projekte**
1980 Einrichtung der Werkstatt für experimentelles Bauen an der Hochschule der Künste Berlin; ausgeführte Projekte mit Studenten und Betroffenen: Praxisprojekt Kinder-Garten in Berlin-Friedenau, 1982–84

1985–87 Restauration und Umbau Amtsgericht Luzern-Stadt, zusammen mit Carl Kramer, Luzern

1988–93 Sanierung und Umbau Schulhaus Aeschrain, Knonau

1991 Einbau Musikzimmer Schulhaus Aeschrain, Knonau

1991 Innenraumgestaltung Büroräume Sozialdienst des Bezirks Affoltern, Affoltern a. A.

1992 Sanierung und Umbau Mehrzweckgebäude Stampfi, Knonau

1993 Neubau und Umbau Bäckerei mit Wohnhaus Andreas Iten, Knonau

**Aktuelle Projekte**
Vorprojekt für bauliche und energetische Sanierungsmassnahmen Schulanlage Mettmenstetten, zusammen mit Georg Furler, Birmensdorf

Sanierung und Umbau Kindergarten «Altes Schulhaus», Knonau

**Abbildungen**

**1. Sanierung Schulhaus Aeschrain, Knonau**

**2. + 3. Innenraumgestaltung Sozialdienst des Bezirks Affoltern, Affoltern a. A., 1991**

**Fotos: Martin Müller, Mettmenstetten**

# Manfred Nussbaum

**Dipl. Arch. ETH/SIA**
Dorfstrasse 58
8102 Oberengstringen
Telefon 01-775 17 00
Telefax 01-775 17 04

**Gründungsjahr** 1980

**Inhaber**
Manfred Nussbaum,
dipl. Arch. ETH/SIA

**Mitarbeiterzahl** 4

**Spezialgebiete**
Neubauten

Umbauten

Nutzungsstudien mit wirtschaftlichen Randbedingungen

**Wichtige Projekte**
1982 EFH Trepp, Nufenen

1982 Umbau Gemeindehaus, Nufenen

1985 EFH Haas, Jona

1990 EFH Attenhofer, Nufenen

1993 Erweiterung Garage Walter, Regensdorf

1994 EFH Lampert, Maienfeld

1995 Atelier Menti, Bäch

1995 Anbau EFH Caviezel, Thusis

1996 Erweiterung Nord-Garage, Ohringen

**Aktuelle Projekte**
EFH Meuli, Nufenen

Anbau EFH Caviezel, Pratval

Wohn- und Geschäftsüberbauung, Oberengstringen

Reihenhaussiedlung, Nufenen

Umbau Wohn- und Geschäftshaus Huber, Zürich

**Abbildungen**

**1. + 2. Atelier Menti, Bäch**

**3. Wohn- und Geschäftsüberbauung, Oberengstringen**

**4. Anbau EFH Caviezel, Thusis**

**5. + 6. EFH Attenhofer, Nufenen**

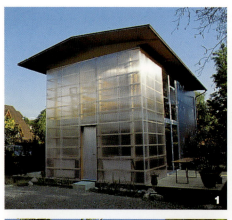

# Oeschger Architekten

**Architekten ETH/SIA**
Voltastrasse 31
8044 Zürich
Telefon 01- 252 58 30
Telefax 01- 251 48 39

**Gründungsjahr** 1930

**Inhaber**
H. P. Oeschger,
dipl. Arch. ETH/SIA

**Mitarbeiterzahl** 5 bis 10

**Spezialgebiete**
Privathäuser/Wohnungsbau

Bauten für die öffentliche Hand

Zentrumsbauten

Verkehrsbauten

Renovation, Restauration, Umbau

Umnutzung

Gesamtkompositionen aus alt und neu

Gestaltung des öffentlichen Raumes

**Publikationen**
Vorträge über Flughäfen, ETHZ 1974/75/76

Quartierstudien Zürich, SIA Zürich 1977

Zur Planungszone Zürichberg, NZZ, 7.9.78

Aufwertung Löwenstrasse, Zürich, NZZ 1978/84/86/92

«Kuben im Grün: wie der Zürichberg überbaut wurde», Verlag Schippert AG, Ebmatingen

**Wichtige Projekte**
Erweiterung Wohnhaus, Zollikon (Gesamtkomposition alt/neu)

Dreifamilienhaus am Zürichberg, Zürich (Bautypus Stadtvilla mit individuellen Wohnungen)

Wohnsiedlung, Villmergen (Reihen- und Mehrfamilienhäuser gruppieren sich um einen gestalteten Grünraum)

Wohn- und Zentrumsbauten Rigiplatz, Zürich-Oberstrass (Wettbewerbspreis: Bauten und Platzanlage im Zentrum eines Wohnquartiers)

Sonderschule Zürich-Wollishofen (Erweiterung durch Komposition alt/neu)

Geschäftshaus Pro Patria, Zürich (Restaurierung und Umbau, Bausubstanz 1885)

Künstleratelier Arnold Böcklin, Zürich (denkmalpflegerische Restaurierung, Holzbau 1885)

Schulhaus Kappeli, Zürich-Altstetten (Gesamtsanierung, Betonbauten 1937)

Turnhallen Schulhaus Buhnrain, Zürich-Seebach (Gesamtsanierung, Betonbau 1937)

Hof Nord, Flughafen Zürich (vollständige Umnutzung, Einrichtung eines Polizeihauptquartiers)

Verbindungsbau Flughafen Zürich (vollständige Umnutzung, Einrichtung einer VIP-Lounge usw.)

Geschäftshaus, Zürich-Oerlikon (vollständige Erneuerung der Fassade: technische Sanierung/wirksames Erscheinungsbild)

Unterirdische Station für die Sihltalbahn in Zürich (konzeptionelle Studien)

Gestaltung Strassenraum/Verkehrsberuhigung oberer Zürichberg (Entwicklung eines städtebaulich verträglichen und ökonomischen Modells)

Städtebauliche Aufwertung der Löwenstrasse, Zürich (in Zusammenarbeit mit Stadtverwaltung und Geschäftsvereinigung)

**Abbildungen**

**1. Geschäftshaus Pro Patria, Zürich**

**2. Turnhallen Schulhaus Buhnrain, Zürich**

**3. Wettbewerb Rigiplatz, Zürich (1. Preis)**

**4. Schulhaus Kappeli, Zürich**

**5. Dreifamilienhaus am Zürichberg, Zürich**

# ohm-architekten

Guyer-Zeller-Strasse 23
8620 Wetzikon
Telefon 01-932 49 66
Telefax 01-932 49 66

**Gründungsjahr** 1992

**Inhaber**
Gabriela Weber
Marc Meyer

**Spezialgebiete**
Innovativer Wohnungsbau
Schulen und Kindergärten
Öffentliche Bauten
Siedlungsbau
Vorfabrikation, Holzbau
Wettbewerbe

**Philosophie**
«…whatever time and space mean, place and occasion mean more…»

Diese Aussage Aldo van Eycks aus dem Jahre 1962 ist für unsere Arbeit heute noch gültig und bestimmend. Wir sind der Überzeugung, dass Architektur, speziell im Zeitalter des Internet und des virtuellen Raumes, Begegnungen zwischen Menschen ermöglichen muss. Wir wollen also «Plätze» schaffen, wo «Ereignisse» stattfinden können.

Der Einbezug der Bewohner/-innen unserer Bauten in alle Schritte der Planung verlangt zwar grosses Engagement von allen Beteiligten. Dieses wird jedoch schlussendlich durch die breit abgestützte Identifikation mit der gebauten Architektur belohnt.

Dabei ist es uns wichtig, Prinzipien der modernen Architektur mit den Anliegen der Baubiologie und der Ökologie zu verknüpfen. Dies, um mit den heutigen Erkenntnissen der Wohn- und Arbeitskultur zu einer Weiterentwicklung der Architektur beizutragen, welche zwar zeitgenössisch ist, im besten Fall aber zeitlos sein könnte…

**Wichtige Projekte**

1991 Wettbewerb Erweiterung Altersheim Breitenhof, Rüti (für B. & P. Weber, Wald)

1992 Projekt Einfamilienhaus in Märwil TG

1993 Wettbewerb Krankenheim, Rüti (mit B. & P. Weber, Wald)

1993 Städtebaulicher Ideenwettbewerb «Altheimer Feld», Dillingen (D) (mit M. Endhart; engere Wahl)

1994 Umbau Haus Wüst, Gosswil ZH

1994/95 Mehrfamilienhaus «unik», Uster

1994 Ideenwettbewerb Steinfabrik, Pfäffikon SZ (8. Rang)

1995 Einfamilienhaus Aerni, Liestal

1995 Wettbewerb Schulhaus Vogelsang, Nänikon (4. Rang mit Weiterbearbeitung)

**Aktuelle Projekte**

Zweifamilienhaus in Uetikon

Umbau Auditorium Ingenieurschule Zürich

Wohnungsanbau in Wetzikon

**Abbildungen**

**1. + 4. Mehrfamilienhaus «unik», Uster, 1994/95**

**2. + 5. Einfamilienhaus Aerni, Liestal, 1995**

**3. Wettbewerb Steinfabrik, Pfäffikon SZ, 1994**

**Fotos:
Richard G. Schmid, Uster: 2, 4, 5**

# Andreas Ostertag

**Dipl. Architekt ETH/SIA**
**Sonnengartenstrasse 9**
**8125 Zollikerberg**
**Telefon 01-392 20 04**
**Telefax 01-392 20 05**

**Gründungsjahr** 1989

**Inhaber**
Andreas Ostertag,
dipl. Arch. ETH/SIA

**Mitarbeiterzahl** 2

**Spezialgebiete**
Wohnungsbau
(Um-, Anbau/Neubau)

Innenausbau

**Publikationen**
Atrium 2/96

Ideales Heim 3/96

**Philosophie**
Meine Ziele im Wohnungsbau:
– optimale Wohnqualität für die Bauherrschaften erreichen
– offene, übergreifende Räume
– neuzeitliche Erscheinung
– «fliessende» Übergänge zwischen innen und aussen
– Pflege der Details

**Wichtige Projekte**
1989 Anbau Wohnhaus, Gossau

1989–91 Überbauung Doner-Areal, Herrliberg

1990 Innenausbau Wohnhaus, Stäfa

1991 Umbau Bauernhaus, Gfenn/Dübendorf

1992 Neubau Einfamilienhaus, Uerikon

1992 Um-/Ausbau Einfamilienhaus, Meilen

1993 Neubau Einfamilienhaus, Uhwiesen

1993 Kinderarztpraxis, Zollikon

1993 Anbau Wohnhaus, Zürich-Witikon

1994 Einfamilienhaus, Zollikerberg

1995 Umbau Wohnhaus, Zürich

**Aktuelle Projekte**
Wohnüberbauung Rietli, Herrliberg

Einfamilienhaus, Zumikon

Mehrfamilienhaus, Meilen

**Abbildungen**

1. Südwestansicht Einfamilienhaus, Zollikerberg, 1994

2. Nordwestansicht Einfamilienhaus, Zollikerberg, 1994

Fotos: Peter Kopp, Zürich

# Pfeiffer Schwarzenbach Thyes AG

Bahnhofstrasse 8
8700 Küsnacht
Telefon 01-910 40 96
Telefax 01-910 02 17

**Gründungsjahr**
1949 durch Hächler + Pfeiffer, dipl. Arch. ETH/SIA
seit 1989 Pfeiffer Schwarzenbach Thyes AG

**Inhaber/Partner**
Ernst Pfeiffer, dipl. Arch. ETH/SIA

Werner Schwarzenbach, dipl. Arch. HTL

Felix Thyes, dipl. Arch. ETH/SIA

**Assoziierter Mitarbeiter**
Niklaus Hersche

**Mitarbeiterzahl** ca. 6

**Spezialgebiete**
Alterswohnheime mit Pflegestationen und Alterssiedlungen

Umbauten, Sanierungen

Wohn- und Geschäftsbauten

Mehrzweckbauten

Wissenschaftliche Institute

Ortsplanungen

Arch. Mitwirkung bei Brücken, Tunnelportalen u.a.m.

**Philosophie**
Die Umsetzung der Nutzerbedürfnisse, die Interpretation des Ortes, der bewusste Umgang mit bestehender Bausubstanz fordern uns heraus, mit einfachen, heutigen Mitteln unsere Projekte individuell zu gestalten.

Gerne suchen wir unkonventionelle Lösungen zur Nutzung des Lichts.

Auch technische Aufgaben interessieren uns sehr, besonders wenn sie Einfluss auf die Landschaft haben.

**Wichtige Projekte**
1970 Eidg. Forschungsanstalt Reckenholz, Zürich

1971 Station und Depotanlage Forchbahn, Forch

1978 Alterswohnheim «Am Wildbach», Wetzikon

1978–89 Umbau mehrerer Gebäude des Alterszentrums Hottingen, Zürich

1984–89 Wettbewerb und Ausführung von zwei Sanierungsetappen Oberstufenschulanlage Breite, Oetwil am See

1985–90 Städtebauliche Planung Kirchbergplateau, Luxemburg (mit I. Van Driessche und C. Bauer)

1985–87 Alters- und Pflegeheim Salem, Ennenda

1988–92 Umbau und Erweiterung Pflegeheim am See, Küsnacht

1989–93 2 Mehrfamilienhäuser GBK, Küsnacht

1989–95 Ortsplanung Thermalkurort Bad Mondorf, Luxemburg

1990–91 Umbau Wohnsiedlung «Im Tobel», Meilen

1990–94 Portale Howaldtunnel, Luxemburg

1990–94 Schrägseilbrücke, Konzept, arch. Beratung, Luxemburg (Ing. Schroeder Ass./Greisch)

1991–94 Turnhalle Blattenacker, Oetwil am See

1992–95 Umbau Alterswohnheim «Am Wildbach», Wetzikon

1993 Wettbewerb Krankenheim Spital Rüti (2. Rang)

1994 Umbau Wohn- und Geschäftshaus, Küsnacht

**Aktuelle Projekte**
Umbau Apotheke, Küsnacht

Planung kantonale Gewerbezone Remich, Luxemburg

Umbau und Sanierung Mehrzweckgebäude Breite, Oetwil am See

Diverse Sanierungen

**Abbildungen**

1. Mehrfamilienhaus Gartenstrasse 19, Küsnacht, 1993
2. Umbau Wohnsiedlung «Im Tobel», Meilen, 1991
3. Eingang Turnhalle Blattenacker, Oetwil am See, 1994
4. Schrägseilbrücke Umfahrung Luxemburg, 1994
5. Innenansicht Turnhalle Blattenacker, Oetwil am See, 1994

# Werner Rafflenbeul

**Architekturbüro SIA**
Gletscherstrasse 8a
8008 Zürich
Telefon 01- 381 11 22
Telefax 01- 383 94 52

**Gründungsjahr** 1985

**Inhaber**
Werner Rafflenbeul,
dipl. Arch. SIA

vorher: Partner der Architekten
Paillard, Leemann und Partner

**Leitender Angestellter**
Manfred Feucht, Arch. HTL

**Mitarbeiterzahl** 4

**Spezialgebiete**
Theaterbau

Wohnungsbau

Industrie- und Gewerbebau

**Publikationen**
«Opernhaus Zürich mit Bernhardtheater», Um- und Erweiterungsbau, Werk, Bauen + Wohnen 3/86

«Wohn- und Werkstättengebäude», Garage Johann Frei AG, Zürich; Werk, Bauen + Wohnen 4/89; Schweiz. Kalksandstein-Fabrikanten KS 1/87; Neues Bauen in Kalksandstein, München 1/88

«Wohnüberbauung Im Walder, Zürich», Genossenschaft Im Walder; Arch. 109 Eternit 4/93; AS Schweiz. Arch. 112, 5/94

**Wichtige Projekte**
1981–84 Opernhaus Zürich mit Bernhardtheater, Um- und Erweiterungsbau (Partner der Architekten Paillard, Leemann und Partner)

1982–84 Werkstättengebäude Opernhaus Zürich (Partner der Architekten Paillard, Leemann und Partner)

1985–87 Wohn- und Werkstättengebäude Garage Johann Frei AG, Zürich

1987–88 Büroeinbau Haus Monnier, Zürich

1988–89 Reihenhäuser Herrsching am Ammersee bei München, Deutschland

1990 Projekt Fabrikhalle Steinhauerei in Wettswil a.A., Baur + Cie AG, Bauunternehmung, Zürich

1990–93 Wohnüberbauung Im Walder, Zürich, Genossenschaft im Walder (Wettbewerb Tognola, Stahel + Zulauf)

1993 Umbau Spitex-Zentrum Albisrieden

1993 Projekt Musical-Theater Zürich-Oerlikon, Umbau ABB-Halle, Bernhard-Theater AG, Zürich

1995 Ferienwohnungen Lindau/B., Deutschland

**Aktuelle Projekte**
Wettbewerbe, Umbauten und Neubauten

**Abbildungen**
**1. – 3. Wohnüberbauung Im Walder, Zürich**

**4. + 5. Wohn- und Werkstattgebäude Garage Johann Frei AG, Zürich**

# Andreas Ramseier + Associates Ltd.

**Dipl. Architekten und dipl. Innenarchitekten (ASAI/ETH/SIA/FH/HFG/HTL-SCI-ARC)**
Utoquai 43
8008 Zürich
Telefon 01-252 24 00
Telefax 01-262 00 41

**Gründungsjahr** 1980

**Mitarbeiterzahl** 15-20

**Assoziierte Firmen**
USA: New York
BRD: Stuttgart und Berlin

### Spezialität

Prototypisches, massgeschneidertes Architekturdesign für Firmen, Banken, Versicherungen, Einkaufszentren, Private, Läden, Modehäuser, Restaurants, Kinos, Konferenzzentren, Music-Halls, Hotels usw.

Architektur und Innenarchitektur werden einzeln oder als Gesamtlösung angeboten.

### Unternehmensphilosophie

«Entwickle eine unfehlbare Technik, dann überlass Dich der Gnade der Inspiration.»
So die Worte eines japanischen Architekten, 1955 zitiert von Walter Gropius anlässlich der Eröffnung der Hochschule für Gestaltung in Ulm.

Dieser Leitsatz, herausfordernd und gleichzeitig weise, gilt heute genauso wie vor 40 Jahren. Er liegt meiner Arbeitsphilosophie zugrunde.

Was bedeutet das für die Arbeit von «Ramseier Associates»? Was für unsere Auftraggeber? Zum einen, dass der Bauherr in uns aufmerksame Zuhörer findet; zum andern, dass seine spezifischen Wünsche bei der Erarbeitung von Lösungen berücksichtigt werden.
Dass wir mit unserer Architektur dennoch eine eigenständige, klare Linie verfolgen, versteht sich.

Subtiler Erfindergeist, gepaart mit ausgeprägter Detailtreue: so könnte man unser Schaffen charakterisieren. Qualifizierte Architekten und Innenarchitekten bilden den Kern von «Ramseier Associates».

Dazu kommen ad interim talentierte Architekten und Designer verschiedenster Schulen und Nationalitäten, die in der Gruppe eine Möglichkeit zur Weiterbildung finden. Ein lebendiger Austausch von Ideen und Vorstellungen, von Wissen und Erfahrung findet ständig statt. So profitiert auch unsere Planungsgruppe von immer wieder neuen Impulsen.

Die erfolgreiche Teilnahme an verschiedenen Konkurrenzpräsentationen und eingeladenen Wettbewerben (12 erste Preise) führte zu vermehrter Tätigkeit auf internationaler Ebene. So bot sich uns die Gelegenheit, nebst Arbeiten in der Schweiz auch Projekte in den USA, in Deutschland und in Japan zu verwirklichen.

Dank der Zusammenarbeit mit bestausgewiesenen assoziierten Architekturfirmen in Stuttgart und New York können wir weltweit Projekte jeder Grössenordnung realisieren.

Andreas Ramseier,
im Frühjahr 1994

**1. Preise in Wettbewerben und Konkurrenz-Präsentationen**

Modehaus Heinemann,
Königsallee, Düsseldorf
(Umbau/1. Preis, 1988)

Karlspassage, Stuttgart,
Gastronomiebereiche
(Neubau/1. Preis, 1989)

Jakobs Suchard,
Center of Excellence,
Konferenz- und Gastronomiebereiche
(Umbau/1. Preis, 1986)

Clarins Paris,
Hauptsitz, Genf
(Neubau/1. Preis, 1990)

Okasan Bank of Tokyo,
Swiss Branch, Zürich
(Umbau/1. Preis, 1991)

Swiss Bank Center (SBV),
Zürich-Flughafen,
Konferenz- und Gastronomiebereiche
(Neubau/1. Preis, 1991)

Südwestdeutsche
Landesbank in Stuttgart,
Vorstands- und Konferenzbereiche
(Neubau/1. Preis, 1991)

Atlantis Sheraton
Hotel Zürich
(Umbau/1. Preis, 1994)

Bürogebäude,
Tempelhof Süd, Berlin
(Neubau/1. Preis, 1992)

Häussler Business Center
in Stuttgart
(Neubau/1. Preis, 1993)

**Weitere wichtige Projekte**

Weltausstellung Expo 85
Tsukuba, Japan,
Swiss Pavillon
(Neubau, 1985)

Tapeten AG, Zürich
(Umbau, 1986)

Bürogebäude Drees + Sommer,
Stuttgart,
Teilbereiche
(Neubau, 1993)

Bürogebäude
Kreuzstrasse 54,
Zürich
(Umbau, 1990–1992)

Flughafen Dresden,
Terminal 1
(Sanierung Altbau 1993)

Swissca
Portfolio Management AG,
Zürich
(Umbau, 1994)

Einkaufszentrum Glatt,
Zürich
(Umbau, 1992–1994)

J. Henry Schroder Bank AG,
Zürich
(Teilumbau, 1994)

Hauptsitz Stadtsparkasse
Dresden
(Umbau 1995/97)

CMF–Kongresszentrum
Frankfurt
(Neubau, 1995/97)

**Abbildungen**

**1. Einkaufszentrum Glatt (Modell), 1992**

**2. Kreuzstrasse 54, Zürich, 1993**

**3. J. Henry Schroder Bank AG, Zürich, 1994**

**4. Okasan Bank of Tokyo, 1992**

**5. Hauptsitz Stadtsparkasse Dresden, 1995/97, mit Bühnenbilder der Semper Oper**

**6. Kongresszentrum Messe Frankfurt, 1995/97**

**7. Südwestdeutsche Landesbank Stuttgart, 1994**

# Reichle & Schmid

**Dipl. Arch. HTL/STV/SIA**
Neuwiesenstrasse 10A
8610 Uster
Telefon 01-940 25 30
Telefax 01-940 66 72

**Gründungsjahr** 1976

**Inhaber/Partner**
Werner Reichle

Christoph Schmid

**Leitende Angestellte**
Christian Hitz

Erika Wermelinger

**Mitarbeiterzahl** 10

**Spezialgebiete**
Wohn- und Siedlungsbauten

Geschäftshäuser

Bauten für die öffentliche Hand

Umbauten/Umnutzungen

**Publikationen**
Werk, Bauen + Wohnen 10/86

Raum und Wohnen 2/87

Das ideale Heim 11/79

Das Einfamilienhaus 2/81, 3/87, 5/94

Schweizer Journal 11/88

Bauen 8/82

Häuser Modernisieren 4/88, 3/94

Architektur und Technik 10/92

**Philosophie**
Wir erstellen zeitgemässe, auf die Bewohner erfrischend und positiv wirkende menschen- und umweltgerechte Bauten für Private und die öffentliche Hand.

**Wichtige Projekte**
1977–90 25 Einfamilienhäuser im Kanton Zürich

1980–88 Gebäudesanierungen von Wohnsiedlungen in Zürich, Fällanden, Schwerzenbach für Baugenossenschaft Brunnenhof, Zürich

1983/87/92 Kindergärten, Schulräume und Wohnbauten, Umnutzungen und denkmalpflegerische Sanierungen im Dorfkern Wermatswil

1985 Quartierzentrum Brunnentor in Uster (Wohn- und Geschäftshaus)

1985 SBB-Wettbewerb Bahnhof Süd, Uster (1. Ankauf)

1985 GVZ- und Zivilschutz-Ausbildungszentrum Riedikon

1988 Alterssiedlung Sonnental in Uster

1989 Lehrlingswerkstatt für Goldschmiede, Zürich

1990 Alters- und Pflegeheim Dietenrain, Uster

1990 Goldschmiedgeschäft Paul Binder, Storchengasse, Zürich

1991 Wohn- und Geschäftshaus in Uster für Regionalzeitung Uster (Projekt nicht ausgeführt)

1992 Gebäudesanierungen für Kirchen- und Schulpflege in Uster

1992 Fabrikations- und Büroausbau für Reichle + De Massari in Wetzikon

1994 Bürogebäude an der Neuwiesenstrasse in Uster

1995 Werkstattneubau für Firma Gebr. Günthard in Uster

1995 Wohn- und Atelierhaus in Nänikon

**Aktuelle Projekte**
«Atria»: Wohn- und Geschäftshaus in Uster mit Restaurant und Läden

Wohnsiedlungen: Genossenschaft BZU, in Wermatswil; MFH und EFH «Chridebüel», Uster-Nossikon

Neubau Bürohaus Zellweger-Luwa AG, Uster (Ausführung)

Vereinshaus für den CVJM, Uster (Projekt)

Wohn- und Gewerbebauten für Basler Versicherungs Gesellschaft (Neubau, Umbau und Sanierung), Florastrasse, Uster (Projekt)

Wiederaufbau Bauernhaus in der Greifenseeschutzzone (Projekt)

**Abbildungen**

**1. Bürogebäude, Uster, 1994**

**2. Alters- und Pflegeheim Dietenrain, Uster, 1990**

**3. Wohn- und Geschäftshaus Atria, Uster (Umbau, Neubau, Wiederaufbau)**

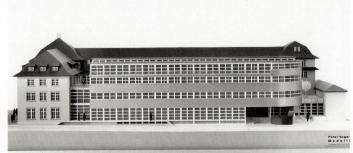

# Rota Architekten AG

Plattenstrasse 44
8032 Zürich
Telefon 01-251 03 80
Telefax 01-251 17 50

**Gründungsjahr** 1986

**Inhaber/Partner**
Michèle + Bruno Rota-Bunzl,
dipl. Arch. ETH/SIA

**Mitarbeiterzahl** 4

**Spezialgebiete**
Industrie- und Gewerbebauten

Wohnhäuser

Renovationen

Ladenbau

Möbeldesign

Bauherrenvertretungen

Allgemeine Beratung

**Philosophie**
Die Wünsche der Bauherrn optimal erfassen und dabei noch über ihre Vorstellung hinausgehen, die Aussenräume genauso wichtig nehmen wie die Innenräume, das Detail pflegen und dabei das grosse Ganze nicht aus den Augen verlieren.

**Wichtige Projekte**
1985 Umbau EFH Bunzl in Fritzens (Ö)

1986 Umbau MFH Gertrudstrasse 106, Zürich

1986 Um- und Wintergartenanbau EFH Bunzl, Zumikon

1986/87 Fabrik und Büroneubau, record, Fehraltorf

Reisebüro Passage Reisen, Kloten

Arztpraxis Dr. Hüssy, Thalwil

Umbau MFH Plattenstr. 44, Zürich

1989 Büro- und Lagerneubau Moor AG, Regensdorf

Umbau Bürohaus Spleiss AG, Mühlebachstr. 164, Zürich

1990 Büro- und Lagerneubau SMC Pneumatik AG, Weisslingen

1991 EFH Bühler, Hinwil

1991 Wiederaufbau Personalhaus St. Gotthard, Zürich

Umbau Büro- und Gewerbehaus Layoutsatz AG, Zürich

Sanierung Industriegebäude Augstrasse 38, Zürich

1992 Umbau EFH Kunz, Zürich

Zweifamilienhaus Gebert, Jona

1993 Betriebsgebäude Firma record, Wien

Coiffeurgeschäft Commedia, Zollikon

1995 MFH, Zollikon

Betriebsgebäude Firma record, Paris

Reihenhäuser für drei Familien, Dürnten

Sitzungszimmer SBG Römerhof, Zürich

**Aktuelle Projekte**
MFH, Diessenhofen

Verschiedene Umbauten

**Abbildungen**
1. Fabrikgebäude Firma record, Fehraltorf, 1987
2. Vordach Fabrik record
3. SMC Pneumatik AG, Weisslingen, 1991
4. EFH Bühler, Hinwil, 1991

# Marc Ryf

**Architekt SIA/SWB**
Ottenweg 16
8008 Zürich
Telefon 01-383 83 53
Telefax 01-383 81 97

**Gründungsjahr** 1993
vormals Ryf & Sciessere Architekten

**Leitende Angestellte**
dipl. Architektinnen und Architekten ETH/SIA

**Mitarbeiterzahl** 3 bis 4

**Spezialgebiete**
Öffentliche Bauten

Schulen

Wohn- und Geschäftshäuser

Umnutzungen, Renovationen, Restaurierungen

Gebäude stehen in Wechselbeziehungen zu ihrem Umfeld, dementsprechend in einem räumlichen Kontinuum, und können nicht als abgegrenzte Endresultate betrachtet werden.

Trotzdem oder gerade deshalb richtet sich mein Interesse auf die Konsolidierung der Projekte in einem grösseren Zusammenhang.
Daraus können Widersprüche entstehen, die mich herausfordern und zu spezifischen und differenzierten Lösungen führen.
Indem das Umfeld in den Projekten immer als Thema enthalten ist, ergeben sich stets ändernde und neue Gestaltungsmerkmale.
Das Erfassen der Aufgabe in ihren Parametern und die Formdisziplin unter Einsatz minimaler Mittel führen zur Präzision von Raum, Struktur und Material.
Primär sollen vernünftige Lösungen gefunden werden, die eine gute Benutzbarkeit der Bauten erlauben.

Die Qualität des Bauwerkes soll über die durchdachte Konzeption, die solide Konstruktion und den guten Gebrauchswert hinaus eine ihm eigene Stimmung und Ausstrahlung aufweisen.

**Wichtige Projekte**
1990 Wettbewerb für die Erweiterung der Schulanlage Chilefeld in Obfelden, mit R. Sciessere, 1. Preis; ausgeführt 1991–93

1991 Wettbewerb für eine Wohnüberbauung in Dietlikon, mit R. Sciessere, 2. Preis

1991 Wettbewerb für einen Gemeindesaal in Affoltern a. A., mit R. Sciessere, 3. Preis

1992 Ideenwettbewerb Stangenareal in Bremgarten, mit R. Sciessere, 1. Preis; in Planung

1992 Wettbewerb für eine Kantonsschule in Kreuzlingen, mit R. Sciessere, 1. Preis; in Planung

1992 Studienauftrag Wohn- und Gewerbesiedlung in Uezwil, mit R. Sciessere

1993 Wettbewerb für die Erweiterung der Schulanlage in Mettmenstetten, mit R. Sciessere, 2. Preis

1994 Ideenwettbewerb Steinfabrik Zürichsee AG in Pfäffikon

1995 Wettbewerb Fabrik am Wasser, Zürich, 5. Preis

1995 Werkhof Friedhof Manegg, Zürich; ausgeführt 1995

1995 Ausstellungsbauten im Helmhaus Zürich; ausgeführt 1995

**Aktuelle Projekte**
Kantonsschule in Kreuzlingen

Wohn- und Geschäftshaus in Bremgarten

Clubhaus für Wassersportler in Pfäffikon SZ

Renovation, Restaurierung der Kirche St. Jakob in Zürich

**Abbildungen**

**1. Wohnsiedlung, Uezwil**

**2. Schulhaus Chilefeld, Obfelden**

**3. Kantonsschule Kreuzlingen**

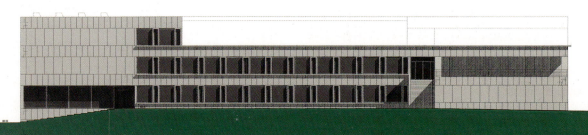

# Giovanni Scheibler

**Architektur-Werkstatt SIA**
Rütschistrasse 21
8037 Zürich
Telefon 01-361 21 95
Telefax 01-361 21 36

**Gründungsjahr**
1976 Auslandgeschäft:
Internat. Technologie-Transfer

1990 Architektur-Werkstatt, Zürich

**Inhaber**
Giovanni Scheibler, Dr. sc. techn., dipl. Arch. ETH/HTL/SIA

**Mitarbeiterzahl** 3 bis 4

**Spezialgebiete**
Bauen im historischen Kontext:
– Renovationen
– Sanierungen
– Umbauten
– Verdichtungen
 (Dachaufstockungen,
 Hofrandschichten etc.)

Planen und Bauen für
– Siedlungen
– Gewerbe und Industrie
– Labor- und Bürobauten
– Klöster, Heime, Gastgewerbe
– Ökohäuser
– Niedrigenergiehäuser

Bautechnologie/Baukonstruktion

**Philosophie**
Unser Bestreben ist es, einen Beitrag zur Entwicklung einer zeitgemässen Bausprache zu leisten. Dabei suchen wir nach ganzheitlichen Lösungen, die nebst ihrer Modernität und Rationalität bewusst den Dialog zum Essentiellen des Bestehenden, des Alten und zur Komplexität des historischen Umfelds ermöglichen: zeitgemässes Bauen im historischen Kontext.

**Publikationen**
«Aktuelles Bauen im historischen Kontext», ETHZ Diss. 6989, 1982

«Konstruktion wird Ausdruck – Konstruktion wird Gestaltung», Archithese 1,2/88

«Baukonstruktion der Moderne aus heutiger Sicht», Birkhäuser, 1990

«Überzeugungen verwirklichen», Gasette 2/90

«Wesentliche Wurzeln unserer Baukultur», Hauseigentümer 15-4-91

«Eigenwillige Lösungen beim Dachstockausbau: Licht und flexible Wände», Hauseigentümer 15-1-92

«Wenn sich der Lebensraum den Bedürfnissen anpasst: Das ist Wohnqualität», Häuser modernisieren 2/92

«Dachausbau: Von der Gerümpelkammer zur Wohnhalle», Schöner Wohnen 10/92

«Um- und Anbau: Lifthaus am Bergfrieden», Hochparterre 1/94

**Wichtige Projekte**
1976–81 Experten-Einsatz vor Ort für GTZ, Frankfurt: Stadtbilderhaltung und Stadtentwicklung von Bhaktapur (Nepal)

1989–90 Beratung für DEH, Bern: Gebäudeunterhalt Universität Dar es Salaam, Tanzania

1986 American-Express-Bank-Business-Center, Umbauprojekt für Altstadtliegenschaft Schützengasse 19, Zürich

1987 Hofraum-Restrukturierung einer Blockrandbebauung, Spielhof-Projekt, Rütschihof, Zürich

1988 Verdichtungsstudie Sanierung Blockrandbebauung, Rütschihof, Zürich

1990 Gestaltungsplan Rütschihof, Zürich

1989–91 Umbau und Sanierung Mehrfamilienhaus Rütschistrasse 21, Zürich

1992 Umbau und Anbau des Stammhauses (mit Hotelbetrieb) der Diakon. Schwesternschaft Braunwald

1993 Umbau und Sanierung «Neues Forsthaus», Sihlwald

1993 Renovation und Umbauprojekt Mehrfamilienhaus Zähringerplatz 15, Zürich

1994 Dachaufstockungsprojekt der Wohnsiedlung Baugenossenschaft Grafika, Alfred-Strebel-Weg, Zürich

**Aktuelle Projekte**
Verdichtungsprojekt Siedlung Bernerstrasse, Grünauquartier, Zürich, mit total 330 Wohnungen

Sanierung und Umbau Kirchgemeindehaus Wipkingen, Rosengartenstrasse 1, Zürich (Bj. 1930, frühe Moderne)

Umbau Reihenhaus Abeggweg 16, Zürich

Dachwohnung-Umbau (Maisonette) Thurwiesenstr. 5, Zürich

Büro- und Laborgebäude, New Baneshwor, Katmandu (Nepal)

**Abbildungen**

**1. + 2. Bauen in den Bergen: modernste Brettschichttechnologie und Stahlskelett, Umbau und Anbau des Stammhauses der Diakonischen Schwesternschaft Braunwald, 1993**

**3. + 4. Aktualisierung alter Bausubstanz: Ausbau von Dachraum zu Wohnzwecken am Rütschihof, Zürich; Halleneinbau mit Stahl und Glas, 1990–92**

**5. + 6. Verdichtung bestehender Siedlungsstrukturen: Hofrandschicht und Dachaufstockung Siedlung Bernerstr. (330 Wohnungen), Zürich, 1995**

**5a Projekt, 5b Ausgangslage**

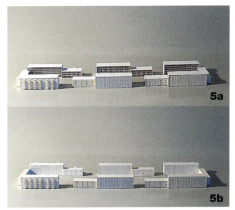

# Schibli & Holenstein AG

**Architekten SIA/FSAI**
Verena Conzett-Strasse 7
8004 Zürich
Telefon 01-241 88 33
Telefax 01-241 88 31

**Gründungsjahr** 1968/1993

**Inhaber**
Otto P. Schibli,
Architekt FSAI

Markus Holenstein,
Architekt ETH/SIA/FSAI

**Mitarbeiterzahl** 7

**Spezialgebiete**
Wohnungsbau

Öffentliche Bauten

Büro- und Gewerbebauten
mit Betriebseinbauten

Banken

Gastgewerbebetriebe
und Verkaufsgeschäfte

Umbauten und Sanierungen,
Restaurationen unter Denkmalpflege

Umnutzung bestehender
Bausubstanz

**Philosophie**
Umfassende Beratung der
Bauherrschaft in allen Phasen
von der Zielformulierung bis
zum Gebäudeunterhalt

Kostenoptimiertes Bauen
in hoher architektonischer
Qualität

Professionelle Projektabwicklung

**Wichtige Bauten**
1986 MFH Michelstrasse 25, Zürich

1986 Postgebäude, Poststrasse, Adliswil

1984–87 Wohnüberbauung Hiltiberg, Fislisbach AG

1987 Coop-Laden Zentrumsüberbauung West, Poststrasse, Adliswil

1987 Betriebsgebäude und Mehlsiloanlage, Sihlquai, Zürich

1988 Nippon Credit Bank (Schweiz) AG, Seidengasse 16, Zürich

1971/90 Postgebäude und Telefonzentrale, Zürcherstrasse, Neuenhof

1989–91 Niederlassungen der Nomura Bank in Zürich und Basel

1991 EFH-Überbauung Michelsbühl, Heiterschen TG

1991 MFH Tobeleggweg 21, Zürich

1991 SKA-Filiale Höngg, Regensdorferstrasse 15, Zürich

1992 Wohn- und Geschäftshaus Regensdorferstrasse 15, Zürich

1992 Sanierung Wohnüberbauung Albisriederstr. 110–156, Zürich

1992 Anwaltskanzlei Löwenstrasse 1–3, Zürich

1992 Hauptsitz Nomura Bank (Schweiz) AG, Kasernenstr. 1, Zürich

1994 Umbau und Sanierung Predigerplatz 2, Zürich

1994 Sanierung Wohnüberbauung Austrasse 9–13, Fahrweid-Geroldswil

1994 Umbau Büro- und Gewerbehaus Staffelstr. 8–12, Zürich

1991–95 Schnellimbiss-Lokale Snack Sebari in Zürich

1995 Umbau und Sanierung MFH Schweighofstr. 370–372, Zürich

**Abbildungen**

**1.+4. Hauptsitz Nomura Bank (Schweiz) AG, Zürich**

**2.+5. Umbau und Sanierung Predigerplatz 2, Zürich**

**3.+6. Sanierung Wohnüberbauung Austr. 9–13, Fahrweid-Geroldswil**

**Bilder:**
H. P. Schiess: 1–4, 6
Otto P. Schibli: 5

# Schneider & Gmür

Dipl. Architekten ETH/SIA
Pflanzschulstrasse 17
8400 Winterthur
Telefon 052-233 61 70
Telefax 052-233 61 70

**Gründungsjahr** 1994

**Inhaber/Partner**
Marc Schneider,
dipl. Arch. ETH/SIA

Daniel Gmür,
dipl. Arch. ETH/SIA

**Mitarbeiterzahl** 3 bis 4

**Spezialgebiete**
Wohnbauten

Umbauten/Sanierungen

Öffentliche Bauten

**Publikationen**
Aktuelle Wettbewerbs Szene 2/96

**Philosophie**
Gebäude als Schnittstelle zwischen Mensch und Umwelt bilden für den Benutzer Hintergrund und Rahmenwerk und sollen seinen Lebensvorgängen in angemessener Weise dienen. Im Spannungsfeld zwischen Selbstverständlichkeit und Herausforderung entwickeln wir unsere Projekte.

Das Potential eines Ortes, einer Bauaufgabe oder eines Materials soll ausgelotet und sichtbar gemacht werden. Wir versuchen, dem Benutzer mit formaler Einfachheit und Strenge eine Vielfalt an Nutzungsmöglichkeiten und sinnlicher Wahrnehmung zu bieten. Es gilt, das richtige Mass zu finden. Das richtige Mass finden heisst abwägen, gegenüberstellen, hinterfragen, mit anderen Worten: versuchen, die ganze Komplexität einer Bauaufgabe zu verstehen und umzusetzen.

**Wichtige Projekte**
1994 Planung Haus Rosenast, Kaltbrunn SG
1995 Ausführung

1994 Vorprojekt für Umbau und Neubau eines Mehrfamilienhauses, St. Gallen

1994 Wettbewerb für Mehrzweckhalle und Pfarreisaal, Kaltbrunn (5. Preis)

1995 Wettbewerb für altersgerechte Wohnungen, Glarus (Mitarbeit im Büro Kamm & Wieser, Zürich; 3. Preis)

1995 Wettbewerb Webersbleiche, Projekt für ein Büro- und Geschäftshaus, St. Gallen (6. Preis)

1995 Wettbewerb für die Erweiterung der Primarschule und den Neubau einer Doppelturnhalle, Engelburg

**Aktuelle Projekte**
Projekt Wohnhäuser, Ausserdorfstrasse, Winterthur

Umbau Wohnhaus Leuch-Lüchinger, Winterthur

**Abbildungen**

1. Korridor mit Wandschränken, Obergeschoss Haus Rosenast, Kaltbrunn, 1995

2. Ansicht Nordost, Haus Rosenast, Kaltbrunn, 1995

3. Wettbewerb Webersbleiche, St. Gallen, 1995

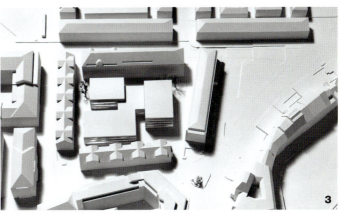

# Walter Schindler

**Architekturbüro**
Weinbergstrasse 81
8006 Zürich
Telefon  01 - 361 21 58
Telefax  01 - 362 27 95

**Gründungsjahr** 1964

**Inhaber**
Walter Schindler,
Architekt BSA/SIA

Partner Büro Bern:
Hans Habegger, Architekt SIA

**Spezialgebiete**
Spitalbauten

Alters- und Krankenheime

Zentren

Schulbauten

Umbauten

**Publikationen**
Publikationen in verschiedenen
Zeitschriften wie:
– Werk, Bauen + Wohnen
– Schweiz. Bauzeitung
– Schweiz. Ing. + Arch. SIA
– Aktuelle Wettbewerbsszene
  Schweiz
– Tagespresse
– deutsche Zeitungen
– Wettbewerbspublikationen

**Auszeichnungen**
Auszeichnung für gute Bauten,
Zürich (Wohnhaus In der Ey)

Präsident Prüfungskommission
für baugewerbliche Zeichner,
Zürich

Mitglied Prüfungskommission
Register A

Mitglied Aufsichtskommission
Ingenieurschule Winterthur

Mitglied Zentralvorstand
des BSA bis 1993

**Philosophie**
Lang planen und kurz bauen
heisst gut bauen.

Planen und Bauen im Gleichschritt mit Umwelt und Ökologie.

**Wichtige Projekte**
Schulanlage Loreto, Zug,
1. Preis, ausgeführt

Kirchgemeindehaus Thalwil
(mit Prof. Dr. W. Dunkel),
1. Preis, ausgeführt

Div. Altersheime, beispielsweise Herzogenbuchsee,
Hasle-Rüegsau, Zollikon,
Konolfingen, Roggwil,
Zollikofen, Eglisau, Erlenbach,
jeweils 1. Preis, alle ausgeführt

Zentrum Zumikon,
1. Preis, ausgeführt

Spital und Altersheim Konolfingen, 1. Preis, ausgeführt

Saalbau Hombrechtikon,
1. Preis, ausgeführt 1994

Alters- und Pflegeheim Sins
AG, 1. Preis, ausgeführt 1994

Krankheim Bassersdorf,
1. Preis, im Bau

Alterszentrum Opfikon,
1. Preis, in Planung

Diverse Umbauprojekte,
bspw. Kaserne Zürich

Mehrzweckanlage Oetwil a. S.,
1. Preis, in Ausführung

Diverse Projekte in Deutschland

**Aktuelle Projekte**
Altersheim Sins

Saalbau Hombrechtikon

Mehrzweckanlage Oetwil a. S.

Geriatrieheim Bassersdorf

Alterszentrum Opfikon

Spital Eisenach/D

Diverse Wettbewerbe

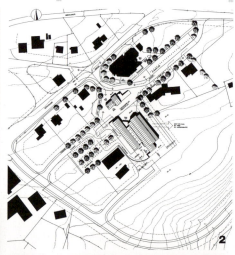
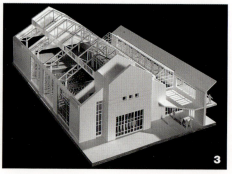

## Gemeindesaal mit Räumlichkeiten der Evangelisch-reformierten Kirchgemeinde Hombrechtikon

Bericht des Architekten:

Der neue Saalkörper bildet mit dem bestehenden «Bahnhöfli» zusammen eine Einheit mit kleinmassstäblichem, dreiseitig umschlossenem Eingangsbereich. Grossräumig betrachtet, ordnet sich der Saaltrakt unter Einbezug der katholischen Kirche und weiterer Gebäude gut in die nähere Umgebung ein. Nördlich des geplanten Gemeindesaals soll eine Fussgängerzone ohne Fahrverkehr entstehen.

Das Bauvorhaben gliedert sich in einen Saalbereich und einen Kirchgemeindeteil, welche unter sich durch ein gemeinsames Foyer verbunden sind. Jede Raumgruppe verfügt über eigene Eingänge, so dass Saalteil und Räumlichkeiten der Evang.-ref. Kirchgemeinde unabhängig voneinander genutzt werden können. Bei Bedarf können die Gebäulichkeiten über das gemeinsame Foyer als ganze Einheit benutzt werden.

Der Saal verfügt über 350 Sitzplätze bei Bankett- oder 625 Sitzplätze bei Konzertbestuhlung. Auf einfache Weise lässt er sich in zwei völlig voneinander unabhängig nutzbare Bereiche unterteilen. Auch die Bühne gewährleistet die erforderliche Flexibilität, um allen Anforderungen gerecht zu werden. Küche und Foyerzone liegen günstig zueinander und sind vom Saal aus mittels kurzer Wege gut erreichbar. Die Anlieferung der Bühne sowie der Küche erfolgt rückwärtig.

Kirchgemeinderäume und Gemeindehelferbüro befinden sich neben dem Haupteingang. Sie haben getrennte Eingänge einerseits vom Saal und andererseits vom Jugendraum. Letzterer wird über den Windfang separat erreicht. Der Jugendraum verfügt über eine separate Treppe ins Untergeschoss, wo ein Lärmkeller angeordnet ist. Im ersten Obergeschoss liegen sämtliche Unterrichts- und Sitzungszimmer der Evang.-ref. Kirchgemeinde. Eine optische und effektive Verbindung über das Foyer zum Saal ergibt die gewünschten Blickkontakte, auch bei getrennten Betrieben. Die Grösse der Unterrichts- und Sitzungszimmer lässt sich mittels schalldichter Faltwände beliebig verändern. Die dem Sitzungszimmer vorgelagerte begehbare Terrasse bereichert diese Raumgruppe zusätzlich.

Im Untergeschoss sind nebst Räumen für die Haustechnik (Heizung/Lüftung), Pflichtschutzräumen sowie einem Kulturgüterschutzraum die Bühnengarderoben und die WC-Anlagen angeordnet. Es versteht sich von selbst, dass das Bauwerk rollstuhlgängig geplant worden ist. Die Saalgalerie sowie die Kirchgemeinde-Räumlichkeiten im Obergeschoss sind deshalb auch durch einen Lift erschlossen. Dieser lässt sich auch für Warentransporte einsetzen.

Der Saalbau wurde mit ortsüblichen Materialien realisiert, wobei die nach aussen erscheinende architektonische Ausdrucksform auch innen ihre Entsprechung finden soll. Die Dachkonstruktion ist innen sichtbar, ebenso die entsprechenden Dachneigungen. Die Hauptmaterialien wie Mauerwerk und Holz ergänzen einander und bilden mit den entsprechenden Bodenbelägen zusammen ein ausgewogenes Ganzes. Nicht eine protzige Erscheinungsform, sondern vielmehr eine durch einfache und zweckmässige Materialien wohnliche Atmosphäre wurde angestrebt.

Mit grossem Aufwand und vielen Vorschlägen wurde versucht, eine Akustik zu erzielen, die für jede Art von Anlässen optimal ist. Bereits haben einige Anlässe vor der Inbetriebnahme des Saalbaus gezeigt, dass die akustischen Voraussetzungen richtig und gut gewählt wurden.

Mitarbeiter:
Richard Moser, Arch. HTL
Hans Gabl, Arch. HTL

**Abbildungen**

**1. Gesamtansicht**

**2. Situation**

**3. Modellfoto Saal**

**4. Sicht Eingangspartie**

**5. Sicht Galerie zur Bühne**

**6. Innenraum Saal**

**7. Eingangshalle mit Galerie**

**Fotos: Peter Kopp, Zürich**

# Senn + Kühne

Dipl. Architekten u. Innenarchitekten, Orts- und Regionalplaner, SIA/BSP
Seegartenstrasse 12
8008 Zürich
Telefon 01-383 38 80
Telefax 01-383 19 02

**Gründungsjahr** 1977

**Inhaber**
Theo Senn, Arch. ETH/SIA

Thomas Kühne, Arch. + Planer BSP

**Mitinhaber an**
Fa. DSK, Architekten und Urbanisten, Berlin/Zürich

**Mitarbeiterzahl** 13 bis 16

## Unternehmensphilosophie

Unsere Planungen und Bauten betrachten wir als Bestandteile eines Stadt- oder Landschaftsraums sowie als Hüllen eines Lebensraums, die in Einklang stehen sollen mit den Inhalten und den Tätigkeiten ihrer Nutzer. Diese Zielsetzung bringt es mit sich, dass jede Aufgabe eine einmalige und spezifische ist. Darüber hinaus werden konzeptionell unterschiedliche Lösungsansätze aufgezeigt und analysiert und gemeinsam mit der Bauherrschaft bewertet.

Auf dieser Basis suchen wir eine Synthese aller erwähnten Vorgaben bis hin zur detaillierten innenräumlichen Ausgestaltung.

## Wichtige Projekte

### Kunst und Kultur

Schweiz. Landesmuseum, Hauptmuseum Zürich:
– 1989/90 Nutzungsstudie
– 1991 Gestaltung Ausstellung «Codex Manesse»
– 1991 Bau des Hochsicherheitsraumes
– 1994–96 Gestaltung kulturgeschichtlicher Rundgang

1993 Konzept und Projekt Kongress- und Ausstellungszentrum Lindt & Sprüngli

1995/96 Metzgermuseum Zürich

1995–97 Museum Bärengasse

### Gastronomie und Hotellerie

1981 Projekte Leisure Centre Port Dickson, Malaysia

1981 Sanierungskonzept und Projekt Terme di Bormio (I)

1985 Interior Design Hotel Alkhozama, Riyadh

Hotel Mövenpick, Umbauten und Zimmerneugestaltung:
– 1988 Frankfurt
– 1990 Genf
– 1988/90/95 Glattbrugg

1990 Gesamtkonzept und Teilrealisierung, Bad Schinznach

1991 Hotelrestrukturierung Hotel Du Lac, Lugano

1990/92 Projekt, Interior Design und Ausführungsplanung Haus Metropol, Zürich
– Restaurants «Trattoria Toscana» und «Tre Cucine»
– Nightclub «La Nave»

1994 Projekt und Ausführung Umbau Restaurant «Tre Cucine», Schmidgasse, Zürich

1994/95 Projekt und Ausführung Bahnhofbuffet Olten

### Gesundheit

1987–89 Konzept, Projekt für Gesamterneuerung Bezirksspital Bozen (Südtirol)

### Handel und Verwaltung

1981 Projekt «Swiss Nile Centre»-Geschäftshaus, Kairo

1984 Projekt und Projektmanagement Arabisches Zentrum Europa, Standort Schweiz

1986 Projekt Wohn-, Geschäfts- und Gewerbehaus, Zürich-Seebach

1987 Interior Design Geschäftshaus Admiralität, Hamburg

1988 Projekt und Detailplanung Umstrukturierung Einkaufszentrum Alhambra, Basel

1992 Projektstudie Schweizerische Bankgesellschaft, Hauptsitz Zürich

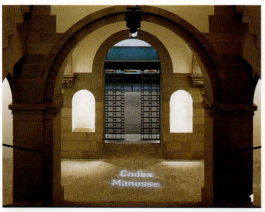

1994 Projekt Einkaufszentrum «Jägerhof», Leipzig

1995 Projekt und Ausführungsplanung Aussenstelle Berlin des Auswärtigen Amtes

**Wohnen**

1981 Projekt und Ausführung Terrassenhaus, Bergstrasse, Küsnacht ZH

1981 Projekt und Ausführungsplanung Alterssiedlung, Meggen LU

1983 Projekt und Ausführungsplanung Reihenhaussiedlung Remispark, Kreuzlingen

1984/85 Projekt und Ausführungsplanung Reihenhaussiedlung «Rosenhof», Volketswil

1986 Projekt Eigentumswohnungen, Langensteinenstrasse, Zürich

1987/89 Projekt und Ausführungsplanung Reihenhaussiedlung «Hasenmatt», Volketswil

1988 Projekt und Ausführungsplanung Wohnüberbauung «Im oberen Boden», Zürich-Höngg

seit 1977 Projekt und Ausführung div. Einfamilienhäuser und Villen

**Wettbewerbe, 1. Preise**

Axel-Springer-Verlagshaus, Hamburg

Burda, Offenburg (D): Verpflegungs- und Freizeitzentrum

King Faisal Foundation, Riyadh: Hotel und multifunktionales Geschäftszentrum (Restrukturierung, Interior Design, Umgebungsgestaltung)

Admiralität Hamburg: Verwaltungsgebäude und Reederei Transnautic (Konzept des Innenausbaus)

Einkaufszentrum Alhambra, Basel

Wohnsiedlung «Schneeberg», Männedorf

Restrukturierung und Innengestaltung Hotel Carlton, Zürich

Wohnüberbauung, Hettlingen ZH

**Aktuelle Projekte**

1994 (Baubeginn) Wohnüberbauung «Pflugstein», Herrliberg

1995 (Baubeginn) Terrassenhäuser, Ascona

1995 (Baubeginn) Ausstellung «Kulturhistorischer Rundgang», Schweiz. Landesmuseum, Hauptmuseum Zürich

1996 (Baubeginn) Zunft zum Widder, Metzgermuseum, Zürich

1996 (Beginn) Umbau Museum Bärengasse, Zürich

1996 (Beginn) Umbau Restaurants Elite-Gebäude Culinarium, Zürich

1996 (Beginn) Umbau Wohngebäude mit Restaurant «Du Théâtre», Zürich

**Abbildungen**

**1. + 3. Hochsicherheitsraum, Schweiz. Landesmuseum, Zürich, 1991**

**2. Ausstellung «Kulturhistorischer Rundgang», Schweiz. Landesmuseum, Zürich, 1995/96**

**4. Terrassenhäuser, Ascona, 1995/96**

**5. Einkaufszentrum «Jägerhof», Leipzig, 1994**

**6. + 7. Bahnhofbuffet Olten, 1995/96**

# Ernst Stahel

**Architekturbüro SIA**
Riedtlistrasse 15
8006 Zürich
Telefon 01-363 85 20
Telefax 01-362 03 70

**Gründungsjahr** 1985

**Inhaber**
Ernst Stahel, Arch. HTL/SIA

**Leitender Angestellter**
Christoph Ehrsam, Arch. HTL

**Mitarbeiterzahl** 2

**Spezialgebiete**
Umbau

Renovation

Sanierung

Restaurierung

Bauberatung für historisch wertvolle und bedeutende Bauten

**Publikationen**
«Bahnhof Richterswil», Schweizer Baublatt, Fachbeilage 1/93

«Gespräch über Bauerneuerung», Schweizer Baublatt, Fachbeilage 2/93

Div. Berichterstattungen in der Tagespresse

**Auszeichnungen**
«Brunel Award», Madrid 1991, internationale Auszeichnung für die Renovation der Bahnhofanlage Richterswil*

**Philosophie**
Der Umgang mit Neubauten und Denkmalpflegeobjekten bedeutet für uns:

– Sich in ein Objekt hineinfühlen und Entscheide sorgfältig abwägen

– Massvolle Nutzungskonzepte erarbeiten

– Werte erhalten, Neues und Eigenständiges hinzufügen

– Sorgfältige Bearbeitung, auch bei Details

– Berücksichtigung ökologischer und baubiologischer Aspekte

**Wichtige Projekte**
1985–86 Gesamtsanierung Wohnhaus, Zürich-Fluntern

1985–86 Innensanierung Pfarrhaus, Zürich-Affoltern

1987–88 Wärmetechnische Sanierung Mehrfamilienhäuser, Zürich-Affoltern

1986–88* Gesamtsanierung städt. Wohnhäuser, Wasserwerkstrasse, Zürich-Wipkingen

1986–89* Umbau/Neubau Restaurant Hirschen, Egg

1986–90* Gesamtsanierung Schulhaus Schanzengraben, Basteiplatz, Zürich

1987–91* Gesamtsanierung Bahnhof Richterswil

* realisiert als verantwortlicher Partner der ARGE Germann, Stulz, Stahel

1989–91 Gesamtsanierung/Ausbau Wohnhaus/Nebengebäude, Zumikon

1992–94 Gesamtsanierung mit Teilumbau Primarschulhaus Oberdorf, Ottenbach

1993–95 Umnutzung, Innenrenovation und Restaurierung Schloss Greifensee

1994–95 Gesamtsanierung mit Teilumbau Schulhaus Röslistrasse 14, Zürich

1995-96 Teilumnutzung Klassentrakt, Schulhaus Weiach

Anmerkung: Mit Ausnahme der Mehrfamilienhaussanierung und der Teilumnutzung des Schulhauses Weiach, handelt es sich bei allen Projekten um denkmalpfleg. Schutzobjekte.

**Aktuelle Projekte**
Umbau, Dachstockausbau und Renovation landwirtschaftliche Liegenschaft, Ottenbach

Neubau Pavillon mit Freizeiträumen und Wohnungen, Primarschulanlage Büel, Unterengstringen (Auftrag aufgrund eines eingeladenen Wettbewerbes)

Ersatzbau Bauernhausteil, Kernzone Unter-Illnau

Teilsanierung Hallenbad, Primarschulanlage Ottenbach

Renovation reformierte Kirche, Mönchaltdorf

**Abbildungen**

**1. Treppenhaus Schulhaus Schanzengraben, Basteiplatz, Zürich**

**2. Bahnhof Richterswil, Ansicht von Norden**

**3. Südansicht Wohnhaus Schneckenmannstrasse 2, Zürich-Fluntern**

# steigerpartner

**Architekten und Planer AG**
Klausstrasse 20
8034 Zürich
Telefon 01-383 78 34
Telefax 01-383 11 40

**Gründungsjahr** 1956
Aktiengesellschaft seit 1973

**Inhaber/Partner**
Jürg P. Branschi, Hans J. Düblin,
Franz J. Staub, Hans R. Stierli,
Thomas A. Keckeis

**Juniorpartner**
Peter Högger, Christof Nauck,
Franz P. Staub

**Mitarbeiterzahl** 44

**Spezialgebiete**
Planen, Bauen, Umnutzen,
Sanieren, Wettbewerbe, Baumanagement

– Gesundheitswesen:
  Spitäler, Institute, Kliniken,
  Infrastrukturanlagen

– Forschung, Entwicklung:
  Laboratorien, Kernforschung

– Öffentlicher Verkehr: Eisenbahn-Flugverkehrsanlagen

– Dienstleistungsbereich:
  Büro- und Gewerbebauten,
  Restaurationsbetriebe

– Wohnen: Siedlungen,
  Einfamilienhäuser, Ateliers

– Stadtentwicklung

**Wichtige Bauten & Projekte**

**Gesundheitswesen**
seit 1991 Gesamtplanung Universitäts-Kinderspital, Zürich

seit 1991 Gesamtplanung Spital Pflegerinnenschule, Zürich

1991–95 Nuklearklinik, Radio-Onkologie und Röntgeninstitut Triemli-Spital, Zürich

1991–2003 Gesamtsanierung/Neubau Kantonsspital, Glarus

Universitätsspital, Zürich:
1989–93 Pathologieinstitut
1992–95 Nuklearklinik
1992–96 Aufnahmetrakt

seit 1993 Gesamtsanierung Stadtspital Waid, Zürich

**Forschung, Laboratorien**
1971–82 Kernforschungsanlage GSI, Darmstadt (D)

1973–78 Kantonales Laboratorium Fehrenstrasse, Zürich

1988–92 Forstwirtschaftliche Versuchsanstalt Birmensdorf, Zürich

**Öffentlicher Verkehr**
1972–80 SBB-Flughafenbahnhof Zürich-Kloten

1982–87 SBB-Flughafenbahnhof Genf (mit Brera, Böcklin)

1983–92 S-Bahnhof Museumstrasse, Zürich

1995–96 Testplanung Flughafen 2000, Zürich-Kloten

**Dienstleistungsbereich**
1986–89 Digital-Verteilzentrum Rümlang, Zürich

1986–89 Anwaltskanzlei, Dufourstrasse Zollikon, Zürich

1988–91 Geschäftshaus Ausstellungsstrasse, Zürich

1990–93 Gewerbezentrum Schwäntenmos, Zumikon, Zürich

seit 1994 Einkaufszentrum Rosenberg, Winterthur

**Wohnen**
1987–88 Doppelhaus Grundwiesstrasse/Boglerenstrasse Küsnacht, Zürich

1987–89 Siedlung Loorain Rüschlikon, Zürich

seit 1991 Überbauung Weidstrasse Binz-Maur, Zürich

seit 1995 Einfamilienhaus Zollikerstrasse, Zürich

seit 1995 Wohnen und Gewerbe Zentrum Zürich Nord, Zürich

**Umnutzung, Sanierung**
1975–77 Altstadtsanierung Zentrum Obertor, Winterthur

1985–87 Fabrikareal Minervastrasse, Zürich

seit 1994 Werdareal, Zürich

seit 1996 Umnutzung eines Industrieareals, Zürich-Affoltern

**Philosophie**
. . . Die Moden sind an uns ziemlich vorbeigegangen . . .
– Wir sehen die Architektur nicht im Entwurf eines einzelnen Gebäudes allein, sondern betrachten sie immer als ein umfassendes Ganzes:
– Beginnend bei der Gestaltung des Umfeldes, suchen wir einen organischen Ablauf von Räumen von aussen nach innen und von innen nach aussen. Das heisst auch, dass für uns die Eingliederung ins Gewachsene stets entscheidend war.
– Nie traten wir als «Objekt-Architekten» in Erscheinung. Es ist unser Bestreben, klare Entwürfe zu schaffen, die richtig verstandene Einfachheit zu produzieren. Wir versuchen, mit möglichst wenigen Materialien auszukommen und waren mit voreiligen Experimenten stets zurückhaltend.
– Diese Auffassung setzen wir immer wieder in Wettbewerben um.
– Für uns ist die entwerferische Auseinandersetzung in Konkurrenz mit anderen Architekten sehr wichtig. Sie schleift den Geist und hält uns beweglich.

**Abbildungen**

**1. Forstwirtschaftliche Versuchsanstalt Birmensdorf, Zürich**

**2. Geschäftshaus Ausstellungsstrasse, Zürich**

# Stücheli Architekten

Stockerstrasse 47
8039 Zürich
Telefon 01-287 86 86
Telefax 01-287 86 00

**Gründungsjahr** 1945
AG seit 1978

**Inhaber/Geschäftsleitung**
Ernst Stücheli,
dipl. Arch. ETH/SIA

Heinz Wegmann,
dipl. Arch. HTL

Christof Glaus,
dipl. Arch. ETH

Matthias Roth,
dipl. Arch. ETH

**Mitarbeiterzahl** 40

**Leistungsangebot**
– Planungs-Vorphase/Bauherrenberatung/Wettbewerbe
– Projektierung/Ausführungsplanung
– Gesamtleitung/Bauleitung

für

– Neubau/Umbau
– Sanierung/Umnutzung

Wohnungsbau
Geschäfts-/Gewerbebau
Mehrzweckbauten
Hochschulbauten
Hotel/Gastgewerbe
Sportbauten
Parkieranlagen u. a. m.

**Spezialgebiete**
– Areal-/Gestaltungspläne
– Umbau mit Nutzungsoptimierung
– Komplexe Problemstellungen

**Wichtige Neubauten**
1988–90 Diagnostikum
Vet.-med. Fakultät
Universität Zürich

1988–91 Büro- und Laborgebäude Alcatel, Zürich

1990–92 Druckzentrum
Zürichsee Medien AG,
Oetwil a. S.

1986–92 Wohnsiedlung
Im Tiergarten, Zürich

1986–92 Neubau Betriebsgebäude Sihlpost, Zürich
(Federführung in ArGe)

1991–93 Wohnüberbauung
Friesenbergstrasse, Zürich

1992–94 Wohnüberbauung
Verit AG, Zürich

1975–96 Verwaltungszentrum
Üetlihof, Zürich
(Federführung in ArGe)

1990–94 Rechenzentrum
Grossbank bei Zürich
(Federführung in ArGe)

1995–97 Hauptsitz
Nidwaldner Kantonalbank,
Stans (Wettbewerb, 1. Preis,
in Ausführung)

**Umbauten/Sanierungen**
1982–85 Überbauung
Hottinger-/Wolfbachstrasse,
Zürich (unter Denkmalschutz)

1984–85 Weisses Schloss,
Zürich (unter Denkmalschutz)

1991–93 Ausbildungszentrum
Grossbank, Zürich

1994–95 Freizeit- und Sportanlage, Zürich

1994–97 Altbau Sihlpost
PTT/SBB, Zürich
(Federführung in ArGe)

1995–97 Bürohochhaus
Gotthardstrasse 43, Zürich

1992–99 Institutsgebäude
Vet.-med. Fakultät
Universität Zürich

1994–95 Sanierung div. Wohnhäuser für Pensionskassen

1995–96 Dachraum-Umbau
für Büronutzung Grossbank,
Zürich

1996–97 Alterszentrum
Im Tiergarten, Zürich

**Wichtige Planungen**
1982–85 Sonderbauvorschriften Tiergarten, Zürich

1990–92 Gestaltungsplan
Hädrich-Areal, Zürich

1990–94 Gestaltungsplan
Hardturm West, Zürich

1990 Gesamtplan Areal Richti,
Wallisellen (internationaler
Wettbewerb, 2. Preis)

1991 Richtplan Zürich-
Oerlikon 2011 (internationaler
Wettbewerb, engere Wahl)

1995 Dorfzentrum Meilen,
Wettbewerb, 1. Rang

**Abbildungen**

1. Bauerneuerung
Bürohochhaus Gotthardstrasse 43, Zürich

2. Wohnüberbauung
Friesenbergstrasse, Zürich

3. Gestaltungsplan
Hardturm West, Zürich

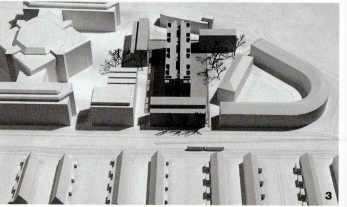

# Tehlar + Theus Architekten

Dipl. Architekten ETH/SIA
Scheuchzerstrasse 105
8006 Zürich
Telefon 01-363 76 76
Telefax 01-363 76 73

**Gründungsjahr** 1991

**Inhaber/Partner**
Cécile Theus
Willi Tehlar

**Mitarbeiterzahl** 1 bis 2

**Spezialgebiete**
Planen und Bauen von:
– Wohnbauten
– Gewerbebauten
– Bürobauten
– Gebäudeanlagen mit unterschiedlichen Nutzungen
– Bauerneuerung: Sanierungen, Umbauten, Umnutzungen
– Holzkonstruktionen und Holzbauten
– Grundstücksanalysen
– Studien
– Gestaltungspläne
– Wettbewerbe

sowohl für private als auch für öffentliche Auftraggeber

**Publikationen**
Diplomarbeit «Theater Neuenburg», Werk, Bauen + Wohnen 6/86

SIA Zeitschrift 27, 28/1995

**Auszeichnungen**
Reisestipendium für gute Studienabgänger der ETHZ

**Philosophie**
– Ökologisches Bauen
– Kostengünstiges Bauen
– Substanzerhaltung, gezielte Eingriffe

Bewusster Umgang mit bestehender Substanz, zurückhaltender Einsatz der Mittel, einfache Konstruktionen und die Verwendung ökologisch vertretbarer Materialien bilden die Grundlage für die Gestaltung unserer Projekte.

Planen und Bauen sind ein Prozess. Zusammen mit einer Bauherrschaft wird augrund von verschiedenen Varianten eine optimale Lösung für die jeweilige Bauaufgabe gesucht. Wichtigstes Ziel: Eigentümer und Nutzer identifizieren sich mit der gebauten Umgebung und fühlen sich in dieser wohl.

**Wettbewerbe**
1989 Ideenwettbewerb Richtplan für den Ausbau der ETH Hönggerberg

1992 Projektwettbewerb der Zürcher Höheren Wirtschafts- und Verwaltungsschule Volkartareal, Winterthur; 3. Runde

1992 Projektwettbewerb Behindertenwohnheim mit Werkstätten und landwirtschaftlichem Betrieb Plankis, Chur; 1. Preis, Antrag der Weiterbearbeitung

1994 Ideenwettbewerb Steinfabrik Zürichsee AG, Pfäffikon SZ; 3. Runde

1995 Projektwettbewerb Fabrik am Wasser, Zürich-Höngg, Stadt Zürich; 7. Preis

**Wichtige Projekte**
1986 Projektierung Energiesparhaus mit Einliegerwohnung in Niederhasli ZH

1992 Umbau und Sanierung Wohnhaus in Buchs AG

1993 Umbau Einfamilienhaus in Murten AG

1995 Werkstattgebäude zum Behindertenwohnheim der J. P. Hosang'schen Stiftung Plankis, Chur (Holzskelettbau)

**Aktuelle Projekte**
Behindertenwohnheim Plankis, Chur

Gesamtsanierung Mehrfamilienhaus mit Ausbau von Dachwohnungen, Glattbrugg

Gesamtsanierung Mehrfamilienhaus mit Dachgeschossausbau, Rapperswil

**Abbildungen**

**Werkstattgebäude mit Wohnung zum Behindertenwohnheim Plankis, Chur**

1. Zugangsseite
2. Treppenhaus, Zugang Werkraum
3. Garderobenmöbel, Zugang Aufenthaltsraum
4. Grosser Werkraum
5. Vordach, Zugang Laden

**Fotos:**
Martin Hemmi, Zürich

# Thut & Lerch

**Architekt/Innenarchitekt**
Nidelbadstrasse 94
8038 Zürich
Telefon 01-482 09 19/43
Telefax 01-482 09 59

**Gründungsjahr** 1992

**Inhaber/Partner**
Benjamin Thut,
Designer HFG/VSI

Samuel Lerch,
Architekt

**Mitarbeiterzahl** 1 bis 2

**Spezialgebiete**
Neuentwicklungen

Um- und Neubauten

Innenraumgestaltungen/
-sanierungen

Industriebauten

**Publikationen**
Domus Nr. 694

Hochparterre Nr. 11

Möbel Raum Design 3/94

Design Report 9/95

Raum & Wohnen 3/93, 2/96

**Auszeichnungen**
Eidgenössischer Kulturpreis
für angewandte Kunst

Auszeichnung für Gutes
Design, Design Haus Essen

Auszeichnung für Gutes
Design, Design- & Industrie-
Forum Hannover

**Wichtige Projekte**
Umbau Ferienwohnung,
St. Moritz

Neubau Gewerbezentrum,
Rümlang

Umbau Ärzte-Doppelpraxis,
Zürich

Projektierung Doppelein-
familienhaus, Wisen SO

Umbau Einfamilienhaus,
Küsnacht ZH

Anbau an Wohnhaus, Zürich

Neubau Doppeleinfamilien-
haus, Möriken AG

Projektierung Einfamilienhaus, Uhwiesen ZH

Messeauftritt Forum 8
(8 Schweizer Möbelfabrikanten)
Köln (D)

Umbau Showroom Jockey
Schweiz AG

Umbau Kinderarztpraxis,
Zürich

**Aktuelle Projekte**
Neubau Einfamilienhaus,
Zürich

Anbau an Einfamilienhaus,
Küsnacht

Umbau Ferienwohnung,
Flims

**Abbildungen**

1. Anbau an Einfamilien-
haus, Zürich, 1995

2. Neubau Doppeleinfami-
lienhaus, Möriken, 1994

3. Umbau Einfamilienhaus,
Küsnacht, 1993

4. Leuchte «Lifto» für
Belux, 1988

**Fotos:**
Peter Knupp, Zürich: 1–3

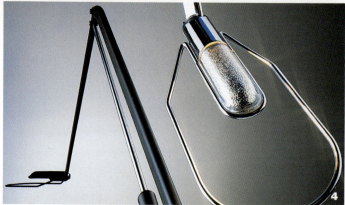

# Rolf Trüb

**Architekt HTL/STV**
Reitweg 2
8400 Winterthur
Telefon 052-233 32 23
Telefax 052-233 32 26

**Gründungsjahr** 1988
(1990–95 Rüegger & Trüb)

**Inhaber**
Rolf Trüb, Arch. HTL/STV

**Mitarbeiterzahl** 1 bis 3

**Spezialgebiete**
– Umbauten, Sanierungen
– Umnutzungen
– Öffentliche Bauten
– Wohnungsbauten
– Gewerbebauten

**Publikationen**
«Werkhof Langfeld in Gossau», Tagespresse und Schweizer Journal 1–2/95

«Restaurant Frohsinn», Jahrbuch der Stadt Winterthur, 1995

Aktuelle Wettbewerbs Scene 4/5 91

SIA Nr. 8, 17.2.94

**Auszeichnungen**
Eidgenössisches Kunststipendium 1987

**Philosophie**
Ausgehend vom Grundsatz, dass wir unsere aktuellen Bedürfnisse befriedigen müssen, ohne die Zukunft nachfolgender Generationen zu gefährden, versuche ich, eine unserer Zeit angemessene, nachhaltige Architektur zu entwickeln. Dabei bilden die Bedürfnisse der Bauherrschaft zusammen mit städtebaulichen, architektonischen, historischen und kulturellen sowie ökonomischen, ökologischen und sozialen Aspekten die Rahmenbedingungen für den Entwurf.

Um den Zielen einer nachhaltigen Architektur gerecht zu werden, suche ich bereits in einem frühen Projektstadium die interdisziplinäre Zusammenarbeit mit anderen Fachleuten. Dadurch kann das der gemeinsamen Arbeit innewohnende kreative Potential zum Zeitpunkt der architektonischen und ökonomischen Grundsatzentscheide voll genutzt und zur Erreichung optimaler Planungslösungen und einer reibungslosen Projektabwicklung eingebracht werden.

**Wichtige Bauten**
1990–92 Erweiterung Gebäude 2 Schweizerische Technische Fachschule, Winterthur (R & T)

1991–93 Saaleinbau Restaurant Frohsinn, Eidberg, Winterthur (R & T)

1992–93 Gewerbebau Feustle, Eschlikon (R & T)

1992–95 Erweiterung Mensa der Schweizerischen Technischen Fachschule, Winterthur (R & T)

1992–95 Neubau Werkhof der Gemeinde Gossau SG (R & T)

**Wichtige Projekte**
1988 Wettbewerb Pfarreizentrum in Wallisellen (mit Gubelmann & Strohmeier; 1. Preis)

1989 Wettbewerb Erweiterung Altersheim, Seuzach (3. Preis)

1989 Wettbewerb Erweiterung ETH Hönggerberg (5. Preis)

1989/90 Wettbewerb Werkhof Gossau SG (1. Preis)

1990 Wettbewerb Sporthalle, Volketswil (mit Gubelmann & Strohmeier; 4. Preis)

1991 Wettbewerb HWV Zürich, Umnutzung Volkartliegenschaft, Winterthur (4. Preis)

1991 Studienauftrag Wohnüberbauung Dättnau, Winterthur (R & T)

1992 Wettbewerb Wohnüberbauung Au, Wädenswil (R & T; 2. Preis)

1994 Studienauftrag Primarschulhaus Veltheim, Winterthur (R & T)

**Aktuelle Projekte**
Wohnungsbau in Frauenfeld

Doppel-EFH in Wiesendangen

Wettbewerbe

**Abbildungen**

**1. + 2. Restaurant Frohsinn, Eidberg**

**3. Erweiterung Gebäude 2 STF, Winterthur**

**4. Werkhof Langfeld, Gossau SG**

**Fotos:**
**S. Suter: 1–3, H. Köppel: 4**

# Unger & Treina

**Architekten HTL/SIA**
Aargauerstrasse 250
8048 Zürich-Altstetten
Telefon 01-432 10 66
Telefax 01-432 33 63

**Gründungsjahr** 1991

**Inhaber/Partner**
Martin Unger,
dipl. Arch. HTL/SIA

André Treina,
dipl. Arch. HTL/STV

**Mitarbeiterzahl** 9

**Spezialgebiete**
Wohnungsbauten

Öffentliche Bauten

Industrie- und Gewerbebauten

Verwaltungsbauten

Innenausbauten

Umbauten, Sanierungen

Wettbewerbe

Machbarkeitsstudien, Beratung

Schatzungen und Expertisen

**Publikationen**
Wohn- und Geschäftshaus Rütistrasse 20–22, Schlieren, Eternit Arch 2/95

Architektur & Technik 2/95

Architecture + Detail 4/95

**Philosophie**
Architektur ist für uns eine Verpflichtung im kulturellen, sozialen und wirtschaftlichen Sinne.

Als motivierte CAD-Anwender setzen wir den Computer schon in der ersten Phase des Entwurfs ein.

**Wichtige Projekte**

**Wohnungsbauten**
Neubau EFH Welbrigring 26, Geroldswil

Neubau MFH Dorfstrasse 32, Oetwil a. d. Limmat

Umbau MFH Gyrhaldenstrasse 46, Dietikon

Sanierung 59 Wohnungen Am Stadtrand 31–41, Dübendorf

Wettbewerb Wohn- und Gewerbehaus «Baumschule Dietlikon», Dietlikon

Neubau Wohn- und Geschäftshaus Rütistrasse 20–22, Schlieren

Studie Wohn- und Geschäftshaus, Brandschenkestrasse, Zürich

**Öffentliche Bauten**
Neubau Altersheim Herrenbergli, Am Suteracher 65–67, Zürich

Neubau Kindergarten Huebwies, Geroldswil

Sanierung Kindergarten Rötelacher, Geroldswil

Innenausbau Schulpsychologischer Dienst, Geroldswil

Sanierung Fassade Schulanlage Huebwies, Geroldswil

Sanierung Fassade Schulanlage Fahrweid, Fahrweid

Wettbewerb Berufsschule Schütze, Zürich

Wettbewerb Primarschulanlage Letten, Oetwil a. d. Limmat

Wettbewerb Schulanlage Kreuzgut, Schaffhausen

### Industrie/Gewerbe

Gewerbehaus Oerlikon GGO, Thurgauerstrasse 74–76, Zürich-Oerlikon

Umbau/Sanierung Industriegebäude HUBA, Würenlos

Neubau Gewerbehäuser Reppischhof, Bernstrasse 388–394, Dietikon

Wettbewerb Parkhaus Messe Zürich, Zürich-Oerlikon

Projektierung Gewerbehaus Altstetten, Aargauerstrasse 250, Zürich

Projektierung Gewerbehaus Hohlstrasse 483–485, Zürich

### Innenausbauten

Bachema AG, Analytische Laboratorien, Rütistrasse 22, Schlieren

MVS, Baumarketing AG, Rütistrasse 22, Schlieren

Umbau E. Merck (Schweiz) AG, Rüchligstrasse 20, Dietikon

Krankenkasse Artisana, Leistungszentrum Zürich, Neugutstrasse 52–54, Dübendorf

Einbau Kiosk Kleiner, Aargauerstrasse 250, Zürich

Wettbewerb Kundenhalle Schweizerischer Bankverein, Paradeplatz, Zürich

### Aktuelle Projekte

Neubau Geschäftshaus «Bodenächer», Spreitenbach

Neubau Wohn- und Gewerbehaus Zürcherstrasse 2–4, Birmensdorf

Umbau und Sanierung MFH Bläsistrasse 49, Zürich

DFH-Überbauung «Reinhardweg», Geroldswil

EFH-Überbauung «Mülistatt», Oetwil a. d. Limmat

### Abbildungen

**1. + 2.** Neubau Einfamilienhaus, Welbrigring 26, Geroldswil, 1995

**3. + 4.** Wettbewerb Kundenhalle Schweizerischer Bankverein, Paradeplatz, Zürich, 1994

**5.** Bachema AG, Analytische Laboratorien, Rütistrasse 22, Schlieren

**6.** Innenausbau Krankenkasse Artisana, Neugutstrasse 52–54, Dübendorf, 1995

**7.** Umbau/Sanierung Industriegebäude HUBA, Würenlos

**8. + 9.** Neubau Wohn- und Geschäftshaus Rütistrasse 22, Schlieren, 1994

# Florian Voemel

**Architekturbüro SIA**
Üetlibergstrasse 98
8045 Zürich
Telefon 01-451 34 35
Telefax 01-451 15 20

**Gründungsjahr** 1990

**Inhaber**
Florian Voemel,
dipl. Arch. HTL/SIA/M.ARCH

**Mitarbeiterzahl** 4

**Spezialgebiete**
Siedlungsplanung

Wohnbauten mit Liebe zum Detail

Bauerneuerungen, Umbauten, Sanierungen, Renovationen

Neubauten aller Art

**Auszeichnungen**
1989 Outstanding Academic Achievement, University of Southern California

**Philosophie**
Die Zusatzausbildung und der Aufenthalt in Kalifornien (Master of Architecture und Assistent USC) haben mich geprägt. Ich versuche seither, das Spielerische, die Leichtigkeit und das Unbeschwerte dieses Landes in der Architektur umzusetzen. Dabei bevorzuge ich einfache Lösungen und klare Strukturen. Auch das preisgünstige und sparsame Bauen interessiert mich sehr. Die Entwürfe meines Büros haben pragmatischen Charakter.

Meine Hauptanliegen sind:
– sorgfältiges Einfügen der Bauten in das natürliche und bauliche Umfeld
– hohe Raumqualität mit viel Licht und Luft zu schaffen
– ein harmonisches Umfeld zu gestalten durch die Formgebung, die Material- und Farbwahl
– meine Vorstellungen mit den Bedürfnissen der Bauherrschaften in Einklang zu bringen
– ökologisch vertretbare Lösungen zu suchen
– gewissenhafte Ausführung und Einhalten von Kosten und Terminen

Mit Hilfe gebauter Objekte informiere ich Interessierte über meine Ideen und meinen Stil und versuche, meine Begeisterung für gute Architektur weiterzugeben.

**Wichtige Projekte**
1990 Wettbewerb Gewerbezentrum Niederfeld, Winterthur (ca. 50 Mio.)

1990/91 Projekt Filmstudio-Center, Zürich (ca. 60 Mio.)

1991 Wettbewerb Wohnüberbauung Eichrain (134 Whg.), Zürich

1992/94 Entwurf und Ausführung Wohnüberbauung Isenbach (43 Whg.), Bonstetten (in Zusammenarbeit mit KFP Architekten, Zürich)

1993/94 Projekt Wohnüberbauung (21 Whg.), Illnau-Effretikon

1993/94 Neubau Wädi, Doppeleinfamilienhaus, Schützenmattstrasse, Wädenswil

1994 Umbau Einfamilienhaus, Althoossteig, Zürich

1994/95 Wohnüberbauung (37 Whg.), Hegnau (mit KFP Architekten, Zürich)

1994/95 Neubau Einfamilienhaus, Kreuzstrasse, Kilchberg

**Aktuelle Projekte**
Neubau Wädi 2, Doppeleinfamilienhaus, untere Leihofstrasse, Wädenswil

Neubau Wädi 3, Mehrfamilienhaus, Forstbergstrasse, Wädenswil

Neubau/Umbau Alterswohngemeinschaft, untere Dorfstrasse, Zumikon

**Abbildungen**

**1.** Einfamilienhaus, Kreuzstrasse, Kilchberg, 1994/95

**2.** Neubau Wädi 2, Doppeleinfamilienhaus, untere Leihofstrasse, Wädenswil, 1995/96

**3. + 6.** Doppeleinfamilienhaus, Schützenmattstrasse, Wädenswil, 1993/94

**4.** Umbau Einfamilienhaus, Althoossteig, Zürich, 1994

**5.** Neubau Wädi 3, Mehrfamilienhaus, Forstbergstrasse, Wädenswil, 1995/96

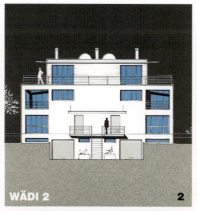

# David Vogt Architekt

**Architekt ETH SIA**
Rötelstrasse 15
8006 Zürich
Telefon 01-364 34 06
Telefax 01-364 34 08

**Gründungsjahr** 1993

**Zweigstelle**
Münsterplatz 8
4001 Basel

**Infrastruktur**
Planbearbeitung, Devisierung, Kostenüberwachung sowie Terminplanung auf 3 Power-Macintosh in Novell-Netzwerk

**Mitarbeiterzahl** 3 bis 4

**Spezialgebiete**
Wohnungsbau

Umbauten und Sanierungen

Behindertengerechtes Bauen

Innenarchitektur und Design

**Publikationen**
Il Premio Internazionale Cosmopack (Wettbewerbspublikation 1995)

Produkt und Konzept (Wettbewerbspublikation 1995)

Paraplegie 77/März 1996

**Auszeichnungen**
Eternit-Preis 1991, 3. Rang

Il Premio Internazionale Cosmopack 1995, 3. Rang

**Philosophie**
Durch eine präzise und funktionsbezogene Detaillierung im Kontext mit der Gesamtkonzeption der Entwurfsaufgabe entsteht eine Qualität der Architektur, welche nicht modischen Kriterien unterliegt, sondern zeitlosen Charakter besitzt.

Die individuelle Lösung von architektonischen Problemen unter Einbindung von unkonventionellen Entwurfsideen in eine klare und strenge Architektur ergibt eine anregende und spannungsvolle Ästhetik.

Zeitgemässes und fortschrittliches Denken im Dialog mit Tradition und Erfahrung ruft einen intensiven Entwurfsprozess hervor, in welchem alle Aspekte einer Problematik angesprochen werden.

**Wichtige Projekte**
1994 Umbau Bauernhaus, Muhen/Aargau

1995 Umbau Fabrikgebäude, Muhen/Aargau

1996 Neubau Mehrfamilienhaus, Muhen/Aargau

Diverse Wettbewerbe in den Bereichen Architektur und Design

**Aktuelle Projekte**
Diverse Um- und Neubauten von Mehrfamilienhäusern

**Abbildungen**

1. Physiotherapie;
Umbau Bauernhaus

2. Südfassade;
Umbau Bauernhaus

3. Treppe Galerie;
Umbau Fabrikgebäude

4. Stahlbau Tenn;
Umbau Bauernhaus

5. Windfang;
Umbau Fabrikgebäude

6. Teeküche;
Umbau Fabrikgebäude

# Widmer + Partner AG

Architekten und Planer
SIA, VLP, REG, GVZ,
Prorenova, GSMBA
Zypressenstrasse 60
8004 Zürich
Telefon 01-242 30 40
Telefax 01-242 30 67

**Gründungsjahr** 1945

**Inhaber/Partner**
Reinhard Widmer,
dipl. Arch. ETH/SIA

Hans Wilhelm Im Thurn,
dipl. Arch. ETH/SIA

**Mitarbeiterzahl** 12

**Spezialgebiete**
Wohnungsbau

Büro- und Verwaltungsbau

Industrie- und Gewerbebau

Öffentliche Bauten

Umbauten und Renovationen

Innenarchitektur

Bauberatung, Schätzungen, Expertisen

**Wichtige Projekte**

1978 Fifa-Sitz, Hitzigweg 11, Zürich

1979 Verarbeitungszentrum SBG Flurpark, Flurstrasse 55, Zürich

1984 Devisenzentrum Manesse der SBG, Manesseplatz, Zürich

1984 Neubau Haus «Chäshütte», Limmatquai 48, Zürich

1988 Aula, Bibliothek und Musikschule Schwerzgrueb, Uitikon (Wettbewerb, 1. Preis)

1989 Sitz des Schweiz. Wirteverbandes, Wehntalerstrasse, Zürich

1989 Ausbildungszentrum des Verbandes Zürcher Wirtevereine, Wehntalerstrasse, Zürich

1989 Wohnbauten im Dorfkern «Roracher», Uitikon

1990 Bürohaus «Letzi», Alte Landstrasse, Zollikon

1990 Wohnsiedlung Zürcherstrasse 26–30, Uitikon

1990 Landhaus am Zürichsee, Feldmeilen

1992 Sanierung Hochhaus Schmiede, Wiedikon-Zürich

1993 Wohn- und Geschäftshaus mit Coop-Center, Matzingen

1993 Gewerbehaus Wehntalerstrasse 641, Zürich

1994 Gesamtsanierung SKA Rigiplatz, Zürich

1994 Dienstleistungszentrum Unterwerkstrasse, Opfikon-Glattbrugg

1994 Kernzonenüberbauung mit Wohnungen und Laden, Zürcherstrasse 81–83, Uitikon

**Aktuelle Projekte**

Gesamtsanierung Haus «Waltisbühl», Bahnhofstrasse 46, Zürich

Gesamtsanierung Talstrasse 80, Zürich

Wohnsiedlung Berghof, Gossau ZH

Wohn- und Geschäftshaus «Tapeten Spörri», Fuchsiastrasse 14, Zürich

**Abbildungen**

1. Gesamtsanierung SKA Rigiplatz, Zürich, 1993/94

2. Gewerbehaus Wehntalerstrasse 641, Zürich, 1992/93

3. Neubau «Chäshütte», Limmatquai 48, Zürich, 1983/84

4. Dienstleistungszentrum Unterwerkstrasse, Opfikon-Glattbrugg, 1992/95

# Winzer Partner Industriearchitekten

**Industriearchitekten SIA**
Quellenstrasse 29
8005 Zürich
Telefon 01-271 66 00
Telefax 01-272 04 28

**Gründungsjahr** 1930/1989

**Inhaber/Partner**
Arnold Winzer sen.
Arnold Winzer jun.

**Leitende Angestellte**
Urs Baumgartner
Bruno Fassnacht
Willy Uetz
Hans Zwingli

**Mitarbeiterzahl** 16

**Spezialgebiete**
Gebäude für die Industrie, das Gewerbe, Verwaltungen

Bauten für öffentliche Betriebe

Umbauten und Erweiterungen bestehender Gebäude

**Philosophie**
Die Qualität von Bauten setzt sich zusammen aus der Möglichkeit rationellen Arbeitens, dem Wohlbefinden der Benutzer und der dem Auftrag angepassten Reaktion auf den Bauplatz.

Die planerische Aufgabe besteht aus dem Vermitteln unternehmerischer Leistungen und dem Organisieren des Gefüges aus industriell hergestellten Elementen und Systemen, welche sich zum bestellten Produkt ergänzen.

**Wichtige Projekte**
1984 Mercedes Benz, Ersatzteillager Wetzikon

1985 Betriebsgebäude ARA Werdhölzli, Zürich

1985 ELFOTEC AG, Mönchaltorf

1988 Fabrikgebäude IG-Pulvertechnik AG, Kirchberg

1989 Geschäftshaus Robert Aebi AG, Regensdorf

1989 Gewerbezentrum IG-Längg, Illnau

1990 Fabrikgebäude ABNOX / Panaflex, Cham

1991 Mercedes Benz, Betrieb Zürich-Nord

1992 Rauchgasreinigung Abfuhrwesen Zürich, KVA 1

1992 Bürogebäude Robert Zapp AG, Niederhasli

1993 BSS Bettwarenfabrik, Stein am Rhein

1993 Personenwagenauslieferung AMAG, Kloten

1993 Bahndienstzentrum, Verkehrsbetriebe Zürich

1994 Laborgebäude und -halle PSI, Würenlingen

1994 Technisches Zentrum Telecom PTT, Jona

**Aktuelle Projekte**
Bauten Verbrennungslinie 1, Abfuhrwesen Zürich, KVA 1

Umbauten/Aufstockung Zentralwerkstatt, Verkehrsbetriebe Zürich

Wohnüberbauung Cascade, Schwandenholz, Zürich

**Abbildungen**
**1. IG-Pulvertechnik AG, Kirchberg**
**2. Mercedes Benz, Betrieb Zürich-Nord**
**3. Robert Aebi AG, Regensdorf**
**4. BSS Bettwarenfabrik, Stein am Rhein**
**Fotos: mediaLINK, Zürich**

Landschaftsarchitektinnen
und -architekten
Architectes-Paysagistes
Architetti Paesaggisti

# Appert + Born

Landschaftsarch. HTL/BSLA
Ober-Altstadt 18
6300 Zug
Telefon 041-710 58 30
Telefax 041-710 81 80

**Gründungsjahr** 1990

**Inhaber**
Karl-Andreas Appert, Landschaftsarchitekt HTL/BSLA

Christof Born, Landschaftsarchitekt HTL/BSLA

**Mitarbeiterzahl** 1

**Spezialgebiete**
Ein-/Mehrfamilienhausgärten
Umgebung Firmengebäude
Dorf- und Stadtplätze
Friedhöfe
Schul- und Sportanlagen
Parkanlagen und Spielplätze
Dach- u. Fassadenbegrünung
Reitanlagen

**Publikationen**
«Von Möblierung und neuer Enthaltsamkeit», Der Gartenbau 25/87

«Italienische Gärten – Schönheit nach Mass», Der Gartenbau 1/89

«Neue Plätze in Barcelona», Der Gartenbau 33/89

«Zuger Gartengeschichte», Zuger Neujahrsblatt 1995

**Philosophie**
«Das Einfache ist nicht immer das Beste, aber das Beste ist immer einfach.» (H. Tessenow)

**Wichtige Projekte**
1990 Reitanlage Bann, Steinhausen

1992 Dachterrassen Wohn- u. Geschäftshaus Seerose, Zug

1992 Privatgarten R. Straub, Zug

1994 Wohnüberbauung Herti-Forum, Zug (mit Architekten Kuhn Fischer Partner, Zürich)

1994 Innenhof Zuger Kantonalbank, Zug

1995 Wohnüberbauung Chemleten, Hünenberg (mit Architekten Ammann + Baumann, Zug)

1995 Wohnüberbauung Untere Rainstrasse, Inwil (mit Architekten Müller + Staub, Baar)

1995 Privatgarten Familie Zehnder, Buchrain (mit Architekten Marques . Zurkirchen, Luzern)

1995 Wohnüberbauung Sagenbrugg, Baar (mit Architekten Müller + Staub, Baar)

1995 Wohnüberbauung Dorfzentrum, Kölliken (mit Architekten Naef Partner, Zürich)

1995 Dorfschulhaus, Ruswil (mit Architekten Marques . Zurkirchen, Luzern)

**Wettbewerbe**
1989 Schönbergareal in Bern, mit Eicke Knauer (5. Preis)

1992 Bundesplatz Bern (3. Rundgang)

1994 Innenstadt Brig (4. Preis)

1994 Steinfabrikareal in Pfäffikon, mit Architekten Marques . Zurkirchen, Luzern (2. Preis)

1994 Wohnüberbauung Roost in Zug, mit Architekten Bosshard + Sutter, Zug (3. Preis)

1994 Liegenschaft Rössli in Ibach (1. Preis)

1994 Areal Kreuzstrasse in Willisau, mit Architekten Cometti Galliker Geissbühler, Luzern

1995 Signet-Wettbewerb «SIA-Tage 1996» (4. Preis)

1995 Seminarzentrum Rückversicherung in Rüschlikon, mit Architekten Marques . Zurkirchen, Luzern

1995 Wohnüberbauung Buag-Areal in Uster, mit Architekten Kuhn Fischer Partner, Zürich

1995 Primarschulhaus Riedmatt in Zug, mit Architekten Rossi + Spillmann, Zug

1995 Oberstufenschule Sennweid in Baar, mit Architekten Hegi Koch Kolb, Zug

**Aktuelle Projekte**
Kant. Verwaltungszentrum, Zug (mit Architekten S. Kistler und R. Vogt, Biel/Zug)

Privatgarten Fam. Estermann, Malters (mit Architekten Marques . Zurkirchen, Luzern)

Fuss- und Veloweg SBB-Schleife, Zug

Schulhaus Oberwil, Zug (mit Architekten Bosshard + Sutter, Zug)

Stadtvillen, Zug (mit Architekt Alois Fischer, Cham)

Wohnüberbauung Seidenhof-Park, Rüti (mit Architekten Kyncel & Arnold, Zürich)

Wohnüberbauung AGB, Risch (mit Architekten Müller + Staub, Baar)

**Abbildungen**

**1. + 2. Ideenwettbewerb Steinfabrikareal, Pfäffikon (mit Architekten Marques . Zurkirchen, Luzern; 2. Preis)**

**3. Sitzmauer mit Keramikscherben, Wohnsiedlung Herti-Forum, Zug (mit Architekten Kuhn Fischer Partner, Zürich)**

**4. Projektwettbewerb Neugestaltung der Innenstadt von Brig (4. Preis)**

# ASP Atelier Stern & Partner

Landschaftsarchitekten und Umweltplaner AG
BSLA, SIA, VGL, VSS,
Verein für Ingenieurbiologie
Tobeleggweg 19
8049 Zürich
Telefon 01-341 61 61
Telefax 01-341 01 49

**Gründungsjahr** 1974

**Inhaber/Partner**
Edmund Badeja, dipl. Ing. Landschaftsarchitekt

Gerwin Engel, dipl. Ing. Landschaftsarchitekt BSLA

Hans-Ulrich Weber, dipl. Ing. Landschaftsarchitekt BSLA

Christian Stern, dipl. Ing. Landschaftsarchitekt BSLA, SIA, SWB

**Leitender Angestellter**
Michael Stocker, dipl. Zoologe, Raumplaner ETH/NDS

**Mitarbeiterzahl** 15

**Spezialgebiete**
Gartenarchitektur, Freiraumgestaltung

Pflege- und Entwicklungskonzepte

Gartendenkmalpflege

Landschaftsplanung und Landschaftsgestaltung

Quartiergestaltungspläne

Umweltverträglichkeitsberichte

Natur- und Landschaftsschutz

**Publikationen**
Fachbeiträge in anthos, SIA Schweizer Ingenieur und Architekt, Der Gartenbau, VGL-Mitteilungen u. a.

**Auszeichnungen**
1994 Grünpreis der Stadt Zürich für Verwaltungszentrum Üetlihof, Schweiz. Kreditanstalt, Zürich

1994 Brunel Awards für Landschaftsgestaltung der Zürcher S-Bahn im Glattal

1993 Naturschutzpreis Kt. Uri für Waffenplatz Andermatt

**Philosophie**
Die Eigenart des jeweiligen Ortes, seiner Geschichte, der Architektur und der ökologischen Situation verlangt nach einer gültigen Antwort, wenn Qualitäten erhalten, gefördert oder neue Akzente gesetzt werden müssen.

**Wichtige Projekte**
1969–95 Reusstalsanierung Kt. Aargau (Landschaftsplanung und Gestaltung)

1970–78 Wohnüberbauung, Adlikon ZH

1976–96 Verwaltungszentrum und Wohnüberbauung (Etappen I–IV) Üetlihof, Schweiz. Kreditanstalt, Zürich

1977–94 Friedhof Köniz BE (Wettbewerb, 1. Preis)

1978–82 Seeuferanlage Färberei, Thalwil

1978–86 Parkanlage Universität Zürich-Irchel (Wettbewerb, 1. Preis)

1984 Internationale Gartenbauausstellung, Farntal, München

1985–90 Grünanlage Bergli, Zug

1986–91 Dorfplatzgestaltung, Egg ZH

1986–96 Thurunterhalt Etappen I–IV, Kt. Zürich (Landschaftsgestaltung)

1987–90 Verlegung Sagentobelbach, Zürich-Dübendorf

1988–90 Park der Villa Patumbah, Zürich (Gartendenkmalpflege)

1988–90 Grün- und Freiraumkonzept Basel Nord

1988–95 SBV Swiss Bank Center, Opfikon

1989–95 Deponiestandortevaluation Kt. Zürich (Bereich Landschaft)

1990 Bürogebäude Basler + Partner, Zollikon

1991–94 Wohnüberbauung im Högler, Dübendorf

1992–95 Krankenheim oberes Glattal, Bassersdorf

1992–95 Naturschutzinventar Thalwil

1994–96 Ausbau- und Gestaltungsprojekt, UVB ZZ-Ziegeleigrube, Tuggen

**Aktuelle Projekte**
Seeufergestaltung, Rüschlikon

Malchower Auenpark, Berlin

Umgebungsgestaltung ITR, Rapperswil

Altersheim Gibeleich, Opfikon

Landschaftsgestaltung, Teilberichte UVB Nationalstrasse N4.1.4, Verkehrsdreieck Brunau

Landschaftsgestaltung und UVB Thurkorrektion, Kt. Thurgau

**Abbildungen**

**1. Parkanlage Universität Zürich-Irchel, 1978–86**

**2. Innenhof Krankenheim Dietlikon**

**3. Pergola Wohnüberbauung im Högler, Dübendorf, 1991–94**

**4. Revitalisierte Flusslandschaft der Thur, Kt. Zürich**

# Atelier Neuenschwander – Umwelt

**Architekten**
SIA/BSA/SWB/GSMBA
Rütistrasse 38
8044 Gockhausen
Telefon 01-821 27 85
Telefax 01-821 27 49

**Gründungsjahr** 1953

**Inhaber/Partner**
Eduard und Matti Neuenschwander, dipl. Arch. ETH

**Leitende Angestellte**
Anja Bandorf,
dipl. Ing. (FH) Landespflege

**Mitarbeiterzahl** 7

**Publikationen**
«Niemandsland – Umwelt zwischen Zerstörung und Gestalt», Birkhäuser Verlag, 1988

«Schöne Schwimmteiche», Ulmer-Verlag, 1994

Zahlreiche Artikel in Fachzeitschriften

Diverse Gastvorlesungen in Deutschland, Österreich und der Schweiz

**Philosophie/Spezialgebiete**
Wir planen Garten- und Parkanlagen für verschiedenste Ansprüche. Kennzeichen unserer Arbeit ist die Verzahnung von Architektur und Natur. Sie basiert auf unserer langjährigen Erfahrung als Architekten und Landschaftsarchitekten. Wir schaffen natürliche Lebensräume für Pflanzen, Tiere und Menschen im urbanen Kontext. Die Einheit von hoher gestalterischer und ökologischer Qualität und kostengünstiger Realisierung ist dabei Voraussetzung.

Spezialgebiete:

– Natürliche Gewässeranlagen

– Schwimmteiche

– Dachlandschaften mit extensiver Begrünung und Spezialbiotopen

– Umbau und Ergänzung konventioneller Garten- und Parkanlagen mit natürlichen Biotopen

– Zoologische und botanische Wiederansiedlungsprogramme

– Regenwasserbewirtschaftung und Retentionsprogramme

**Wichtige Projekte**
1969 Einfamilienhaus, Gockhausen (Bild 1: Durchdringung von Innen- und Aussenraum. Die Gebäudestruktur geht in das Bodenrelief über, die Klarheit der Architektur setzt sich in der Durchgestaltung des Bodenbelages fort, der sich auflöst und in die freie Landschaft übergeht. Spalten, Vor- und Rücksprünge bilden Nischen für Pflanzen und Tiere.)

1979 Einfamilienhaus, Zumikon (Bild 2: Dachbegrünung, Wasseranlage über Garagendecke, Sandsteinblöcke sind Bindeglieder zwischen Haus und Wasser, die Zwischenräume Spezialstandorte für Trockenstauden.)

1979 Garten und Dachterrassen, Freudenbergstrasse, Zürich

1980 Schweizerische Ausstellung für Garten und Landschaftsbau «Grün 80», Sektor Land und Wasser, Basel (mit Atelier Stern und Partner; 2. Preis und Ausführung)

1980 Parkteil West, Universität Zürich-Irchel; 1. Preis und Ausführung (Bild 3: nachhaltige Naturlandschaft – öffentlicher Park vom Verkehr umbrandet. Wasser, Steinanlagen, Allmenden, Waldflecken – Raum für Bewegung, Sport und Spiel, Ruhe und Erholung. Mensch, Pflanzen und Tiere nebeneinander und miteinander.)

1982 Anlage von 10 000 m² Dachlandschaft, Universität Zürich-Irchel

1987 Umgebung und Badeteichanlage Gehrenholzpark, Zürich

1987 Umgebung Taubblindenheim, Langnau a. A.

1987 Parkgestaltung über Betondeckel Einschnitt Wipkingen, Zürich

1992 Wettbewerb «Grüne Mitte»: Gymnasien, Sportanlagen und Umgebung, Hamburg (Ankauf)

1995 Umgebungsgestaltung mit zentraler Wasseranlage Familiensiedlung Unterrengg, Langnau a. Albis

1995 Umgebungsgestaltung Wohnüberbauung Hasenbüel, Affoltern a. A.

1995 Dorfplatzgestaltung Überbauung Fröschbach, Fällanden

1996 Wettbewerb EXPO 2000, Hannover

seit 1986 Entwicklung und Anlage von Schwimmteichen mit natürlicher Wasserreinigung in Österreich und der Schweiz

**Abbildungen**

**1. Einfamilienhaus, Gockhausen, 1969**

**2. Einfamilienhaus, Zumikon, 1979.**

**3. Parkteil West, Universität Zürich-Irchel, 1983**

# atelier verde ag

Feld 9
8752 Näfels
Telefon 055-612 28 08
Telefax 055-612 11 85

**Gründungsjahr** 1982

**Geschäftsleitung**
Max Hauser,
Landschaftsarch. HTL/BSLA

**Mitarbeiterzahl** 4

**Spezialgebiete**
Individuell gestaltete
Hausgärten

Aussenanlagen bei Wohnsiedlungen

Umgebungsgestaltung für
Büro- und Gewerbebauten

Aussenanlagen und Pausenhöfe bei Schulanlagen

Gartendenkmalpflegerische
Leitkonzepte

**Planen heisst Bewegen**
Dieser Gedanke spiegelt unser
Verständnis von Planung als
interaktivem Entwicklungsprozess aller Beteiligten wider.

Das Ergebnis dieses Prozesses
ist die architektonische Form.
Sie ist einerseits das Resultat
einer intensiven Auseinandersetzung mit der Bauherrschaft,
ihren Wünschen, ihren
Nutzungsanforderungen und
ihren finanziellen Möglichkeiten. Andererseits beruht
sie auf einer genauen
Aufnahme des Ortes, seines
naturräumlichen Potentials,
den gesetzlichen und
architektonischen Vorgaben.

Die Achtung vor der natürlichen Schöpfung und der
menschlichen Arbeit gebietet
eine auf Langlebigkeit und
Dauerhaftigkeit angelegte
Gestaltung, die ihre Grundlage
im materialgerechten
Einsatz der Baustoffe und der
Pflanzen hat.

**Wettbewerbe**
1991 Keihanna Interaction
Plaza Competition, Osaka (J)

1994 Wettbewerb zur Gesamtgestaltung Steinfabrikareal,
Pfäffikon SZ

**Wichtige Projekte**
1987 Aussenanlagen Wohnsiedlung Seepark, Bäch SZ

1989 Landhausgarten
R. Schmucki, Jona SG

1990 Änderung des Vorgartens
Landhaus Stocker, Pfäffikon SZ

1990 Aussenanlagen Wohn-
und Bürogebäude Kreuzwiesmarkt, Reichenburg SZ

1991 Aussenanlage Katholisches Pfarreizentrum Hirzel,
Hirzel ZH

1991/92 Landhausgarten
H. P. Frei, Pfäffikon SZ

1992/93 Aussenanlagen und
Pausenhof Schulhaus Erlen,
Glarus

1993 Eingangsgestaltung
Raststätte Glarnerland,
N 3 Richtung Chur

1993 Aussenanlagen
Verwaltungsgebäude des
Elektrizitätswerkes Höfe,
Freienbach SZ

1993 Landhausgarten
A. und R. Meyer, Altendorf SZ

1994/95 Sanierung der Aussenanlagen der Überbauung
Finsterrüti, Adliswil ZH

1994 Gartendenkmalpflegerisches Leitkonzept
der Villa Kurfürst, Weesen SG

1995 Begrünungsmassnahmen Strassenbauprojekt
Rietbrunnen, Pfäffikon SZ

1995 Erweiterung des
Friedhofs Braunwald GL

**Aktuelle Projekte**
Aussenanlagen Schulhaus
Egg, Bezirk Einsiedeln

Aufwertung Dorfkern
Braunwald

Seebad Wollerau SZ

**Abbildungen**
**1. Aussenanlagen
Wohnsiedlung Seepark,
Bäch SZ, 1987**

**2. Aussenanlage DEFH
Feusi, Hurden SZ, 1995**

**3. Aussenanlagen und
Pausenhof Schulhaus
Erlen, Glarus, 1993**

**4. Landhausgarten
R. Schmucki, Jona SG, 1989**

# Beglinger Söhne AG

**Grünplanung + Freiraumgestaltung BSLA/SWB**
Mühlenstrasse 3
8753 Mollis
Telefon 055-612 35 35
Telefax 055-612 44 73

**Gründungsjahr** 1964

**Leitende Angestellte**
Fridolin Beglinger, Landschaftsarchitekt BSLA/SWB

Urs Spälti, Landschaftsarchitekt HTL/BSLA

**Mitarbeiterzahl** 5

**Spezialgebiete**
Gärten zu Wohnbauten

Umgebungen zu öffentlichen Anlagen

Freiräume zu Industrie- und Gewerbebauten

Spiel-, Sport- und Erholungsanlagen

Strassenraumgestaltung

Gartendenkmalpflege

**Publikationen**
Konzept und Begrünung Landwirtschaftliche Forschungsanstalt Ciba Geigy, St. Aubin FR, Anthos, Verlag Graf + Neuhaus AG, Zürich

Kaltbrunner Riet, Anthos spezial, Verlag Graf + Neuhaus AG, Zürich

Rokoko-Garten Altersheim Hof, Mollis, Anthos, Weka-Verlag AG, Zürich

**Auszeichnungen**
Schulturn- und Sportanlagen, Oberurnen (1. Rang)

Siedlung Steinfabrik, Pfäffikon SZ (mit Architekt H. Oberholzer, Rapperswil)

**Wichtige Projekte**
1969 Landwirtschaftliches Forschungszentrum Ciba Geigy, St. Aubin FR

1982 Feucht- und Trockenbiotope im Feldbach, Mollis

1983 Davosersee, Nutzung des Seeareals und Ufergestaltung, Davos

1986 Einfamilienhaus Seefeld, Hurden

1986 Schulturn-, Spiel- und Sportanlagen, Oberurnen

1988 Seniorenresidenz Al Lido, Locarno

1988 Nationalstrasse N 3/N 13, Abschnitt Murg–Sargans

1989 Residenz Seerose, Bäch

1989 Wohn- und Gewerbehaus Werap, Bubikon

1989 Überbauung Im Sonnenhof, Mollis

1989 Überbauung Schlossbergwiese, Wädenswil

1989 Korrektion der Kantonsstrasse, Diesbach

1990 Neubau Altersheim, Flums

1991 Strassenraumgestaltung, Rüti GL

1991 Sportanlage Exi, Walenstadt

1992 Überbauung Seepark, Altendorf

1992 Wohnüberbauung SBG «Flur Ost», Etappe 1 und 2, Zürich

1994 Büro- und Gewerbehaus RMO, Schwerzenbach

1994 Erweiterung Sekundarschulhaus Mollis

1994 Friedhof Mollis

1994 Waffenplatz Walenstadt

1995 Schulhaus und Mehrzweckhalle, Bennau

1995 Schulanlage Unterdorf, Grabs

1995 Sportplatz, Riedern

1995 Wohnüberbauung Tannenrain, Wetzikon

**Aktuelle Projekte**
Grünplan und Objektplanung Überbauung Hagnen II, Mollis

Projektplanung Wohnüberbauung Eierbrecht, Zürich

Projekt- und Ausführungsplanung EFH Stichter, Sevelen

Ausführungs- und Bepflanzungsplan Überbauung Steineggerhof, Wangen SZ

Freiraumgestaltung Zentrum Glarus

**Abbildungen**
**1. Einfamilienhaus Seefeld, Hurden SZ, 1986**

**2. Französisches Gartenparterre Altersheim Hof, Mollis, 1972/95**

**3. Skulpturenplatz, Waffenplatz Walenstadt, 1993/94**

**4. Verwaltungsgebäude Schindellegi, 1991/92**

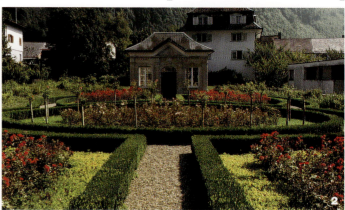

# Dardelet GmbH

Büro für Landschaftsarchitektur
Gewerbestrasse 12A
8132 Egg b. Zürich
Telefon 01-984 33 03
Telefax 01-984 09 50

**Gründungsjahr** 1989

**Inhaber**
Jean Dardelet, Landschaftsarchitekt HTL/BSLA

**Mitarbeiterzahl** 3–5

**Spezialgebiete**
Objektplanung
Landschaftsplanung
Golfplatzplanung

**Auszeichnung**
1995 Auszeichnung für die naturnahe Aussengestaltung beim Werkheim Uster, durch die Gesellschaft für Natur- und Vogelschutz, Uster

**Philosophie**
Jede Aufgabe als neue Herausforderung wahrnehmen und bis ins Detail lösen. Mit jeder Anlage einen Beitrag zur Steigerung der Lebensqualität leisten. Aussenräume spannungsvoll und ausdrucksstark gestalten.
Ökologisch verträgliche Golfanlagen planen, die in Harmonie mit Natur und Landschaft entstehen.

**Wichtige Projekte**

**Objektplanung**
1989 Umgestaltung EFH, Hinterbuchenegg, Stallikon

1990 Wohn- und Geschäftshäuser Höngger Markt, Zürich

1990 Wohn- und Geschäftshäuser Im Rank, Zürich

1990 Atelier-Wohnsiedlung Buhalden, Esslingen

1991 30 Terrassenhäuser Am Höhenweg, Stallikon

1992 EFH-Wohnüberbauung Im Rehbüel, Uster

1992 Umgestaltung EFH Im Güeterstal, Esslingen

1992 Erweiterung Werkheim Uster, Heusser-Gut, Uster

1993 EFH Pflugsteinstrasse, Erlenbach

1993 Umgestaltung und Schwimmbadbau EFH Zelgmatt, Egg

1994 Umgestaltung EFH Zibertstrasse, Opfikon

1994 Büro-Center Usterstrasse, Pfäffikon (nicht ausgeführt)

1995 Familiengartenareal, Gemeinde Egg

**Landschaftsplanung**
1992 Aufwertung Ruggernweg/Bachöffnung Bombach, Zürich (nicht ausgeführt)

1994 Landschaftspflegerische Begleitplanung Golfanlage Unterengstringen

1995 Landschaftspflegerische Begleitplanung Golfanlage Schloss Goldenberg, Dorf

**Golfplatzplanung**
1991–95 Machbarkeitsstudien zu mehreren Golfprojekten

1994–95 Bauprojekt, Ausführungsplanung Golfanlage Flühli-Sörenberg LU

1994–95 Golftechnisches Projekt Golfanlage Unterengstringen

**Raumplanung**
1994 Gestaltungsplan Golfanlage Schloss Goldenberg, Dorf

1995 Gestaltungsplan Golfanlage Unterengstringen

**Aktuelle Projekte**
Golfanlage Flühli-Sörenberg: Ausführungsphase

Golfanlage Unterengstringen: Bauprojekt

Golfanlage Schloss Goldenberg: Ausführungsphase

Erweiterung Public Golf Bubikon: Bauprojekt

Aussenanlagen Clubhaus Golf Schloss Goldenberg

Sanierung MFH-Siedlung, Oberengstringen

Umgestaltung EFH Alte Zürichstrasse, Esslingen

**Wettbewerbe**
1993 PW Wohnüberbauung Rännenfeld, Uster

1993 PW Areal Schütze, Zürich

1994 Ideenwettbewerb Steinfabrik, Pfäffikon SZ

1995 PW Fabrik am Wasser, Zürich

1995 Concours d'idées pour une réflexion sur l'espace-rue, Genève/Annemasse (F)

**Abbildungen**
1. EFH Zelgmatt, Egg, 1993
2. EFH-Überbauung Im Rehbühl, Uster, 1992
3. Projekt EFH Alte Zürichstrasse, Esslingen
4. Gestaltungsplan Golfanlage Unterengstringen, 1995
5. Public Golf Bubikon, 1993 (Foto: W. Künzi)

# Guido Hager

**Landschaftsarchitekt
BSLA/HTL/SWB/ICOMOS**
Hauserstrasse 19
8032 Zürich
Telefon 01-251 22 55
Telefax 01-251 22 88
Natel D 079-401 24 02
e-mail guido_hager@macworld.ch

**Gründungsjahr** 1984

**Inhaber** Guido Hager

**Mitarbeiterzahl** 4

**Spezialgebiete**
Objektplanung
Gartendenkmalpflege

**Publikationen**
Der Gartenbau 45/87, 3/89, 29/90, 37/95, 4/96; SIA 6/96; anthos 2/90, 4/90, 1/92, 2+3/95; Heimatschutz 1/91; Unsere Kunstdenkmäler 2/91, 1/93; Topos 12/95; Planbox 1996

Französische Schule Bern, in: Dieter Kienast, «Zwischen Arkadien und Restfläche», Luzern 1992

«Gartenarchitektur/Freiraumgestaltung – Gartendenkmalpflege», Nachdiplomstudium ITR 1991/92 (Hrsg.)

«Gute Gärten – Gestaltete Freiräume in der Region Zürich», 1995 (Hrsg.)

Vorträge, Lehr- und Jurytätigkeit im In- und Ausland

**Wichtige Projekte**

**Objektplanung**
1988 Telecom PTT, Zürich-Binz (mit Fischer Architekten)

1988 Hirschengraben 54, Zürich

1989 Schärrerwiese, Zürich-Höngg

1993 Garten Trösch, Feldmeilen

1994 Garten Rohrbach, Erlenbach

1994 MFH Suva, Färbereiareal, Zofingen (Projekt; mit Arcoop, Zürich)

1995 Friedhof St. Katharinenthal, Diessenhofen TG (Projekt)

1995 Innenhof in Leipzig (D) (Projekt; mit d-companie, Bern)

**Sanierte Gartendenkmäler**
1984 Arboretum, Zürich

1986 Rechberg-Garten, Zürich

1996 Villa Bleuler, Zürich (mit Arcoop, Zürich)

1987 Schulhaus Liguster, Zürich

1989 Stadthausanlage, Zürich

1989 Schulhaus Riedtli, Zürich

1990 Schulhaus Friedrichstrasse, Zürich

1991 Schindlergut, Zürich

1993 Zollikerstrasse 117, Zürich

1993 Kleiner Türligarten, Chur

1994 St. Katharinenthal, Diessenhofen

1995 Garten Herrenhaus, Grafenort OW

1995 Drei Gärten in Weinfelden TG (Projekt; mit B. Gros-Tonnemacher)

1996 Grosser Garten in Hannover (D) (Projekt)

**Gartendenkmalpflege**
1988 Schulhaus Milchbuck, Zürich

1989 St.-Moritz-Anlage, Zürich

1991 Friedhof Sihlfeld, Zürich

1991 Park-Hotel Waldhaus, Flims

1991 General-Guisan-Quai, Zürich

1991 Rütli, Seelisberg UR

1992 Villa Fäsenstaub, Schaffhausen

1993 Schloss Haldenstein GR

1995 Museo Vela, Ligornetto TI

1995 St.-Leonhard-Anlage, St. Gallen

1995 Kloster Einsiedeln (mit A. Buschow Oechslin und F. Heinzer)

1995 Stockalperpalast, Brig (EKD)

1996 Schweizerhofquai, Luzern (mit D. Geissbühler, R. Lampugnani)

**Wettbewerbe, Studienaufträge**
1987 Kasernenareal, Zürich (mit S. Rotzler, J. Altherr u.a.; 1. Preis)

1987 Sihlraum, Zürich (mit S. Rotzler, A. Borer u.a.; 2. Preis)

1992 Volg-Areal, Winterthur (mit Fischer Architekten; 2. Preis)

1992 Expo 2000, Hannover (D) (mit Arnaboldi + Cavadini; 1. Preis)

1992 Alterssiedlung, Adliswil (mit Arcoop, Zürich; 2. Preis)

1993 Monbijoupark, Berlin (D) (Ankauf)

1995 Rück-Versicherung, Rüschlikon (mit Dachtler Architekten; 1. Preis)

1995 Pankow, Berlin (D) (mit d-companie, Bern; 3. Preis)

1996 Stadtteil Layenhof, Mainz (D) (mit Kohlhoff & Kohlhoff, Stuttgart)

**Abbildungen**

**1. Garten Herrenhaus, Grafenort OW, 1995**

**2. Telecom PTT, Zürich-Binz, 1994**

**Fotos:**
Terence du Fresne, Bern: 1
Wolfgang Glutz, Zürich: 2

# Esther Haltiner

**Bahnhofstrasse 33
8703 Erlenbach
Telefon 01-910 09 88**

**Gründungsjahr** 1994

**Inhaberin**
Esther Haltiner, HTL/BSLA

**Mitarbeiterzahl** 1

**Spezialgebiete**
Objektplanung:

Umgebung Ein- und Mehrfamilienhäuser

Friedhöfe

Freiräume im öffentlichen Bereich

Landschaftsgestaltung

**Philosophie**
Als wesentliches Gestaltungsprinzip gilt, dass sich das jeweilige Objekt in den landschaftlichen oder baulichen Rahmen der Umgebung einordnet. Räumliche Verhältnisse sowie Zweckmässigkeit der Funktionsabläufe bestimmen den Entwurf der Arbeit. Die Pflanzenwahl erfolgt nach einem Farbkonzept sowie nach den jeweiligen Standortverhältnissen.

**Wichtige Projekte**
Aktueller Bericht zum Friedhof Meilen

1994 Sanierung/Umgestaltung eines ersten Teilbereichs im Friedhof Meilen

1994–95 Einfamilienhausgarten Megévand, Commugny VD

1995 Einfamilienhausgarten Wyss, Egg ZH

**Aktuelle Projekte**
Sanierung/Umgestaltung eines zweiten Teilbereichs im Friedhof Meilen

Aktueller Bericht zum Friedhof Erlenbach

Umgebung eines Mehrfamilienhauses, Castell'Anselmo (I)

Div. Änderungen Einfamilienhausgärten

Wettbewerbe

**Abbildungen**
**1. + 2. Sanierung/Umgestaltung Friedhof Meilen (erster Teil), 1994**

**3. + 4. Ausschnitt Einfamilienhausgarten Wyss, Egg ZH, 1995**

# Margrit Lutz

**Landschaftsarchitektur-büro BSLA**
Mattenstrasse 1
4654 Lostorf
Telefon 062-298 28 18
Telefax 062-298 26 34

**Gründungsjahr** 1990

**Inhaberin**
Margrit Lutz,
Landschaftsarchitektin HTL

**Mitarbeiterzahl** 2

**Spezialgebiete**
Schulen, Wohnheime, Überbauungen

Einfamilienhausgärten

Gartendenkmalpflege

Industrie, Gewerbe, Landwirtschaft

Friedhöfe

Verwaltung

Dorf- und Zentrumsgestaltung

Dach- und Fassadenbegrünung

Landschaftsplanung, Inventare

**Philosophie**
Die Gestaltung soll dem jeweiligen Ort seinen speziellen, unverwechselbaren Charakter geben, wobei das Wohlbefinden des Menschen ein zentrales Anliegen ist.

**Wettbewerbe**
1986 Gestaltung Grünzone Ziegelrain, Aarau
(1. Preis; nicht realisiert)

1995 Bezirksspital Dornach
(1. Preis)

**Wichtige Projekte**
1990 Garten H. R. + M. Lutz, Lostorf

1991 ATEL-Parkplätze, Aarburgerstrasse, Olten

1991 Wasserstoff-Pilotanlage, Niedergösgen

1992 Behindertenheim Schärenmatte, Olten

1993 Naturinventar Gemeinde Dulliken

1993 Studentenwohnheim «Binzenhof», Aarau

1993 Garten M. Gautschi, Windisch

1994 Erweiterung Primarschule, Lostorf

1994 Garten P. + V. Enzler, Lostorf

1995 MFH, Häberlinstrasse, Frauenfeld

1995 Informationspavillon KKG Gösgen

1995 Einrichtungszentrum Möbel-Pfister, Pratteln

1995 Naturinventar Gemeinde Stüsslingen

**Aktuelle Projekte**
Garten J. + E. Thurthaler, Muttenz

Landwirtschaftliche Siedlung, Lostorf

Bezirksspital Dornach

Regionale Entsorgungsanlage Niedergösgen (RENI AG)

MFH Gottfried-Keller-Strasse/Mühlemattstrasse, Zofingen

Garten in Phoenix, Arizona (USA)

Museum P. Gugelmann, Schönenwerd

**Abbildungen**

**1. Primarschule Lostorf, 1992–95**

**2. Stützmauer mit integriertem Bassin und Gartentreppe, Haus Lutz, Lostorf, 1990**

**3. Buchsornamente im Eingangsbereich, Haus Lutz, Lostorf, 1990**

**4. Hecken trennen private Sitzplätze vom halböffentlichen Gartenteil, MFH Häberlinstrasse, Frauenfeld, 1995**

# Anton Marty, Christian Müller, Heike Schmidt

Architecture et paysage
Rue des regionaux 11
2300 La Chaux-de-Fonds
Téléphone 032-913 23 01

Architektur und Landschaft
Zweierstrasse 48a
8004 Zürich
Telefon 01-291 30 32

**Gründungsjahr** 1988

**Inhaber/Partenaire**
Anton Marty, architecte, architecte paysagiste

Heike Schmidt, architecte paysagiste

Christian Müller, Landschaftsarchitekt

**Spezialgebiete
Spécialisations**

**Architektur und Landschaft**
Gutachten, Konzepte, Projekte und Projektmanagement im Bereich Architektur, Siedlungsfreiraum, Verkehr und Landschaft. Umnutzung und Regeneration von Gebäuden, Strassen, Quartieren, Grün- und Freiflächen. Gestaltung von Gärten, Parkanlagen, Friedhöfen, Umgebungen von Gewerbe-, Industrie und öffentlichen Bauten, Schulhäusern, Altersheimen und Spitälern; Hof- und Platzgestaltungen.

**Architecture et paysage**
Expertises, concepts, projets et management de projets des bâtiments, des espaces urbains libres, de la circulation et du paysage. Changement d'affectation et remodulation de bâtiments, rues quartiers, espaces verts et espaces libres. Réalisation de jardins, cours, places, parcs, cimetières et d'environnement pour des bâtiments publics, de l'industrie et de l'artisanat, et des hôpitaux.

**Öffentlichkeitsarbeit
Ausstellungen**
für Interessengruppen, Verbände, Behörden und Organisationen: Konzepte, Beratung, Vernetzungsarbeit, Umsetzung, Organisation von Veranstaltungen, offene Planungen, Projektmanagement, Lehrtätigkeit.

**Relations publiques
expositions**
pour des groupements, unions, administrations et organisations: concepts, conseils, jonction, transposition, organisation des manifestations, planification, ouvertes, management de projets, enseignement.

**Publikationen**
Buwal, Landschaftskonzept Schweiz, Einzelidee: «Kiesstrassen im Siedlungsgebiet», «Gerüstabdeckungen aus nachwachsenden Rohstoffen», 1996

**Auszeichnungen
Distinctions**
1995 Biennale du Canton de Neuchâtel, prix d'Art de la 62. Biennale de la Société des Amis des Arts

1996 Etude d'un concept pour la rénovation d'un familistaire «Marché 6» à La Chaux-de-Fonds, prix d'encouragement de la Société Suisse pour l'Habitat, ASH, fonds Arc-en-ciel

**Wichtige Projekte
projets importants**
1988–91 Umgestaltung/offene Planung Josefwiese, Zürich (im Auftrag der Stadt Zürich)

1990–94 Transformation d'une fabrique de montres à La Chaux-de-Fonds en habitations et bureaux, mandate par la coopérative «La Boîte» en collaboration avec le bureau Planum de Bienne

seit 1991 «Das Dreieck», Studie im Auftrag der Stadt Zürich (ausgeführt mit der Architekturgemeinschaft Dreieck 1991, Ausführungsbeginn im Auftrag der Stiftung SBW 1996)

1991–94 Inventaire de la nature en ville de La Chaux-de-Fonds (à la demande du Service d'Urbanisme, avec le bureau Planum, La Chaux-de-Fonds)

1994 Ideenwettbewerb «Wohnen und Arbeiten an der S-Bahn», Wetzikon (mit den Architekten M. Albers + P. Cerliani, Zürich; bestes Projekt)

1995 Projektwettbewerb Primarschulanlage Letten, Oetwil a. d. Limmat (M. Rappapold, Architekt, Zürich, Mitarbeit Christian Müller; 1. Preis)

1996 Gestaltung Othmarsingerstrasse, Lenzburg (Vorprojekt im Auftrag der Stadt Lenzburg)

**Illustrations**

1. Wettbewerb Stadtpark Ostermundigen BE

2. Hofgestaltung «Das Dreieck», Zürich

3. Offene Planung Josefwiese, Zürich

4. Umbau Uhrenfabrik in Wohn- und Büroraum, La Chaux-de-Fonds

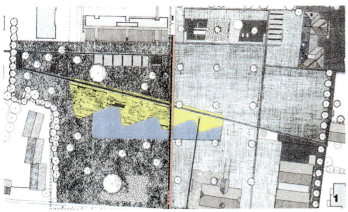

# Walter Merk

**Landschaftsarchitekt BSLA**
Alpenrosenstrasse 5
8280 Kreuzlingen
Telefon 071-672 65 55
Telefax 071-672 65 33

**Gründungsjahr** 1983

**Inhaber**
Walter Merk

**Leitender Angestellter**
Christian Burkhard

**Mitarbeiterzahl** 5

**Spezialgebiete**
Ein-/Mehrfamilienhausgärten
Öffentliche Freiräume
Friedhöfe
Schulhausumgebungen
Gartendenkmalpflege
Strassen- und Stadtplätze
Spielplätze
Bachrenaturierung

**Publikationen**
EFH-Garten in Mauren, Schöner Wohnen
EFH-Garten in Bussnang, Raum + Wohnen
Überbauung in Schaffhausen, Buwal
EFH-Garten in Wängi, Schöner Wohnen

**Wichtige Projekte**
Friedhof Kreuzlingen
Friedhof Wigoltingen
Heilpflanzengarten, Kreuzlingen
Lindenhof, Rorschach
GDI, Rüschlikon
Neff, Wängi
Kantonalbank, Weinfelden
Schloss Freudenfels, Eschenz
Schloss Liebfels, Mammern
Primarschule, Altnau
Sekundarschule, Kreuzlingen
Schule, Arenenberg
Arbeitsheim ABA, Amriswil
Obstlehrgarten, Kreuzlingen
Gaissbergstrasse, Kreuzlingen (Wettbewerb, 1. Platz)
Stadelgasse, Bischofszell (Wettbewerb, 1. Platz)
Gemeindehaus, Berg (Wettbewerb, 1. Platz)
Mehrzweckhalle, Landschlacht (Wettbewerb, 1. Platz)
Seeufer, Diessenhofen
Seeufer, Staad (Wettbewerb)
Schule Rosenegg, Kreuzlingen

**Aktuelle Projekte**
Reha-Klinik, Zihlschlacht
Pflanzenkläranlage, Märstetten
Kantonsschule, Kreuzlingen
Primarschule/Kindergarten, Bottighofen
Platzgestaltung mit Brunnen Rondo, Kreuzlingen
Parkanlage Dreispitz, Kreuzlingen
Friedhof, Tägerwilen
Einfamilienhaus Jann, Wiedehorn
Primarschule, Sulgen
Schule, Märstetten
Einfamilienhaus Fritschi, Wangen

**Abbildungen**

**1. Einfamilienhaus Keller, Bussnang**

**2. Einfamilienhaus Thöny, Zetzwil**

**3. Sekundarschulhaus Pestalozzi, Kreuzlingen**

**4. Popp, Bischofszell**

**5. Einfamilienhaus Merk, Tägerwilen**

# Metron

**Landschaftsplanung AG**
Stahlrain 2, Postfach 253
CH–5201 Brugg
Telefon 056-460 91 11
Telefax 056-460 91 00

**Zweigbüros in Bern und Zürich**

**Gründungsjahr** 1965
eigenständige AG seit 1990

**Geschäftsleitung**
Hans Michael Schmitt,
Landschaftsarchitekt,
Dipl.-Ing., BSLA/SIA

Thomas Gremminger,
dipl. Phil. II, Geograph OeVS

**Mitarbeiter/-Innen** 12

**Arbeitsgebiete**
Gestaltung öffentlicher und privater Freiräume

Ausführungsplanung und Bauleitung

Grünplanung

Gartendenkmalpflege

Landschaftsplanung und -gestaltung

**Spezialgebiete**
Dachbegrünung

Regenwasserversickerung

Gestaltung und Ökologie

**Publikationen**
Themenhefte Metron 1–13

Themenbogen: Bauökologie, Dachbegrünung, Freiräume

Stahlrain in Brugg, Topos 7/94

Siedlung in Riehen, Hochparterre 8/94

Sanierung «Brisgi», Baden, Anthos 1/96

Hochparterre 11/94

**Auszeichnungen**
Aargauischer Heimatschutzpreis 1994

Umweltpreis 1994 des Schweizerischen Umweltrates

Prix rhénan d'architecture 1995

**Philosophie**
Wir beraten, planen, forschen und bauen für die öffentliche Hand und für Private.

Mit unserer Arbeit wollen wir dazu beitragen, Lebensraum menschen- und umweltgerecht zu gestalten, die Natur zu pflegen und kulturelle Werte kreativ weiterzuentwickeln. Ganzheitliche Lösungsansätze und fachliche Vernetzungen sind für uns selbstverständlich.

**Projektauswahl**
**Siedlungen**
1991 «I de Linde», Birmensdorf

1991 Mustersiedlung, Röthenbach (D)

1993 Niederholzboden, Riehen

1994 «Brisgi», Baden

1995 Haberacher 4, Rütihof-Baden

1996 Siedlungsstrasse, Thun (im Bau)

1996 Rütihof, Zürich-Höngg (im Bau)

1996 Reiheneinfamilienhäuser, Seon

**Schulhäuser**
1993 Heilpädagogische Sonderschule, Windisch

1994 Schulhaus Neufeld 1, Sursee

1994 Rössligasse, Niederlenz

1995 Quartierschulhaus Telli, Aarau

1996 Schulhaus Münchhalde, Zürich

**Öffentliche Bauten und Anlagen**
1990 Telefonzentrale, Brugg-Windisch

seit 1990 Kernumfahrung, Lenzburg (in Projektierung)

1993 Kantonsspital, Aarau

1993 Wohn- und Geschäftshaus Stahlrain, Brugg

1994 Schweiz. Mobiliarversicherung, Aarau

seit 1994 Seftigenstrasse, Köniz (in Projektierung)

seit 1995 Kirchplatz und Marien-Theresien-Strasse, Lustenau (A) (in Projektierung)

seit 1995 Eidgenössisches Amt für Messwesen EAM, Wabern (in Projektierung)

**Grünplanung**
1993 Quartierkonzepte Grünplanung Bern

1994 Freiraumkonzept Stadtmitte, Winterthur

1995 Quartierteil-Studie Grünplanung Zürich-West

1996 Prozessmoderation Freiraumkonzept 2000 der Stadt Zürich

**Abbildungen**
**1. + 4. Heilpädagogische Sonderschule, Windisch**

**2. Überbauung Stahlrain, Brugg**

**3. Rössligasse, Niederlenz**

# Moeri & Partner AG

Landschaftsarchitekten
Wasserwerkgasse 6
3000 Bern 13
Telefon 031-312 86 86
Telefax 031-312 86 84

**Gründungsjahr** 1984

**Inhaber/Partner**
Daniel Moeri,
Landschaftsarchitekt HTL

Christoph von Arx,
Landschaftsarchitekt HTL

**Mitarbeiterzahl** 5

**Philosophie**
Landschaftsarchitektur ist dem Wohlbefinden des Menschen in seiner jeweiligen Umgebung verpflichtet.

Wir planen und gestalten ganzheitliche Lösungen in den Lebensbereichen Siedlung, Aussenraum und Landschaft.

Vernetztes Denken, unter spezieller Beachtung ökologischer Zusammenhänge, ist unsere methodische Arbeitsgrundlage, um den Bedürfnissen der Zukunft gerecht zu werden.

Als Landschaftsarchitekten koordinieren wir die Vernetzung von verschiedenen Planungs- und Gestaltungsprozessen der Architektur und des Ingenieurwesens mit all ihren Spezialgebieten.

**Spezialgebiete**
Beratung:
Wir begleiten Behörden und Kommissionen in der Koordination und der Umsetzung von kommunalen Teilplanungen: Umwelt, Siedlung, Verkehr, Landschaft und Umweltschutz.

Planung:
Wir übernehmen vielfältige Planungsaufträge:
– Aussenraumgestaltung von öffentl. Bauten und Anlagen
– Siedlungsaussenräume
– Strassenraumgestaltungen
– Renaturierungsprojekte
– Landschaftsplanungen

Ausführung:
Wir realisieren in treuhänderischer Funktion Bauvorhaben in Garten- und Landschaftsbau

**Wettbewerbe**
1986 Erweiterungsbauten Spital Thun (eingeladener Wettbewerb, 1. Preis)

1989 Ideenwettbewerb Biembachentlastung, Gemeinden Burgdorf und Oberburg (mit Ing. Steiner+Buschor AG; 1. Preis)

1991 Bahnhof Schwarzenburg (mit Arch. Vifian, Schwarzenburg; eingeladener Wettbewerb, 1. Preis)

1992 Autopark Koellensberger, Innsbruck (mit Arch. AWS AG, Bern; eingeladener Wettbewerb, 1. Preis)

1993 Ideenwettbewerb Zentrum Bahnhof Gümligen (mit Arch. Hebeisen und Vatter, Bern; 1. Preis)

1994 Studienauftrag Burgergasse–Thunstrasse, Burgdorf (mit Arch. Kurt + Partner, Burgdorf; 1. Preis)

1995 Studienauftrag Dorfzentrum Kirchberg, Rehlipark (eingeladener Wettbewerb, 1. Preis)

1995 Projektwettbewerb Kantonsstrasse in Köniz (mit AAP Architekten, Bern, und Ing. Roduner; 5. Preis)

1995 Parallelprojektierung Verkehrssanierung Worb, Teilprojekt Nord, 2. Etappe (mit Ing. Zeltner + Maurer AG, Belp; 1. Preis)

**Wichtige Projekte**
1989 Sportplatz Kählen, Dittingen

1991 ascom Hasler, Schwarzenburgstrasse, Bern (mit Arch. Nöthiger + Schlosser, Worb)

1992 Schulhaus Lohn, Zuzwil (mit Künstler H. R. Würtrich)

1993 Rekonstruktion des alten Nutzgartens der Mühle Heimiswil

1995 Wohnhaus Sabine Grässlin, St. Georgen (D) (mit Arch. J. Szeemann, Genf)

**Aktuelle Projekte**
ESP Bern Ausserholligen, Studien öffentliche Aussenräume Weyermannshaus

Überbauung Etzmatte, Urtenen (mit Arch. Reinhard + Partner, Bern)

Zentrallaboratorium Rotkreuzstiftung, Blutspendedienst SRK, Bern (mit Arch. Nöthiger + Schlosser, Worb)

Rekonstruktion und Neugestaltung Garten Bickgut, Würenlos (mit Arch. Matti, Bürgi, Ragaz, Hitz, Bern)

Studie Gesamtrenaturierung Urtenenbach

Gestaltung Schallschutzwände Kantonsstrasse, Aarwangen

**Abbildungen**

**1. Umgestaltung Garten Familie Trüssel, Sumiswald, 1993**

**2. Gemeinschaftsgrab Friedhof Moosseedorf, 1994**

**3. + 6. Studienauftrag Dorfzentrum Kirchberg, Rehlipark, 1995**

**4. Umgestaltung Garten Fam. Kurt, Rapperswil, 1988**

**5. Strassenraumgestaltung Lütoldstrasse, Sumiswald (aktuell)**

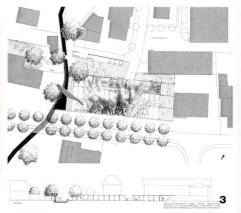

# Werner Rüeger

**Landschaftsarchitekt BSLA**
Unterer Graben 19
8400 Winterthur
Telefon 052-213 81 69
Telefax 052-212 47 63

**Gründungsjahr** 1980

**Inhaber**
Werner Rüeger

**Leitender Angestellter**
Markus Fierz

**Mitarbeiterzahl** 6

**Spezialgebiete**
Planungen für öffentlichen Freiraum

Friedhöfe

Schulhausumgebungen

Gartendenkmalpflegerische Gutachten, Pflegewerke

Landschaftsgestaltung/Naturschutz

**Publikationen**
«Bahnhof Stadelhofen, Zürich», Anthos 3/85

«Schlosspark Andelfingen», Unsere Kunstdenkmäler 1/93

«Kurhaus Gyrenbad», Schweizer Hoteljournal 1/93, Anthos 2/95

**Auszeichnungen**
Brunel Award, Madrid 1991, internat. Auszeichnung für Bahnhof Stadelhofen, Zürich*

Auszeichnung für gute Bauten der Stadt Zürich*

**Philosophie**
Geschichte, Vegetation und Geologie sind Eigenheiten von jedem Ort. Neben der Architektur prägen sie wesentlich die Stimmung im Freiraum.

In der Gestaltung ein zentrales Anliegen ist der Umgang mit der Pflanze im Spannungsfeld der gebauten Welt.

Gewünschte Entwicklungen der Vegetation und die Aufgabe der Regenwasserentsorgung ermöglichen unmittelbare Naturerlebnisse in einer technisierten Welt.

Aber erst fein abgestimmte Pflege- und Unterhaltsarbeiten erhalten und realisieren den zeitgemässen Aussenraum.

**Wichtige Projekte**
1988 Privatgarten Frauenfelder, Winterthur

1989 Friedhoferweiterung, Schlatt ZH

1989 Büroneubau Gebr. Sulzer AG, Winterthur

1989 Wettbewerb Steinberggasse/Neumarkt, Altstadt Winterthur (Ankauf)

1989 Wettbewerb Schwimmbad Wolfensberg, Winterthur (1.Preis)

1990 Bahnhof Stadelhofen, Zürich*

1990 Sportanlage Grafstal

1990 Parkpflegewerk Villa Hohenbühl, Zürich

1990 Inventarisierung historischer Freiräume in Winterthur

1991 Parkpflegewerk Schlosspark Andelfingen

1991 Naturschutzmassnahmen Alte Lehmgrube Dättnau, Winterthur

1991 Neubau Primarschulhaus Kleinandelfingen, Andelfingen

1992 Sanierung Gellertpark, Basel (in ArGe mit Fahrni und Breitenfeld, Basel)

1993 Friedhoferweiterung, Seuzach

1993 Neubauten MFH Kirchacker, Seen

1993 Ausbau Kläranlage Hard, Winterthur

1993 Neubau Bahnhof Birmensdorf

1993 Renovation Gasthof und Kurhaus Gyrenbad, Turbenthal

1994 Neubau Wohn- und Geschäftshaus Theaterstr. 26, Winterthur

1994 Neubau Gemeindehaus Stäfa

1994 Villa Corti mit Neubau MFH Römerstr. 29, Winterthur

1995 Neubau Wohnhaus Rössligasse 12, Winterthur

1995 Neubau Schulhaus Hohberg, Schaffhausen

1995 Gartendenkmalpflegerisches Gutachten Villa Schlosshalde, Pfungen

**Aktuelle Projekte**
Neubau Strafanstalt Pöschwies, Regensdorf

Erweiterung Friedhof Seen, Winterthur

Familiengartenareal Lüchental, Winterthur

Parkpflegewerk Friedhof Üetliberg, Zürich

\* realisiert in ArGe ACR Amsler, Calatrava, Rüeger

**Abbildungen**
**1. Neuer Zugang Gellertpark, Basel**

**2. Landschaftsgestaltung Kläranlage Hard, Winterthur**

**3. Lebensraum für Amphibien, Alte Lehmgrube Dättnau, Winterthur**

**4. Platzgestaltung Büroneubau Gebr. Sulzer AG, Winterthur**

# Stöckli, Kienast & Koeppel

**Landschaftsarchitekten AG**
Lindenplatz 5
5430 Wettingen
Telefon 056-437 30 20

**Gründungsjahr** 1970

**Inhaber**
Peter Paul Stöckli

Prof. Dr. Dieter Kienast

Dipl. Ing. Hans-Dietmar Koeppel

**Fachliche Leitung**
Peter Paul Stöckli, Landschaftsarchitekt BSLA/SWB

Hans-Dietmar Koeppel, Dipl.-Ing. Landschaftsplaner BSLA/SIA

Peter Steinauer, Landschaftsarchitekt HTL BSLA

**Mitarbeiterzahl** 22

**Qualifikation des Personals**
Landschaftsarchitektinnen und Landschaftsarchitekten mit Hochschul- oder HTL-Abschluss

Naturwissenschafter

Techniker/Zeichner

Praktikanten und Landschaftsbauzeichner-Lehrlinge

Kaufmännisches Personal

**Arbeitsgebiete**

**Landschaftsarchitektur und Grünplanung**
Gestaltung von Siedlungsfreiräumen: Gärten, Parkanlagen, Sportanlagen, Friedhöfen, Strassen, Umgebungen von Gewerbe-, Industrie- und öffentlichen Bauten

Gartendenkmalpflegerische Gutachten, Konzepte, Projekte und Parkpflegewerke für historische Gärten und Anlagen

Gutachten, Konzepte und Pläne zur Ortsbildpflege, Grün- und Freiraumplanung

Untersuchungen und Konzepte zu Betrieb, Unterhalt, Entwicklung und Ökonomie von Grün- und Freiflächen

Gestaltung von Erholungsräumen, -anlagen und -einrichtungen im Siedlungsgebiet und in der freien Landschaft

**Landschaftsplanung, Naturschutz, Ökologie**
Renaturierungsprojekte und -konzepte für Fliessgewässer, Bachöffnungen, Sanierungsprojekte von stehenden Gewässern

Abbau- und Rekultivierungsprojekte für Steinbrüche der Zementindustrie und für Kies-, Sand- und Tongruben

Landschaftspflegerische Begleitprojekte im National- und Kantonsstrassenbau und im Ausbau des öffentlichen Verkehrsnetzes

Schutz- und Nutzungskonzepte, Gestaltungs- und Pflegepläne für Naturschutz- oder Landschaftsschutzgebiete

Landschaftsanalysen und -bewertungen, Landschaftsinventare, Vegetationskartierungen und gutachtliche Stellungnahmen

Bearbeitung von wissenschaftlichen Grundlagen und von inhaltlichen und methodischen Richtlinien für Bundes- und kantonale Ämter, z. B. zur Veränderung der Landschaftsqualität und zur UVP

Bearbeitung von Grundlagen, Konzepten, Leitbildern und Richtplänen zur Erhaltung und Entwicklung von Natur und Landschaft

Koordination der UVP-Berichterstattung und Erstellung der Berichte Raumnutzung, Landschaft, Flora, Fauna

**Abbildungen**

**1. Historische Gartenanlagen Villa Boveri, Baden; Parkpflegewerk und Leitung der Restaurierung**

**2. Stadtpark Brühlwiese, Wettingen; Projektierung und Leitung der Realisierung**

**3. Furtbachkorrektion und Rückhaltebecken «Gheid», Kanton Zürich; naturnaher Umbau eines Entwässerungskanals und naturnahe Gestaltung eines Hochwasserrückhaltebeckens, Projektierung und Bauleitung**

**4. Kiesabbaugebiet Eichrüteli, Mülligen AG; Abbau- und Rekultivierungsplanung, Umweltverträglichkeitsbericht, Gestaltung naturnahe Bereiche, Pflegeplan**

# Terraplan

Kirchplatz 8
4132 Muttenz
Telefon 061- 461 57 37
Telefax 061- 461 72 40

EU/Frankreich
11, rue Fürstenberger
BP 2323
F-68069 Mulhouse Cedex
Téléphone +33 89 43 65 78
Téléfax +33 89 32 28 36

**Gründungsjahr** 1986

**Inhaber**
Beat von Tscharner, Arch. ETH und Landschaftsplaner BSLA

**Sprachen** deutsch, *français*

**Kontaktstellen in**
– Tirana, Albanien
– Gostivar, Macedonien
– Sarajevo, Bosnien
– Cambridge, Mass., USA
– Ecublens, Vaud, CH

**Freie Mitarbeiter** 3 bis 6, u. a.
– Béatrice Schwarz, Zoologin
– Antonio Vanoli, EDV
– Sead Kanlic, Architekt

**Tätigkeitsbereiche**
Planung und Gestaltung von zoologischen und botanischen Anlagen, Architektur und Städtebau, Grün- und Landschaftsplanung.

*Evaluation et aménagement de parcs zoologiques et botaniques, architecture et urbanisme, aménagement d'espaces verts et du paysage.*

**Spezialitäten**
In Architektur:
Kommunalbauten, Wohnungsum- und -neubauten, Infrastrukturbauten im Garten- und Zoobereich, Glashäuser

In Landschaftsplanung:
Naturschutz- und Tourismusplanung, Nutzungsplanung, Ressourcenmanagement, Umwelt- und Zoopädagogik

**Activités en France**
*Architecture des jardins neufs, restauration des parcs historiques, mandats divers des parcs naturels régionaux, aménagement des parcs animaliers, zoologiques et botaniques, serveur TERRA D - régistration et spécification des informations des sites et des monuments naturels.*

**Grundsätze**
Bestehende natürliche Elemente und Landschaften sind integrierende Bestandteile eines Projektes, denen der grösste Respekt zukommt. Ökologie, Didaktik und Ästhetik sind die komplementären Pole der Arbeitsmethoden von TERRAPLAN. Jede Massnahme wird hinterfragt und damit auf das Wesentliche reduziert. Dies kann sogar einem kommerziellen Interesse widersprechen, kommt aber einem Auftraggeber, der diesen Weg würdigt, umfänglich entgegen.

*En bref: Tout exploitant doit comprendre et respecter que détruire la nature, c'est détruire le progrès!*

**Wichtige Arbeiten**

**Theorie**
Zooplanung in den USA, für «Garten + Landschaft», Callway

The U.S. practice of visual resource management, für «Garten + Landschaft», Callway

Theorie der Immersion, praktische Zoopädagogik

Der Bio-Park – ein Weg zum Verständnis für die Artenvielfalt und deren Erhaltung weltweit.

**Planungen für**
– diverse Zoos und Tierpärke
– botanische Gärten
– regionale Naturpärke in Frankreich
– Umweltverträglichkeit
– Entwicklungszusammenarbeit (DEH)
– Dorfkerngestaltungen

**Realisationen**
– div. zoologische und botanische Anlagen
– Garten- und Parkanlagen
– div. Renaturierungen
– Wald-, Moorlehrpfade
– künstliche Felsanlagen
– im Hochbau Umbauten, Renovationen und ein kath. Kirchenzentrum

**Abbildungen**

**1. Ausstellung Umwelt 91, BUWAL**

**2. Pfarreiheim Kaiseraugst**

**3. Botanischer Garten Brüglingen, Basel**

**4. M & B-Moorlehrpfad in Hanau, Lorraine (F)**

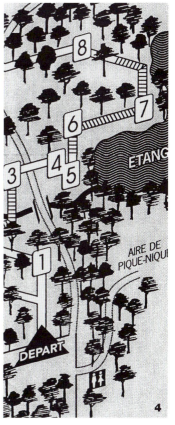

# Walter Vetsch

**Landschaftsarchitekten BSLA/HTL**
Neumarkt 28
8001 Zürich
Telefon 01-262 20 66
Telefax 01-262 20 77

**Gründungsjahr** 1984

**Inhaber**
Walter Vetsch

**Partner**
Beat Nipkow
Ursula Wälchli

**Mitarbeiterzahl** 10

**Spezialgebiete**
Planen und Bauen im urbanen Kontext

Objektplanung
– Wohnen, Industrie, Büro, Gewerbe und Verwaltung
– Hof- und Platzgestaltungen
– Parkanlagen
– Fluss- und Seeufergestaltungen
– Schwimmbäder
– Freizeit-, Spiel- und Sportanlagen
– Friedhöfe
– Schulhäuser
– Altersheime, Spitäler
– Tierparks

Gartendenkmalpflege

**Publikationen**
anthos 4/89, 4/92, 1/93
Architektur + Planen 11/89
Der Gartenbau 11/90, 41/94, 49/94, 49/95
Garten + Landschaft 12/92
Jrbis 2/95, 1/96
«Gute Gärten – Gestaltete Freiräume in der Region Zürich», 1995 (Idee, Konzept)
TV-Sendung MTW (Mensch, Technik, Wissenschaft), SF DRS, New York 1995, «Zoos – die letzte Zuflucht»
Experten-, Kommissions-, Lehr- und Jurytätigkeit

**Auszeichnungen**
1996 Auszeichnung beste Badanstalt/Schwimmbad für Seeuferanlage Pfäffikon SZ, Schweizerische Gesellschaft für Gartenkultur SGGK

**Wichtige Projekte**
**Objektplanung**
1986 Friedhof Oberengstringen
1987 Zürcher Kantonalbank, Filiale Uster
1990 Familiengartenanlage Hauächer, Opfikon
1991 Platzgestaltung Stauffacherquai 3, Zürich
1991 Wohnen und Gewerbe Ländliweg, Baden AG
1992 Platzgestaltung vor der Villa Egli, Zürich
1992 Erweiterung Bachwiesenpark, Zürich
1993 Schulhaus Wilen SZ
1993 Ausbildungszentrum Unterhof, Diessenhofen TG
1993 Zoo Zürich, Gesamtplanung 2020 (Masterplan)
1993 Garten Späni, Wilen
1993 Geschäftshaus SBG Flur-Nord, Zürich
1994 Überbauung Husmatt, Baden-Dättwil AG
1995 Studentenwohnbauten, Zürich
1995 Geschäftshaus Sonnenbühl ZKB, Dübendorf
1995 Zoo Zürich, Neugestaltung Bärenanlage
1995 ABB-Areal, Zürich-Nord
1995 Sulzer-Areal, Winterthur (Projekt Megalou; mit Jean Nouvel, Architekt, Paris)

**Gartendenkmalpflege**
1986 Zürichhorn, Zürich
1992 Auf der Mauer 1, Zürich
1993 Artergut, Zürich
1994 Sonnenberg, Zürich
1995 Neumünsterallee 16, Zürich
1995 Friedhof Manegg, Zürich

**Wettbewerbe, Studienaufträge**
1984 Familiengartenanlage Stockenwiesen, Zürich (1. Preis)
1987 Sihlraum, Zürich (1. Preis)
1989 Seeuferanlage Pfäffikon SZ (1. Preis)
1990 Schulhaus Oberseen, Winterthur (mit P. Cerliani, Architekt, Zürich; 1. Preis)
1993 ETH Lausanne, Quartier Nord (mit Schnebli Ammann Ruchat Architekten, Zürich; 1. Preis)
1993 Überbauung Bernstrasse, Schlieren (mit Atelier WW Architekten, Zürich; 1. Preis)
1994 Theaterplatz, Baden (mit Eppler Maraini Schoop Architekten, Baden; 1. Preis)
1995 Schulanlage Steg, Pfäffikon SZ (mit Feusi Partner Architekten, Pfäffikon; 1. Preis)
1995 Bebauung Gebiet Stotzweid, Horgen (mit Fosco Fosco Vogt Architekten, Zürich; 1. Preis)
1995 Landhaus Wolf, Herrliberg (1. Preis)
1995 Friedhof Hörnli, Basel (1. Preis)

**Abbildungen**
**Seeuferanlage mit öffentlichem Schwimmbad, Pfäffikon SZ, 1992**

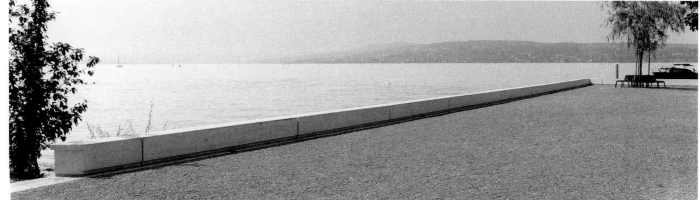

# Planungsbüro Wengmann AG

**Landschaftsarchitekt
BSLA/BDLA/SWB**
Niederwiesstrasse 17c
5417 Untersiggenthal
Telefon 056-288 20 27
Telefax 056-288 31 41

D-01465 Langebrück
Telefon 0049-35201 70290
Telefax 0049-35201 70690

**Gründungsjahr** 1974

**Inhaber** Bernd Wengmann

**Leitende Angestellte**
Stephan Schubert

Henning Kuschnig (Filialleiter Büro Langebrück bei Dresden)

**Mitarbeiterzahl** 10

**Spezialgebiete**
Städtebauliche Planungen, FNB, BP

Landschaftsplanerische Leistungen, LP, GOP, UVP, LBP

Verkehrsanlagen

Landschaftsentwicklungskonzepte

Ländliche Richtplanungen AVP

Dorfentwicklungsplanungen und -beratungen

Objektplanung

Freianlagenplanung

**Publikationen**
Sport- und Erholungsanlage Höchenschwand, Deutschland, Anthos 4/83

Aussenanlagen zum Nihon Aerobics Center, Chiba (J), Anthos 4/86

Freiraumgestaltung beim Parkhaus Obertor, Bremgarten AG, Anthos 4/88

«Landschaftsplanung endet nicht am Dorfrand», Anthos 4/93

**Auszeichnungen**
Gold- und Silbermedaille am bundesweiten Wettbewerb in Deutschland «Unser Dorf soll schöner werden», Gemeinde Dogern, 1995

1. Preise: Friedhöfe Höchenschwand (D), Neuenhof, Unterentfelden (ausgeführt)

1. Preis: Parkhaus Obertor, Bremgarten (ausgeführt)

3. Preis: «Grün 80 in Basel»

**Philosophie**
Planung und Gestaltung des Lebensraumes unter Einbezug der Bedürfnisse von Mensch und Umwelt.

**Wichtige Projekte**
Flächennutzungspläne: Kreba, Langebrück, Weixdorf, Lomnitz, Schönborn

Bebauungspläne: Wachau, Lomnitz, Kreba, Förstgen

Landschaftspläne: Lomnitz, Langebrück, Kreba, Förstgen

Landschaftsentwicklungskonzepte: Heudorf, Weilheim

Verkehrsanlagen: Lomnitz, Dogern, Killwangen

Dorfentwicklungsplanung: Langebrück, Kreba, Lomnitz, Grossnaundorf

Ländliche Richtplanungen AVP: Eilenburg (9500 ha)

Parkhäuser: Bremgarten, Brugg, Bad Säckingen

Friedhöfe: Höchenschwand, Dogern, Neuenhof, Sulz, Unterentfelden, Gebenstorf

Sportanlagen: Freizeitanlagen Chiba und Sapporo (Japan), Höchenschwand

Schulen: Untersiggenthal, Siglistorf, Waldshut

Siedlungen: Hirschengasse Kirchdorf, Niederwies Untersiggenthal

Privatgärten: C. Jost Wildegg, M. Hess Döttingen

Sonstiges: Flugpisten Flugplatz Buttwil

Patentinhaber für Ricoten-Sportbeläge in Europa, Amerika, Japan

**Aktuelle Projekte**
Dorfentwicklungsplanungen: Kreba, Naundorf, Hermsdorf

Flächennutzungsplan: Wachau

Ländliche Richtplanungen AVP: nördlich der Dresdner Heide (6500 ha)

Landschaftsplan: Hermsdorf

Siedlungsplanungen: Kirchdorf, Wettingen, Untersiggenthal, Dresden

Parkhaus: Mellingen

Parkanlage: Hugo-Bürkner-Strasse, Dresden

**Abbildungen**

**1. Parkhaus Obertor, Bremgarten**

**2. Dorfstrasse, Killwangen**

**3. Dorfentwicklung Langebrück**

**4. Friedhof in Höchenschwand**

**5. Freizeitanlage in Chiba (J)**

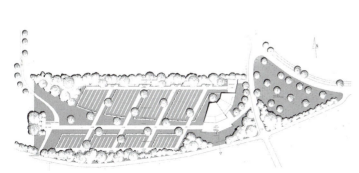

**Index**

| | | |
|---|---|---|
| **A** | **Aarplan** Atelier für Architektur und Planung SIA/STV/SSES, Tellstrasse 20, 3000 Bern 22 | 66 |
| | **ABR & Partner AG** Architekten, Grubenstrasse 1, 8201 Schaffhausen | 136 |
| | **Alberati Robert AG** Architekt ETH/SIA, Kirchplatz 4, 4800 Zofingen | 20 |
| | **Ammann Lukas** Architekt ETH/SIA/REG A, Kapellplatz 10, 6004 Luzern | 112 |
| | **Andres & Andres** Architekten ETH/SIA, Brühlmattweg 1, 4107 Ettingen | 56 |
| | **Angst John** Architekturbüro SIA, Gotthardstrasse 55, 8800 Thalwil | 200 |
| | **A + P Latscha, Roschi & Partner** Architektur + Planung AG, Baumgarten 732, 4622 Egerkingen | 158 |
| | **Appert + Born** Landschaftsarchitekten HTL/BSLA, Ober-Altstadt 18, 6300 Zug | 266 |
| | **ASA** Arbeitsgruppe für Siedlungsplanung + Architektur AG, Spinnereistrasse 29, 8640 Rapperswil | 137 |
| | **ASM Architekten AG** Dorfstrasse 480, 1714 Heitenried | 76 |
| | **ASP Atelier Stern & Partner** Landschaftsarchitekten + Umweltplaner AG, Tobeleggweg 19, 8049 Zürich | 267 |
| | **Atelier Verde AG** Landschaftsarchitekten, Feld 9, 8752 Näfels | 269 |
| | **Atelier WW** Architekten, Römeralp, Asylstrasse 108, Postfach, 8030 Zürich | 198 |
| **B** | **Bader Partner** Architektur/Planung/Energie/Bauerneuerung/Beratung, Bielstr. 145, 4503 Solothurn | 159 |
| | **Bär + Mächler** Architekturbüro SIA/GSMBA, Freiestrasse 150, 8032 Zürich | 201 |
| | **Baud & Früh** Atelier d'architecture EPFL/SIA, 15, rue des Voisins, 1205 Genève | 78 |
| | **Baumann & Waser** Architekten SIA/STV, Augustin-Keller-Strasse 22, 5600 Lenzburg | 21 |
| | **Bearth + Deplazes** Architekten ETH/SIA/SWB, Reichsgasse 55, 7000 Chur | 104 |
| | **Beglinger Söhne AG** Grünplanung + Freiraumgestaltung BSLA/SWB, Mühlenstrasse 3, 8753 Mollis | 270 |
| | **Beric S. A.** Bureau d'architecture, 2, Bd. des Promenades, 1227 Carouge/Genève | 79 |
| | **Bernet Edwin A.** Architekturbüro SIA, Bellevueweg 8, 6300 Zug | 186 |
| | **BGS Architekten** Architekten HTL, St. Gallerstrasse 167, 8645 Jona | 138 |
| | **Binz Christoph & Stephan** Architekten ETHZ/SIA/HTL, Lampertshalten, 1713 St. Antoni | 77 |
| | **Bischof Cyrill Architektur** Architekt ETH/SIA, Bahnhofstrasse 40, 8590 Romanshorn | 139 |
| | **BKG Architekten AG** Architekturbüro SIA, Münchsteig 10, 8008 Zürich | 202 |
| | **Boog Rudolf Leuenberger** Architektur + Innenarchitektur, Kasimir-Pfyffer-Strasse 2, 6003 Luzern | 113 |
| | **Bosshard + Sutter** Architekten ETH/SIA/BSP, Kirchenstrasse 13, 6300 Zug | 187 |
| | **Boujol & Delachaux SA** Atelier d'architecture, 13, Grand Rue, 1260 Nyon | 80 |
| | **Bouvard + Faden** Architekturbüro SIA, Im eisernen Zeit 18, 8057 Zürich | 203 |
| | **Boyer Markus** Architekt ETH/SIA/GSMBA, Steinhofstrasse 44, 6005 Luzern | 114 |
| | **Broggi & Santschi Architekten AG** Mühlezelgstrasse 53, 8047 Zürich | 204 |
| | **Bründler Hans** Architekt ETH/SIA, Grabenweg 3, 6037 Root | 116 |

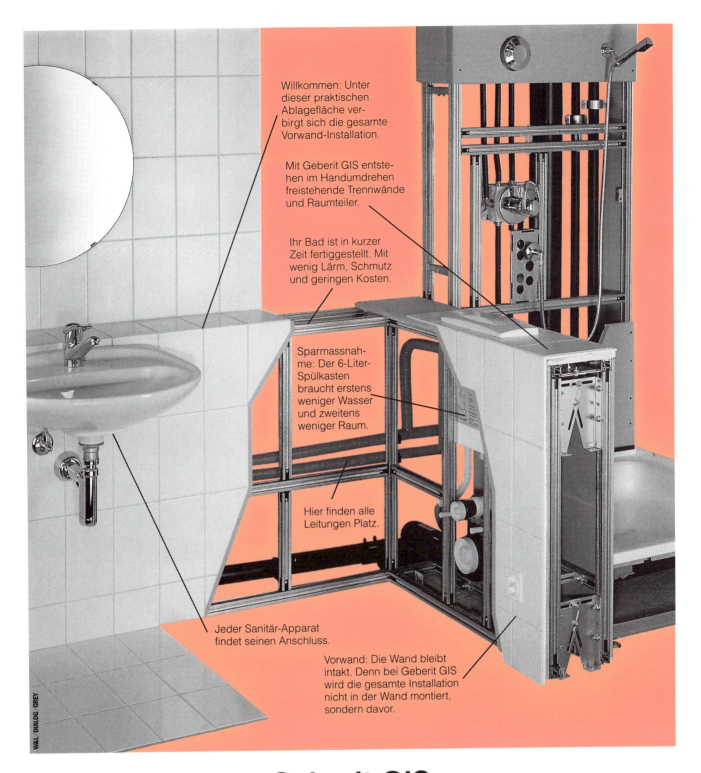

## Geberit GIS.
## Die neue Freiheit.

Die Technik folgt Ihrer Phantasie. Dank Geberit GIS. Denn mit diesem selbsttragenden Vorwand-Installationssystem entstehen Wände dort, wo Sie sie gern hätten. Zum Beispiel als Raumteiler oder als freistehende Wand. Typisch Geberit: Wir lassen eben nichts unversucht, Gutes noch besser zu machen.

Dazu braucht es Ideen und Spezialisten mit Nähe zum Markt. Und eine Fertigungsqualität, die über allen Zweifeln steht. Innovative Ideen, überzeugende Detaillösungen und erstklassige Qualität zeichnen jedes unserer Produkte aus. Dafür bürgen wir mit unserem guten Namen. Und mit unserem Ruf als

Europas führender Hersteller von Sanitärtechnik.
Geberit AG, 8640 Rapperswil
Telefon 055 221 61 11

| | | |
|---|---|---:|
| | **Bryner Architekten** Architekturbüro FSAI/SIA, Limmattalstrasse 200a, 8049 Zürich | 205 |
| | **BSS Architekten** Architekten SIA, Hirschistrasse 15, 6430 Schwyz | 117 |
| | **Bugna Jacques** Atelier d'architecture EPF/SIA/AGA, route de Malagnou 28, 1211 Genève 17 | 81 |
| | **Burgdorf Ingrid und Burren Barbara** Architektinnen ETH, Pfingstweidstrasse 31a, 8005 Zürich | 208 |
| | **Buser + Partner AG** Architekten ETH/SIA, Laurenzenvorstadt 67, 5000 Aarau | 22 |
| C | **Calori Sergio** Studio d'architettura SIA/OTIA, Via Fusoni 4, 6900 Lugano | 172 |
| | **Caminada Gion** Architekt SIA, Cons, 7149 Vrin | 105 |
| | **Cattaneo Fernando** Studio d'architettura SIA/OTIA/FUS, Via Mirasole 1, 6500 Bellinzona | 173 |
| | **Chapuis Gilbert Louis** Atelier für Architektur und Energieplanung, Weinbergstrasse 34, 6300 Zug | 188 |
| | **Chavanne Etienne** Architecte EPFZ/SIA, rue de l'Hôtel de Ville 8A, 2740 Moutier | 82 |
| | **Christen + Mahnig** Architekten HTL, Nägeligasse 6, 6370 Stans | 118 |
| | **Christen Sidler Weber AG** Architekten + Planer SIA/BSP, Bahnhofstrasse 8, 5400 Baden | 23 |
| D | **Dachtler Architekten AG** Architekten ETH/SIA/HTL, Seestrasse 227, 8810 Horgen | 206 |
| | **Dähler + Partner** Architekten + Raumplaner SIA/BSP, Thunstrasse 93, 3006 Bern | 67 |
| | **Dardelet GmbH** Büro für Landschaftsarchitektur, Gewerbestrasse 12A, 8132 Egg bei Zürich | 271 |
| | **D'Azzo & Groh** Architetti SIA, Via Berna 3, 6900 Lugano | 174 |
| | **De Benoit & Wagner** Architectes SA, ch. d'Entre-Bois 2bis, 1018 Lausanne | 83 |
| | **De Giovannini Hervé** Bureau d'architecture SIA, bd. de Grancy 8, 1006 Lausanne | 84 |
| | **Delessert, Pfister, Rochat, Locher, Jaccottet** Atelier d'architecture, rue de Genève 42, 1004 Lausanne | 85 |
| | **Derungs und Partner** Architektur AG SIA/SWB/CSEA/GSMBA, Lauriedstrasse 7, 6300 Zug | 189 |
| | **Dessimoz Hervé** Architecte EPFL-SIA, ch. du Grand-Puits 42, 1217 Meyrin | 86 |
| | **Diethelm-Grauer Peter und Hanni** Architekten ETH/SIA, Bahnhofplatz 2, 9001 St. Gallen | 140 |
| | **Dietiker + Klaus** Architektengemeinschaft «Architheke», Zurzacherstrasse 232, 5203 Brugg | 26 |
| | **Droz + Partner AG** Architekt ETH/SIA, Neumarkt, 5200 Brugg | 24 |
| | **Dürr Andreas** Atelier d'architecture et d'urbanisme, 15, rue Emile-Yung, 1205 Genève | 87 |
| | **Durrer + Grunder** Architekten ETH/SIA, Vordergasse 20, 8615 Wermatswil | 209 |
| E | **Eggenberger & Partner AG** Architekten HTL, Bahnhofstrasse 54, 9470 Buchs | 141 |
| | **Eppler – Maraini – Schoop** Architekten ETH/BSA/SIA, Mühlbergweg 27, 5400 Baden | 27 |
| | **Etter + Partner AG** Architekturbüro SIA, Weissensteinstrasse 2, 4500 Solothurn | 160 |
| F | **Favre & Guth S. A.** Architectes, Ingénieurs & Associés, route de Drize 7, 1227 Carouge | 88 |
| | **Feigel Charles** Architecte FSAI/SIA, route des Clos 112, 2012 Auvernier | 90 |
| | **Fischer Architekten AG** Schaffhauserstrasse 316, 8050 Zürich | 210 |

Strukturierende Trennwände, transparent und flexibel, für die Ablage.

Ein intelligentes System für die Bürowelt von morgen.

# Ad Hoc von Antonio Citterio

Integrierte Beleuchtung sorgt für optimales Licht.

Sollte die Postkarte zur Anforderung weiterer Informationen fehlen, rufen Sie uns bitte an: Tel: 061/315 15 18

Die Kabelführung ist nicht sichtbar und leicht zugänglich.

Stehelemente können an jeden Arbeitsplatz montiert werden.

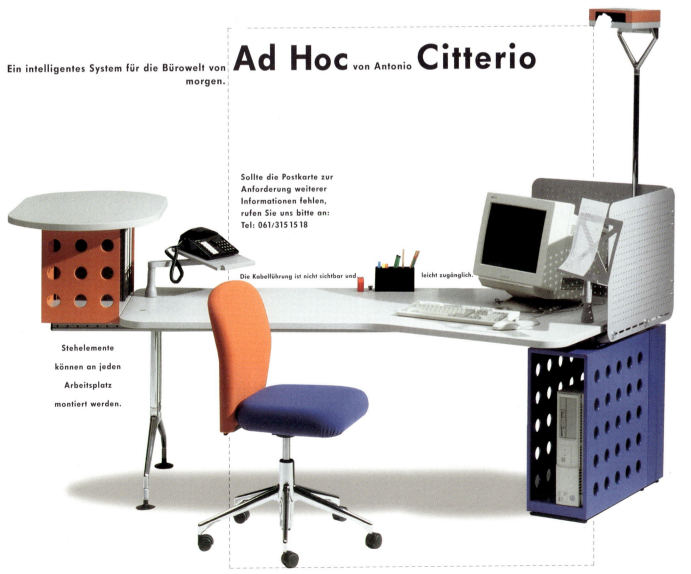

Ad Hoc, das neue Büromöbel-Programm, gibt es in vielen Ausführungen, Materialien und Farben. Wir senden gerne weitere Informationen.
Vitra AG, Klünenfeldstrasse 22, 4127 Birsfelden, Tel. 061/315 15 18, Fax 061/315 15 10.

| | | |
|---|---|---|
| **Flammer Arnold** Architekt ETH SIA/SWB/CSEA, Neugasse 43, 9000 St. Gallen | | 142 |
| **Flory Hugo** Architekt SIA/SWB, Mühlemattstrasse 16, 6004 Luzern | | 119 |
| **Flury + Partner GmbH** Architekturbüro ETH/HTL/STV, Laurenzenvorstadt 61, 5000 Aarau | | 28 |
| **Föhn Joseph Eduard** Architekturbüro ETH/SIA, Herrengasse 20, 6430 Schwyz | | 120 |
| **Forrer Krebs Ley** Architekturbüro AG, Vadianstrasse 46, 9001 St. Gallen | | 143 |
| **Fosco Fosco-Oppenheim Vogt** Architekten BSA/SIA, Hardeggstrasse 17, 8049 Zürich | | 211 |
| **Frei Architekten und Planer AG** Widacherstrasse 14, 5416 Kirchdorf | | 29 |
| **Frei Bernhard** Architekt ETH/SIA, Hofuhrenstrasse 14, 4707 Deitingen | | 161 |
| **Frei Peter und Christian** Architekten ETH/SIA AG, Bleichemattstrasse 43, 5000 Aarau | | 30 |
| **Frey Marc** Architekt ETH/SIA/SWB, Konradstrasse 9, 5000 Aarau | | 31 |
| **Froehlich Christoph G.** Architekt SIA/SWB, Quellenhof, 8193 Eglisau | | 212 |
| **Fugazza Steinmann + Partner** Architekten ETH/SIA AG, Gallusstrasse 23, 4612 Wangen bei Olten | | 162 |
| **Fugazza Steinmann + Partner** Architekten ETH/SIA AG, Schönaustrasse 59, 5430 Wettingen | | 32 |
| **Furter Eppler Stirnemann** Architekten BSA/SIA, Rigacker 9, 5610 Wohlen | | 34 |
| G | **Galeras Architectes Associés SA** 19, chemin des Tulipiers, 1208 Genève | 91 |
| | **Gassner & Rossini** Architekten ETH/SIA/HTL, Dynamostrasse 5, 5400 Baden | 36 |
| | **Gerber + Flury AG** Architekt, Ingenieure, Planer, Bettenhausenstr. 44, 3360 Herzogenbuchsee | 68 |
| | **Germann Stulz Partner** Architekten BSA/SIA, Riedtlistrasse 15, 8006 Zürich | 213 |
| | **GMT Architekten** Architekten SWB/SIA, Hirschmattstrasse 56, 6002 Luzern | 121 |
| | **Gmür Kneubühler Steimann AG** Architekten HTL, Spitzenwiesstrasse 22, 8645 Jona | 144 |
| | **Gmür Kneubühler Steimann AG** Architekten HTL, Kanonenstrasse 8, 6003 Luzern | 122 |
| | **Grego + Smolenicky** Architekten ETH, Rennweg 20, 8001 Zürich | 214 |
| | **Grenier et Associés SA** Atelier d'architecture SA, 36, rue du 31 Dècembre, 1207 Genève | 92 |
| | **Guex + Favero** Architectes, 32, av. de Frontenex, 1207 Genève | 93 |
| H | **Hager Guido** Landschaftsarchitekt BLSA/HTL/SWB/ICOMOS, Hauserstrasse 19, 8032 Zürich | 272 |
| | **Haltiner Esther** Landschaftsarchitektin HTL/BSLA, Bahnhofstrasse 33, 8703 Erlenbach | 273 |
| | **Harksen – Trachsel – Städeli** Architekten ETH/HTL, Bahnhofstrasse 6, 6460 Altdorf | 123 |
| | **Harksen – Trachsel – Städeli** Architekten ETH/HTL, Zugerstrasse 17, 6330 Cham | 190 |
| | **Hasler + Wohlwend** Architekten HTL, Wiedenstrasse 52, 9470 Buchs | 145 |
| | **Hauser + Marti** Architekten ETH/SIA, Hauptstrasse 41, 8750 Glarus | 124 |
| | **Hegi Koch Kolb** Architekturbüro SIA, Zentralstrasse 30A, 5610 Wohlen | 37 |
| | **Hegi Koch Kolb** Architekturbüro SIA, Ober Altstadt 4, 6300 Zug | 191 |

| | | |
|---|---|---|
| | **Hertig + Partner** Atelier für Architektur SIA/GSMBA/VSI, Entfelderstrasse 1, 5000 Aarau | 38 |
| | **Hilpertshauser Urs** Architekt HTL/STV, Kemptnerstrasse 7, 8340 Hinwil | 215 |
| | **Hitz Architektur AG** Architekturbüro SIA, Via dil Casti, 7017 Flims-Dorf | 106 |
| | **Holler Architekturbüro AG** Furkastrasse 17, 3900 Brig | 180 |
| | **Holzer Alfred** Architekturbüro, Obere Bahnhofstrasse 54, 8640 Rapperswil | 146 |
| | **Hornberger Architekten AG** Hofackerstrasse 13, 8032 Zürich | 216 |
| | **Horváth Pablo** Architekt ETH/SWB, Reichsgasse 10, 7000 Chur | 107 |
| | **Huber Felix** Architekt ETH/SIA, Dolderstrasse 38, 8032 Zürich | 217 |
| | **Hürner Urs + Partner** Architekturbüro AG, Heinrichstrasse 267, 8005 Zürich | 218 |
| I | **Ibach + Isler** Architekten ETH/SIA, Näfelserstrasse 14, 4055 Basel | 57 |
| | **IGGZ** Institut für Ganzheitliche Gestaltung Zürich, Spinnereistrasse 12, 8135 Langnau am Albis | 219 |
| | **Irion Heinrich** Architekt ETH/SIA, St. Gallerstrasse 29, 8400 Winterthur | 220 |
| J | **Jäger, Jäger, Egli AG** Architekten ETH/SIA, Gerliswilstrasse 43, 6020 Emmenbrücke | 125 |
| | **JB + AA Architectes Associés** 2, av. Gare des Eaux-Vives, 1207 Genève | 94 |
| K | **Kaufmann, van der Meer + Partner AG** Architekten ETH/SIA/STV, Heinrichstr. 255, 8005 Zürich | 221 |
| | **Korner Marco** Architekt ETH/SIA, Geissmatthalde 5, 6004 Luzern | 126 |
| | **Kuhn Felix** Architekt ETH/SIA, Kappelistrasse 7, 9470 Buchs | 147 |
| | **Kunz + Amrein AG** Architekten SWB/VSI, Postplatz 5, 5600 Lenzburg 1 | 40 |
| | **Kuster & Kuster** Architekten BSA/SIA/GSMBA, Spisergasse 12, 9004 St. Gallen | 148 |
| L | **Lanz Architekten** Schlosshofstrasse 48, 8401 Winterthur | 222 |
| | **Lehner & Leumann** Architekten ETH/SIA, Rebgasse 9, 4058 Basel | 58 |
| | **Lendorff & Erdt Architekten** Rütistrasse 4, 8032 Zürich | 223 |
| | **Leuner & Zampieri** Architekten ETH/HTL/SIA, Industriestrasse 20, 5000 Aarau | 41 |
| | **Liesch Marcel** Architekt HTL/STV, Paradiesplatz 11, 7002 Chur | 108 |
| | **Longchamp SA** Bureau d'architecture, route St-Nicolas-de-Flüe 22, 1700 Fribourg | 96 |
| | **Lutz Margrit** Landschaftsarchitekturbüro BSLA, Mattenstrasse 1, 4654 Lostorf | 274 |
| M | **Maissen und Zumbach** Architekten HTL/ETH/SIA, Schachenallee 29, 5000 Aarau | 42 |
| | **Martin Architectes SA** 11, rue de Candolle, 1205 Genève | 97 |
| | **Marty, Müller & Schmidt** Architecture et paysage, rue des regionaux 11, 2300 La-Chaux-de-Fonds | 275 |
| | **Matthias H. O.** Architekturbüro Klemm & Matthias SIA/IAB, Antonigasse 1, 5620 Bremgarten | 43 |
| | **Meier und Hitz** Architekturbüro SIA, Bahnhofstrasse 134, 8620 Wetzikon | 224 |
| | **Melchiori Gianpiero** Architekt ETH/SIA, Flurhofstrasse 22, 9000 St. Gallen | 149 |

**Wir bieten mehr Designvarianten, als Sie sich vorstellen können.** Wo bekommt man ein massgeschneidertes Produkt zum Preis von Konfektionsware? Bei EgoKiefer. Unsere Haustüren aus Kunststoff sind frei zusammenstellbar, so dass wir Ihnen schwindelerregende 50000 Designvarianten anbieten können. Einflügelig, zweiflügelig und mit Seitenteil – in allen Farben. Und ausrüstbar mit einer bewährten Auswahl an Garnituren, Beschlägen und Füllungen. Dass die Türen perfekt isolieren, Einbrecher mit einer Dreipunktverriegelung abschrecken, äusserst pflegeleicht sind und tadellos zu unseren Kunststoff-Fenstern passen, versteht sich von selbst. EgoKiefer, Nr. 1 für Fenster und Türen in der Schweiz, 9450 Altstätten SG, Telefon 071/757 33 33.

**EgoKiefer**
**Fenster und Türen**

| | | |
|---|---|---|
| | **Mennel Architekten AG** Brünigstrasse 104, 6060 Sarnen | 127 |
| | **Menz + Schumacher** Architekten ETH/SIA AG, Austrasse 40, 8045 Zürich | 225 |
| | **Merk Walter** Landschaftsarchitekt BSLA, Alpenrosenstrasse 5, 8280 Kreuzlingen | 276 |
| | **Merkli Architekten** Architekten ETH/SIA, General-Wille-Strasse 11, Postfach 371, 8027 Zürich | 226 |
| | **Messmer + Graf** Architekturbüro SIA/SWB, Schartenstrasse 41, 5400 Baden | 44 |
| | **Metron Architekturbüro AG** Stahlrain 2, am Perron, 5200 Brugg | 45 |
| | **Metron Landschaftsplanung AG** Stahlrain 2, Postfach 253, 5201 Brugg | 277 |
| | **Meyer Andreas** Büro für Architektur und Ausführung, Augustinergasse 25, 8001 Zürich | 227 |
| | **Meyer Moser Lanz Architekten AG** Architekturbüro SIA, Oberdorfstr. 15, 8001 Zürich | 228 |
| | **Moeri & Partner AG** Landschaftsarchitekten, Wasserwerkgasse 6, 3000 Bern 13 | 278 |
| | **Müller Andreas** Architekturbüro SIA, Holzgasse 6, 8002 Zürich | 231 |
| | **Müller + Staub Partner AG** Architekten ETH/SIA/HTL, Marktgasse 13, 6340 Baar | 192 |
| | **Müller & Truniger** Architekten ETH/SIA, Zentralstrasse 74A, 8003 Zürich | 230 |
| **N** | **Neidhart, Käppeli + Partner AG** Architekten ETH/SIA, Libellenstrasse 67, 6004 Luzern | 128 |
| | **Neuenschwander – Umwelt** Architekten SIA/BSA/SWB/GSMBA, Rütistrasse 38, 8044 Gockhausen | 268 |
| | **Nil - Hürzeler Architektur** Seestrasse 78, 8703 Erlenbach | 232 |
| | **Noser Tobias** Architekturbüro SIA, Dollägertenweg 10, 8934 Knonau | 233 |
| | **NSB Architekten AG** Projektierungsbüro SIA, Merkurstrasse 7, 6020 Emmenbrücke | 129 |
| | **Nüesch Architekten AG** Architekten ETH/SIA/RIBA, Erlachstrasse 3, 9014 St. Gallen | 150 |
| | **Nussbaum Manfred** Architekt ETH/SIA, Dorfstrasse 58, 8102 Oberengstringen | 234 |
| **O** | **Oehler Architekten** Rain 18, 5000 Aarau | 46 |
| | **Oeschger Architekten** Architekten ETH/SIA, Voltastrasse 31, 8044 Zürich | 235 |
| | **Oeschger Hans** Architekt SWB, Hauptstrasse 2, 5212 Hausen bei Brugg | 47 |
| | **Oestreich + Schmid** Architekten STV, Krügerstrasse 24, 9000 St. Gallen | 151 |
| | **Ohm-Architekten** Guyer-Zeller-Strasse 23, 8620 Wetzikon | 236 |
| | **Olbrecht und Lanter AG** Architekten FH, Industriestrasse 21, 8500 Frauenfeld | 152 |
| | **Ostertag Andreas** Architekt ETH/SIA, Sonnengartenstrasse 9, 8125 Zollikerberg | 237 |
| **P** | **Pedrocchi Vittorio** Studio d'architettura ETH/SIA/OTIA, Piazza Stazione 6, 6600 Locarno-Muralto | 175 |
| | **Pfeiffer Schwarzenbach Thyes AG** Bahnhofstrasse 8, 8700 Küsnacht | 238 |
| | **Pinazza & Schwarz** Architekten ETH/SIA, Stadtturmstrasse 19, 5400 Baden | 48 |
| | **Planwerk 3** John C. Ermel, Architekt ETH/SIA, Burgstrasse 3, 4143 Dornach | 163 |
| **R** | **Rafflenbeul Werner** Architekturbüro SIA, Gletscherstrasse 8a, 8008 Zürich | 239 |

## Brillante Leistungen geschehen oft im stillen.

Swissline Geschirrspüler verschaffen sich bei Ihnen kaum Gehör; sie sind mit 47 dB/A die leisen im Land. Auch optisch geben sie sich raffiniert. Voll integriert und mit unsichtbarem Bedienungspanel in der Türstirnseite verschwindet zum Beispiel der GA 511 Vi vollständig in Ihrer Küchenfront. Swissline Geschirrspüler fallen ihrer Leistung wegen auf: strahlende Spülwirkung, selbst bei stark verschmutztem Geschirr, Programm-Vielfalt für höchste Ansprüche, Lärmisolation, die Wärme zurückhält und Strom spart, Filtersystem für umweltgerechten Wasserhaushalt und viele Vorzüge mehr. Mit dieser Technik haben wir komponiert, was auch in der Natur schwingt: die Einheit von Diskretion und Wirksamkeit – damit Sie mit Ihrem Geschirr immer glänzen können.

Öko-Technik im Chrom-Design. Mit dem Swissline Geschirrspüler GA 611 SL Chromline spülen Sie mit nur 0,8 kWh Strom und 14 Litern Wasser. Weitere Informationen: Electrolux AG, Telefon 01/405 81 11.

**Electrolux**

Leserdienst 431

| | | |
|---|---|---|
| | **Ramseier + Associates Ltd.** Architekten und Innenarchitekten, Utoquai 43, 8008 Zürich | 240 |
| | **Rausch Ladner Clerici AG** Architekturbüro SIA/STV, Thalerstrasse 10, 9424 Rheineck | 153 |
| | **Reichle & Schmid** Architekten HTL/STV/SIA, Neuwiesenstrasse 10A, 8610 Uster | 242 |
| | **Reichlin Josef** Architekt ETH/SIA, Sonnenplätzli 5a, 6430 Schwyz | 130 |
| | **Reinhard + Partner** Planer + Architekten AG, Elfenauweg 73, 3006 Bern | 69 |
| | **Rosenmund + Rieder** Architekten ETH/SIA, HTL, Tiergartenstrasse 1, 4410 Liestal | 59 |
| | **Rossi + Spillmann** Architekten ETH/HTL/SIA, Baarerstrasse 112, 6300 Zug | 194 |
| | **Rota Architekten AG** Plattenstrasse 44, 8032 Zürich | 243 |
| | **Roulin & Vianu SA** Atelier d'architecture, ch. de Vuillonnex 20, 1232 Confignon | 98 |
| | **Rüeger Werner** Landschaftsarchitekt BSLA, Unterer Graben 19, 8400 Winterthur | 279 |
| | **Ryf Marc** Architekt SIA/SWB, Ottenweg 16, 8008 Zürich | 244 |
| | **Rykart** Architekten und Planer FSAI/SIA (FGA), Giacomettistrasse 33a, 3000 Bern 31 | 70 |
| **S** | **Schärli Gebrüder AG** Architekten ETH, Fluhmattweg 6, 6000 Luzern 6 | 132 |
| | **Scheffel Hadorn Schönthal** Architekten SIA, Tivolifabrik, Kasernenstrasse 5, 3601 Thun | 71 |
| | **Scheibler Giovanni** Architektur-Werkstatt SIA, Rütschistrasse 21, 8037 Zürich | 245 |
| | **Schenk Peter Architekten AG** Oberdorfstrasse 7, 3612 Steffisburg | 72 |
| | **Schibli & Holenstein** Architekten SIA/FSAI, Verena-Conzett-Strasse 7, 8004 Zürich | 246 |
| | **Schibli Peter** Architekt ETH, Ringstrasse 20, 4600 Olten | 164 |
| | **Schindler Walter** Architekt BSA/SIA, Weinbergstrasse 81, 8006 Zürich | 248 |
| | **Schmidt Werner Atelier** Mag. arch./Architekt HTL/SIA/GSMBA/REG A, areal fabrica, 7166 Trun | 109 |
| | **Schmuziger & Grünig** Architektengemeinschaft, STADTMIX Leberngasse 5, 4600 Olten | 165 |
| | **Schneider & Gmür** Architekten ETH/SIA, Pflanzschulstrasse 17, 8400 Winterthur | 247 |
| | **Schweizer Pierre** Bureau d'architecture A31, 1, av. Château de la Cour, 3960 Sierre | 181 |
| | **Schweizer Urs** Architekt SWB, 5082 Kaisten | 49 |
| | **Schwob und Sutter Architekten** Murenbergstrasse 2, 4416 Bubendorf | 60 |
| | **Senn + Kühne** Architekten SIA/BSP, Seegartenstrasse 12, 8008 Zürich | 250 |
| | **Sieboth Stefan** AG für Architektur und Industrial Design, Holunderweg 6, 4552 Derendingen | 166 |
| | **Singer + Porret** Fbg du Lac 9, 2001 Neuchâtel | 99 |
| | **S + M Architectes SA** Avenue du Lignon 38, 1219 Le Lignon-Genève | 100 |
| | **Spettig Gähwiler Lindegger AG** Architekturbüro SIA, Bergstrasse 32, 6004 Luzern | 131 |
| | **Staempfli + Knapp** Architekten SIA/FSAI, Dufourstrasse 23, 3000 Bern 6 | 73 |
| | **Stahel Ernst** Architekturbüro SIA, Riedtlistrasse 15, 8006 Zürich | 252 |

Keller AG Ziegeleien präsentieren:

# Symphonie der Tonprodukte.

Tonprodukte der Keller AG Ziegeleien – setzen Massstäbe durch hohe Produktequalität, ökologisch gute Einstufung und eine unübertroffene Anwendungsvielfalt. Kurz – der Baustoff, aus dem die Träume zukunftsorientierter Architektur sind.

Keller AG Ziegeleien
CH-8422 Pfungen ZH   Telefon 052 304 03 03   Telefax 052 304 04 04

| | | |
|---|---|---|
| | **Stäheli Bruno** Architekt ETH/SIA, Zürcherstrasse 83, 8501 Frauenfeld | 154 |
| | **Steigerpartner** Architekten und Planer AG, Klausstrasse 20, 8034 Zürich | 253 |
| | **Steinmann & Schmid** Architekten HTL/ETH/SIA, Utengasse 25, 4058 Basel | 61 |
| | **Stöckli, Kienast & Koeppel** Landschaftsarchitekten BSLA/SIA/SWB AG, Lindenplatz 5, 5430 Wettingen | 280 |
| | **Stuber – Germann** Architekten ETH/SIA, Römerstrasse 3, 4600 Olten | 167 |
| | **Stücheli Architekten** Stockerstrasse 47, 8039 Zürich | 254 |
| | **Suter + Suter Planer AG** Lautengartenstrasse 23, 4010 Basel | 62 |
| T | **Tallone Guido** Studio di architettura e pianificazione SIA/OTIA/FUS, Via Ballerini 21, 6600 Locarno | 176 |
| | **Tehlar + Theus Architekten** Scheuchzerstrasse 105, 8006 Zürich | 255 |
| | **Terraplan** Beat von Tscharner, Arch. ETH und Landschaftsplaner BSLA, Kirchplatz 8, 4132 Muttenz | 281 |
| | **Thut & Lerch** Architekt/Innenarchitekt, Nidelbadstrasse 94, 8038 Zürich | 256 |
| | **Troger Daniel** Büro für Architektur & Design, Kantonsstrasse, 3942 Raron | 182 |
| | **Trüb Rolf** Architekt HTL/STV, Reitweg 2, 8400 Winterthur | 257 |
| | **Tschudin + Urech** Architekturbüro SIA, Unterdorfstrasse 4, 5212 Hausen bei Brugg | 50 |
| | **Tüfer Grüter Schmid** Architekten ETH/SIA, Habsburgerstrasse 26, 6003 Luzern | 133 |
| U | **Unger & Treina** Architekten HTL/SIA, Aargauerstrasse 250, 8048 Zürich-Altstetten | 258 |
| V | **Vetsch Walter** Landschaftsarchitekten BSLA/HTL, Neumarkt 28, 8001 Zürich | 282 |
| | **Voemel Florian** Architekturbüro SIA, Üetlibergstrasse 98, 8045 Zürich | 260 |
| | **Vogt David** Architekt ETH/SIA, Rötelstrasse 15, 8006 Zürich | 261 |
| W | **Walker Architekten** Neumarkt 2, 5200 Brugg | 51 |
| | **Wengmann Planungsbüro AG** Landschaftsarchitekt, Niederwiesenstr. 17c, 5417 Untersiggenthal | 283 |
| | **Werlen Matthias** Architekt ETH/SIA, Hofjistrasse 6, 3900 Brig | 183 |
| | **Widmer + Partner AG** Architekten und Planer, Zypressenstrasse 60, 8004 Zürich | 262 |
| | **Wiederkehr Architekten** Industriestrasse 26, 5600 Lenzburg | 52 |
| | **Winzer Partner Industriearchitekten** Quellenstrasse 29, 8005 Zürich | 263 |
| | **Wyder + Frey** Architekten ETH/HTL/SWB, Aarauerstrasse 3, 5630 Muri | 53 |
| Z | **Zöllig und Partner AG** Architekten HTL/STV/SWB, Weideggstrasse 21, 9230 Flawil | 155 |
| | **Zumbühl & Heggli** Architekten ETH/SIA/HTL, Neugasse 15, 6301 Zug | 193 |
| | **Zürcher Christoph** Studio d'architettura SIA/OTIA, Piazza Fontana Pedrazzini 10, 6600 Locarno | 177 |
| | **Zurmühle. Schenk. Bigler + Partner** Architekten HTL/SIA SIA/STV, Schachenstr. 40, 4702 Oensingen | 168 |

**Bauen heute.**

Eternit AG, 8867 Niederurnen
Telefon 055 - 617 11 11
Eternit SA, 1530 Payerne
Téléphone 037 - 61 91 11
**Dès 02.11.1996**
Téléphone 037 662 91 11

# USM im Raum – Das Büro

Architektur *Annette Gigon + Mike Guyer;* Ernst-Ludwig-Kirchner-Museum, Davos, 1992
Inszenierung und Photographie im Raum *Balthasar Burkhard*

Für Ihre Räume: USM U. Schärer Söhne AG
Thunstrasse 55, CH-3110 Münsingen, Telefon 155 78 38, Telefax 031 720 72 38